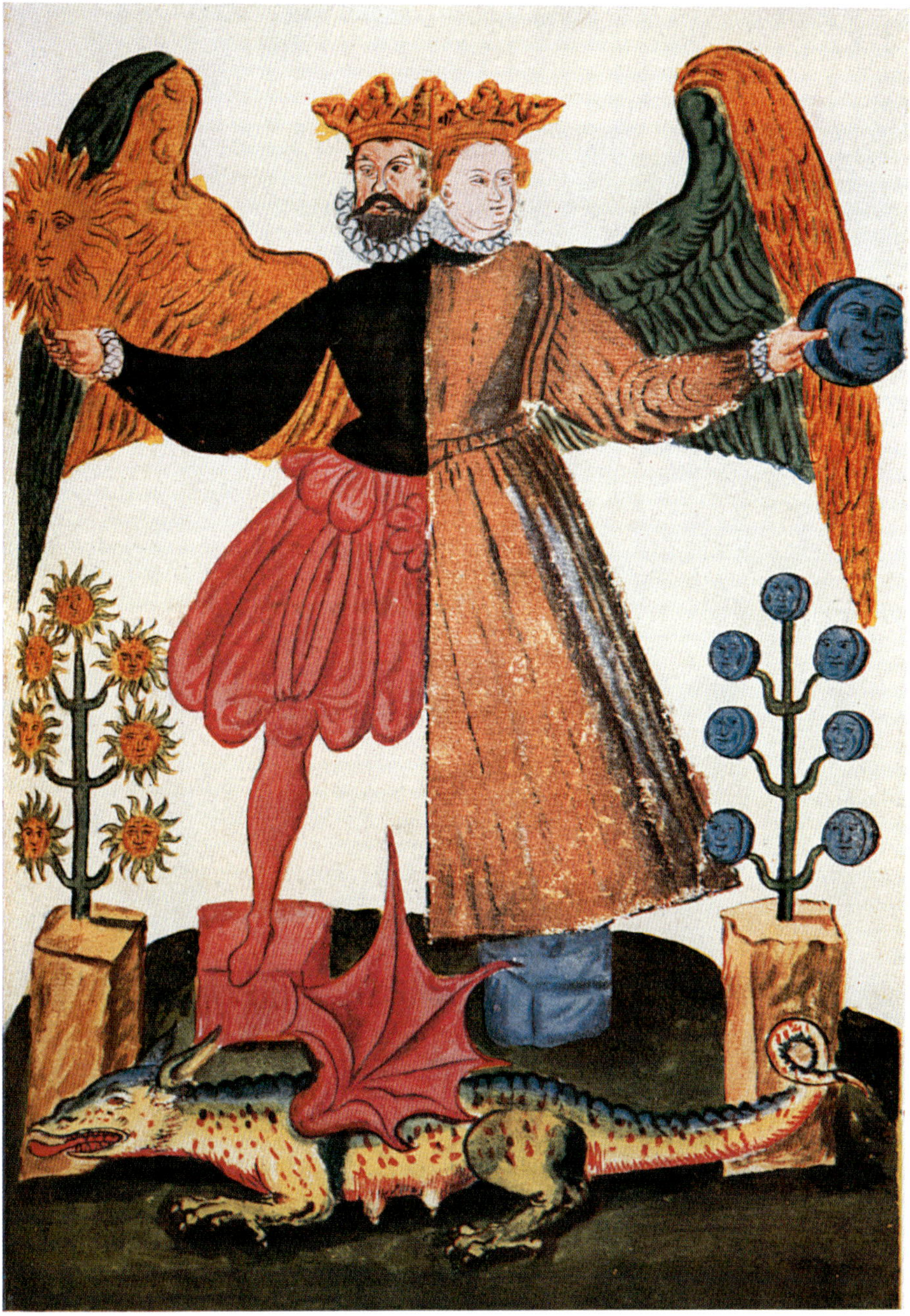

1　錬金術的半男半女
カラー細密画の模写　ドイツの17世紀末の写本『隠秘の知恵についての第三ピュタゴラス会議』より　（ポール・シャコルナック氏所蔵）

2　良い告白，悪い告白（上・下の図）
ロメディウス・クノル『版画40枚』　アウグスブルク　18世紀　（モーリス・ギャルソン氏所蔵）

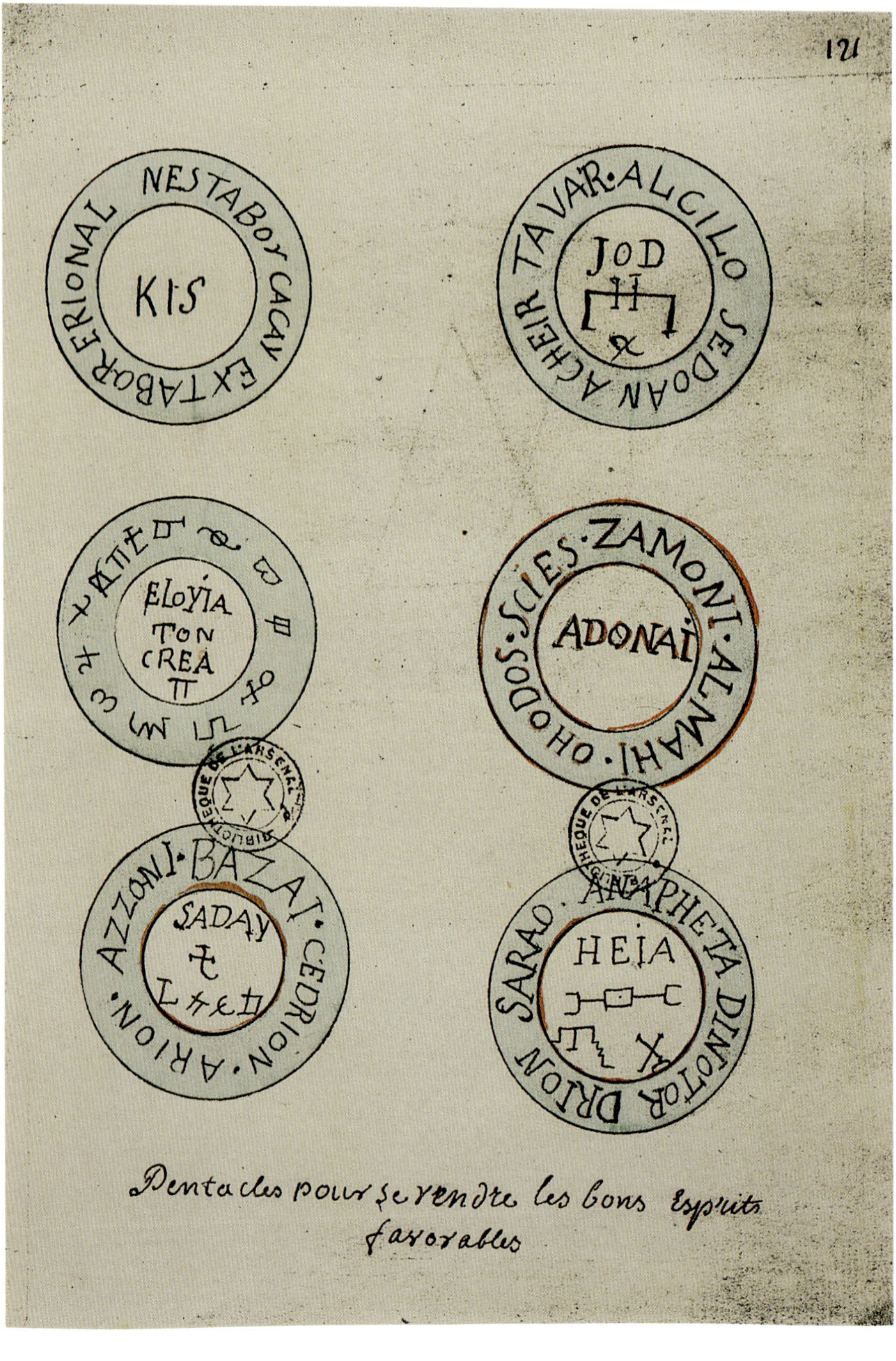

3　善霊の好意をうる六つの星形
『ソロモンの鍵』　アルスナル図書館　写本2349番　18世紀

4　悪魔アスタロト，アバドン，マモン
フランシス・バーレット『秘術師』　ロンドン　1801年

②

①

6　古いタロット

①　道化　　　ジェルジェのタロット　17世紀
②　手品師　　パリのタロット　1500年
③　運命の輪　ノブレのタロット　17世紀
④　死　　　　ノブレのタロット　17世紀

④

③

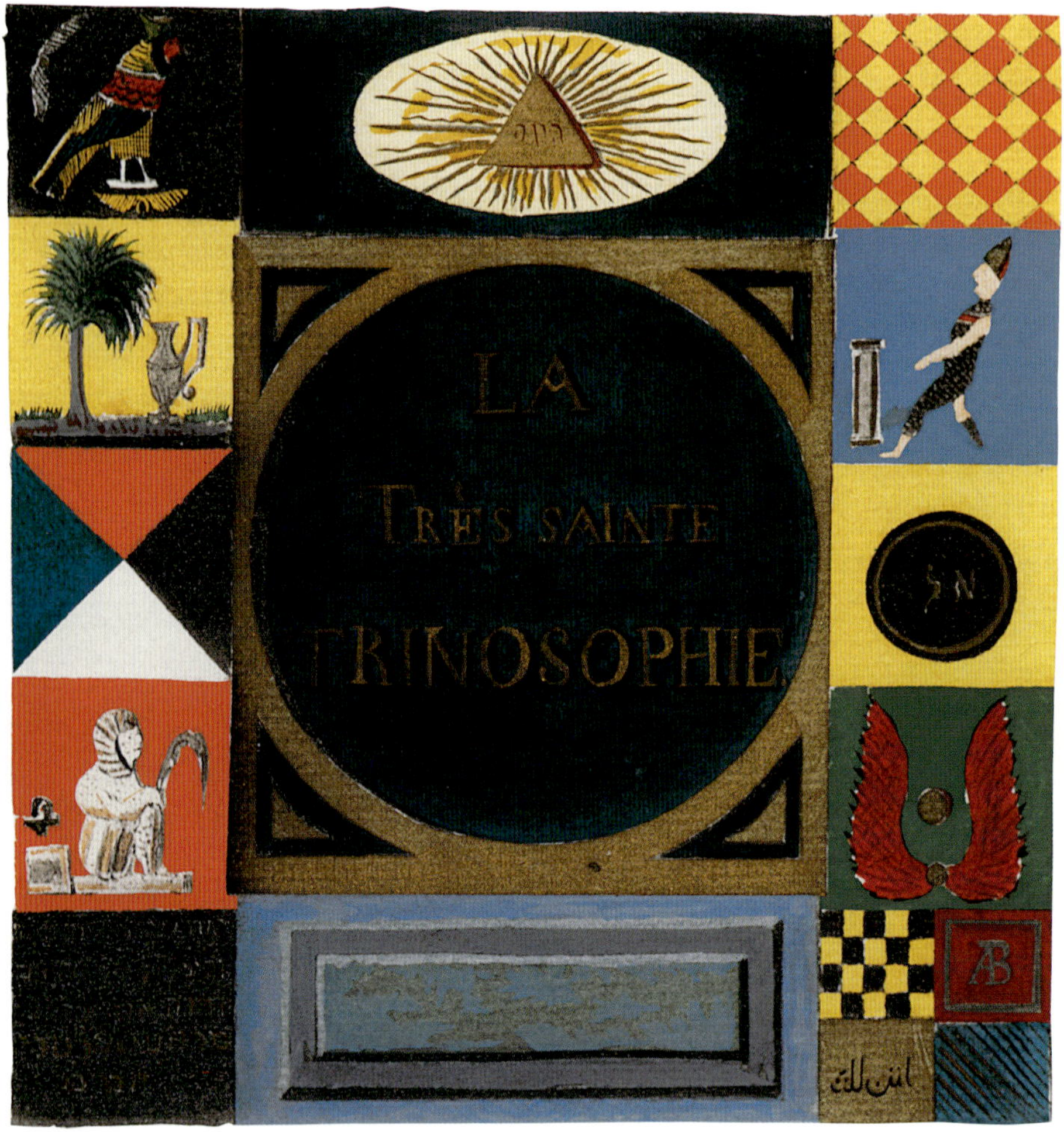

5　聖三位一体学
サン＝ジェルマン伯のものとされる写本のカバラ的口絵
トロワ図書館　写本2400番　18世紀

7　吊された男
画家グランゴノールによるとされる通称シャルル六世のタロットの12枚目の札　14世紀　国立図書館・版画室

8　魔法の鏡

サン＝ジェルマン伯のものとされる写本『聖三位一体学』の細密画　トロワ図書館　写本2400番　18世紀

9　賢者の石の諸操作の象徴化
錬金術の昇華　『ユダヤ人アブラハムの表象図』　国立図書館
写本フランス語資料14765番　17世紀

10　賢者の石の諸操作の象徴化
作業の三つの色　『ユダヤ人アブラハムの表象図』　国立図書館
写本フランス語資料14765番　17世紀

妖術師　秘術師　錬金術師の博物館

グリヨ・ド・ジヴリ／林　瑞枝　訳

法政大学出版局

翻訳の周辺

平田　寛

林瑞枝さんが永年とり組んでこられた翻訳が完成し、ここに出版のはこびになったことを喜びたい。私がこの原書に出会ったのは、二〇年近く前で、科学・技術史を専攻していた私が、一時期、錬金術に興味をもち、それに関する論文を書いたり、幾冊かの錬金術や呪術一般に関する洋書の翻訳をしていた時分である。そのころ私が翻訳したK・セリグマンの『魔法——その歴史と正体』（一九六一年、平凡社）は、図版が多いことや一般向きだったこともあって、当時のいわゆるオカルト・ブームに一役買ったこともある。そのころ私は、錬金術をはじめ呪術一般に関する洋書を幾冊も買ったが、あるとき書店で本書の英訳本を手に入れたので、早速その原書を取り寄せた。この原書は、多くの図版のはいった豪華本である上に、中身がきわめて学術的で、とくに図版については多くの原史料がふんだんに利用されていることがわかった。

ところでそのころから私は、錬金術や呪術のような神秘的な分野への関心が次第にうすれて、本来の科学・技術史の研究に復帰しはじめた。それは、この難解で魅力的な学問にひかれて深みにはまりこんで、「ミイラとりがミイラになる」ことをおそれたからでもある。しかしただ一つ私の大きな収穫は、この分野の学問の傾向は、古いものほど尊重し権威化する一種の懐古的な特色があり、科学・技術の前進的な傾向とは対照的だということを知った点である。

こうして私は、神秘的な学問にこれ以上かかわることをよしたわけだが、このフランス語本だけはぜひ日本訳にして紹介したいと考えたので、私の知人の林さんにこの仕事はお願いした。林さんはフランス語には堪能ですでに数種の訳書を発表されているだけでなく、根気のいる学究的な仕事にも十分な理解をもっておられるので、私は適任者だったと思う。そして林さんは、主婦業のかたわら十数年にわたってこの難解な訳業を倦むことなくつづけられた。その間、難解な個所があれば図書館通いなどして苦心して調査したり、専門家に訊ねたり、できるかぎりの完全への努力をされたようである。そして今、こうしてりっぱな日本語訳ができ、未知の部分がまだ多い興味ある知識が私たちに提供されることになった。

一九八六年一〇月

目次

錬金術師の包括的な作業
　バシリウス・ヴァレンティヌス,
　『哲学者のアゾート』パリ，1660年

序

読者の方々に、私が今おとどけしようとしているこの本には、巻頭の辞は何もいらないだろう。ただ、このような試みが、どうしたわけか、いまだかつてなされたためしがなかったということを申し上げれば十分である。したがって、私の努力は、欠落を埋める必要があったという点で、また、かならず強い興味を呼び覚すであろう点で、お認めいただけるものと思う。

隠秘の科学は、過去何世紀ものあいだ社会生活に軽くない地位を占めてきた。残された資料の宝庫は厖大なものである。だが、その多くはかねてそれらを包んでいた呪いのために広くは伝えられなかった。

私はすでにそのうちの目ぼしい文書を選んで私の『隠秘学選集』に収めたが、その著者たちは一般に風聞によってか、無知がどうしても真実にとって代わってしまう伝説を通してしか知られることのない人々である。それに、これらの資料の最も生き生きした部分については、すなわち、さまざまな形のもとに難解至極な教義に直截に解釈の光を当て、信じられないような多くの物語に意外な証明をもたらす絵図については、同様の仕事がまだなしとげられていない。

たしかに、この問題について知り、手許にとどめておくべき重要な資料すべてを収めた一冊の本、隠秘学の図像集が欠けていた。隠秘の科学が、それを糾弾した宗教の場合よりもより多く表象的方法によって表現され、そこでは象徴的言語がきわめて重大な役割を演じているだけになおのこと、そのような本が求められる。ところが、世に真面目といわれる人々が、何世紀にもわたる長い年月この科学をつとめて貶めてきたために、こうした図像の一つ一つを発見することは決してたやすい作業ではなかった。それらは古書の埃に埋もれて昨日までなお蔑視されていたものであり、今日でもその存在をうすうす知りつつも、だれもひもとこうとはしないものである。

そこで、本書には約三五〇枚の図を、最も興味深く、最も特徴を語りかつ最も珍しい図像から選んで収録し、それに説明を加えた。これらの図は、中世から一九世紀まで、初期印刷本、写本、および妖術、呪術、占星術、手相占い、カード占い、錬金術の書物を飾っていた。ふつうほとんど知られていない民衆の逸話を歴史の中でたどった章に目を走らせていただければ、単に面白そうだと思っただけの人々にも、この図録集はまったく新しい地平線を拓くことであろう。また同時に隠秘学の大家にも、図書館にこもって忍耐のいる骨のおれる調査をしなければ手に入れられない資料を提供することによって、間違いなく役に立つだろう。そのために私は厳正を期した。二次的な資料、本物であることが明らかでない資料は容赦なく本書からはずした。掲載した図は一枚の例外もなくオリジナルから写し取り、だれでも容易に確かめることができるようその出所を細かく記した。

資料としては著者の所蔵品も利用し、国立図書館、隠秘学の比類のない写本をもつパリのアルスナル図書館、その他いくつかのフランスおよび外国の図書館からも多くの資料を得た。次の方々にはとくに心からの感謝をささげたい。ハーグ王立図書館長P＝C・モリュイセン博士はご親切にアブラハム・パーリンクの稀覯書を参考にパリへお送り下さった。この本の図は本書の八六頁以下に載せられた。また、妖術の弁護を専門とされるモーリス・ギャルソン弁護士は、ロメディウス・クノルのアルバムの美しい版画（カラー図版2、モノクロ図版14）を貸して下さった。M・E・ヌーリ氏は図書館では見つからなかったロベール・ダルトワの呪いの版画を提供して下さった。ポール・シャコルナック氏はご所蔵の貴重な錬金術の写本から、本書の口絵に錬金術的半男半女《アンドロギュノス》の美しい版画（カラー図版1）を引用することをご承諾下さった。

ルル・シウートル氏にも深謝を忘れてはならない。氏はこれら厖大な資料を整理し、多くのアルカイックな挿画を、だれもその永遠の憩を乱してはならないかにみえた尊い本から引き離して現代の枠組の中に提示するという、とりわけ細心の注意のいる仕事をお引き受け下さったのである。

グリヨ・ド・ジヴリ

竜によって統合された錬金術の太陽と月
バシリウス・ヴァレンティヌス，
『哲学者のアゾート』パリ，1660年

第一部　妖術師

1　光の世界に対立する闇の世界

ヨーロッパに懐疑主義があらあらしく起こる一八世紀初頭以前には、どの民族でもその私的な生活史は、「不可視の世界」に対する畏怖と、その世界を危険を承知で探ってみたいという抑えがたい好奇心とに、支配されていた。

古代のさまざまな宗教体系は、天空に多くの生物を住まわせ、ためらいもなくそれらを明確に定義づけた。もっとも、ふつうの人間はそうした生物を目撃するという羨むべき特典を持ち合わせてはいなかったが。これら多少とも創意を働かせた神話や神々の系譜に、人々は好んで数学では捉えられない、おそらく永久に捉えられないであろう厄介な問題すべてを結びつけたのである。たとえば、人間の運命の神秘、運と宿命との種々の問題、未来に関する知識など、つまり最も賢い人々が、無限にして至高な存在のみがそれを予知する能力を持つと考えていた一切の事柄である。他方、大胆不敵な人々は、死すべき運命にある人間の弱さと限られた知性にもかかわらず、それらを人間にも踏み入ることのできる真の科学にしたいと願っていた。

要するに、全世界の謎、宇宙とそのあらゆる部分の謎、人間が自分がどこから来たかも知らずに生き続けているこの世界の成り立ちは、分析科学や実験科学がないままに、なお神秘の世界のもろもろの力の介入によって説明されていたのである。その世界を人は恐れとおののきをもって探るのがやっとであった。

悪の起源の問題は、マニ、聖アウグスティヌス、スピノザ、パスカル、ライプニッツたちの頭脳にもつきまとって離れなかったが、彼らとて満足のいく解答を与えることのできないものであった。それをペルシャ人は、たしかに神秘的人物ゾロアスター以前に、古代教義の中で大胆に解決していた。たじろぐことなく、肯定的なものと否定的なものとの恐るべき拮抗関係を説き、善と悪を相等しく、相対立し、永久に共存する二要素とみなした。世界はその容赦のない均衡の法のもとに釣り合いを保っているのである。

おそらく他の諸民族は、「悪」の原理に与えられたこの重みに恐れをなしたのであろう、それを制限しようと努めた。キリスト教が教義の基礎を取り入れたユダヤ人もその一例である。聖書に現れるサタンは決して神と永遠に共存するものではない。サタンの行使する力がどんなものであろうと、いざとなればやはり創造主の全能を認めざるをえないごく普通の被造物にすぎない。それどころか後に述べるように、キリスト教徒の間では、「悪魔」は人間がある種の呪文を用いるとしかたなくその僕となる。ただ、その悪魔は地上における人の命の終焉の鐘が鳴る時こそはこっぴどい復讐をしてやろうとねらっているのだ。

その他の古代諸民族にあっては、無形で、不可視で、霊的な存在の間の区別はこれほどはっきりしていない。エジプトやギリシャの、ことにローマの神統系譜学では、人々が成功や助力を得るために祈る《精霊》が善であるか悪であるかは、かならずしも容易には判別することができない。ヤンブリコスやポルフュリオスの著作の中では、天使と悪魔、善霊か悪霊、エウダイモーンかカコダイモーン、の間には快い混淆がある。

ともあれ、不可視の世界への境界をまたいだり、地獄の扉を押し開こうとする好奇心旺盛な者たちは、史上いつの時代にも存在した。彼らがその危険な探索に用いた手段を、正確に具体的に研究してみるのは魅力のないことではないが、今日では、そのやり方は幻想的な誤った伝説による風聞によってかろうじて知ることができるにすぎない。

その研究はとりわけ図像によってなされるべきである。現存している著述はたしかに数も多く長々と書かれてもいるが、その長さにもかかわらず、あるいはかえってその冗長さのために、読者の心に曖昧で説明のつかない部分を多分に残し、読者はその不十分さを補おうとして自由に幻想の領域に想像を馳せることになってしまう。これとは逆に、図像という資料は照明効果、舞台効果を発揮し、歴史の暗い深淵を瞬時に照らし出してこうした欠陥を正し、それぞれの物事を本来の背景の中に位置づける。叙述の語りくちがどれほど巧妙であるにしても、筆者は図像資料の方をとりたい。隠秘学に関する何らかの作品が見つかったときには、そのつど、教義や理論に耳を傾けるよりも、その図版をためらわずに収録することにしたのはこのためである。本書では教義や理論に触れることはあまりないだろう。

この本では、古代における闇の科学の実行について知るところを記そうとは考えていない。それには本一冊ではまず足りないだろう。歴史家、哲学者、詩人が残してくれた一行一句にいたるまで超自然の世界がなにがしかの形で表明されているのに出合うのである。そして、秘教と呼ばれるこの象徴が現れたモニュメントを調べたいと望めば、ギリシャやエジプトの彫像、楔形文字のれんが、象形文字のパピルス、石碑、陶片追放の陶片などのほとんどすべてをとりあげなければならないのである。

哲学の最高峰から降霊術のひどくおかしな施術にいたるまで、そしてローマでもアレクサンドリアでもあらゆる所で、隠秘学の伝統の痕跡を見ることができる。ティアナのアポロニウスの高貴で威厳にみちた姿から、ホラチウスの謳う魔女カニディアとサガナに及ぶまで、超自然の力を後楯とした者は数知れない。二人の魔女は墓地で施術をする……。

私のこの目でカニディアを見た
黒のマントに裸足の乱れ髪
姉ごのサガナとほえながら行く

（『諷刺詩』第一巻第八章二三句）

占いの多種多様な形は死者の招魂と同様に、いずれの民族にあっても祭礼に欠かせない要素だった。腸卜僧はローマではヴェスタの巫女と肩をならべ、彼女たちと同じく役人であった。そしてその中に、さらに階層の低い占い師の群が混っていた。彼らの呪術はほとんど知られておらず、少しは正確に復元しようとしてみてもそれは不可能である。

女呪術師キルケーは神話に現れる魔女の典型だが、ホメロスが彼女に関して語ったことを注意深く読んでみても、彼女が用いた方法については実りのない推測しかできない。わが西洋文明に影響を与えるにはキルケーはあまりに遠い存在であり、わが中世の魔女たちは彼女よりは聖書の女預言者エンドルにあやかることのほうが多くなるのである。

われわれにとっておそらくもっと興味深く、もっと理解しやすいのは、ペトロニウスの『サチュリコン』（一三一章）に出てくる風変りな恐しい老婆である。彼女はそこでどの民族の間でも行なわれていた回春の業に没頭している。しかしここでもまた、現代には跡をとどめていない方法、慣例、方式にぶつかるのである。それらは神統系譜的に同一の起源に拠っているわけではなく、図像という生き生きした記録によって解明するのは困難であろう。

同じ理由から、アジア、インド、アフリカの異国情緒あふれる信仰や、アメリカの古代民族の信仰がくり広げる無限の領域には踏み入らないことにしよう。そこでは人間と不可視なものとの関係は無数の方式を生み、それが妖術師、占い師、治療師、行者たちの流派ごとに実際に行なわれていた。北シベリアや西シベリアのシャーマン、チベットの妖術師、アラスカやアリゾナの魔法使、ユタ州のインディアンの間で術を施す占い師、トンブクトゥや赤道アフリカのラゴスにまで広まっている怖いツアレグ族のハルピュイアイ、これらについても、一切触れないことにしよう。オーストラリアのアルンタ種族やフィリピン諸島のイリゴト族の妖術師、ボルネオやパプアの妖術師もはぶくつもりだ。

彼らの魔法の術について研究の成果をあげるためには、その起源にまでさかのぼらなければならない。すなわち、ヨーロッパで優位を占める教義のキリスト教とはまったく関係のない神学体系をことこまかく説明しなければならないのだ。純粋な学問領域に属するこの大仕事は、わが中世をわかせた「奥義」に傾倒したのち部分的に西欧の分析科学の一部に合流することになる隠秘学の伝承を理解する上には、何の役にもたたないだろう。

本書の研究は、われわれが《ヨーロッパ的》と呼ぶ伝統の流れに限りたいと思う。それでもなおこの分野はあまりに広大で、全域を踏破できるなどと過信することはとてもできない。残念ながら、かなりつっこんで展開できる主題もその多くをしばしば割愛省略しなければならないだろう。

2 闇の世界の宗儀の表現

カトリックがヨーロッパ精神の正道であった時代全体を通じて、真の「悪の教会」が「善の教会」と相対し、「悪魔の教会」が「神の教会」と対立して、神の教会と同じように自分の司祭、儀式、礼拝、教典、宗徒、出現をもっていたことに、驚いたり憤ったりすることはない。

二つの相反する力の対立、ゾロアスター教とマニ教の教義の遺物であるこの対立は立派に筋が通っていたのだ。教会は悪魔の存在を冷やかしや笑い草としてではなく、信仰箇条として提起していた。字が読めない大衆は、「闇の王たち」について正確な概念を作りあげるのに必要なくわしい説明を、聖職者に限られていた神学書の中に求めることができなかった。そのために悪魔の像は、大聖堂の正面入口の三角小間《タンパン》に、教会のステンドグラスに、聖歌隊席周囲の浅浮彫りに、屋根の水落とし口や樋の列におびただしく表現されたのである。そこにはあらゆる幻想的な動物がびっしり並び、「地獄」の主人と住民とがどんな相貌の持ち主であったかを示していた。

これらの形象は民衆の想像力に強烈に働きかけた。こうして、聖職者自らが証言する神のライバルが現実に存在することを疑う者はだれ一人いなかったのである。

最後の審判はゴシック時代の彫刻師たちがいつも取り上げたテーマであり、おそらく僧侶の同意があってのことだろうが、一四世紀になるまで教会の正面の壁を飾っていた。その場面にはきまっていくつかの悪魔が入っていて、職人たちはそれを描くのにあふれんばかりの想像力を思う存分発揮したのだった。

この種の彫刻のうち最も古いものの一つが、オータン大聖堂の西側正面入口の三角小間を装飾している一一世紀の作である。アルカイックな仕上りで技巧も稚拙だが、その中に非常な美しさがあり、なかでも一部の天使と天上の聖徒の表情はまことに非の打ちどころがない。

この三角小間は三段に分れている。最下段では、墓から呼び醒された死者たちが並んで審判へと進む。その恰好と表情の表現には目を見はらせるものがある。行列が構図の右端まで行くと、二本の巨大な手が彼らをわし摑みにし、顔を万力のようにはさみ込み、上段へ引き上げる。そこで審判が行なわれる（図版2）。

天秤が一つ天空から吊り下がっている。死者の魂が一方の皿の上に乗せられ、その皿を天使が一人渾身の力で抑えている。悪魔の数は五人で一様に醜く、その醜さはほとんど様式化されている。一人は天秤を自分の側に傾けようとして懸命に皿を抑え、他の手でちょうど子猫をつまむように亡者の首筋を摑んでいる。蛇のようなものがその脚にからむ。別のちっぽけな悪魔は臆面もなく天秤の皿そのものに乗っている。三番目は手に大きなヒキガエルをかかえ、じりじりしながら作業を見張っているようすだ。彼らの背後ではまた別の悪魔が、ちょっと考えられない姿勢で亡者を大桶の中に投げ込んでおり、五番目は竜の奇怪な口から半身を乗り出して、やっと永遠の拷問から逃れられたと思ったかも知れない哀れな亡者どもを、両腕でかかえ上げている。

裸像にある種の完成度があることから、彫刻師がまぎれもなく解剖学の知識を持っていたことがうかがわれるが、悪魔に対しては極端なプロポーションの誤りをそのまま残している。彼らは骨と皮ばかりに痩せこけ、脚と胴にはローマの円柱のようなシワが刻まれ、そのゆがんだ口もとには不吉な気配がただよう。この不気味さが、全景を見下しながら栄光のうちに坐す「永遠の審判者」の厳正さを、一層恐しいものに仕上げている。

1　テオフィルの奇蹟
スイヤックの教会の三角小間，12世紀

しかし、職人の想像力はさほど豊かではなく、この構図全体には、同じような悪魔たちが登場するスイヤック大修道院の教会の三角小間（図版1）にも見られるように、ビザンチン式の一種の生硬さがただよっている。スイヤック大修道院の構図についてはいずれ説明したい。

同じテーマを描いてさらに豊かで変化に富むものに、ブールジュの大聖堂の三角小間の情景がある。そこにはもはや形式的なビザンチン様式はない。美しい翼を広げた天使が右手に審判の天秤を持って立つ。コウモリの耳をした小悪魔が秤の皿に乗って自分の方へ秤を傾けようとしているが成功しない（図版3）。天使はもう一方の手で裸の愛らしい子供の頭をやさしくささえている。子供は微笑している。自分の魂の乗った皿が善行の方へ重く傾くのを見て、懲らしめなどぜんぜん恐れていないのだ。悪魔が一人子供を狙っている。オータンの悪魔たちとはおよそちがい、その皮肉と嘲笑にゆがんだ口もとは、まさにメフィストフェレスの直系の祖先である。これはまさしく後世悪魔の夜宴に君臨し、ルーダンの修道女たちにけしからぬ悪さをする悪魔、妖術師たちの悪魔、契約の悪魔である。それよりもこの悪魔ときては「砂漠の父」たちの古代の伝統にふさわしいかもしれない。聖アントニウスの語るところによれば、隠者聖パウロを誘惑した悪魔はこのような鉤鼻と角とを持っていたということだから。

この場合の他の七人の悪魔は、また別の特徴を示している。彼らには解剖学的、病理学的奇形のあることが分るが、これがその後悪魔の基本的な属性となる。そのうちの二人は腹部に満月のようなもう一つの赤い顔を持ち、他の一人は尻に翼を生やし、胸部には犬の頭の形をした乳房をつけている。

場面の端に地獄の大釜がある。何という奇想天外な写実主義か。炉は逆さになった怪獣の顔である。下顎のないぱっくり開いた口から炎が立ち昇る。悪魔が二人ふいごで煽る。獰猛で野卑な酩酊面だ。これが名立たる地獄の口、奈落の淵であり、硫黄と松脂の火の未来永劫決して消えることのない深く広い裂け目である。

この炉の上には大きな釜が乗っており、中で亡者たちが釜ゆでにされている。その上おぞましい動物にまで嚙みつかれる。顔の見えない悪魔が手荒く彼らを積み上げ、別の悪魔は長い柄の用具で彼らを力一杯つき砕く。この情景の扱いにみられる身の毛のよだつような写実主義には、トゥールのグレゴリウスが伝える聖サルヴィウスと大修道院長スニウルフスの幻想や、ベネディクト派の年代記作者マチユ・パリが恐るべき描写を残している一二世紀の修道士エベルシャムの幻想など、たしかに中世文学の何がしかの影響が見られる。

2　最後の審判
オータンの大聖堂正面玄関，11世紀

中世の彫刻作品は、重要なものであろうとなかろうと、建造物の破壊、変形、取崩しといったさまざまの原因による数知れない被害を免れて残った遺物に他ならない。それを思

3　最後の審判
ブールジュの大聖堂正面玄関三角小間，13世紀

えば、最後の審判の情景が、いくぶん重要なキリスト教教会ならどこでも繰り返し現れていたことは、たやすく想像がつく。ただ、同じ主題であっても、職人たちの多少なりとも豊かな想像力、常に民衆の道徳心に恐怖を呼び起こそうとした想像力によって、巧妙な変化がほどこされているのである。

アヴェイロンのコンクにあるベネディクト派修道院の教会堂の三角小間では、悪魔が巨大な槌を振りかざして神に見放された者たちを打ちすえている。ババリア地方のバンベルクにある大寺院の正面入口の悪魔は、亡者を鎖で引っぱっている。どんな凄まじい戦慄が、このような光景を見つめた人々の身内を走ったことだろう。われわれのように作品のナイーブさは見なかった彼らは、いつの日か自分たちもこんな苦しみを受けねばならない、というぬきさしならない確信を抱いたのであった。

神の忌むべきライバルである悪魔の学問、魔神論は、こうしてほかでもない「真理の主座」のある寺院の入口に、神の学問である神学に相対して記されていたのだ。いったいだれに、悪魔の軍勢が天使の軍勢に対峙するこの不可視の暗い世界の存在を疑うことができたろう。神学者はたしかに神の本質について、その善と無限の力について、悪

4　亡者の拷問
ルーカス・クラナッハ（1472–1553）

魔についてよりもはるかに多く語り、故意にか否か、悪魔の方は不確かさのうちにとり残しておいた。その曖昧さがまた実際には民衆の好奇心をそそらずにおかなかったのである。

大聖堂の時代が終りをつげ、宗教彫刻が異教のうちに活路を求めて退廃に陥った時代になると、キリスト教美術は写本の細密画や初期印刷本の木版画など、もっと身近な表現をとるようになった。それでも、地獄図は新しい美術の内へ移行し、人々の心に同じような影響を及ぼした。ストラトフォード・オン・エイヴォンの礼拝堂の有名な悪魔のフレスコ画、ピサのカンポ・サントの同様の画は、過去の世紀の伝統を継承し、よりやさしい技によって彫刻師たちの大胆な創造力を容易に凌いでいた。

中世の写本の彩色挿絵は、すでに大聖堂の三角小間の伝統的な場面を本の中に持ちこんでいた。それいらい彫版師の鑿が改めて伝統の情景を表現するようになり、自由自在なその手法の柔軟さのために、かつて見られなかったような細部の描写ができるようになった。

一四七三年にアウグスブルクで印刷されたドイツの初期印刷本ヤコブス・デ・テラモの『この書はベリアルと名づける』という表題で一般には『ベリアルの書』と呼ばれる本には、地獄の口を表わす木版画が入っている（図版5）。一三世紀の彫刻の最も恐しい構図に少しもひけをとらない。大きく開けた竜の口には岩乗な木の柱でつっかい棒がかってあり、その両脇に一人ずつ悪魔が陣取って、片方は怖い顔をして眉を寄せ、もう一方は陽気な口もとを見せている。お人好し然としたそのさまは、この種の者にあっては一層不気味である。奥にもう一つのいらいらした顔がのぞいている。この悪魔たちの頭ベリアルは深淵の外に立って、彼らと密議を交わしている。

ミケランジェロやジャン・クーザンら一六世紀の画家たちは、その最後の審判の製作にあたって、実は細部の生々しさを抑え、あらゆる幻想を退けて、すでに懐疑主義に冒された時代の要請に合った場面を作り上げたのであった。しかし、彫版師たち、ことにフランドルやオランダの職人たちは、自分の感興を自由に表現し、空想のおもむくまま気の向くままに描ききった。そこにはなおある素朴さが認められはするものの、正直なところそれ以上に不遜のきらいがある。

ここに（図版4）、ルーカス・クラナッハ父（一四七二―一五五三）が、ほとんど知られていない木版画で、審判が終って地獄へ陥ち込む罪人たちをどのように描写したかを示した。構図の右端にハリネズミのような悪魔がいる。恐しいグリフォンは獏の頭蓋骨をした頭に木綿のボンネットをかぶり、翼の生えた豚は義務を怠った剃髪の男を拷問し、女に馬乗りになった怪物は女の口に剣の刃のような舌を差し込んでいる。これらは一六世紀の版画師の絵にしばしば現れる創作物である。

図版6にはさらに、フランドルの巨匠ブリューゲル（父）の版画で、コックが一五五八年に彫版したものをのせた。厳粛な雰囲気の中に、笑い出してしまいそうなこまかい描写が含まれている。この最後の審判の配置は大聖堂のものと同じである。「人の子」は雲の上に坐して、運命の言葉を告げる。「祝せられたる者よ、わが父の永

遠のみ国に来れ。去れ、呪われたる者よ、わが父の永劫の火の中へ」。巨大な地獄の口が構図の右手を占めている。巨魚の口だ。そこに罪人たちがなだれ込む。彼らを押しやる悪魔どもは、もう前世紀の戯画的な人間の顔ではない。珍無類な姿である。猛禽類、爬虫類、妙ちきりんな両棲類、平たい嘴の小鬼、大きな下顎の小鬼、これらは、もし当時すでに古生物学という学問が知られていたら、有史以前の動物や古生物学から想を得たともいえそうだ。同じような特徴がオランダの有名な版画家ヒエロニムス・ボス（一四六〇―一五一八）の次の版画にも見られる(図版7)。しかし、幻想を追い求めるその執念は、常軌をはずれて狂気じみるまでになっている。広大無辺のこの絵には、動きと、ざわめきと、波乱万丈の病的な命とが満ち満ちている。それは、体をよじりしどけないポーズをとる無数の悪しき生物の乱舞であり、悪魔的な傑作である悪魔の夜宴を思い起こさせる、これについては後で述べる機会があろう。

5　地獄の口
ヤコブス・デ・テラモ『ベリアルの書』アウグスブルク，1473年

　最後の審判の情景にかなり似通った構図がある。前の時代にはほとんど取り上げられなかったが、一六世紀の版画家たちが好んで描いている「イエス・キリストの地獄降下」である。ここでもまた、悪魔的幻想を追うのはやさしい。マルティン・ションガウアーの見事なドイツの版画(図版9)は悪魔を打ち倒すイエス・

6　最後の審判

ブリューゲル（父），1558年

キリストと、悪魔の仲間二人を描いている。この二人は、救い主が救い出したばかりの正しい人々を地獄の辺境から出させまいとやっきになっている。この地獄の番人は三人とも猛禽の顔をしている。触手と尖ったけづめが複雑にのび、海馬の背中か、ベルガモ人の甲冑のかぶとのようだ。

ブリューゲルもこの情景を彼特有の情熱をもって描いている（図版8）。キリストは中央の長円形の中から威光に満ちた高潔な姿で、正しい人々の群を地獄の辺境より救い出している。周囲をとりまく醜悪な地獄の妖怪どもに心乱すようなことはない。眉庇のついた歩兵のかぶとをかぶり、身体が半分コガネムシ、半分卵形の何ともいいようのない妖怪。その殻は、救われた子供たちを解放しようとしてなかば口を開いている。腕を自分の背中の皮につき刺し、複雑怪奇な業が得意なバラモン

7　最後の審判
ヒエロニムス・ボス（1460–1518）

教の行者よろしく剣を振りかざしている妖怪もいる。

悪魔的表現の主題の一つ、「ルシフェルを倒す大天使ミカエル」も見過してはならないだろう。このテーマはキリスト教絵図の中でいろいろな形で数多く取り上げられた。この場面は聖書とは無関係だが、神学のはるか昔の根につながっている。旧約聖書のサタンとみなされる堕落天使はふつう、竜の形で表現され、その姿で四世紀間大聖堂のステンドグラスを飾ってきた。いま、マルティン・ションガウアーの美しい版画でそれを見てみよう（図版10）。これは、あるていど前の版画（図版9）の写しと考えられ、イエスと大天使は同じ姿勢で同じように力強い構えを見せ、同じ竜が聖なる征服者の足もとでもがいている。

中世の末期には、特殊な審判図が、大聖堂

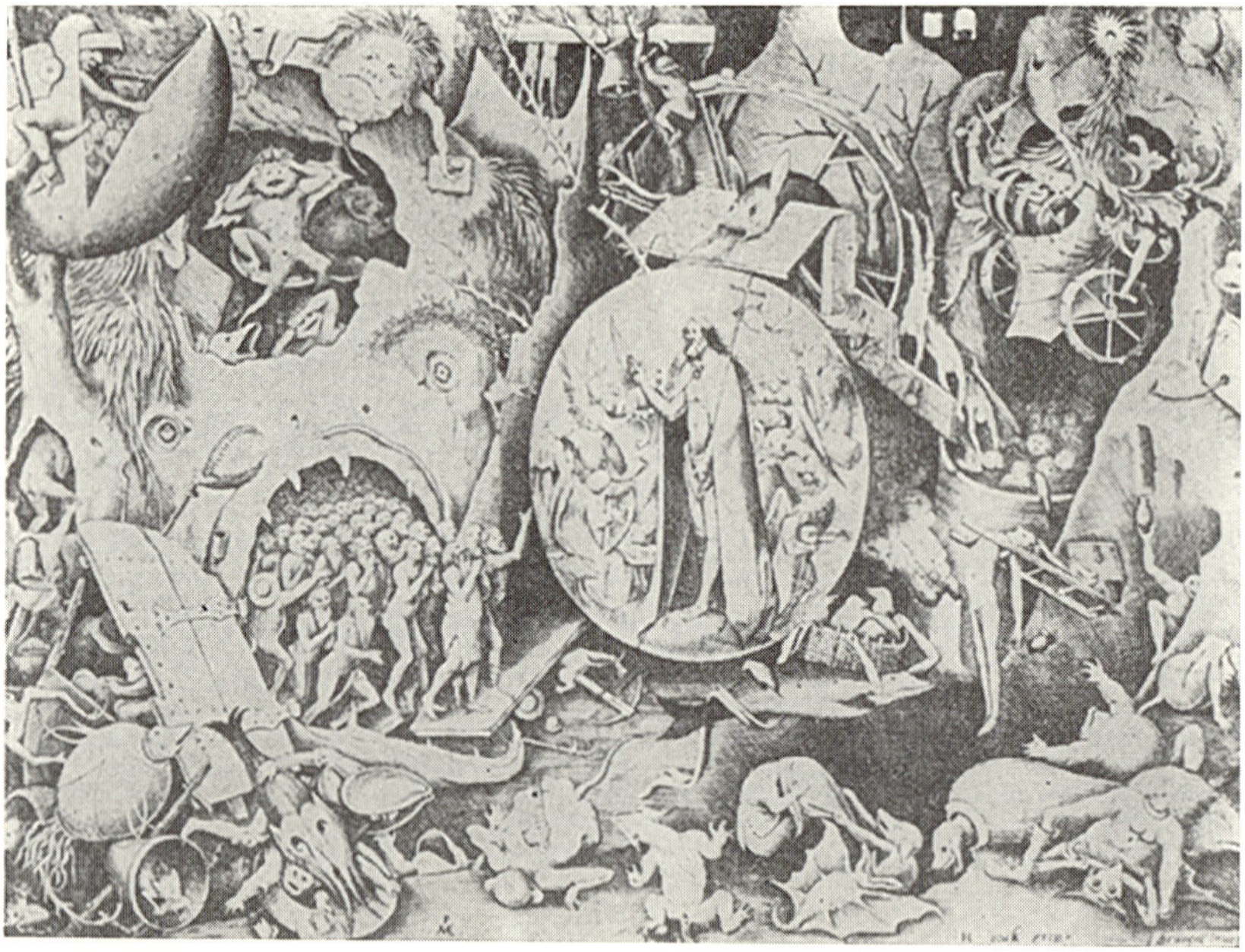

8　地獄の辺境から救われた正しき人々

ブリューゲル（父），16世紀

にはほとんど用いられなかったけれど、やはり相当にもてはやされて、ほとんど完全に最後の審判の場面にとって代わるようになる。なかでも美術家たちが好んで取り上げた主題の一つは瀕死の人間で、その魂を天使と悪魔が争う図である。

図版11に示したすばらしい作品は、一四七〇年ないし一四七一年にアウグスブルクで出版された非常に珍しい初期印刷本『往生術』からの引用である。一人の修道僧が男に灯のついたろうそくを手渡すと、天使のコーラス隊が男の魂を迎える。魂は小さな裸像で表現されている。右側にはキリストの磔の場面があり、瀕死の男が救い主の十字架の功徳にあずかることを示している。しかし、ベッドの足もとには、醜く恐しい姿をした、大聖堂の三角小間のあの悪魔どもがいる。吠えたける犬の頭をもつ者、悲しげになくロバの頭をも

9　イエスの地獄への降下
マルティン・ションガウアー（1420–1488）

10　竜を倒す聖ミカエル
マルティン・ションガウアー（1420–1488）

つ者、十字架の下にいるのはユダヤ人のカリカチュールである。他の二人は鼻に眼鏡をかけ、身をよじ曲げ、山羊のひづめの足をして、鳥のような三本のけづめの後足で立っている。彼らは、魂が自分らの手から逃れ去るのを見て、一斉に憤りと失望の叫びをあげているのだ。その叫びは吹流しの文字に記されている。

ああ悲しい、気が狂いそうだ
もう望みがない
われわれは魂を失った
胸が張りさけそうだ
いまいましい

民衆の魂を激しくつき動かした悪魔的表現のうちにさらに、中世を通じて、コンフレール・ド・ラ・パション（キリスト受難の仲間）などの劇団が演じた《聖史劇と奇蹟劇》とをあげることができるだろう。これらの素朴な芝居にはかならず「地獄」の場面が入っていて、観客の目前で悪魔たちのさまざまな場景が展開され、観衆はこれに聖なる書物の情景に対するときとほぼ同じ神学的な意味づけをしていたのだった。

ダンテの詩は、一三世紀の末以降ヨーロッパに多大の影響を及ぼしたが、それがさらに地獄というものの観念をかため、地獄を議論の余地のない宗教的真実とした。それでも、より近代的かつ哲学的なその地獄は罪人の圏界と独特の象徴主義を持ち、それ以前の時代の伝統的な地獄とはかなりはっきり異なっている。そのため、ここで調べようとしている妖術の大きな流れに対しては、それほど強い影響力は持たなかったといってよい。したがってダンテの図はあえて取り上げない。それに、ダンテの構図がさらに展開を見せるのはずっと後のことであり、しかもある意味ではキリスト教から発した悪魔図とは別種のものとしてのことであった。悪魔図の影響は彼の「地獄」の最終場面にわずかにその痕跡をとどめているにすぎない。その場で、人類の最悪の罪人イスカリオテのユダは最も重い懲らしめを受け、サタン自身に呑み込まれる、と詩人は想像したのである。

……そはイスカリオテのユダ

頭を内にし、脚を外に振る　（『神曲』地獄篇第三四曲）

図版12の強烈な木版画は、イタリアの本『聖なる詩人ダンテの作品』（ベルナルディノ・スタニーノ、一五一二年、ヴェネチア）からとったものである。この絵ではサタンは三つの顔を持ち、前の口がイスカリオテをうのみにし、同時に両側の口もそれぞれに罪人をむさぼっている。

時代がさらに下って、信仰に中世の烈しい熱情がもうみられなくなっても、洗練されていく文明にほとんど無

11　瀕死の人間の魂を天使と争う悪魔
『往生術』アウグスブルク，1471年頃（著者所蔵）

12　イスカリオテのユダの懲罰
ダンテ，ヴェニス版，1512年

関心な旧弊な地方では、教会は依然として民衆に悪魔をますます通俗的な形で示し、子供じみた悪魔幻燈をやるなど、機械的な手段さえ使っていた。

その例を、パリのクリュニ美術館に保存されている聖具室の風変りな調度に見ることができる（図版13）。おそらく、一七世紀のはじめに作られたカラブリア工芸の一つであろう。「悪しき盗賊」を表わしていると考えた人もあったが、恐しい顔をゆがめて赤い大きな舌を出す黒い人物はたしかに悪魔である。この悪魔は、調度にあいた現代の人形芝居の舞台風の窓から顔をのぞかせている。この仕掛けには、紐、滑車、バネ、おもりがついていて今も動き、その怪奇な顔を思いどおりに引き出すことができる。こうして過ちを告白しようとしない強情でかたくなな罪人をおびやかすことができるというわけだ。

そして、大衆版画の時代に入ると、人々の魂に恐怖を起こさせる目的の図像資料は数え切れない。かつてその役目を果したのは大聖堂を飾る石であった。後代の図像資料がこれに数段劣っているとしても、責めは時代の移り変りと潤いを欠いた心にあるのであって、作者の意図は変ることなく純朴さを少しも失っていない。

この時代の作品の例としては、神父ロメディウス・クノルによる『聾唖者カトリック師範学校の版画四〇枚』(アウグスブルク、ニコラウス・ドル)からとった三枚の版画(カラー図版2)だけをここに載せた。

第一の版画はよき告白である。図面の右手から告白者が、腰みのだけをつけた角の生えた悪魔に鎖で引かれて入って来る。告白所で女の悔悟者が自分の罪を告白すると、キリストの功徳から恩寵がくだって別の悪魔が持っていた鎖を切る。三人目の悔悟者が守護天使に導かれて告白所の右へ出ると、もう一人の天使が天上から冠を差し出す。上隅の二つの長円形の中には罪人の放蕩息子と、父に許された彼とが描かれている。

第二の版画は前のものと対になっており、悪い告白を表わす。卑劣なうすら笑いを浮かべた悪魔が厚かましく告白所に上り、罪を隠す女の口をふさいでいる。左右には七人の悪魔に引かれた七人の男女の告白者が並ぶ。悪魔がかかげる絵から察すると、彼らは七つの大罪を犯した模様である。剣を振りかざす男は憤怒を、羽を広げるクジャクは傲慢を、恋のささやきは邪淫を、眠る男は怠惰を示す。悪魔の中の二人が金の袋と酒の壜を犠牲者たちに差し出しているのは、貪欲と貪食を象徴する。そして、守銭奴の金袋を示す悪魔が嫉妬をかきたてる。

13 悪魔の出現
聖具室の家具，カラブリア美術，17世紀
(クリュニ美術館)

14 地獄
クノルのアルバム，18世紀（モーリス・ギャルソン氏所蔵）

最後の第三の図版は地獄であり（図版14）、罪人たちの受ける責苦が描かれている。彼らは当然のむくいで鎖につながれ、金縛りにあい、大きな車輪の鋭い鉤に串刺しにされ、三叉の熊手の一つきごとに炎の上をくりかえし回転して、永劫にわたって焼かれ続ける。技法が未熟なので、これらの図版はクラナッハ、ブリューゲル、カロ、ションガウアーなどの作品には遠く及ばないかもしれないが、具体像を与えることによって、おそらく彼らの作品よりも民衆の間にある種の伝承を保たさせる役割を果したであろう。この伝承に哲学者は攻撃の鋒さきをむけたが、神学者はそれを元のままに残そうと心を砕いた。

この最後の絵図はことに、一六二二年にルーアンで出版されたリエッの教会参事会員のフランソワ・アルヌー師が書いた『死の世界の不思議』という、大衆向きの小さな本から構想を得たらしい。その中の地獄の描きかたはロメディウス・クノルに似ている。彼はいう。《地獄では悪魔は相棒に叫ぶ――打て、皮を剝げ、喉を掻っ切れ、殺せ、早く殺せ、そいつをさっさと炭火に乗せろ、こいつはかまどに投げ込め、沸えたぎった釜へぶち込め、はすっぱ娘どもは火のような炎をあげる冷酷きわまりない竜を腕に抱くだろう。お望みなら竜の形をした悪魔が、その蛇のような尻尾で脚を縛り、その残酷な爪で体を抱き、そのよだれの垂れた臭い口をお前の口に重ね、毒と毒液とともに火と硫黄の炎を吐き入れ、……鼻汁を垂らしたひどい鼻からお前の鼻に悪臭を放つ毒気を吹き込むだろう……あげくには竜は千々の苦痛、千々の腹痛を起こさせ、痛みのあまりお前の腹は惨めによじれるのだ。罪人らは悪魔どもも叫ぶだろう。浮気女だ！　淫売だ！　苦しめろ、ほれ、それ、悪魔たち！　魔物たち！　さて、さて、地獄のお返しだ！　浮気女よ、淫売よ！　さあ淫売にのしかかれ、思いのきりに懲らしめろ！》

3　信仰生活における悪魔の出現

教会の敬虔な信者たちは、神が場合によってはさまざまな姿で、人間の姿さえとって、人々の目の前に現れることができる、と確信していた。これに対して、悪魔も同じように姿を現すことができる、というもうひとつのやはり論理的な確信もあった。家来である下々の悪魔たちも、神の従者である天使たちのように、その姿を現す力を持っていた。聖トマス・アクイナスがその著『神学大全』の中で、天使と悪魔について、また彼らが人間の姿をとることのできる方法について、えんえんと綴っている章を読みさえすれば、この問題に関しては当時なんらの疑問をさしはさむ余地もなかったことがよく分る。

「悪魔」の出現については、中世の歴史家や年代記編者がほとんどどの頁でも触れている。トマ・ド・カンタンプレ、ハイステルバッハのセゼール、ピエール・ル・ヴェネラーブル（『奇蹟』という二冊の本の中で）、聖グレゴリウス大教皇の『対話篇』の編者などがその例だ。ベネディクト派修道士にとって大切なこの有名な対話は、その昔一部の教会で終課の前に読んでいたためにもう少しで典礼になるところだったが、もっぱらこうした悪魔の出現話を集めることを務めにしていたとさえ思われるのである。

というものの、音にきこえた悪魔の出現を一体だれがあえて疑ったりしたろうか。隠者聖アントニウスは砂漠での不運な犠牲者であったし、厳粛な教父聖アタナシウスは微に入り細にわたって悪魔の出現を物語っていたの

15　聖アントニウスの誘惑
イサク・ファン・メケレン，15世紀

16 聖アントニウスの誘惑
ブリューゲル（父），コック彫版，1556年

である。こうした有名な話は、フロベールがこつこつと感銘深い小説に仕上げるずっと以前に、すでに中世において、僧院で、館の高貴な部屋で、農家のわらぶき屋根の下でさんざん話題にのぼっており、すべての絵師を刺戟していた。彼らは最後の審判を手がけてきた人々であり、いまや「聖アントニウスの誘惑」に手をそめ、いずれは悪魔の夜宴の恐しい禁じられた情景を題材に取り上げるようになるのである。

この種の作品中最も傑出しているのは、おそらく、無名に近い一五世紀のフランドルの版画家イサク・ファン・メケレンの作であろう。彼はその高貴な着想と完璧な技法の点で同時代のあらゆる制作者をしのいでいると思われる。図版15では、聖アントニウスが悪魔たちによって宙につりあげられているところが描かれている。画家は悪

17　聖アントニウスの誘惑
ダーフィット・テニールス，Th. ル・バ彫版

魔に高脚ガニ、ケンミジンコ、蔓脚類からいちばん恐しく最も醜い形を借りあたえた。渋い顔をした何とも奇妙なナマコ、無数の足を持つミナミコメツキガニ、鋭い脚先を振りかざすカブトガニなどである。猿が憤怒の形相で、手にした棍棒を聖者の頭に力一杯ふりかぶれば、ウミキクガイやミジンコの仲間のシテレのように針を持つ怪物どもは聖者の衣にしがみつく。また、開いたひれを持つセミホウボウ、ホウボウ、飛びカサゴ、など尖ったとさかで武装した背骨を持つ怪物も負けていない。敬虔な隠者の方は、目くばせをしながら、またまたあいつらだ、慣れてしまえばこんな幻想はちっとも厄介ではない、と万事を承知のいたずらな老人のからかうような微笑をたたえている。

一六世紀の芸術家たちは、コックが彫っ

18　聖アントニウスの誘惑
ダーフィット・テニールス，ファン・デン・ヴィンク彫版

たブリューゲル（父）のこの奇怪な版画にも見られるとおり（図版16）、より冗漫になり、同じ情景を扱うのにも好んでことこまかな描写をくりひろげるようになる。しかし、構成の迫力と巧みさの点で彼らがイサク・ファン・メケレンをしのぐことはないだろう。

カロは、「大誘惑」という二部に分れた大きな版画で（図版20）、聖者の試練に異例の奥行きを与えている。大勢の人物が登場し、そのどれもが一人一人特別な研究の対象になりうる。だが、よく知られている方の「小誘惑」では（図版19）、画面をもっと妥当な大きさに仕上げ、ブリューゲルの手法を用いながら、オランダの老巨匠の持っていなかった節度と調和と均衡の感覚を生かして群像をまとめている。悪魔出現の科学はここでその極致に達した。画家の生存中に有名になったこの画について改めてくわしく説明するには及ばない。それに、これは悪魔の夜宴の場面の構図におおい

19　聖アントニウスの誘惑，通称《小誘惑》
カロ，17世紀

に寄与し、いくつもの類似点を持つのである。

「聖アントニウスの誘惑」はテニールスによっても何回か取り上げられている。神秘的で華やかな情景すべてに親しみ、そこに皮肉と懐疑の繊細なタッチを揮った彼が、この主題を描かなかったとしたら不思議なことだ。テニールスの油絵にもとづいてル・バが彫った図版17の版画は、現在リールの美術館にあり、ほとんど知られていないが、この画家の見事な《誘惑》のうちの一枚である。これまでにあげた表現と違って、前景に美々しく着飾った女性が描かれ、聖者に媚薬を差し出している。敬虔な聖者の生涯にことよせた官能的な一場面だが、美術家がそれまで無視してきたものだ。さらに、聖アントニウスの肩に身を寄せている角のある女は、おそらく変装した悪魔であろうが、当時人々が魔女に与えていた――いわば古典的な――特徴を表わしている。

テニールスが描いた何枚かの《誘惑》のうちヨ

ーロッパのいくつかの美術館にある作品は、図版17とはまったく異なり、図版18の型に属する。ジャック＝フランソワ・ファン・デン・ヴィンクが彫ったこの美しい版画には、悪魔出現を描こうとする画家たちにはなじみの深い例の妖怪が配されている。ただし、この怪物たちはマント、頭巾、目と口の開いた頭巾、肩衣を着けている。聖者をあざけるためであるし、後に聖人のように隠者になるためである。年を取ると悪霊はよくそうしたのだ。

20 聖アントニウスの誘惑
カロ

この場面で主役をつとめるのは角のある魔女だ。口をすぼめ、命令口調で、聖者に自分が煮始めた鍋を差し示す。うまい肉が入っているのである。彼女の新手法だ。この誘惑の手で修道者に胃を荒す執拗な断食を止めさせることができる、と魔女は考えているのだ。

悪魔が孤独を乱そうと謀った人物は聖アントニウス一人だけではなかった。ただ彼が一番有名であっただけの

20 bis　聖アントニウスの誘惑
カロ

ことだ。古い昔から今日までの聖者たちの生涯を、砂漠の聖者からアルスの司祭の生涯にいたるまですべて見てみれば、おそらく一人として悪魔の誘惑を受けなかった者はないだろう。これらの敬虔な人々にはみな、ときどき姿を現す不可視の敵との間に争いがあった。聖アントニウス、聖ベネディクトゥスの人も知る隠遁生活の中で、聖ドミニクス、聖トマス・アクイナス、アッシジの聖フランチェスコ、パッツィの聖女マグダレーナ、シエナの聖女カタリーナ、フォリーニョの聖女アンジェラたちの生活の中で、そして他にも多くの人々の暮しの中で、悪魔は大きな場所を占めていた、と同時代の人やその聴罪司祭、あるいは崇拝者が書き残している。悪魔はこれらの謙虚で純粋な身心を悩まし、敬虔な瞑想を妨げ、いやしい悪ふざけをしかけ、独房の中でひっくり返し、衣服を剝ぎ、顔に汚物を塗り、こっぴどく打ちのめした。聖女テレサのよき競争相手であり弟子でもあった十字架の聖ヨハネが何度かこうした目にあったように。

悪魔たちはいく度もシエナの聖女カタリーナを火の中へ投げ込んだ。馬からもつき落とせば、凍った川へまっさかさまに転落させたこともあった。聖女テレサの補佐修道女、サン－バルテルミの修道女アンナも悪魔の迫害にさらされた。修道院の廊下を彼女について歩いてはランプの火を消すのだった。修道院長ブードンがエヴルーのプロヴィダンス修道会の修道女マリ＝アンジェリークの生涯を書いているが、彼女は二年間、緑のうろこのある犬の姿をした悪魔につきまとわれた。小悪魔どもはしばしば彼女の脚を引っぱって、彼女を地上に釘付けにした。ボーヌの修道院のカルメル会修道女マルグリット・デュ・サン・サクルマンはあらゆる悪魔の病いにかかり、院長の命令があると治るのだった。サタンは何回か彼女を締め殺そうとした。

聖ドミニコ修道会の修道院長アニェス・ド・ジェジュは地獄の力に最も苦しめられた一人だった。悪魔らは彼女の足をつぶそうとして、足もとに大きな丸太を倒した。その中の一人はエチオピア人の巨人の姿で彼女の前に

21　反キリスト
ルーカス・クラナッハ（シェーデル『ニュルンベルク年代記』1493年）

現れ、目から火を噴き、一フィートもある炎の舌を出して、彼女がともそうとしていた火を強く吹き消した。さまざまの形の小悪魔の一団が現れて、びっしりと彼女をとり囲んだことも一再ならずだった。蛇の形をした何匹かは彼女のスカートの下へ滑り込み、脚にからみついた。飢えたオオカミの姿をしたものもおり、これは牙をむいて彼女に襲いかかった。悪しき霊の群はひしひしと彼女をとり巻き、頭から足先まですっぽりと埋めつくしてしまうのだった。

福者マルグリット＝マリは、イエスの「神の御心」の秘密を明かされるすばらしい特典を得たが、その彼女までも悪魔たちと闘わねばならなかった。彼女の伝記作者、ランゲ大司教が伝えるには、《彼女が仲間の修道女たちと火のそばに腰を下していると、ときどき目に見えない力が彼女の坐っている腰掛けを力まかせに何度も引っぱって、たて続けに何回も彼女をしたたかに床にたたき落とすのだった。一七一五年にはまだこの出来事を目撃して、それについて法廷で証言した三人の修道女が生きていた……》

このように、悪魔の生活は中世を、そしてある程度現代を、聖なる力とともに支配しているということが分る。これは、遠い過去の時代を研究する場合、その時代を公正に判断したいならば決して見失ってはならないことである。サタンは救い主と同じ頻度で図像に表現されている。当時、「悪魔」の存在は至高の存在と等しく信仰箇条であった。歴史哲学の一部の学派が好んでやるように、神の観念を敬うべきものとし、悪魔の観念を愚かな、粗野な、無知なものとして、この二つを分離しようとするなどということは絶対にしてはならない。それは神学について何も知らないということである。サタンに手を加えれば、教父たちが営々として築き上げて来た構築はすべて崩壊してしまうだろう。

最後に、半分悪魔、半分人間という奇態な捉えどころのない反キリストなるものをあげることができるかと思う。ルーカス・クラナッハはシェーデルの『ニュルンベルク年代記』（一四九三年）の中で、それを図版21のように描いている。その存在は信仰箇条であり、この人物はやはり永遠の敵同士である「善」と「悪」の原理の間にある二律背反を確かめ、具象化しているのである。

4　妖術師、悪魔の教会の司祭

以上のように、善と悪という相対立する二つの原理の存在を認める人々が、神が地上に豊かで栄誉ある神の教会とその司祭、典礼、儀式、ミサ、教典を持つことを目の当りにしたとき——ことに、その人々が、神は自分にはこの世の富を拒み、自分を惨めな目にあわせている、と物申す権利があると思っている場合には——、恐しい肖像を見ることのある「悪霊」、サタンもまたおのれの教会とその司祭、祭儀、ミサを持つのではないか、と考えたとしてもそれは少しもおかしいことではない。この自分が悪魔の司祭になってなぜ悪かろう、神が拒んだものをひょっとしたら与えてもらえるのではないか。俗世の富裕、はかない財宝の主人といわれるその者の前にひざまずいて自分の幸福と喜びを願ってどうして悪かろう。教会は悪魔を堕落天使だときめつけるが、悪魔と神とは対等ではないか。なぜなら、ヨブ記の中でサタンは主の顧問格であり、主に親しく話しかけ、主とともにはかりごとさえめぐらしたことを、われわれは知っているのだ。

こうした論理が実行に移されるのは必至であり不可避であった。一〇世紀の間、人間でいえば三〇世代にわたって、人々は大聖堂に悪魔を眺め続けてきたのである。弊害のないはずはない。悪魔を実際に見に行こうという好奇心の強い連中もいたろうし、近づきになろうと悪魔にへつらった者もあったろう。身も心も捧げた反逆の徒も出たのである。サタンにはサタンの司祭がいた。それが妖術師である。そしてとりわけ女司祭を持っていた。

魔女である。男性だけが主に仕えることを許されるのだから、除け者になった女は大挙してその闇の世界のライバルのもとへと走り、闇の主が彼女たちを快く迎えたのも、これまた必然的な論理の帰結である。妖術師一人に魔女千人の比率であったという。これには誇張があるが、群集の中で「雄山羊」を拝みに急いだ女は、たしかにそれを崇めた男よりはるかに多かった。

リヨンの大聖堂の西側入口の右側の迫石の上に、この聖堂建築の黄道帯の彫刻にまじって刻まれているのは、妖術師ではなく魔女である。このきわめて興味深い作品は、一四世紀初頭のものであり、間違いなく、大聖堂に描かれたこの種の人物としては最古の表現である。これがあるということは、教会が暗黙のうちに妖術の現実を認めて、それを真面目に受けとめていたことを示す。現代のキリスト教徒がこれらの伝統を悪魔ともども厄介払いしようとしているのとは違う。

悪魔の夜宴の版画に現れる一六世紀、一七世紀の魔女と同じく、図版22の魔女も裸である。彼女は雄山羊にまたがり、右手で角の一本を摑み、左手は一匹の動物を振りまわしている。これはおきまりの黒猫で、今日でもカード占い師のところで見かけるものだ。図版23の浅浮彫では、城砦に閉じ込められた二人の人物が、塔のてっぺんから、三人目の人物に魔女に気をつけるようにと合図を送っている。この第三の人物は魔女に二匹の犬をけしかけて、開いたままになっている城の戸口からあわてて中へ逃げ込むのである。

この場面は、その昔人々が魔女の力を重視するあまり魔女たちをいかに恐れていたかを非常によく示している。

妖術師を正確に定義するのは不可能に近い。彼らの役柄は多種多様であり、妖術師にも魔女にもいろいろな種類があった。またこの呼称はしばしば誤って用いられ、たがいに社会的に身分も異なり、教養の程度にも大きなひらきのある人々にあてはめられた。

22 魔女
リヨン大聖堂西側入口，14世紀

妖術師の第一の仕事は、その名が示す通り、何らかの動機から悪運を願う相手に呪いをかけることであった。司祭が「天」の祝福を祈るように、彼は「地獄」の呪いを招いた。そこでは、妖術師は完全に聖職者の世界と対立関係にあったわけである。

妖術師はまた、常に悪魔に訴えることによって、ある者が契約を結びさえすればその者たちに世俗の利益と財宝とを手に入れてやることができた。悪魔によるという理由で、教会が糾弾していた利得を、である。ここでも再び妖術師は司祭と正反対だった。司祭は、この世の富は神によってのみ、すなわち、直接にあるいは聖人の介入によって神ただ一人にこいねがうことによってのみ、罰を犯すことなく得られるのだ、と教えていたのである。

有能な妖術師の中には、悪魔や地獄の一大軍勢の下級の悪魔どもを出現させる術を知っている者がいた。この点司祭より妖術師の方が上である。神学は奇蹟を願って神を試みることを司祭に禁じていたから、司祭はしあわせをもたらすような出現を起こすことはできなかった。降霊術者といわれた妖術師たちは死者を呼び出すことができた。これは悪魔の出現とはまったく別の業なのだがしばしば混同される。

それに、実際には《憑かれた》だけに過ぎない人々を《妖術師、魔女》と呼んでいたことに注意しなければならない。この区別は、悪魔的現象すべてに科学的な説明を加えたと自負する著者が書いた現代の書物においてさえ、一部ではいまだに明確にはなされていない。憑きもの現象は妖術と混同されることが多く、妖術師が発揮する多才の最高の結実、いわば地獄の芸の傑作、つまり悪魔の夜宴の中にまで入り込んでくるのである。悪魔の夜宴は、いずれくわしく説明するが、一地方全域の妖術師の集会であって、悪魔がみずから主宰した。しかし、妖術師全員が夜宴に行ったわけではないし、だれもかれもが今述べたような闇の世界の業を行なっていたのでもない。大多数の妖術師はもっと毒の少ない術しかやらず、幸運を告げ、タロット・カードで未来を読み、手相を解き、数知れない手法で占いに没頭した。その手法の伝統は秘伝として後代に伝えられた。ジプシーといわれる流浪の民族がとくにこの種の妖術を行なっていたようであり、悪魔的妖術師の方はむしろ自分らの村を離れることがなかった。

最後に、《知識人》に入る妖術師がいた。当時はいまでいう《学者》という明確な概念がなかったために妖術師と呼ばれていたのである。学問のある人とは、書物の人、教会の教義からもアリストテレスの教えからもそれることなく大学において威厳《エクス・カテドラ》をもって講義を行なう人であった。しかし、実験室の暗がりの中で物質を扱い、その秘密を抜き出して、実験科学の萌芽の片々をまとめあげようと思いついた者は、まだ妖術師の変種なのであった。妖術師という呼び名も、彼が心霊術と自然の秘密の研究とをすすんで混ぜ合わせていた事情を語ることが多かった。

23　呪いの恐怖
リヨン大聖堂西入口，14世紀

ドイツの町でも、またハンガリー、フランドル、ブラバントの町でも、中世にはどこの町にもきまって、袋小路の奥のいわくあり気な家に隠棲する老人がいた。その家のくぐり戸は物見高い人々や闖入者にはつれなくとざされていたが、老人は彫金師と骨董屋とを兼ねる大金持として通っていた。ときとしてきれいな娘があり、ミサのときにだけ人々は彼女に会うのだったが、彼女は自分の父親が何をしているのか少しも知らなかった。星占いをしている、普通の金属を金銀に変えている――夜、かまどのふいごの激しい音が聞こえた――、自動人間をこしらえている、などと人々は思っていた。だが、老人のやっていることの秘密は正確には分らなかった。そこで面倒な説明ははしょって、人々は彼が悪魔に魂を売ったと考え、老人を妖術師と呼ぶことにした。大衆向きのこの人物は、ホフマン物語のようにたくさんの幻想的な物語を生んだ。かの有名なファウスト博士はその中でも最も見事なタイプである。ジュル・ヴェルヌの『ザカリア師』とレオ・ドリーブのバレー『コッペリア』には小型のファウストが登場する。

妖術師の名をもらった修道士たちもいた。ロジャー・ベーコンとバイエルンのレーゲンスブルクの大司教になったアルベルトゥス・マグヌスの二人は妖術師という評判を残した。アンリ三世やその母カトリーヌ・ド・メディシスは君主の妖術師であったし、法王の妖術師さえ存在した。五世紀の教皇レオ一世、七世紀の教皇ホノリウス、一一世紀の教皇シルヴェステル二世は、真偽はともかく、妖術師だと考えられ、魔術書のいく冊かが彼らの著作であるとみなされていた。これらの本についてはいずれ触れることになろう。

過去何世紀ものあいだに大勢いた村の妖術師たちは、今日もヨーロッパからすっかり姿を消してしまったわけではない。バルカン諸国やユーゴスラビアではいまでもちょくちょく彼らに出会う。筆者はフランスのジャロニ(ソーヌ＝エ＝ロワール県)、ヴィルムストスー(オード県)、サン＝ペ(オート＝ピレネー県)、プレサラ(コート＝デュ＝ノール県)などの村で、またウエスカ(スペイン)の町で、正真正銘の魔女と話をした。彼女たちはみな古典的な手法、現在まで伝わっているいろいろな妖術の本で明らかにされている手法を用いていた。

町の妖術師はといえば、カード占い師、手相見、占星術師である。占星の科学は二〇世紀前半に真の復活をとげ、現在、フランス、ドイツ、デンマーク、イギリス、そしてとくにアメリカ合衆国で占星術者の数は多い。錬金術の方は、昔のように分析と実験の学に打ちこむようになり、昔の人々が最新の近代学説を直感的に捉えていはしなかったかとときおり古い本をひもといている。

以上のようにここで扱う主題は、回顧的な興味と思われようとも、依然として現代の問題なのである。そして、妖術師のひと癖ある人間像を正しく捉えるには、彼らの儀礼行為のいちいちを仔細に検討しなければならない。彼らの際立った特徴はその強烈な個人主義だったろうが、この性格は各宗派の偏向的な本の中でゆがめられることがあまりにも多かった。ミシュレは『魔女』という表題のもとに、不確実なことをきざな仰々しい言葉で盛り沢山に綴った一種のロマンを読者に提供したが、これなどは何の参考にもならず、著者の学殖からわれわれが当然に期待した堅実な資料考証による作品とはほど遠いものである。

5　悪魔の夜宴への準備

妖術師はふつう呪いの術を一人で行なっていたが、その彼らも悪魔の夜宴という大儀式には顔をそろえた。すでに書いたように、この集りはいわば悪魔的な傑作であり、サタン自身がつかさどっていた。

それにはいくつかの準備が必要だった。大切なのは妖術師の個別小集会とも呼ぶべきものであった。いろいろな著者がこの集会の詳細を伝えている。R・P・クレスペ『サタンと悪霊の憎悪についての二冊の本』（一五九〇年、パリ）、ヤン・ヴール『悪魔の欺瞞に関する五冊の書』（一五六九年、パリ）、ジャン・ボダン『妖術師の鬼憑狂』（一五九三年、アントワープ）、ランベール・ダノー『かつて預言者たちが毒液と呼び、現在ソルティアリオスと呼ぶものについて』（一五七四年、パリ）、ピエール・ル・ロワイエ『幽霊もしくは幻についての叙説』（一五八六年、アンジェ）、アンリ・ボゲ『妖術師論』（一六一〇年、リヨン）、P・ド・ランクル『妖術の懐疑と不信仰』（一六二三年、パリ）、グアッツォー『悪行要論』（一六二六年、ミラノ）などだ。しかし、たとえこれらの著作がどれひとつ存在しないとしても、当時の芸術家たちが残してくれた数多くの版画から、妖術師の集会で起きたことを再現するのはたやすいことだろう。

図版25は、アルブレヒト・デューラーの有名な四人の魔女の一組である。彼女たちは悪魔の夜宴へ行こうとして裸になったところだ。一人は貴婦人だ。複雑に結い上げた髪は婦人用円錐帽のようにつき立ち、薄いヴェール

が顔のなかばまでたれている。他の者たちは田舎女で、そのうちの一人は異教徒がするように頭に葉の冠をのせている。半開きのドア——地獄の扉——の隙間から、悪魔が虎のように獰猛な笑い顔をのぞかせ、悪魔の夜宴の相棒、つまりは四つの餌食を待ちうけている。

この主題は、イスラエル・ファン・メケレンとオロモーツのヴェンセスラスも同じように版画にしている。アルカイックな生硬さから、イスラエル・ファン・メケレンの版画（図版26）はデューラーのものより古いと思われる。したがって、この美しい構図が、惜しくも忘れられているこのフランドルの巨匠のものということは確かである。

次の三枚の版画はドイツの画家ハンス・バルドゥングによるもので、一五一四年と記されている。この中では四人の魔女は業を行なっている。図版29で、彼女たちはまず奇怪な作業にとりかかる。妖術師の膏薬、香油作りだ。その成分は、ヤツガシラとコウモリの血、鐘をけずった薄片、煤である。一人が小さな銅鍋——昔からどの魔女にもつきものの鍋——の中で薬をすりつぶし、他の二人は自分たちよりもすばしこい老いた魔女を羨ましげに賞讃をこめてふり仰いでいる。彼女はさっさ

24 魔女
アルブレヒト・デューラー，15世紀

25　四人の魔女
アルブレヒト・デューラー，1491年

26　四人の魔女
イスラエル・ファン・メケレン，15世紀

とフォークに乗って雄山羊を従え、悪魔の夜宴へ赴くためすでに雲の中を飛翔している。

香油ができ上がると、彼女たちは恐しい呪文を唱えながら、それを乗物の役目をするフォークに塗る（図版27）。一人は骨の一杯入った皿を天に向けて捧げ持ち、もう一人は珠数をつまぐる。珠数の珠は、鈴、サイコロ二つ、胎児の小さな頭蓋骨であり、私たちが魔女の本物の珠数には欠かせないと想像している毀れた十字架は見あたらない。

魔女の一人はすぐさま悪魔の夜宴へと急ぐ（図版28）。跳び上がって雄山羊に後向きに腰かけると、山羊は彼女を乗せて空中を走る。彼女はフォークの二本の歯にはさんで例の銅鍋を運んでいる。地上に残った仲間の魔女たちは、彼女たちの謎の香油を作り続ける。二つめの鍋はクマツヅラの火の上で煮立ち、三番目の鍋は有害な成分のこもった湯気を立てている。一番年

27　フォークの聖別
ハンス・バルドゥング，1514年

28　悪魔の夜宴への出発
ハンス・バルドゥング，1514年

寄の魔女が不気味な供物の皿を天に向けて捧げている。中身はどうも子供の手足らしい。

　同様の情景が古いドイツの本『アリ』の木版画にも見られる（図版30）。ヨハネス・ガイラー・フォン・カイゼルスペルク博士の本で一五一七年にストラスブールの版元グリュニンガーから出版されている。この図では魔女たちが銅鍋を二つ掲げている。その一つは天と通じているようだ。前の図と同じく骨が地上に散らばっている。右手の魔女はフォークを持ち、それには布が帆のように結びつけてある。魔女の空中飛行ではときどき用いられた手で、風に乗るためでもあれば、魔法が突然効力を失った場合のパラシュートにもなったのであろう。

　最後にアルブレヒト・デューラーの力強いエッチングを見よう（図版24）。この勝ちほこった魔女は寓意的で様式化されている。調和のとれた構図をねらって装飾的効果をあげるために、彼は平凡な事実をいくらか犠牲にした。魔女は威風堂々と、小馬鹿にしたように雄山羊に後向きに坐り、キューピッドたちからうやうやしく拝礼を受ける。一人がアザミもしくはサボテンを肩にかついでいるのも皮肉である。魔女は手に紡錘竿と紡錘を持つ。これはパルカたちの表象だ。おそらく、魔女がその呪文の力によって人間の運命を手中におさめていることを意味するか、あるいはもっと単純に「女性」そのものの大胆な寓意であるかもしれない。はるかかなたに大洋の穏やかな波が見えるのも、それを裏付けている。これは波の不実さに対するもう一つの暗喩である。『バラ物語』の中にすでに現れ、シェークスピアに至るまで続くある種の哲学的苦悶が、絶えず好んで女性に関連づけていた暗喩であり、当時は大流行していたものである。

魔神論の研究者ウルリッヒ・モリトールの『冷酷な女預言者について』(一四八九年、コンスタンツ)という非常に珍しい初期印刷本の中に、テーブルの魔女(図版31)が見られる。魔女たちは、人々が生れたばかりの赤ん坊を食べたと告発した悪評高い食事をしているところだ。テーブルで主人役をつとめる魔女はサタンの祈りを唱え、中央の皿を聖別している風である。しかし、少々摩滅したこの木版画よりは、ヤスパール・イサクの「妖術師の忌わしさ」という題のほとんど知られていない版画(図版32)の方が資料としては役に立つ。ただ、この版画の大部分は熱狂的な妖術反対者たちによって破棄されてしまった。この図はなかなか包括的で、サタンの術のほとんどすべての要素を取り入れ、不統一な雑多なものを表わしている。今日われわれなら隠秘学の異なった流派と呼ぶもので、一六世紀の人々は求めてそれらを一つに混ぜ合わせていたのだ。場面は正真正銘の魔女の家の内部である。魔女のうち四人は着物を脱いで、儀式のいでたち、つまりイブの裸身になる。彼女たちの真中で一人の男、妖術師が魔法の本を読んでいる。これは有名な本で、人々は競ってその高価な写本を手に入れようとしたものであった。この書物については後で特に触れようと思う。妖術師の頭の上にはコウモリがとまっている。

29　妖術師の香油作り
ハンス・バルドゥング，1514年

30 魔女集会
ヨハネス・ガイラー・フォン・カイゼルスペルク博士『アリ』ストラスブール，1517年

床には円が描かれ、その中心に頭蓋骨が置かれている。円の中にはカバラの記号が記されている。この円はほとんどどの妖術の作業でもきわめて重要な役割を演じる。その例もいずれいくつかを最も確かな本から引いて示そうと思う。円のわきには開いた本があって、その上部に二つの三角形を組み合わせた星形がついている。隠秘学者が状況に応じて《モーセの楯》とか《ソロモンの印章》と呼んだものである。暖炉にはやはり欠かせない銅鍋が見え、奇怪な動物が入っている。その暖炉のかまちの上に骸骨の手、後で説明する《栄光の手》とろうそくがある。左側の段のついた棚には香油の壺、薬、そして占いに使う《ふるい》かと思われる物がある。開いた窓越しに、そのころの絵画が頻繁に用いた手法によって、画家は同時に家の外の様子を描出している。煙突からはもくもくと煙が噴き出

している。魔女の地獄のかま場からの煙だ。百姓が二人恐れをなして逃げ出して行く。

そして、暖炉の近くでは、三人の裸の魔女が箒の柄に乗って飛び立とうとしている。もう一人はすでに飛び上がっており、暖炉のかまちの下にその脚が見える。このようにして魔女は夜宴へと出掛けて行ったのだ。箒の柄は、ハンス・バルドゥングのフォークに代わるもので、悪魔集会へ行くためには不可欠の道具であった。それは人喰鬼の《七里の長靴》にあたる悪魔の乗物であり、魔女はこれに乗ってまたたく間に広大な空間をよぎり、あらゆる地方を通り抜けたのである。

このように煙突は悪魔の夜宴への自然の道であった。魔女はドアからも窓からも出掛けることはできなかった。煙突掃除の少年だけが震えずに通れる、謎に満ちた煙突の穴は、天との、あるいは少なくともサタンが支配する楽園とをむすぶ通常の通路だったのである。その楽園でサタンは己の忠僕と家臣とを待ちうけていたのだ。

同様の場景は、「魔女集会」という題のフランス・フランケン(一五八一―一六四二)の見事な絵画でも(図版33)、暗い情熱をもって描かれた。ウィーンの工芸歴史博物館の所蔵である。前景では前の版画と同じく、若い女が靴下を脱いでいる。その横で、仲間の一人がこれからやろうとしていること、しかもはじめてやろうとしていることを前にして恐れをなしている。他一人の老女が裸の魔女の背中に香油を塗っている。

31　魔女の食事
ウルリッヒ・モリトール『冷酷な女預言者について』コンスタンツ，1489年

の二人は銅鍋の中身をかきまぜたり、火をかきたてるのに忙しい。三人目の女はかがみ込んで魔法の本を読んでいる。この絵にはさらにかなり珍しい他の細かい事柄が入っているが、それについては後の章で考えるおりがあるだろう。

この絵と、すでに載せた何枚かの版画とが、ゲーテに『ファウスト』第一部の魔女のかま場の奇妙な情景のヒントを与えたというのは大いにありそうなことである。その場でゲーテもまた魔女をほかならぬ煙突の穴から飛び立たせている。

饗宴へ行きました、
家を出たのです、
煙突から飛び出して！

トマス・エラストゥスの『魔女の力と魔女にふさわしい処罰に関する対話』(一五七九年、ジュネーヴ)のいくつかの版にだけある小さな口絵版画でも、魔女たちはこのおかしな道を通って行く(図版34)。これは一六世紀末の魔女の家である。版画師は家の断面を示し、家の内部と外部とが同時に分るようにしている。そこでは魔女が四人、夜宴へ出掛ける用意をしている。先に用意のできた一人は、すでに箒の柄に乗って煙突から飛び出し、どこか遠くのブロッケン山を目指す。もう一人が彼女のすぐ後を追う。その身体はもう暖炉の中に入っていて、脚と箒の端が見えるだけだ。三人目は脚にゲートルをまいている。多分オオカミの革でできているものだろう。最後の一人はまだ支度にかからず、しゃがんで場所の空くのを待っている。ところで、いかにもありそうな、それで

ABOMINATION DES SORCIERS

Est il rien qui soit plus damnable,
Ny plus digne du feu denfer,
Que cette engeance abominable
Des ministres de Lucifer:

Ils tirent de leurs noirs mysteres
L'horreur, la hayne le debat.
Et font de sanglans caracteres
Dans leur execrable Sabat.

Cest la que ces maudites ames
Se vont preparer leur tourment:
Et quelles attisent les flammes.
Qui bruslent eternellement,

32　妖術師の忌わしさ
ヤスパール・イサク，18世紀（著者所蔵）

いてとっぴな手を加えて、この絵を生き生きしたものにしているのは、魔女の秘密作業を不意打ちをしようと鍵穴からうかがっているノゾキ男の姿である。これこそ写生画だ。門外漢が悪魔集会の恐るべき謎をどれほどに知りたがっていたかがよく表われている。法務官たちの残忍な怒りを物ともせず、ちょっとした遠出をやってのけたと自慢する魔女たちが、かきたてずにはおかなかった衝動もうかがうことができる。

ここで、非常に重大な疑問が浮かぶ。空中飛行の間、箒の柄はどちらの側を持つべきか。箒の先を下に向けるのか、上に向けるのか。最も古い版画、すなわち一六世紀の版画を見てみると、先の方で入れるブリューゲルの版画（図版134）にもあるように、魔女たちは箒の頭を下に向けて持っていることが分る。ブリューゲルは、聖ヤコブの生涯を描いた画の中で愛すべきアナクロニズムを発揮し、魔女が煙突から飛び立つさまを表わした。またヤコブ・ファン・デン・ゲインの見事な絵（図版38）では、魔女は、煙と蒸気が渦のように立ち昇る大鍋の上から天空へ飛び立っていく。

しかし、一七世紀になると、魔女たちは新しい型とさらに進んだ方法を採り入れるようになったらしい。箒の頭の方を持ってまたがり、箒草の束の真中に火のついたろうそくを立てる。この灯が彼女たちの行く手を照らす

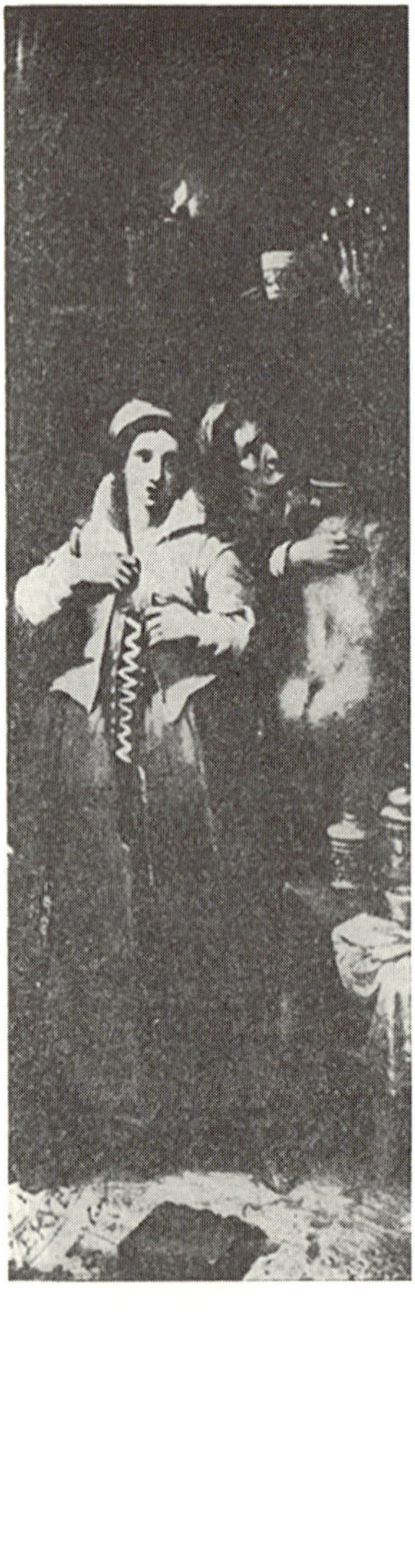

33　魔女集会
フランス・フランケンの絵画，1581-1642年
（ウィーン工芸歴史博物館）

34　魔女の家の内部
トマス・エラストゥス『魔女の力に関する対話』
ジュネーヴ，1579年

のだが、そのさまは、空中飛行を薄気味の悪いものにした。百姓や純朴な人々は村や畑で魔女たちが飛んで行くのを見ては、恐れて十字を切った。

テニールスは例によって熱っぽくこの新しい方式を扱っている。彼の絵ではこの新方式も優雅である。「悪魔の夜宴への出発」というその絵はいまでは失われてしまったが、さいわい版画師アリアメトが見事な版画の形でそのおもかげを遺していた（図版36）。前景で老魔女が一人、ろうそくの灯をたよりに壺の中に何やら恐しい飲み物を作っている。手慣れたものだ。百姓女のその顔は日に焼けて皮膚もこわばり、悪霊を怖がる様子はもちろんない。必要とあれば悪魔でもこっぴどく殴りつけてしまうことだろう。かたわらではばたばたしている怪人の存在にわずらわされることもない。床には魔法の円があり、ランプと頭蓋骨と地面に突きさしたお定りの短刀とが並ぶ。奥では、火の燃えている暖炉の前で、生娘のように堅苦しい横顔をみせた年老いたもう一人の魔女が、魔法の本を読みながら、三人目の魔女の身体に香油を塗っている。三人目は年若く子供っぽい巻き毛がうなじにかかっている。これから煙突を抜けて飛び立とうとしているのだが、彼女には初めてのことだ。

箒を握る不慣れなぎこちない様子からそれと察せられる。彼女が初めて悪魔集会へ行くことは間違いない。賭けてもよい。私は賭に勝つだろう。なぜなら、彼女の背には戦慄が走り、彼女が不安におびえて、すっかり動揺しているのが判るからだ。が、彼女はそれを口にするわけにはいかない。かたわらの老婆が冷然と、ちょうどボシュエがマドモアゼル・ド・ラ・ヴァリエールの誓願式の際にいったように《さあ、妹よ、あなたの犠牲をまっとうしなさい。火は点じられ、香はととのい、剣は抜かれたのだ!》といっているからである。そして、かわいそうな娘は仲間の一人の後に続く。その仲間はすでに飛び立ち、半人半獣の動物に変身させられて、二四番目の椎骨がのびて尻尾の生えた姿が、暖炉のかまちの下からのぞいている。この変身は何ゆえであろうか。いずれ先へ行って考えることにしよう。

もっと簡略で、幻想的なところのまったくないのが、ケヴェルドの美しい版画である（図版39）。猫、ヒキガエル、フクロウといった三種の動物、つまり魔女とは切っても切れない相手だけが描かれている。無気力な醜い横顔の老婆が、魔法

35　動物に変身した魔女
ウルリッヒ・モリトール『冷酷な女預言者について』
コンスタンツ，1489年

36 悪魔の夜宴への出発
テニールス，アリアメト彫版

37 悪魔の夜宴への到着
テニールス，アリアメト彫版

の本は読まずに魔女の身体に香油を塗っている。この魔女は若く美しい。われわれは普通決まりきったように《魔女》という語に《老いた》という形容詞をつけるが、悪魔の夜宴へと大胆な冒険を試みた若い魔女は多かった。マクベスの三人の魔女のうち、イギリス演劇の伝統にならって、年取った魔女はただ一人だけで、あとの二人は年若い魔女だったのである。

しかし、この版画にはすでにロマンティスムのかおりがある。妖術の輝かしい時代は過ぎ去った。構図の巧みさや、版画師の立派な手なみにもかかわらず、この画はいささかオペラ・コミック風で、素直なテニールスの作品ではまだ先輩の魔女たちの胸に沁み入っていた熱い信心を欠いている。

妖術師も魔女も本来の人間の姿のままで夜宴に現れていたことは多くの資料が語っているところである。ただ、図版34で先に見たように、有能でとくにサタンに愛された魔女はときにより変身することもあった。なぜなら、彼女たちはサタンと同じ動物、たいていは雄山羊の形になっていたからである。

ウルリッヒ・モリトールの古書から引用した版画（図版35）は、この点きわめて意味深い。何となく羊に似た頭をいただく魔女が二人、悪魔の導きで夜宴に赴くところである。三者はともどもただ一本の箒にとまっている。胸を打つ一蓮托生ではある。ステンドグラスにもふさわしいこの構図は、魔女にとってさまざまに変身をとげうるということが侵すことのできない信仰箇条であったことをよく示している。

変身は暖炉のかまちをくぐる瞬間に、あるいはその少し前にも実現した。ゴヤが、オスナ公のアラメダに保管されている恐しい絵画「妖術師の変身」（図版40）に用いたのは後者の解釈である。これを見ると、このスペインの巨匠が妖術の事情に大変くわしかったことが分る。が、それは驚くには及ばない。スペインは非常に長いこと魔女の国であったし、今日でもなお魔女

38　悪魔の夜宴への出発
ヤコブ・ファン・デン・ゲイン，17世紀

の国に変りはないからだ。ギヨーム・ル・ブルトンによれば、すでに一三世紀、マチルダ伯爵夫人の時代には将来を予言する妖術師が存在しており、夫人は彼らに相談を持ちかけるのが慣わしだったという。だが、一九世紀初頭になって、妖術の暗黒時代さなかの伝統に直結した先の絵画が出て来たことは、やはり意外である。画面は醜い妖術師が四人、獣に姿を変えるところだ。恐るべきリアリズムに徹した醜さは、常に様式化されていた昔の作品には決して見られないものである。一人は完全にオオカミに変身している。彼は仲間の一人が暖炉から抜け出すのを見つめ、自分も後に続こうと身構えている。この作品はいつもながらの巨匠の特徴である諷刺的な荒っぽさで処理されていながら、一種の不安な真摯さをかもし出している。

妖術師が悪魔の夜宴に呼ばれていると感じているときに、出掛けるのを妨げることは不可能だった。そのとき彼はどのような障害をも乗り越えてしまい、閉じ込めれば鍵穴からでも抜け出してしまうといわれていた。このようなときに、魔女はきわめてしばしば動物に姿を変えて自分のもくろみに逆らう人々からいとも容易に逃れたのであった。ある魔女の夫は、妻を悪魔の夜宴にやるまいとして綱でベッドにしばりつけたが、彼女はコウモリに変身して抜け出し、煙突から飛び立ってしまったという例もあった。ナヴァールでは一五四七年に一人の魔女を宗教裁判所に召喚したところ、彼女は香油のかんを持ち込んでいて、裁判官たちの目の前でフクロウに変り、空中に舞い上がって、まんまと判決を逃れてしまった、とさえ語り伝えられている。

このようにして動物、ことにオオカミに変身した魔女たちは、地方に恐怖をまき散らした。魔神論の研究者ボゲはその『妖術師の憎むべき話』(一六〇三年、ルーアン)の中で次のように述べている。一人の猟師がある日オーヴェルニュの山の中で一匹の大きなオオカミに出くわした。オオカミは彼に襲いかかったが、彼はうまくその脚を一本切り落とした。オオカミは吠えながら逃げ去った。猟師は脚を袋に入れると友人の一人の若い貴族を訪ね

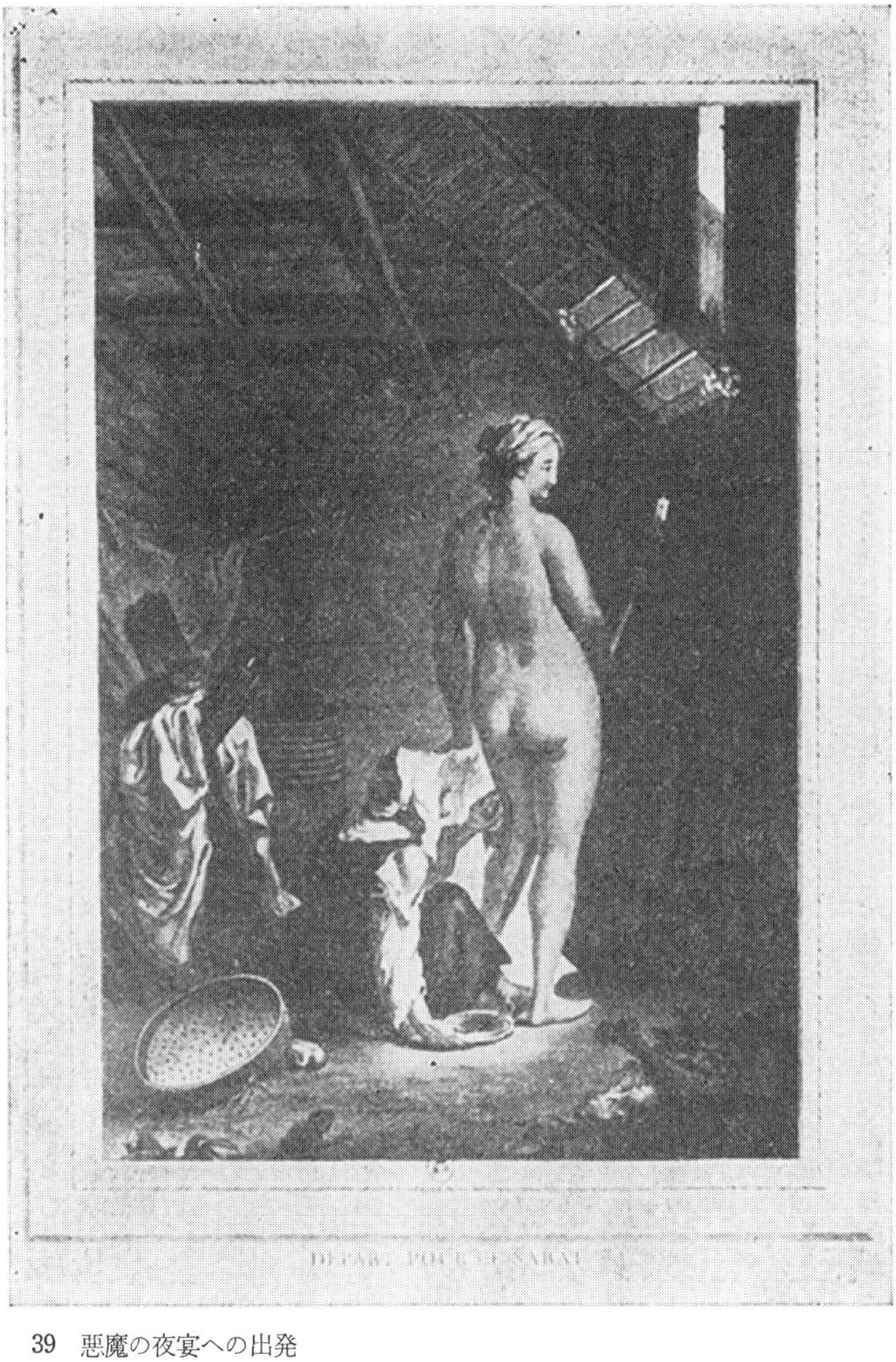

39　悪魔の夜宴への出発
ケヴェルド，マルーヴル彫版

た。獲物を見せようと、袋から取り出してみると、なんと脚は女の手に変っていた。一本の指には指環がはまっていた。貴族は、その指環が自分の妻のものであることに気づいた。彼は妻を呼びにやった。彼女は傷ついた腕を服の下に隠していた。片手がなくなっていたのである。それこそが猟師の持って来た手であった。彼女はしかたなく、自分が魔女であり、夜宴に行くためにオオカミになっていたことを白状した。夫は彼女を裁判所につき出し、裁判所は彼女を火あぶりに処した。

悪魔の夜宴は、社会のどの階層の間にも、またとない好奇心をあおった。多数の男女が何とかそれに加わってみたいと願った。しかし、準備の儀式を教えたうえ集会に紹介しようと引きうけてくれる紹介者を見つけるのは非常に難しかった。集会列席の特典を持つ者たちは通常真剣にその秘密を守ったからである。香油なしでは空を飛ぶことは不可能だったが、その香油を持っているということはとりわけ大切な秘密であり、これを手に入れることは至難であった。ときたま、悪魔がみずから香油を与えることはあった。きわめて稀なことだったに違いないが、一四六〇年にアラスで魔女として訴えられた五人は次のように打ち明けている。

《前にいった魔法に加わりたいと思うと、彼らは悪魔がくれた香油を、ちっぽけな棒と手のひらと手に塗ってから、その棒を脚にはさみます。すると彼らはすぐに舞い上がり、町や森や湖を越えて目的地へ飛んで行きます。集会を開く所へ悪魔が連れて行くのです……》

それに、この移動方法は危険がないわけではなかった。伝説では、多くの魔女、ことに初心者が悪魔と一緒に一本の箒に乗っていて、悪魔につき落とされている。あぶなっかしく木の枝にひっかかったり、畑の中につぶれて横たわっていたりする姿を、人々はあくる朝になって見つけるのだった。今日、飛行士がときにちょうどこんな目にあっている。

何人もの門外漢が適当な案内者や紹介者を得られないまま、こっそり夜宴にまぎれ込もうとしたが、いつも成功するとはかぎらなかった。激しいデル・リオは『魔法の論議と研究』（一六一一年、パリ）の中で語っている。ある炭屋は妻が悪魔の夜宴へ行くのを知って、自分も行きたいと考えた。ある晩、彼は眠ったふりをして、妻が香油を塗って煙突から消えるのを待った。それから香油の壺を見つけるとすぐに自分も薬を塗り、同じく煙突を抜けて、さる古城の地下室へ運ばれた。妻はそこで集会の仲間と一緒だった。彼女は直ちに秘密の合図をした。一同は消えた。炭屋は地下室の奥に一人とり残され、彼を盗人と間違えた城の人々に捕えられた。この窮地をぬけ出すために彼はひどい苦労をしたのだった。

40　妖術師の変身
ゴヤ（オスナ公のアラメダ）

ドイツのある金持がやっと隣人に悪魔の夜宴へ案内してもらうことになり、二人は箒の柄に乗った。が、目的地が近づくと金持は怖くなって祈りを唱え始めた。と、妖術師はたちどころに目がまわるような勢いで彼を地上に下した。見知らぬ土地に彼は一人ぼっちでとり残された。土地の言葉も喋れなかった。数百里離れた故郷へ帰りつくのに三年もかかったということである。

6 悪魔の夜宴

妖術師と魔女は、こうして小さな集りで準備をととのえた後、総会すなわち悪魔の夜宴へ赴くことができたのである。集会は重要な示威行事であり、広く知られていた。

中世の最も波乱に富んだ一頁であったこの呪いの集いは、まことに悪魔の一大傑作であった。西ヨーロッパで開催された場所は、ブルターニュのカルナックにある立石《メンヒル》の曠野の中、ドイツのブロックスベルクの山頂、スエーデンのブロクラの悪魔の教会であり、ティエール神父を信じるなら、オーヴェルニュのピュイ・ド・ドームの頂きということさえあった。これについて最初に語ったのは、九世紀のベネディクト会修道士レジノン・ド・プラムと思われる。それは『教会法』の中のことで、悪魔の集りに行くとか、夜中、獣の背に乗るとかいう女がいないかどうか探り、そんな女がいたら教区から追放すべきだと説いている。

最もよく知られ、かつ最も盛況だった悪魔の夜宴はまちがいなくハルツ山地にあるブロッケン山、つまりブロックスベルク山のものであった。この地方は北ドイツの中でも最も未開で、最も荒寥とした地域で、黒森《シュヴァルツヴァルト》のはしにあたる。ゲーテが『ファウスト』の中で、古き伝統の思い出に悪魔の夜宴を催したのは、ここ、シエルケの国だった。実際に資料に基づくというよりは、幻想的、批判的な悪魔集会であったが。

ブロッケンの悪魔集会の重要性があまりにも大きかったので、一八世紀中葉にこの地方の地図を描いた地理学

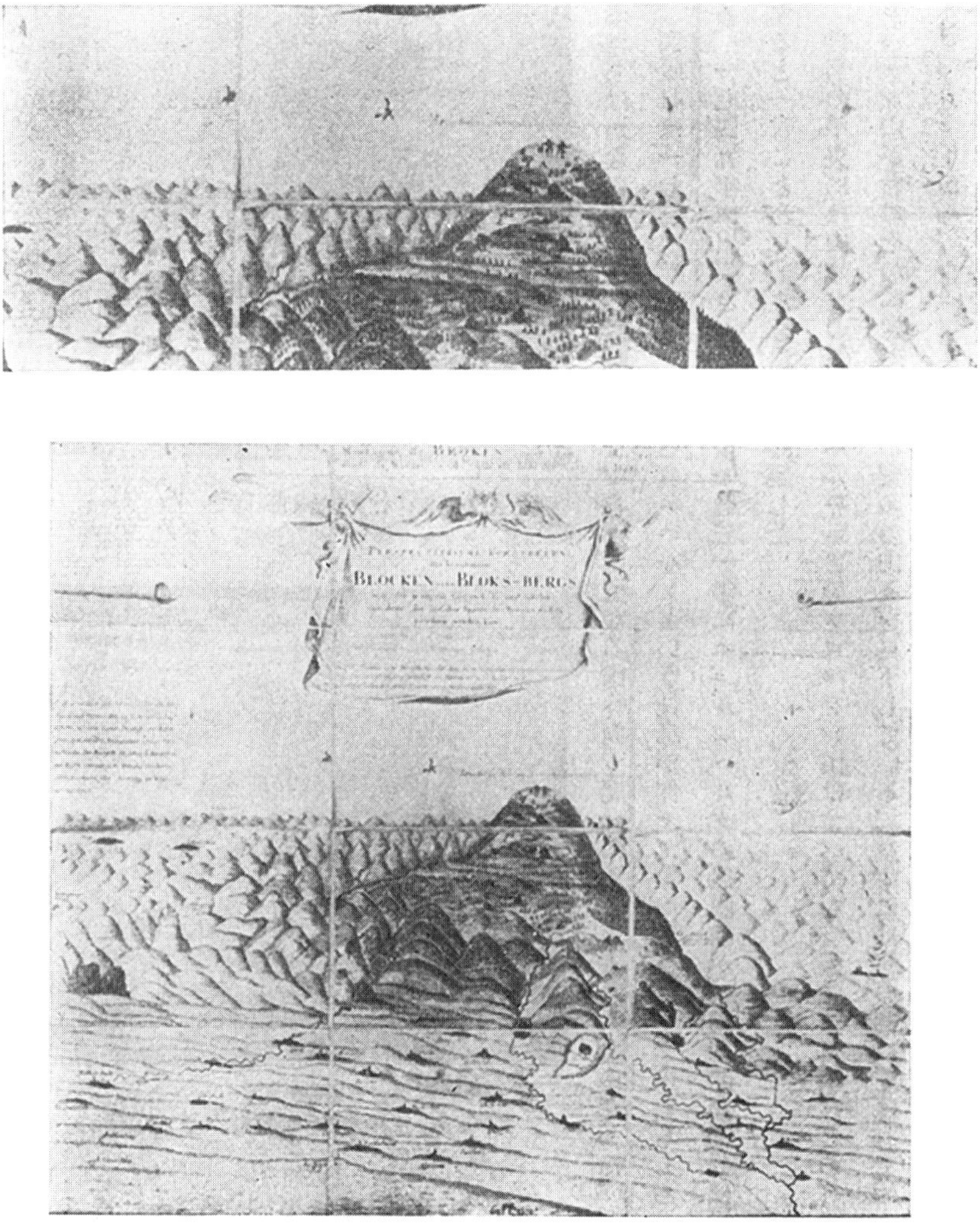

41　ブロッケン山
悪魔の夜宴へ赴く魔女を表わしたドイツの地図（L. =S. ベステホルンによる）
ニュルンベルク，1751年

者たちはかならず、箒の柄に乗って中心部の聖なる山へ向う魔女たちを書き入れたのだった。

図版41は一七三二年にL＝S・ベステホルンという技師が作ったもので、ドイツのおもしろい地図の一枚である。一七四九年に出版され、その後一七五一年にニュルンベルクの出版者が、幻想的な部分は彫った者の責任とすると一言ことわり書きを添えて再版した。

地図の中央には山の上の銘が「ヘルキニアのブロッケン山はすべてを支配す」と厳然とのべているように、ブロッケン山がおごそかに聳え、他の幾多の山々を見下している。空中には箒の柄に運ばれて六人の魔女がハルバーシュタットから、ヴェアニゲローデから、ツェラーフェルトから、そしてドイツ全域からやって来る。地図に

42　悪魔に挨拶をする妖術師
グアッツォー神父『悪行要論』ミラノ，1626年

43　妖術師に説教をするサタン
グアッツォー神父『悪行要論』ミラノ，1626年

ついた解説は、頂上に悪魔の夜宴の催される有名な《魔女の広場》があって、そのすぐそばにはむかし異教徒の似非神が祀られていた祭壇と泉があり、双方とも悪魔の儀式に用いられた、ということを教えてくれる。

悪魔の夜宴は、容易に想像できるように、真夜中に開かれた。魔女たちの到着はアリアメトの版画（図版37）から察するかぎりではどちらかといえば陰気なものだった。この版画はテニールスの絵によるもので、先にあげた（図版36）同じくテニールスの「悪魔の夜宴への出発」と対になっている。到着した魔女——服は着たままである——は悪魔たちの中を進み出る。箒の柄はカモノハシのような顔の悪魔に渡し、代わりにたいまつを受け取ってその明かりの中に立つ。コウモリ、チチブコウモリなど奇怪な生きものどもが彼女をとり囲む。奇妙な一寸法師が地上におかれたランタンの前に直立している。一本の標柱が劇的な光を受けて、夜空に絞首台のように突き立ち、サタンの領域を示している。

だが、悪魔の夜宴の集りは画一的で不変の礼式に従って行なわれていたわけではなかった。真面目な著者たちが書き残したものから推察するかぎり、儀式の基調は同じではあっても、罪のない気紛れまで禁ずるというような鉄則はなかった。式はサタンがじきじきにとり行なった。サタンは羽のあるヒキガエル、カラス、黒猫、そして多くは山羊となって現れる。アラスで数人の人々が魔法の咎、すなわち悪魔と契約を交わしたという罪で告発されたことがあった。それに対して一四六〇年に下された判決は、彼ら

44　新入りの妖術師に契約を要求するサタン
グアッツォー神父『悪行要論』ミラノ，1626年

ランクル『悪魔の無節操一覧』1610年

45　悪魔の夜宴
I．ツィアルンコ，ド・

が悪魔の夜宴に行くと《そこには、雄山羊、犬、猿、ときには人間の姿をした悪魔がいた》と述べている。次の三枚の版画にはそうした異様な姿のいくつかが見られる。この三枚は、一六二六年にミラノで出版されたグアッツォー神父の『悪行要論』から選んだものである。この書物は、パリのサント・ジュヌヴィエーヴ図書館に一冊入っているが、間違いなく一読に値する。まず、図版42では、サタンが夜宴に集まった妖術師の挨拶を受けている。玉座に腰掛けた彼の顔は、はっきりいって雄山羊の顔だ。次の図版43では、彼は会員たちに説教をしているが、角は生えているもののその鼻は何となく鳥のくちばしのようにのびている。最後に図版44を見ると、新入りの妖術師たちに契約を強要するサタンの顔は短くなっており、猿を思わせる。

悪魔集会の行なわれたピュイ・ド・ドームでは毎週水曜日と金曜日に悪魔の夜宴が開かれたが、この夜宴の情景描写が残っている。集りに出た一七世紀のボルドー高等法院評定官フロリモン・ド・レモンが書いたものだ。『反女教皇』という本の中で、彼は語っている。聖ヨハネ祭の前夜、真夜中頃、六〇人近い人々が悪魔である雄山羊を囲んで野原に集まった。悪魔は一同に左手で十字を切らせた。次に全員が彼に不敬な挨拶をしに近づいた。

雄山羊は二本の角の間に黒いろうそくをのせている。それを《尻尾の下から引き出して》――謹厳な評定官はこういう――火をつけたのだ。同じようなろうそくを持っていた参加者たちは一同その火を移した。《この集会では、彼らなりのやり方でつまり聖壇に背を向けてミサをあげた。礼拝の司祭役は黒い長衣をまとい、十字架はつけず、聖体のパン代わりに、黒く染めたカブの一片を捧げ持っていた。》

さらに尊重すべき証言は、女子修道院長のフランソワーズ＝マドレーヌ・ド・ショギィのものだ。彼女は聖ジャンヌ・ド・シャンタルの秘書であり、聖母訪問会最初の修道院の院長であった。一六五九年にアヌシーでこの修道院の修道女たちの生活記録を出版したが、その中に、敬虔な修道女の模範生の一人、アンヌ＝ジャックリーヌ・コストについて、次のような細かい記述がある。彼女は羊飼いだった。《洗礼者聖ヨハネ祭の夜のこと、この信心深い羊飼いとその仲間たちは大騒ぎの恐しい物音を耳にした。動物のあらゆるなき声、叫び声がいったいどこから聞こえて来るのかとあたりを見まわした彼女たちは、山のふもとにさまざまな動物の姿をみとめた。猫、山羊、蛇、竜など、残忍で不純でけがらわしい動物どもが彼らの悪魔集会を開いていたのである。騒然雑然のさまはひどいものだった。思いつくかぎりの恥知らずな言葉、神を穢す言葉がとび交い、忌わしい冒瀆の言葉があたりを満たしていた。》

これらの見聞記録は不完全とはいえ十分にわれわれの好奇心をかきたてるが、この問題を扱った手許の図像資料のいくつかを検討しながら、さらに正確な知識を引き出してみよう。

悪魔の夜宴に関しては、主だった魔神論学者が指摘している細かい事項に最もよく合致し、かつ最も適当と考えられる貴重な作品二点がある。一つはポーランドの版画師I・ツィアルンコのもの（図版45）で、ピエール・ド・ランクルの陰うつな著書『悪天使と悪魔との無節操一覧、なかんずく妖術師と妖術について』（一六一〇年、

46　悪魔の夜宴
シュプランガー，ボルドロン神父『ウフル氏の奇想天外な空想物語』アムステルダム，1710年

パリ）のいく版かについている。もう一つはシュプランガーの絵画で（図版46）、原画は失くなってしまったが、優れた版画がボルドロン神父の『ウフル氏の奇想天外な空想物語』（一七一〇年、アムステルダム）という奇妙な本の中に入っている。この二つの画の構図はたけりたった動き、あらがいがたい旋回、熱っぽくふしだらで狂ったようなざわめきにわき、それが画面の人物をすべて乱れに乱れた地獄の輪舞にまき込んでいる。古代の人々のバッカスの祭、サトゥルヌスの祭と同じように描かれているが、悪魔の夜宴はその暗く下等な継承のようだ。二枚はともに同じ場面を捉え、同一の細部を描出している。第一のツィアルンコの絵には解説がついているため、研究にあたってはこの種のものとしては一般に稀な正確さを期待できる。

図版45の悪魔集会はサタンが司会をしている。説明文のいうところによると、サタンは《黄金色の椅子に坐り、雄山羊の形をとり、説教をしている。五本の角を持つが、五本目には火がともり、これが全員のろうそく、すなわ

ち悪魔の夜宴の灯をつける》。この雄山羊Aは本当の動物であって、図版46に見るような半人の形体はしていないことに注意しよう。

悪魔の夜宴のサタンに与えられる雄山羊の外貌は、明らかな古代の名残りである。それは、凋落期のエジプトの山羊神メンデスであり、ファウヌスとサテュロスとパンの混成であり、結局は反神の合成体となるものである。雄山羊はときにヴィーナスの乗物ともなる。ディオニュソスに捧げられたのは雄山羊の皮で、彼はそれを身にまとった。ユダヤ人の間では、贖罪の山羊となって、イスラエルのあらゆる罪を背負わされた。そして、異教と聖書の物語が渾然一体となった結果、この雄山羊はヨーロッパにおけるあらゆる悪魔の夜宴の変ることのない聖なる主宰者として現れたのである。ゴヤが装飾効果のあがる伝統を捉えて『悪魔の集会サバト』を描いたときの喜びも分ろうというものだ。彼はマドリッドのプラド美術館にあるそのフレスコ画の中に（図版47）、巨大な、恐しい、途

47 妖術師の集会サバト
ゴヤ，マドリッドのプラド美術館フレスコ

方もない、怪物のごとき、雄山羊を描き出した。角に葉をまいたこの雄山羊に、一人の老魔女が子供を捧げている。

図版45にもどろう。Bの文字の上に《冠をいただく悪魔の夜宴の女王》が、魔王の左手に《次のお気に入り》が見える。二人は特権を得た魔女である。彼女らはやはりシュプランガー（図版46）の悪魔の夜宴にも姿を見せ、一人はサタンの玉座のひじにもたれかかっている。

サタンには魔女たちの中にお気に入りがいたのである。その者たちとはすすんで愛の交りを結んだ。夢魔《インクブス》などのみだらな話題には触れないにしても、悪魔と魔女との親交はしばしばのことであった。ウルリッヒ・モリトールはその謹厳な本の中で魔女が若い美青年を抱擁しているさまを示している（図版48）。若者は悪魔のように見えないが、猛禽の爪のある足がその正体を暴露している。

サタンである雄山羊の前で、魔女（図版45のC）が子供を悪魔に捧げている。彼女が集会へ連れて来たのだ。さらって来たに違いない。サタンはこうした初々しい新入りを渇望していたようである。どこかから盗んで来ることができないとき、地獄の主にだめなやつだと思われたくないなら、魔女たちはもしあれば自分の子供を連れて来るしかなかった。シュプランガーの絵（図版46）でも、お気に入りの二人の魔女のうち一人が、やはり子供を魔王に捧げている。さらにこれと同じ場面が優れたグアッ

48　魔女の恋する悪魔
ウルリッヒ・モリトール『冷酷な女預言者について』コンスタンツ，1489年

ツォー神父の作品にも見られ（図版49）、悪魔の夜宴の儀式全般についてたいへん確かな手引を提供してくれる。魔王は子供に代父母を与えて、神を捨てるようにしむけ、一方の角の先で子供の左目にしるしをつける。

さて、悪魔の夜会の饗宴を見よう。図版45の版画の右下Dである。饗宴の特徴については大いに議論の分れるところである。魔女の中にはテーブルクロスは金色で、料理と葡萄酒はおいしかったと主張する者があるが、これは多くの著者、とりわけド・ランクルの意見とは相違する。彼はいささか胸が悪くなるような言葉でその模様を語っている。《集会の会食者は魔女と悪魔がそれぞれ対になる。この饗宴に出てくる肉は腐れ肉、死刑になった者の肉、洗礼を受けなかった子供の心臓、その他キリスト教徒がふつうは売りも買いもしないけがらわしい動

49 悪魔に子供を捧げる妖術師
グアッツォー神父『悪行要論』ミラノ，1626年

50 悪魔の夜宴における妖術師の食事
グアッツォー神父『悪行要論』ミラノ，1626年

物などで、どれもみなまずく塩気がない。》

たしかに、恐しい皿に乗っているのは子供のばらばらになった体である。これは図版46のシュプランガーの版画でも同様だ。しかし、グアッツォー神父が残してくれた挿絵（図版50）の食事はもっとましなようだ。給仕は男女の悪魔がつとめている。彼らが運んでいる料理は、木版画から察するかぎりでは、品数も多くおいしそうだ。これを見ると、悪魔の夜宴でご馳走を食べると言い張る魔女にも理由があるらしい。ウルリッヒ・モリトールの図版31をご覧いただくのもいいだろう。ここでは魔女たちは上等な料理を囲んで親しく会食をしている。ド・ランクルによ

会食者のすぐそばに（図版45のE）、観客の資格でやっと出席が許された人々の姿が見える。

51　バイオリンに合わせて踊る夜宴の妖術師
グアッツォー神父『悪行要論』ミラノ，1626年

52　悪魔の夜宴の踊り
グアッツォー神父『悪行要論』ミラノ，1626年

53　妖術師の軽業的ダンス
アブラハム・パーリンク『魔術のはぎとられた仮面』アムステルダム，1725年（ハーグ図書館）

54　悪魔の夜宴における軽業的ダンス
図版46部分．ボルドロン神父『ウフル氏の奇想天外な空想物語』アムステルダム，1710年

れば、それは《片隅に追いやられたかわいそうな何人かの魔女で、中央の華やかな儀式には近づこうともしない。》しかし、文字Fを示しながら彼は続ける。《満腹したらお次はダンスだ。捉えどころのない肉であろうと、幻覚の肉であろうと、あるいはいたんだいやな肉であろうと、それで腹を満たすと、悪魔はおのおのテーブルで横に坐った女を呪いの木の下へ連れて行って、一人が輪の中を向き、次が外側に向くという具合に輪を作って踊る。できるだけしどけない見苦しい動作で足を踏み鳴らし、跳ね回って踊る。》Hには画家は《全員が輪の外側を向いて踊る女と娘》の踊り手の別グループを配置した。Gでは楽師たちが、弓の湾曲したバイオリン、一種の竪琴、角笛、フリュート、ハープなど、当時の楽器を奏で

55　魔女の大鍋
H．グロシウス『霊的現象の魔法』の口絵　ライデン，1656年

56　魔女の大鍋
L．ラバテ『霊的現象——亡霊とさまざまな予感について』の口絵　ライデン，1659年

ている。グアッツォー神父の悪魔の夜宴でも（図版51、52）、やはり木に腰掛けたバイオリン弾きのバイオリンの音に合わせて人々が踊っている。だが、シュプランガーの絵（図版46）では様子が違い、彼の輪舞は悪魔の夜宴にぴったりの乱れた激しい動きを見せる。特に図版54の四人に注目しなければいけない。彼らは雄山羊の玉座の前で危なっかしい旋回をやってみせている。本当の悪魔のダンス、本物の古代人の宗教舞踊だ。霊に憑かれた人間は、その影響で不思議な筋力を得て、ふつうの状態ではできない技をやってのけるのだ。図版53の妖術師などは自分のベッドの上で悪魔の夜宴のダンスを披露しており、オランダの小さな町の近所の者や女たちはどぎもをぬかれてしまっている。これはハーグの図書館に保管され

57　雄山羊に乗った妖術師
ウルリッヒ・モリトール『冷酷な女預言者について』
コンスタンツ，1489年

ている『魔術のはぎとられた仮面』（一七二五年、アムステルダム、アンドリース・ファン・ダーム版）というアブラハム・パーリンクの稀覯書の飾り画からとったものである。

悪魔の夜宴への準備集会にはどこでも出てくる魔女の大鍋についてはすでに述べた。これは悪魔の夜宴そのものにも登場する（図版45、46）。ド・ランクルは次のように説明している。《あらゆる毒を作る大鍋が火にかかっている。この毒は人間を殺したり呪ったりもすれば、家畜を傷つけたりもする。魔女の一人が蛇や蛙を手に持ち、他の一人はその頭を切り落とし、皮を剝ぎ、大鍋へ投げ込む。》

大鍋の役割はたいそう重要だ。悪魔の夜宴の真髄はこの鍋にあるとする人々さえいる。だから、悪魔や悪魔の夜宴をふんだんに扱っている一七世紀の二冊の本の口絵にも、これが主要な地位を占めているのである。ここに載せた一枚目はヘニグス・グロシウスの『霊的現象の魔法と霊の出現』（ライデン、一六五六）（図版55）にあるものである。二枚目は、《優れた神学者》と肩書にあるルイ・ラバテの『霊的現象――亡霊とさまざまな予感』について（ライデン、一六五九年）（図版56）の中に入っている。

悪魔の夜宴の開かれているあいだじゅう魔女たちは箒の柄に乗ってやって来るのだが、雄山羊に乗って来るものもあった。ただし、それは稀な例で恵まれた連中であったらしい、とド・ランクルは指摘している。魔女たちの乗る雄山羊は、悪魔が変身した姿に他ならなかったろう。はじめの方の図版22でリヨンの大聖堂の魔女がうちまたがっているのは雄山羊である。図版57のウルリッヒ・モリトールの妖術師が乗っているのも若い雄山羊である。まだ角も生えていないこの雄山羊の背に運ばれて、妖術師はシュワーベン地方の山野を越え、仲間たちの待つ神秘の会合へ赴くのだ。また別の魔女たちは悪魔の夜宴を出ると《海の上などへ出向いて、嵐や大しけを呼び起こした》と、ド・ランクルはいう。その力はむかし非常に恐れられていたものだが、この種の技をやった興味

58　雄山羊に乗った魔女
グアッツォー神父『悪行要論』ミラノ，1626年

59　初めて悪魔の夜宴に招かれた子供たち
グアッツォー神父『悪行要論』ミラノ，1626年

深い魔女像についてはいずれ先の方で見てみようと思う。

　グアッツォー神父は、「夜ごとの集りにある場所から他の場所へと魔女は本当に移動したのか」と真剣に問いかけながら、やはり雄山羊が魔女たちの乗物であるとした。そして、主人の招きに応じて丘や谷を越えて行く様子を示している（図版58）。妖術師や魔女には、体のどこかひそかな箇所にサタンがつけたしるしがあったようだ。悪魔の夜宴へ赴くべきときにはその過敏になった箇所がチクチク痛んで合図を送るのだった。

60　悪魔の爪のしるし　グアッツォー神父『悪行要論』ミラノ，1626年
61　未来の弟子に十字架を踏ませるサタン　　グアッツォー神父『悪行要論』ミラノ，1626年
62　福音書と交換に達人に黒書を与えるサタン　　グアッツォー神父『悪行要論』ミラノ，1626年

ツィアルンコの悪魔の夜宴の版画（図版45）では文字Ｌの所に非常にみなりのよい人人がひとかたまりになっているが、これといった役割はしていない。ド・ランクルはいう、《これは大貴族とその夫人、大金持や権勢をほこる人々であり、悪魔の夜宴の重要事項を取り扱う。彼らは人目につかぬよう、人に知られないように、常に男は顔をおおい、女はマスクをつけている。》事実、悪魔の夜宴には貴顕の人々も通って来た。《みじめな魔女》や無知な羊飼いたちだけが参加者であり観客であったと想像しては大きな間違いになろう。グアッツォー神父が残した数々の版画によっても、悪魔

63　妖術師に改めて洗礼を施すサタン
グアッツォー神父『悪行要論』
ミラノ，1626年
64　妖術師の衣服を脱がせるサタン
グアッツォー神父『悪行要論』
ミラノ，1626年
65　悪魔の夜宴の儀礼の接吻
グアッツォー神父『悪行要論』
ミラノ，1626年

の夜宴の人物はルイ一三世時代の華麗なモードの豪華な衣裳をまとっているのが知れる。ふくらんだ半ズボンにリボンのひらひらがついた靴下どめ、たが骨の入ったドレス、ひだをとった飾り衿。この複雑できゅうくつな衿は、プルブス、ミレフェルト、ファン・ダイクらの肖像画にあるように、レースのあみで顔を埋めてしまう。大勢の殿方や《淑女》が宮廷に出入りするかたわら悪魔の夜宴へも足を運び、奇怪な行列が行なわれる際には、悪魔の尻尾を捧げ持つことが許されればとても光栄に思っていたのである。中にはガスコーニュのダスカンの司祭のような例もあった。ここは今日ではサン＝ジャン＝ド＝リュス地方の平和な片田舎だが、そこの司祭が聖職をうち棄てて、悪魔の夜宴をおごそかにつかさどる役に転身したというわけであった。

さて、図版45の説明はMのグループで終る。そこには《幼い子供たちが、祭儀からは離れた所で、枝の笞やひいらぎの白い棒を手にヒキガエルの群の番をしている。悪魔の夜宴には女たちがヒキガエルを持ってくる慣わしだった》と、ド・ランクルは書いている。悪魔に捧げられても、幼いためにまだ本格的な悪魔の儀礼に実際には加わることのできない新入りが、この罪のない仕事をあてがわれたのである。やがてはその子供たちもグアッツォー神父が示すように（図版59）、儀式への参加を認められるが、悪魔たちはその機会にここにもあるように彼らに近親相姦のちぎりをさせたりさえした。

なお、悪魔の夜宴では他にも特殊な儀式がとり行なわれた。うちいくつかは悪魔集会の外で悪魔が結ぶ契約の中でも用いられた。悪魔は新参の者に爪で左まぶたの下にしるしをつける（図版60）。版画師は、この版画を刷るときに版木が逆になることに気をつけなかったため、うっかり新入りの右目にしるしをつけているサタンを彫ってしまった。

それから、悪魔は新入りに十字架を踏ませた（図版61）。この画では彼らは盲目になったように描かれている。

66　魔女集会
ジョ，18世紀

聖なる光に目を閉じてしまったのだ。次には、彼らが放棄した聖書と交換に黒書を渡し（図版62）、あまり気持のよくない液体で洗礼をほどこす（図版63）。キリスト教の洗礼の効き目をできるだけ完全に消すために、この液体の成分は状況に応じて変化した。最後に、サタンみずから手を下して新参者の衣服を脱がせにかかり（図版64）、すっかり裸になるようにうながす。一糸まとわぬ姿は一般的な規則ではなかったものの、悪魔の夜宴では端役のその他大勢の者たちのいでたちだった。

妖術師と魔女は夜宴へやって来ると、急いで魔王に挨拶に行った。挨拶にはちょっとした儀礼が伴った。ツィアルンコは、意識してのことだろうが、彼の見事な版画ではこれをはぶいている。しかし、シュプランガーの方は、もっと事情にくわしくかつより大胆でもあったので、それをためらいなく表現している。それは魔王の臀部に接吻することだった。とてつもない栄誉だが、これと引き換えに悪魔は妖術師に銀のシラミを贈った。熱烈な魔女たちは夜宴のあいだ何度もこの儀礼を繰り返し、悪魔たちに出会うたびにその尻を抱擁した。こうして、シュプランガーの版画(図版46)では、片手にろうそくを持った魔女が、通りがかった悪魔のもう一つの顔に接吻している。

しかし、魔女たちが、悪魔の臀部に接吻するということを激しく否認していることに注意しなければならない。彼女らは聖なる――それとも悪魔的な――怒りをこめて《決して臀部ではありません。尻尾の下にある第二の顔なのです!》というのである。神学上は彼女たちはまったく正しかった。私はすでに、大聖堂の悪魔たちが第二の顔を持つことを指摘した。腹部に第三の顔を持つことさえしばしばだった。にもかかわらず、グアッツォー神父はこの微妙な点はぜんぜん考えに入れなかった。図版65に載せた彼の本の挿絵で彼が描いているのは、赤裸々な臀部、ルシフェルの野卑な尻そのものであり、それに一人の貴婦人が接吻をしている図である。

以上が、比類のない、厳粛な、そして奇怪な悪魔の夜宴の儀式の大要である。悪魔の夜宴は一五世紀から一八世紀の終りまでヨーロッパ全土にその恐るべきとばりを拡げ、最も賤しい者から最も高貴な人々までをその渦中に包み込んだ。乞食、放浪者、流浪の民、無頼漢、職人、商人、知識人、学者、神父、司教、王子、王女たちをことごとく。また、神学者や司法官の頭を悩まし、芸術家にはその旺盛な制作意欲をかきたて、皇帝や国王にさえ不安を与えた。イギリスのジェームズ一世は、忙しい中で魔女に対する激烈な攻撃の書をものしたほどだ。シャルル九世治下のパリには三万人、フランス全土では一〇万人の妖術師がいたという。この者たちの一団が呪いの山の頂きで、街道の十字路で、運命の真夜中に、どんな恐しい勝手気ままな輪舞をくりひろげていたかが彷彿としよう。

これまでに記した叙述は、魔神学者がこの主題について教えるところと同じであり、一方、芸術家が表わした数多くの作品とも一致する。それらの表現は、何世紀かの間きわめて正確に繰り返されており、儀礼の伝統と形式が細心綿密に守られ通したことを示している。悪魔の夜宴では、ここに説明した以外の補助的な儀式もたしかに行なわれたが、それについてはサタンの契約と所業に関する章で記す機会があるだろう。

最後に一八世紀に描かれ、彫られた悪魔の夜宴の図を載せてみたが、それはこれらの場景が伝統的な悪魔の夜宴とはおよそかけ離れたものであり、ごく初歩的な資料さえ無視した芸術家の想像の所産であることを示したいからに他ならない。ジョの悪魔の夜宴（図版66）がその一例である。申し分なく装飾的効果が生かされたとても美しい画面ではあるが、古典的な悪魔の夜宴の基本的な要素は何一つ見出せない。たしかに、右よりに花環をいだく雄山羊がおり、悪魔の夜宴の女王と思われる女に手を差しのべているが、自分は坐った石の腰掛から下りもせずにおかしな形で輪を踊らせている。それに魔女の司祭する悪魔の夜宴がどこにあったろう。彼女は頭にフクロウをとまらせ、黄道帯のたすきをかけて岩の上位に鎮座し、魔法書を読み、悪魔たちや野生のロバほどの背恰好の雄山羊を喜ばせている。この雄山羊は、眼鏡をかけた尻尾に悪魔の一人が爆破物をしかけたのに笑っている。

この作品には、われわれには分らない諷刺的意図があるに違いない。だが、これを悪魔の夜宴の本物の描写のうちに分類するわけにはいかないのである。

このように重大な問題をかるがるしく断定すべきではないと思うが、それでも私は妖術師が皆悪魔の夜宴に行ったとは考えていない。

この夜宴というのは、すでに見てきたように、参会者が秘密の合図によって呼び出され、その呼出しに逆らうことができない上、出掛けて行くにも何らかの危険が伴うといった集団的儀式だったのだ。あえて出向いた者たちは悪魔に従い、その意のままになった。

しかし、逆に、悪魔に命令を下して服従させ、思いのままに呼び寄せていた妖術師もあったのである。悪魔が現れないと無理にも呼び寄せて家に閉じ込め、言うことをきかないうちは釈放しなかった。そこでは妖術師はもう悪魔の夜宴でのように、悪魔の王の従者でも追従者でもない。主人である。悪魔たちは彼をとりまいて騒々しく喧嘩腰のご機嫌取りをする。妖術師は動物たちの中に立つ猛獣使いのおもむきだ。自尊心もくすぐられたことだろう。

図版67のテニールスの魔女を見よう。ペトリニが鮮明な腐食銅版画にしたものだが、この魔女は自分が使うために怪物の一群を呼び寄せている。動物たちは彼女に従いはしても、近寄ろうとはしない。そこは悪魔の夜宴の場ではない。彼女は自分の家、自分の土地にいて、見捨てられたさる洞窟で気随気ままに振舞い、魔法の小刀を

67　悪魔の呼寄せ
テニールス，ペトリニ彫版

手に王者の足どりで歩む。悪霊がとびかかりでもしようものなら、たちどころにそのナイフの先で退散させられるだろう。

図版69の紳士は、ルイ一四世時代の服を着こみ、ステッキを手に、太陽王よろしく、自分が呼び寄せた悪魔たちの真中に悠然とかまえている。この場面を『ウフル氏の奇想天外な空想物語』（一七一〇年、アムステルダム）の中で考えたのはボルドロン神父である。隠秘学に対するこの不屈の皮肉屋は、エレガントな妖術師のわきにその奇行を批難する寓意的な人物を配したが、この人物自身も、負けず劣らず冥府の住人たちの間の遍歴を楽しんでいる。

ときによっては、魔女であるなしに関係なく、数人の人々が集まって一緒に悪魔たちを呼び寄せた。その場所はたいていイバラやイラクサの生い茂った廃屋や廃墟の中で、これが民衆に迷信的な恐怖をよびおこした。図版68のリントハイムの魔女の塔もその一例である。今日でもなお人々はここへは足を踏み入れようとしない。この図版はゲオルク・コンラート・ホルストの作品『悪魔の魔法または妖術の信仰の歴史』（一八一八年、フランクフルト）の口絵から借用した。

こうした悪魔の出現については、過去の歴史家がしばしば語っているところであり、それらすべてを簡単に否定したり笑いとばしたりしてすますことはたしかに難しい。それは何も教会においてだけのことではない。教会に対しては、教会がまるで悪魔の発明者であるかのように、常にそしてきわめて不当なことに皮肉な態度を変えない疑いぶかい人々がいるが、この不可視のものの出現はギリシャ人やローマ人の間でも、アラビア、ペルシャ、メキシコの著述家、仏教徒、アレキサンドリア学派の著者、さらには合理主義を説く哲学者やルネッサンスの無神論者などにもはっきりと証言が残されている。

チビタベッキアに近いコルネトのエトルリア墓地にも悪魔の呼寄せに関係のある絵が発見されている。ローマでは、タキトゥスがその『年代記』で語っているリボ・ドルルスのように、呪術の専門家たちが呪いの詩を読んで地獄の亡霊を呼び寄せていた。ルカヌスは秘術師の秘密のいくつかに触れている。これは「秘術師の嫌悪される秘密」、神々がひどく嫌った秘密であり、ディース、またの名をプルトーンという冥府の王の信仰へ導くことを狙いとしていた。

また、キリスト教徒の間では、サタンやその下役らは人間の頼むちょっとした用事を喜んでやっていたらしい。聖グレゴリウス大教皇は『対話篇』の中で、ヴァレリアの田舎のある聖職者の話をしている。この僧が召使いにうっかり、おい悪魔！　来て靴をぬがせてくれ！　というと、彼の靴がえたいの知れない力ですばやくとり払われた。僧は恐怖のあまりとっさに「出て行け、畜生、出て行け！」と叫んだのだった。

63 リントハイムの魔女の塔
G.=C. ホルスト『魔術』フランクフルト，1818年

ダンテの語る一三世紀の有名な占星術師ミカエル・スコトーは、何の料理もしないで友人たちを招いてから、精霊たちに料理を持って来させた。これはフランス王、スペイン王、教皇、およびその他のヨーロッパの君主たちの料理からとって来たものだ、と彼はいったという。ブラントームは『フランスの名将伝』第三巻、一〇章で、ある宮廷の軍人について同じような話を伝えている。《何人かのフランス人、スペイン人、イタリア人が、サルヴォアゾン氏は親しい精霊を持ち、その霊が彼の記録や計画を作っていると語り、かつ堅くそう信じていた。霊はそれらをあまりに巧みにやってのけていたので、私はピエモンでは、悪魔が彼の死を早めて連れ去ったのだと信じ込み、そう言明しない者には一人も出会わなかった。しかしこれは誤りである》と。歴史家のデュクロも、ズイツェンドルフ神父、ヴェステルロー伯爵、リシュリュー公爵たちがウィーンの近くの石切場で、有能な呪術師に悪魔を呼び出させたことを述べている。

しかし、前代未聞のあきれた冒険は、有名な彫刻家ベンヴェヌート・チェリーニが彼の回想録で、非常に正確かつ生き生きと語っているものである。一六世紀の絢爛たる社会が目をみはるわれわれの前に再現する思いがするほどだ。彼はシシリアの司祭ヴィンチェンツォ・ロモリと知り合った。司祭は彼をローマのコロシアムへ伴い、呪文を唱えた。呪文は見事に成功して一時間半後には「コロシアムは悪魔の群で一杯になった。」その夜、ベンヴェヌート・チェリーニは「満足至極だった」という。二人は次に職人の一人と一二歳になる若い徒弟とを連れて出掛けた。チェリーニの語るこの二度目の呼寄せの模様はまことに悲劇的、印象的である。千倍もの数の悪魔の群が現れたのだ。巨人たちは彼らを脅しているようだった。子供は叫んだ「コロシアムが火の海だ、火が押し寄せて来る」と。降霊術師の司祭自身自分の目を信じられなかった。彼は恐しさに今にも死にそうなようすで、こんなものすごいのは見たこともないと断言した。この場景は一晩中続き、朝の鐘が聞こえて来てやっと終った。

明け方の最初の光とともに悪魔の群は退散し、やがて気がつくと四人だけがコロシアムの真中にとり残されていた。彼らは興奮しきって家に帰ったのだった。

では、このように思いのままに悪魔の群を出現させる力を持つ不思議な呪文とは一体どんなものだったのか。それらは遺されているのだろうか。魔女の術を再現し、その地獄の力の鍵を見つけ出せるような書物は現存して

69 悪魔の呼寄せ
ボルドロン『ウフル氏の奇想天外な空想物語』
アムステルダム，1710年

いるのであろうか。

読者の多くはさだめしこんな疑問を抱かれるだろう。興味をおもちの読者は、過去の世紀がその秘密を守り切り、魔女たちが地獄の扉を開くことのできる謎の言葉を持ち去ってしまったのではないかと、心配されていることかと思う。

ご心配には及ばない。何も失われてはいないのである。妖術師と魔女の倉庫はそっくりそのまま残っている。読者の中でベンヴェヌート・チェリーニの友人のシシリアの司祭と同じ体験をされたい方は、ヨーロッパの大図書館がもっている古い書物の中にある方法を、みずから危険を覚悟のうえで、実施してみられさえすればいいだろう。

問題はそれをどうやって見つけるかである。見つかれば、悪魔はその人のものである。

8　妖術師の書物

人々が、善霊であろうと悪霊であろうと、とにかく自分の前に精霊を出現させるために用いた本は、『ソロモンの鍵』と『教皇ホノリウスの魔法書』という、一七世紀に広く普及した二冊の書物である。実のところ、この二冊はしばしば一冊の本に一緒に編集されており、しかも異文が多いため、それぞれの原典を探り当てることはほとんど不可能である。

その昔、妖術師はたいていこの書物を持っていた。君主の多くも一冊は所有し、薬籠中の物にしていた。医者や学者も、それぞれ自分のものを研究室の秘密の一隅にしまっていた。達人たちはこの『ソロモンの鍵』に、キリスト教徒が聖書に寄せるような信仰を持ち、この書物に見られるさまざまな矛盾にもかかわらず、ためらうことなくその著者を輝けるヘブライの専制君主に帰していた。ポルフュリオスとパラケルススの名前がときどき出て来るし、父と子と聖霊の名によりてともあり、またカトリック教からの借りものの数多くのこまごました事項が比較的近年の編纂であることを示している、といった矛盾にもかかわらずである。

とはいえ、妖術の手引書の最初の着想をソロモンに帰する伝統は、ふつう考えるほど根拠のないことではない。少なくとも、この伝統は非常に遠い古代にまでさかのぼるのである。

ソロモンがオリエントの人々の記憶に残したまことに素晴しい思い出から判断すると、父ダビデの死後にイスラエル人を統治したこの王子の名声は世界に広がり、ユダヤの民という小さな民族の境界をはるかに越えていた。オリエントの人々は今日でもなお彼を地球全土の君主とみなしている。

聖書がソロモンを語る頁はわれわれの好奇心をかきたてるが、この好奇心が満たされることはない。それはあらゆるオリエントの息子、すべてのエジプト人を凌ぐ彼の知恵に盛大な讃辞を贈る。彼はエズラびとエタンより賢く、ヘマンより賢く、マホルの子カルコル、ダルダよりも賢かった。彼は近隣の民族の間で有名になり、あらゆる国から地上の王たちによって派遣された人々が、ソロモンの知恵の教えを受けにやって来た。この知恵を彼に授けたのは神自身だった。ある夜、神は夢に現れて、ソロモンの望むものは何かを尋ねた。ソロモンは知恵を選んだ。神は答えていった。《わたしはほかにおまえの求めないもの、すなわち富と誉をもおまえに与える。おまえの生きているかぎり、王たちのうちにおまえに並ぶ者はないであろう。》

それからというもの、ソロモンの信じられないほどの栄耀栄華、山をなす宝物、金や貴金属や宝石の富は、彼の知恵と同じくらいに有名となり、世界中のどの君主の栄光もそれに及ばなかった。ずっと後になって、救世主自身もユダヤ人にその思い出を語って《野の花のことを考えてみるがよい。紡ぎもせず、織りもしない。しかし、あなたがたに言うが、栄華をきわめた時のソロモンでさえ、この花の一つほどにも着飾ってはいなかった》、といわれた。

ソロモンは、食糧管理のためにユダヤに一二の行政区域をもうけた。彼は戦車千四百台、戦車を引く馬を四万頭、乗用馬を二万頭持っていた。彼と王室の食卓では一日に上質の小麦粉二〇コル、肥えた牛一〇頭、牧場の牛二〇頭、羊百頭、さらに鹿、子鹿、水牛、あらゆる種類の鳥が消費された。彼の盃はいずれも金であった。彼の治世には、銀は蔑視されていたのである。彼が建てさせたレバノンの森と名づけられた王宮は、奥行き百キュビット、幅五〇キュビット、高さ三〇キュビットで、杉材の天井とたくさんの円柱とがあった。同じような宮殿を彼は妻に迎えたエジプトのファラオの娘にも建ててやった。

ソロモンは三千の箴言と五千の雅歌を作った。作品の中では、レバノン杉から城壁のヒソップにいたるまで、あらゆる植物、またあらゆる獣、鳥、爬虫類、魚がうたわれている。「箴言」、「知恵」、「伝道の書」など彼の名のもとに聖書に入っているものを見ると、ソロモンが君主としては異例の自然科学の知識だけでなく、神学と哲学の最高の知識をも持っていたことが分る。

しかし、アジアの人々の想像力を惹きつけるにはもってこいのこの栄華と繁栄は、何も聖書にだけその回想をとどめているのではない。有名なペルシャの詩人フィルダウシは「王の書」という題でソロモンの話をうたった。サース＝エド＝ディン、イシャ＝エブン＝イブラヒム、アーメッド＝エル＝ケルマニ、シェム＝エディン＝エル＝シワシなどアラブ、トルコ、ペルシャの作家、そしてタルムド学者らも、ソロモンの華麗な事業の物語をふくらませて、ユダヤ人たちが忘れた多くの貴重な事柄をわれわれに伝えている。ダビデの子、いいかえればダビデの後の王、ソロモンは彼らの筆で伝説の人となった。どの文学にも、インドのすぐれた物語にさえも、これほどの人物は見当らない。彼はこの世の最も豊かで最も学殖深い君主であるばかりでなく、その科学のゆえに最も強力な者となり、天上、地上、地下のあらゆる精霊を支配した。天使も悪魔も、地下の小人族、小人、地の精、水の精、火の精もソロモンに服従した。

アラブの本『歴史物語選』の著者の伝えるところでは、ソロモンは一二歳で王位につき、神は人間、善霊と悪霊、そして鳥や風をも彼に従わしめた。鉱物、動物、植物の自然の三界もやはり彼に従い、植物は自分たちの効力を王に教えた。

水晶を敷きつめた王宮の中で、ソロモンは悪霊と悪魔を鉄のテーブルに、貧しい者たちを木のテーブルに、軍の長を銀のテーブルに、学者と律法博士を金のテーブルにつかせ、みずからは金の食卓の人々に給仕をした。コーランによれば、精霊たちは王の目の前で働いて、宮殿、彫像、庭園、泉水、高価なじゅうたんを作っていた。王が遠方へ旅するときには精霊が背に乗せて運んだ。

ソロモンの印章、予言と魔法の力を持つ不思議なランプ、ことに彼の指環と王冠は、いまでもオリエントの人人に有名である。

ソロモンが精霊たちに命令したのは、その指環の力による。彼の優れた知恵も指環のおかげであった、とアラブ人はいう。彼はある日悪魔全部を集めて、この指環の印章で悪魔の首にしるしをつけ、自分の奴隷にした。一度、ヨルダン川で水浴びをしていてこの指環を失くしたことがあったが、そのとき彼は知性と知識も失ってしまった。一人の漁師が魚の中にこの指環を見つけて届けてくれるまでは駄目だった。羨ましがり屋の精霊が盗んだのだとする者もある。指環を盗んだ精霊はソロモンの代わりに王座について統治をしたが、指環を奪われたソロモンの方は、精霊が神に指環を海に捨てさせられるまで、放浪を続けたという。

ところで、彼の象牙の玉座は、世界のどこの国でも作られたためしがないほど立派なものであった。聖書によれば、それには六つの段があり、肘掛のそばに二頭のライオン、段の各々の両側には六頭、計一二頭のライオンの子供が立っていた。が、常々すばらしいものの愛好者であるイスラム教徒たちはさらにいう。玉座は精霊たちがこの上なく尊い白檀の木で作ったもので、横たわる二頭のライオンの上には二羽のワシがおり、王が玉座に登るとライオンはその足をのばし、着座するとワシがその翼で影を作った。またジェル＝アル＝エド＝ディンは、この玉座が横四〇キュビット、縦六〇キュビット、高さ三〇キュビットの金と銀の文字通りのモニュメントで、まわりにルビーとエメラルドの冠がかかり、玉座を支える柱は同じく宝石でできていて、そこには七つの扉から入ったものだとことこまかに述べている。王が座に登ると、各段に配置されている伝令が、王に君主として果すべき責務を高らかに宣言し、王が坐ると、玉座からハトが飛び立って契約の櫃を開き、律法を取り出して王に示して学ばせ、金のライオン一二頭が恐しいうなり声をあげた、ともタルムド学者の何人かは語っている。

70 ソロモンに信任状を渡す悪魔ベリアル
ヤコブス・デ・テラモ『ベリアルの書』アウグスブルク，1473年

なお、コーランは、この玉座はシバの女王バルキスのものだったが、ソロモンが精霊イフリットを使って盗ませたのだとほのめかす。イフリットはそれをあっという間に王の所まで運んでしまった。さらに、悪魔どもは玉座の下に魔法の書物をしのびこませておき、ソロモンの死後、それは科学の書物で、ソロモンはこれを用いて人間と精霊を従わせていたのだという噂を流した、ともアラブの語り手たちはつけ加えている。

以上のような伝説的な話を雑然と寄せ集めても、何の証拠も真実も出てこない。草木、薬草、石、星など自然科学を研究していた古代の学者は、しばしば妖術をやっていると非難された。中世には、レーゲンスブルクの大司教アルベルトゥス・マグヌスが、自然科学者の第一人者として、名誉にも、ソロモンとともに当代随一の魔神愛好者だとされていた。

しかしながら、このユダヤの君主が闇の力と結ぼうとしたことはありえないことではない。ソロモンが父ダビデのように常に正しくは君主の道を歩まなかったことを、聖書もはっきり述べている。若くして彼はすでに高き所で犠牲を捧げていたが、これはモーセの掟に反する儀式だった。やがて晩年になると、世界の君主のうちで知恵において最も賢く、神を畏れることにかけても最も敬虔であったこの王は、たびたび祖先の唯一神を捨ててエリリムに犠牲を捧げた。外国の女たちは彼を真理の道から踏みはずさせた。彼が結婚したファラオの娘をはじめモアブ人、アンモン人、エドム人、シドン人、ヘテ人の女が彼の心を堕落させ、シドンの女神アシタロテ、アンモン人の神ミルコム（キリスト教徒はモロクと呼ぶ）、モアブ人の神ケモシに仕えさせた。

そこで主はソロモンを去り、彼の王国を分割した。そして不思議なことに、彼の知恵、財宝、馬、戦車についてはあれほど詳細に長々と語った聖書が、彼の死については沈黙を守っている。ソロモンはその先祖と共に眠ったと記すだけで、ついに悔い改めることがなかったのか、それとも主の信仰へ立ち戻ったのかという点には触れていない。罪のうちに死んだであろうことがほぼ確かであることを知るにも、『アダムの悔悛』のような教会の認めない本に頼らざるをえないのである。また、中世のスコットランドに残っていた奇妙な伝承も参考にしなければならない。その思い出を伝えているのはシャルル六世の歴史家、ジュヴェナル・デ・ジュルサンだが、彼はソロモンは地獄に堕ちた者であり、世の終りまで毎日一万羽のカラスのえじきになるものと考えた。ラビの書いたものの中には、自分の衰えを感じたソロモンが、悪魔たちの手を借りてやりかけた仕事が終らないうちは自分の死を隠しておいてほしいと神に嘆願した、と記すものがいくつかある。そして、ソロモンは杖にすがって跪いて祈りを続け、彼が生きていると信じた悪魔たちは仕事を続ける、というのである。また、コーランによれば、彼の死を最初に知ったのは地を這う虫であった。ソロモンの遺骸を支えていた杖をかじったところ，死体がくずおれた。そこで精霊たちは仕事を止めたのだった。

こんなわけで，モロク，ケモシ，アシタロテに犠牲を捧げた君主が，悪魔を呼び寄せようと試み，出現させる

71　ソロモンの前で踊る悪魔ベリアル
ヤコブス・デ・テラモ『ベリアルの書』アウグスブルク，1473年

72　ソロモンの前に現れたベリアルと四悪魔
ヤコブス・デ・テラモ『ベリアルの書』アウグスブルク，1473年

方法について書き記したというのはありそうなことである。キリスト教徒の著述家の一部はこれを肯定している。一一世紀のコンスタンチノープルのレオンティウスは聖霊降臨日の説教でソロモンの悪魔に対する力について語った。「ソロモンは悪魔に支配力を持っていたではないか」と、彼はいう。テフラの大司教グレゲンティウスは、ソロモンが悪魔どもを壺に閉じこめ、封印をして地中に隠した、と述べている。この伝説はなかなか有力で、ヤコブス・デ・テラモの著書『ベリアルの書』（一四七三年、アウグスブルク）という興味深い初期印刷本には、ソロモンが何度も登場し、悪魔たちと親しげに話をしている。まず、悪魔ベリアルがソロモンに信任状を渡すところを見てみよう（図版70）。おかしなことにモーセが側についている。この奇妙な話では、何をする場合にもモーセはベリアルから離れない。次には（図版71）、悪魔が大王の前で陽気な踊りを見せている。ソロモンは笑っているがモーセは嘆いているようだ。最後に（図版72）、ベリアルは恐しい仲間を四人連れて来る。栄光ある君主は心を動かさない。

以上の伝説はさておき、キリスト紀元第一世紀、ヴェスパシアヌス皇帝の時代には、悪魔に対する呪文の本がソロモンの名のもとにすでに出まわっていた。同時代の歴史家フラヴィウス・ヨセフスがいうところでは、この本を持っていたのはエレアザルという名のユダヤ人で、ヴェスパシアヌスの面前で悪魔に憑かれた人々をいやした。指環を相手の鼻につけて悪魔を追い出したのだが、指環の中にはソロモンがこの用途のために指定した木の根がはめこまれており、エレアザルは指環を用いながら同時にその本の中にソロモンが記しておいた言葉を唱えた。おそらくこの本が今の『ソロモンの鍵』の萌芽であって、ときとともに新しい方式がつけ加えられていったものであろう。

この頃から、時代を経るにつれてさまざまの著者の手になるソロモンの妖術書というものが続けて現れるのである。一一世紀にギリシャの作家ミカエル・プセルスは、ソロモンが作成した石と悪魔との論文について語っている。また、一三世紀のビザンチンの歴史家ニセタス・コニアテスは、コムネヌス朝の皇帝マヌエルを書いた歴史書第四巻七節で、『ソロモンの鍵』としか考えられない本に言及している。それは皇帝の占い者アーロン・イサクが持っていたもので、《それを読む者はなんと悪魔の群を出現させるのであった。》

魔法書が、ビザンチンの世界からラテンの世界へ移ったと見られるのは一三世紀の頃である。その新しい編纂者をドミニコ会の教皇ホノリウス三世とする一つの伝統がある。彼は一二一六年にインノケンチウス大教皇を継ぎ、レオ三世、ヨハネス二二世、シルヴェステル二世らのように妖術にかかわっているとの疑いを持たれていた。同じ時期、ギヨーム・ド・ナンジスの年代記の継続者の一人が、エタンプに近いモリニの一修道僧の作った悪魔の名前の表をかかげている。これによって人々は金儲けをはじめいろいろな利益にあずかったのだが、それは奇妙に『ソロモンの鍵』に似通っている。一二九四年に没した修道士ロジャー・ベーコンも、同様にソロモンが書いたといわれる魔神論の本を知っていたが、かなり軽率なことにソロモンが著者であるとは認めないようにとすすめていた。この王の大いなる知恵を思えば、というのだったが、彼は明らかに王の背教と堕落とを忘れていたのである。ニコラス・エイメリックの証言によると、教皇インノケンチウス六世は、一三五〇年頃、悪魔の呼寄せとその方法がぎっしり載っている『ソロモンの書』という分厚い本を焼き捨てさせた。一五世紀には、ギリシャの歴史家ミカエル・グリカスが、やはり、精霊と、精霊を不可視の世界から呼び出す方法に関するソロモンの書物について語っている。修道院長トリテミウスもその著『呪術反対者』の中でこれも『ソロモンの鍵』を引いている。ただ、彼ももちろんロジャー・ベーコンと同じくそれが本物だということは否定している。

こうして、ヨーロッパの図書館に行きわたっている現在のわれわれの魔法書は、ヘブライに由来する祭儀と新旧の呪文とがともに混り合ってできたものであろう。祭儀とは仔山羊の喉を切って殺すなど、その最初の思いつきがソロモンの時代にまで十分にさかのぼれるものである。呪文の古い例は《クシルカ、クシルカ、ベサ、ベサ》などニネヴェの楔形文字の石板に見られる文句である。より新しいものはジプシーの奇妙な方言から借りたと思われ、リュトブッフやアラスのジャン・ボデルたちがその聖史劇の中で呪い師サラタンとテルヴァガンの口から言わせた「バガ　ヒラカ　バカベ」とか「パラス　アロン　アジノマス」といったものである。これらの上に、カトリックの祈禱の枠組を用いて、アラブ的ビザンチン的そしてラテン的手直しを加えると、やっとこの書物の無定形なカオスが作り出されるのである。それでもなおそこにはなにがしか古代の香気がただよっている。

それ以後、中世も終りに近くなるとともに、この魔法書の写本はいよいよ広く行きわたるようになった。ペトルス・モツェラヌスなどルネッサンスの学者たちもおおいに興味を示している。印刷された最初の版が一六二九年にローマで出版され、他のいくつかの版がそれに続いた。

しかし、これらの印刷された本は実際には使えなかった。自分の仕事を大切にする妖術師には手書きの『ソロモンの鍵』を所有すべきだという伝統があり、それもできるだけ自分の手で写すことが、悪魔の操作に一層の効果をあげるはずであった。

パリのアルスナル図書館には、この書物のかなりの部数の写本《マニュスクリ》がある。一八世紀に、ド・ポルミー侯爵、アントワーヌ＝ルネ・ド・ヴォワイエ・ダルジャンソンという変った軍人が集めたコレクションによるものである。彼は隠秘学の小説や書物に異常な情熱を持っていたのだ。最上の写本は文句なく二三五〇番で、『秘密の秘密、またはソロモンの鍵、すなわち正真の魔法書』という題を持つ。この題名はソロモン由来の書と教皇ホノリウスが書いたとされる著書との融合をよく示している。この一八世紀の写本は凝った書体で書かれており、挿絵はほんのわずかだが、他の写本にはないいろいろな儀式が入っている。

題名の向いがわの頁にド・ポルミー侯爵みずからこう注を付している。《だれも『ソロモンの鍵』のヘブライ語の草稿を見た者はない。イエズス会士のグレセール神父はバイエルン公の図書館でギリシャ語の写本を見たといっている。アンティニの修道院長は『息子レハベアムへのソロモンの鍵』また『星形の書』といった表題のラテン語のいくつかの写本をあげている。》この写本には他のどの写本にもない序文があって、書かれた時期はかなり古いらしく、ビザンチン時代かとさえ思われ、それがこの書物の起源についてすでに述べたようなさまざまの伝承を確認しているようにみえる。

ここで王ソロモンは自分の『鍵』を息子のレハベアムに託している。《息子レハベアムよ、よいか、お前は私にとって世界中の何物にもまして尊い。創造主中の創造主のお力によって私が集めたあらゆる知恵のように。レハベアムは、私が父上に似ているからといって私にどんな資格があるのでしょうと応じる。ソロモンは答えた。主の天使が、ある夜私が眠っているときにそれを明かしてくれた。私は聖なる御名ヤーヴェを呼んだ。私は言葉でいい表わすことのできない方法を得た。知恵の方法だ。天使ラジエルは夢のうちに語るに語れない長い物語をしていった、「秘密のうちの秘密」をしかと隠しなさい。宇宙の科学がうち毀され、深く隠されて、無になるときが来るからだ。お前の時が近いことを知るように。怖れに震え、酔ったように私は立ち上がった。そして、私がなすべきことを考えたのだ。》そこで、ソロモンはレハベアムに『ソロモンの鍵』の書を自分と一緒に墓に埋めるよう注意した。次に、トツ・グレックという謎の未知の人物が登場する。多分空想上の人物だろう。彼の名前はどの歴史家の本にも見られない。序文は続く。

《彼がこうして命じたことはそのようになされた。書物は長いこと隠されたままだったが、王の仲間であったあ

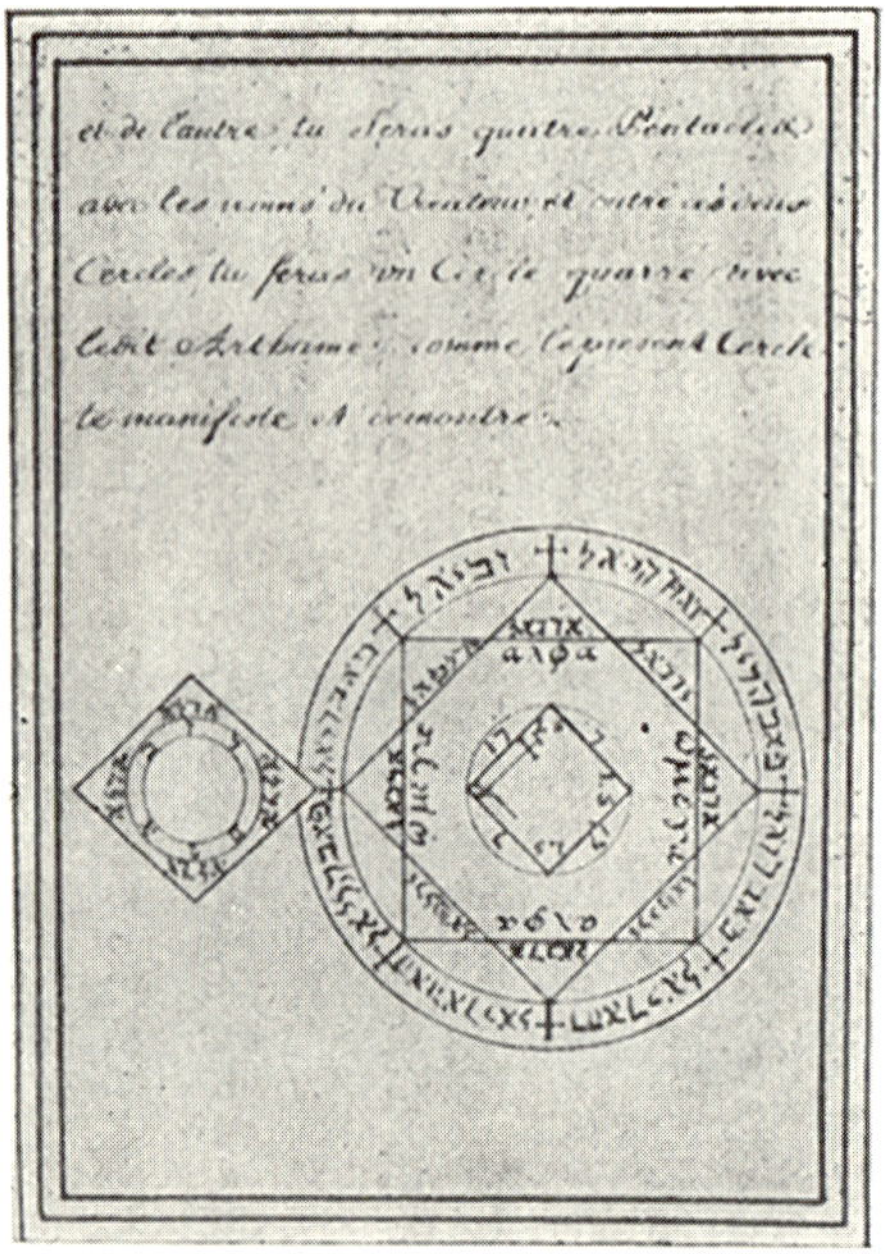

73　魔法の円
『ソロモンの鍵』アルスナル図書館
写本2350番，18世紀

るバビロニアの哲学者たちによって墓の中から発見された。上述の本は上述の象牙の小箱に入っていた。彼らはそれを取り出したが、秘密の科学の言葉の曖昧さのため理解することはおろか読むこともできなかった。ところでトッ・グレックという非常に学殖豊かな哲学者が自分の部屋にいると……主の天使が現れていった「その小さな本を見て読むがよい。曖昧な言葉もお前には楽に説明することができよう……」。トッ・グレックは大いに喜び本を見て読んだ。ソロモンの小冊子はすっかり違ったものになっていた。決して無知な人の手に渡ることのないように、と彼は主に祈った。そしてこういう。

この本を手にするであろう人に懇願する。その人の身体と願いと行ないとにかけて、決してこの書を訳されるようなことのないように、説明したり、人目に触れさせることのないように。相手が優れた賢者や学者でないかぎりは。》

この立派な序文は、『ソロモンの鍵』という本の歴史的起源を一層曖昧にするだけのようにも思われるが、その後に続く数多くの章には悪魔の呼寄せについてのさまざまな準備作業が記述されている。それによると悪魔は人の役に立つ善いものと、警戒すべき悪いものとの二種類に分けられる。だが、カトリックの神学はきまってこの区別を否認する。この学説にとって悪魔は議論の余地なくすべて悪いのだ。

またそこには、施術者と助手――施術者が必要と判断した場合のことだが――が持つべき資格が列挙されている。そして、必要な衣服と履物、小刀、針またはたがね、指環、笏杖、火、聖水、照明、香料、上等の羊皮紙、筆記用のペンとインクと血など、施術に不可欠の道具の説明がある。悪魔の呼寄せは、一部の好奇心の強い素人のひま人が想像するようなたやすい仕事ではないからだ。

この写本の三〇頁に円の図がある。すでに見た円であり、そしてこれからも妖術の舞台にはどこにでも現れる有名な円だ。悪魔と連絡をとろうとする者はこの中に入らねばならない。この決りにそむけば確実に己を死にさらすことになる。《円なしでは、精霊を呼び寄せてみても何も起こらないことに注意すべし》と、写本は慎重に述べている。図版73にこの円を示した。円は直径九フィート、すなわち約二メートル七〇センチなければならない。中にたてこもるのに十分なゆとりのある広さである。円は聖なる小刀の先で描く。《創造主の名とともに四つの星形を書き、この二つの円の他に前述の小刀にて、図の円が示すように、正方形に囲まれた円を一つ書け》と写本はいう。

この円内に記された文字はギリシャ語と

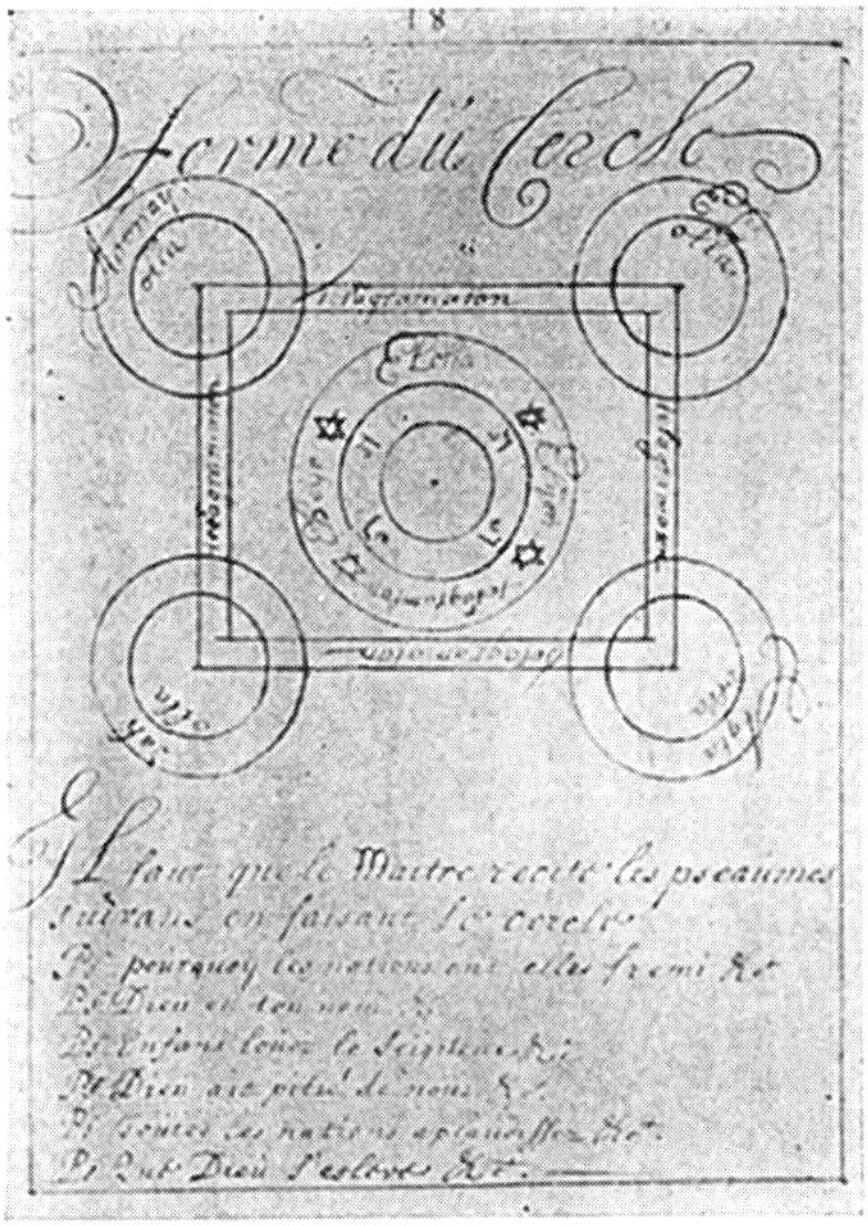

74 魔法の円
『ソロモンの鍵』アルスナル図書館
写本2348番，18世紀

ヘブライ語である。ギリシャ文字のアルファベットの最初と最後の文字の読み方を綴った、アルファとオメガの書式が数回繰り返されているのが識別できる。次に、ラビがよく用いた省略形の語アグラが見える。ヘブライ語の主は永遠に偉大である Aieth Gadol Leolam Adonai の最初の四文字をとったものだ。それから、七二の聖なる名のいくつかがあり、それは皆 el で終っている。また中にはときにはっきり読みとれないものもある。

しかし、この円の形は決して変化しないものではない。アルスナル図書館にある同時代の別の写本二三四八番は『ヘブライの王、ソロモンの鍵の書』という題で、《ド・マントゥー殿下の命により、アブラハム・コロルノによりヘブライ文字からイタリア語に翻訳され、さらに新たにフランス語に訳された》ものとなっている。この写本にはまったく異なった魔法の円の形が載っている（図版74）。そこにはヘブライ文字もギリシャ文字も見られないが、神の呼称 Adonai, El, Jah, Agla, Eloha, Ehie と、口に出してはならない聖なる名の四文字を意味する聖四文字の語が見える。大きな円には四つの小さな円が配されている。写本の補足説明は次のようだ。

《慣例に従って聖別した小刀か鎌をとり、第一の円の中心を中心として、第一の円の外側一フィートのところに円を描く。さらにその外に同じ中心で同じ間隔で円を引く。今描いたはじめの円と最初の円との間の一フィートの空間に、世界の四方に合わせて尊い記号 Thau を書き、第二の円と第三の円との間には、四つの小円あるいは星形の中間に、恐るべき創造主の名を記す。すなわち東と南の間に聖四文字 Tetragrammaton、南と西の間に Eheyt、西と北の間に Elijon、北と東の間に Eloha を入れる。これはセフィロートの表《カタログ》と至高の顕示《コリュストラシオン》に大変重要なものである。》

写本によると、この施術はリンネルの衣服を着た師匠と四人の弟子が行なう。師匠は大きな円に、弟子は小円に入る。

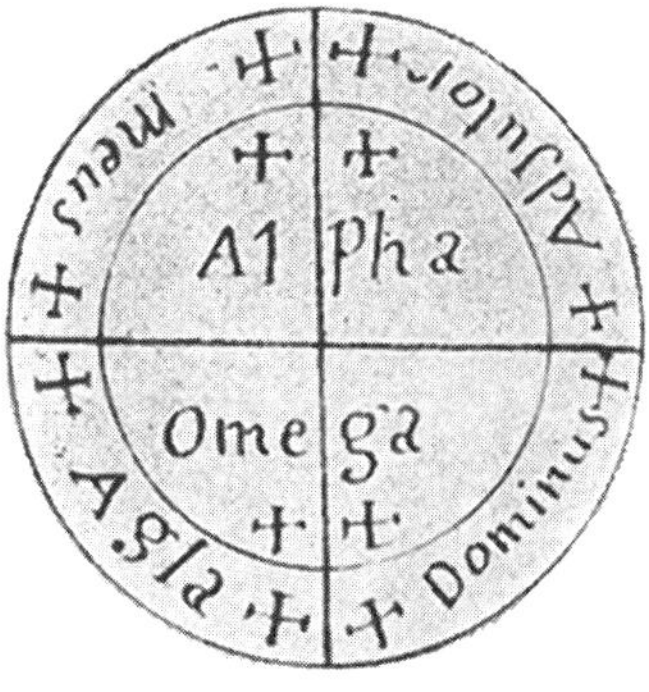

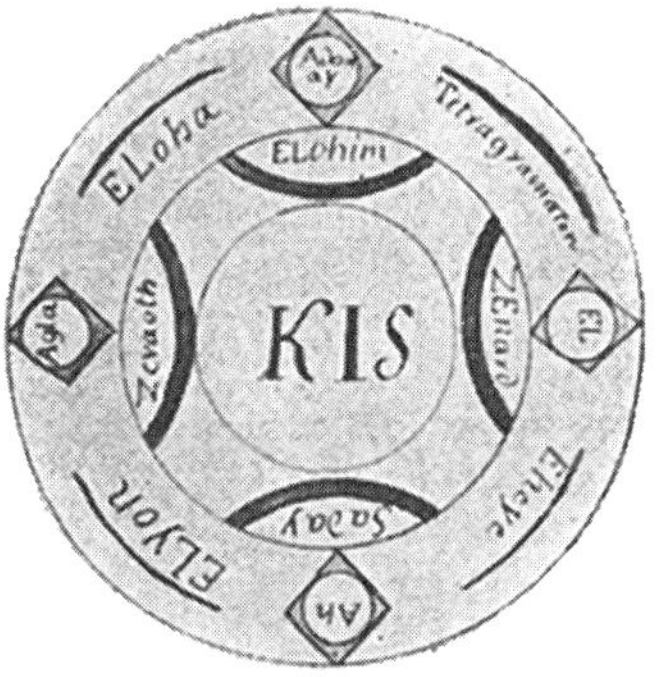

76　魔法の円
『惑星の七精霊の施術』
アルスナル図書館
写本2344番,
18世紀

75　魔法の円
『ソロモンの鍵』
アルスナル図書館
写本2349番,
18世紀

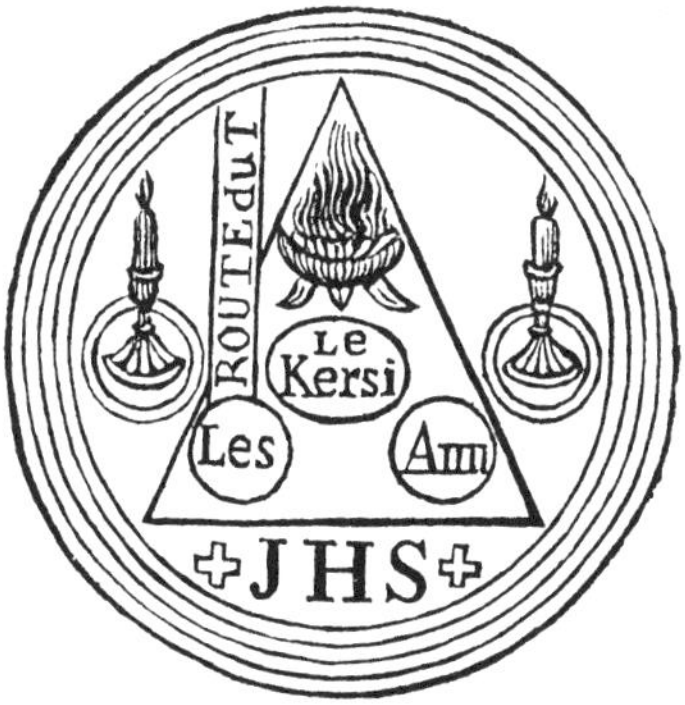

77　契約の三角形
『赤い竜』アヴィニョン，1522（1822）年（著者所蔵）

同じ図書館にある写本二三四九番『本当のソロモンの鍵、アルマデルのヘブライ語からの翻訳』は、またまったく別の形の円を示している（図版75）。それでも、同じ神の呼称、Eloha, Tetragrammaton, Ehoye, Elijon, Zevaoth, Elohim, Zenard(?), Saday が見られ、中心の語 KIS は、七月の聖なる神（俗には万軍の主）を意味する Kodash Ieve Sabaoth の初めの三字をとったものである。

図版76にはもっと簡単な円を示した。同じ図書館の写本二三四四番に入っている。多分前述の円とまったく同様の効力を持つものであろう。Alpha と Omega, Agla とラテン語の Dominus adjutor meus（わが救い主なる神）の語があるだけで、全部に一二の十字架がつけられている。

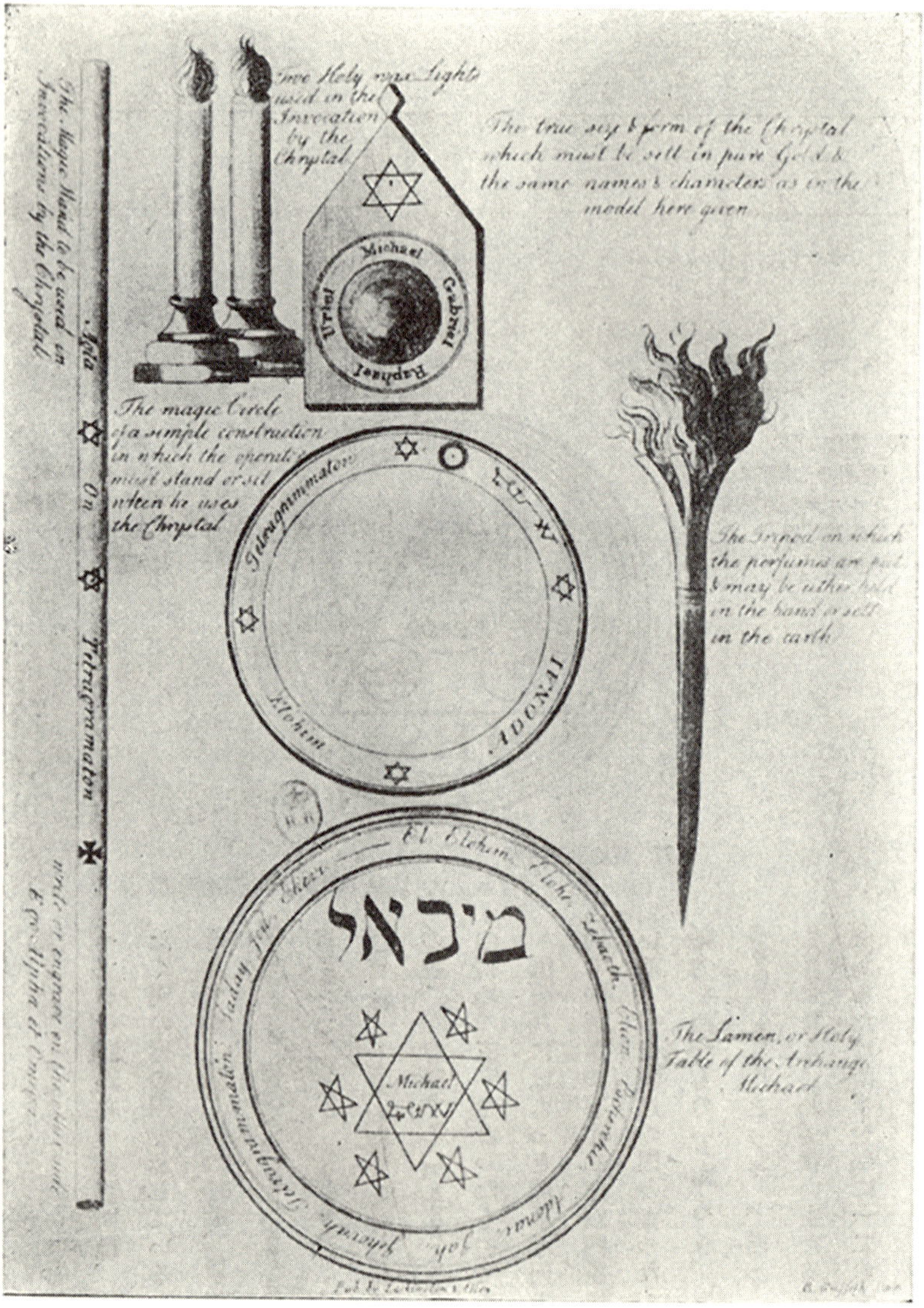

78　魔法の円と呼寄せの付属品
フランシス・バーレット『秘術師』ロンドン，1801年

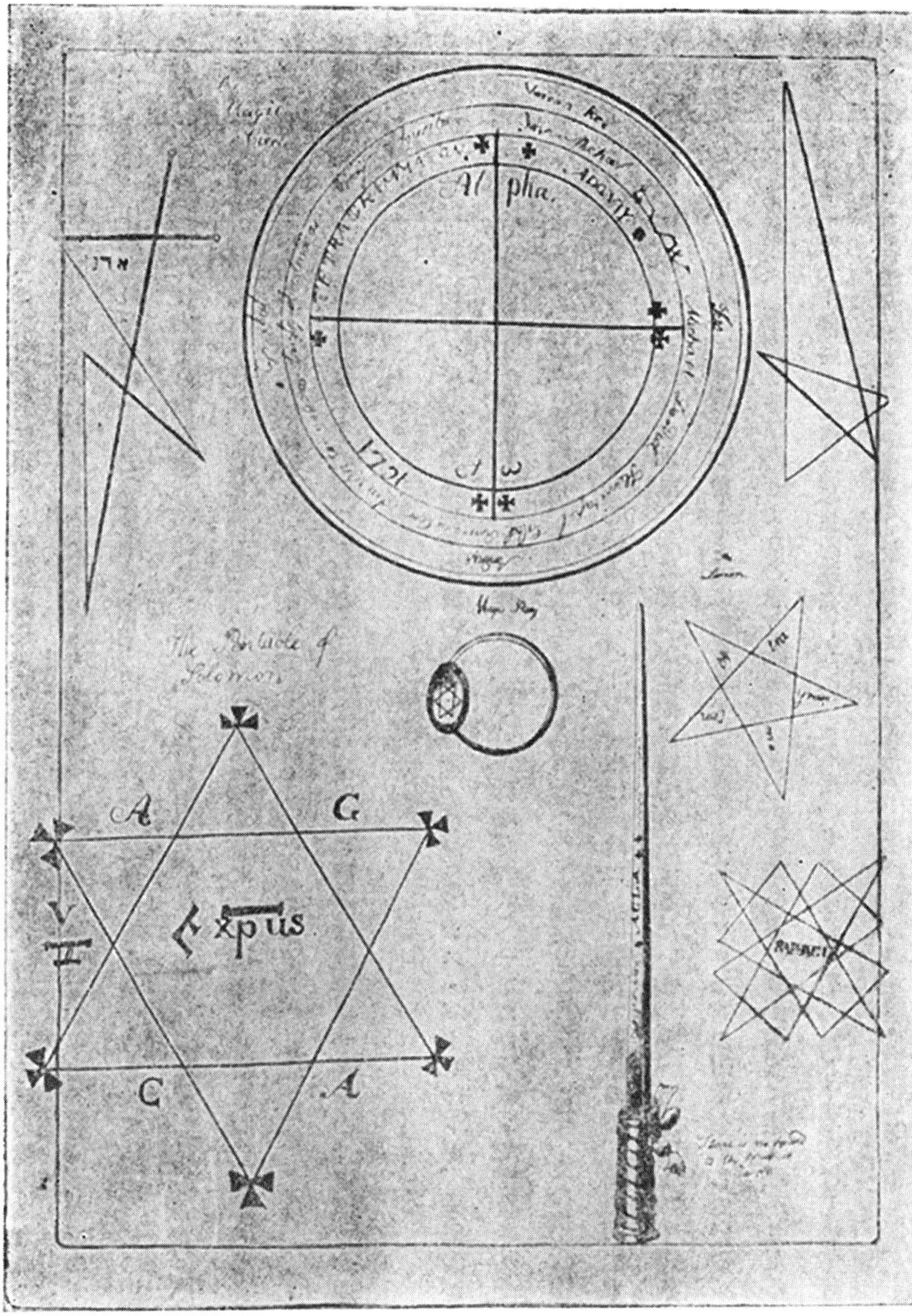

79　別の魔法の円とソロモンの星形
フランシス・バーレット『秘術師』ロンドン，1801年

しかし、以上のものとは非常に異なる呪術の本『赤い竜――天上、空中、地上、地獄の精霊に命令を下す術』には、もっと神秘的で謎めいた形態の円が出てくる（図版77）。この本は一五二二年のアヴィニョンのオフレー版だが、実際に印刷されたのは一八二〇年頃であり、円は《契約の三角形》と名づけられている。この円は《四本の釘》で張りつけた仔山羊の皮を用いて作り、円の中の三角形は《エナメル石》で描かれねばならない。《カルシスト》つまり施術者は小円に、彼に従う助手はその下の二つの円の中に入る。両側には二本のろうそくがクマツヅラの環の中に立ち、前面には新しい鉢があって、ヤナギの炭が燃えている。そこには《ブランデー》、香、樟脳がそえられる。施術者は「Tの道」をたどらねばならない。この道は確実にサタンの「宝庫」へ通じているのである。

最後に、一九世紀初めイギリスで隠秘学の真の刷新を行なったフランシス・バーレットが、施術者が身を置くべき魔法の円の別の種類を二例示している（図版78、79）。これは、一八〇一年にロンドンで出版された彼の著書『秘術師』の中にあるもので、後に有名なエリファス・レヴィが大いに感化を受けた。前に見た例と同様、Alpha Omegaといくつかの聖なる呼称が入っているが、バーレットは同時に、図版78で魔法の杖、前の図にもあった燭台二つ、純金にはめ込んだ魔法の水晶、手に持つか地面に立てるかするたいまつを、また図版79で短剣、指にはめる星形のついた指環、三角形二つを上下逆に組合わせた星形すなわちソロモンの印章を示している。

このような次第で、悪魔を呼び寄せようと思う読者は、どの円を用いるべきか選択に迷うばかりだろう。その読者に、ド・ポルミー侯爵の素直な意見を紹介したい。《最良のものはどれか。試してみてはじめて分るであろう。》彼が持っていた写本の一つの見返しに記されていた言葉である。

それに、予備の円が必要なのだ。写本二三四九番がこう忠告してくれるからである。《施術師は精霊と語るたびごとにその都度、そして何度でも、個々の状況に応じて特殊なまた異なった円を描くよう努めるべきである》と。

これで円ができ上がった。《そこで、この施術の円に入り、星形を持ち……》と、写本二三五〇番の筆者はいう。どんな星形か。それについては上述の写本二三四九番があます所なく解明してくれる。まず、《善霊を好意的にする》六つの星形がある（カラー図版3）。それぞれに神のヘブライ語の名が入っている。次に、タヴアル　アルキロ　セドアン　アケイル　ネスタボ　カカイ　エクスタボル　エリオナル　アナフエタ　デイノトル　ドリオン　サラオなど悪魔的表現にはどこにでも見られ、誤ってカバラ的といわれる、奇妙でほとんど理解できない表現がある。これらは中世を通じて不思議な力を持っていたが、それは今日でもおそらく完全には失われていないのだろう。同じようなものが、一三世紀の有名な吟遊詩人リュトブッフの『テオフィルの奇蹟』の中に出てくる。そこで妖術師サラタンは次のような言葉で悪魔に呪文をかけるが、その言葉はどこの言語にも見当らない。

バガビ　ラカ　バカビ
ラマク　カヒ　アカバベ
　カルレリオス
ラマク　ラメク　バカリアス
カバハギ　サバリオス
　バリオラス
ラゴズ　アタ　カビオラス

サマハク　エト　ファミオラス
　ハルラヒヤ

やはり一三世紀のアラスのジャン・ボデル作『聖ニコライの法』では、別の奇蹟の中で、テルヴァガンが次のようにいいながら、悪魔に自分の魂を渡す。

パラス　アロン　オツイノマス
バスケ　バノ　ツダン　ドナス
ゲヘアメル　クラ　オルレイ
ベレク　ヘ　パンタラス　タイ

同じような言葉が、四世紀近く後のレンブラントのすばらしい銅版画「ファウスト博士」（図版80）に見出される。巨匠はそこで当時非常に有名だった伝説を表わして、一人の老学者が呪術を試みているところを描いている。ここでは魔女らの円は地面に描かれずに、学者の実験室の窓ガラスに炎のように輝いている。円の中心にあるINRI（ユダヤの王ナザレのイエス）の頭文字の周りに ADAM † TE † DAGERAM の語が読みとれ、その外側に AMRTET † ALGAR † ALGASTNA ††† と見える。円の横には鏡があり、一つの手が命令するように動いて、人差指があらゆる論理的な解釈を斥けるかとみえる文字の謎の綴りを指している。

図版81もやはり先の写本によるものだが、《地獄の霊に呼びかける》星形には、ここでも神を表わす多少とも

80　ファウスト博士
レンブラントの銅版画

想像的な名が入っている。これは巧みな円花模様にまとめられており、効力はたしかなものだろう。

《カバリストの哲学者》ピエール・モラによる手書本《マニュスクリ》二七九〇番『ゼケルボニ』は、何の注釈もなしに、彼のいう《大星形》を示す（図版82）。これには、はっきり読みとれそうもないヘブライ文字、ギリシャ文字が散る上に、Z形の妙な記号のついた一種の十字架が立っている。ある種の錬金術の論文では、この記号が《ソロモンのアタノール（炉）》と呼ばれる蒸溜装置になっている。

さて、いよいよ施術が始まる。

《師匠が弟子と共に到着すると、師は火をともし、新たに清めを行なってから、ろうそくに火をつけてランタンに入れる。ランタンは、師匠を照らすために弟子の一人が常に手に持っている。他の一人は紙とペンとインクを、別の一人はむき出しの剣を持つ。師匠は香をたくために炭に火をつけ、一本のろうそくを持って円の中に入り、呪文を始める》（写本二三四九番）。

前にあげた写本『諸惑星の七精霊の施術』はその他に、円の中で新しい火器に安息香の木と香を燃すようにすすめる。読者はこれもしっかり記憶にとどめられることだろう。

呪文の唱え方も本によって異なっている。まず、例の写本二三四四番にある形式を見てみよう。

《N……（めざす悪魔の名が入る）よ、天と地とそのすべてとを創られた生ける大いなる神の名において、人類の贖主である唯一人の御子により、柔和なる慰めの聖霊により、天上界の力により、乞い願う。ただちに、遅れることなく、音をたてず、私と私の仲間を傷つけることなく、こころよき姿にて現れよ。かつ、お前に命ずるすべてに応えよ。生ける神、エル　エホメ　エトルハ　エジエル　アゼル　エジエハ　アドナイ　イア　テトラグラマトン　サダイ　アギオス　アザー　アグラ　イシロス　アタナトスにより願う。アーメン、アーメン、アー

82　大星形
ピエール・モラ『ゼケルボニ』
アルスナル図書館，写本2790番，18世紀

81　地獄の霊を呼び寄せるための星形
『ソロモンの鍵』アルスナル図書館
写本2349番，18世紀

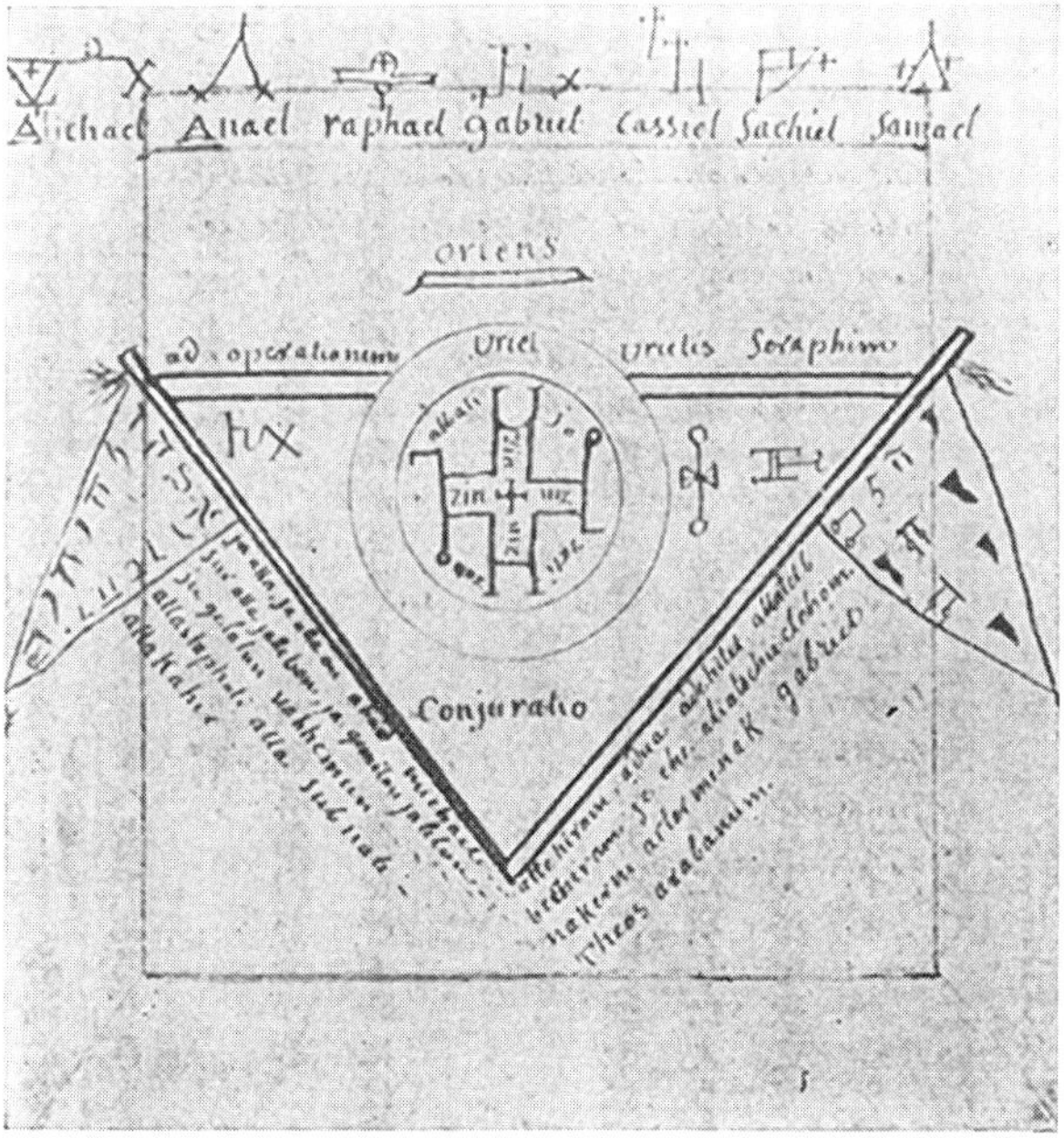

83　ユリエル・セラフィムの施術
アルマデル『魔法書またはカバラ』アルスナル図書館
写本2494番，17世紀

メン！》

この呪文は新しい羊皮紙に書かなければならない。この呪文を三度唱えても《もし霊が現れなかったら、あと三日続けなければならない。霊はかならず現れて、あなたの願うことを尋ねるだろう……》それに答えて、霊を望みどおり役立てたら、施術者は悪魔をいつものすみかに送り返すようよく注意すべきである。さもないと、自分に恐しい結果を招く危険がある。したがって、彼は次のようにいって悪魔を帰す。《私は神の名によってお前を呼びよせ、お前は神の名によって現れた。ゆえに私は神に感謝を捧げる。永遠に定められた場所に、神の平和のうちに帰りなさい。私とお前の間に平和があるように。お前を呼ぶ時には常に父と子と聖霊の名によって出現するように。アーメン！》

もう一つは《大呪文》と呼ばれている。《この呪文が唱えられるやいなや、悪霊どもは震え上がるのだ》と、『秘密の秘密』（写本二四九三番）はいう。この呪文は、《『アルアデルによる魔法書またはカバラ』（写本二四九四番）にくわしい説明のある》ユリエル・セラフィムの施術に拠るものである。写本には図版83に示したような、こみいった挿絵がついている。次の奇妙な悪魔文書の一節は、文字通り悪魔を壜に閉じこめる方法を教えている。

《ユリエル・セラフィムは、天使、イョ　ザティ　ザタ　アバティ　アバタ　アグラ　カイロ　カイラ、汝と我との主、生ける神とその名によって、三位一体のあらゆる力によって、聖母の処女性によって、大いなるアグラがその口でモーセに述べた聖なる言葉によって、イョ　ザティ　ザタ　アバタ、お前が住む九つの天によって、そして今述べた文字の力によって、すぐに、恐しい形ではなく人間の美しい姿となって目の前に現れるように祈る。お前を待って用意した水の入っているこのガラスの小壜の外なり中なりに現れて、私が望むことに応えよ。モーセの本を取って持って来るように。本を開いて、手を上に乗せ、私が知りたいことのすべてをはっきり示し

84 『精霊の書』の見本
フランシス・バーレット『秘術師』ロンドン，1801年

知らせると真実誓え。現れよ。全能の神アルファの名によって願う。よく来た、ガラティム　ガラタ　カイロカイラ》

帰す時には次のようにする。

《行け！　善き精霊よ。お前に決められた所へ平和に戻れ。しかし、大いなるアルファの名により、またアルファに代わってお前を呼ぶ時には、いつなりとも出て来るように。》

フランシス・バーレットの変った著書『秘術師』には、《新しい羊皮紙に書かれたに相違ない『精霊の書』の見本（図版84）》がある。これにはいくらかの潤色があるとはいえ、ロマネスク時代の妖術の本がどんなものであったかを示してくれる。図版では、精霊の頭カシエル・マコトンに対する呪文の載っている頁が開かれており、彼は竜にまたがったひげのある精霊として左頁に描かれている。このカシエルの呪文、または土曜日の呪文は、ほとんどの魔法書に次のように記されている。

《カシエルよ、お前も知り、いずれ後にも知らされるであろう大いなる創造主のすべての名によって、今は私の言葉に耳を傾け、審判にふるえる最後の日の判決のように、私の言葉を侵すことなく守り、私に従い、私が大いなる罪人であるからといって私の願いをはねつけようと考えることのないように祈る。お前はいと高き神の戒めを恐れている。お前のそしてわれらが創造主の前では、お前の力を失くすことを知っていよう。それならば拒まぬように。それに、言葉によってすべてを創った者、創られた者皆が従う者にかけて、お前は私に約束をし誓っているではないか。お前に命ずるために祈るペル　セデム　バルダシ　エト　ペル　グラティアム　エト　ディリゲンテム　トゥアム　ハブイスティ　アブ　エオ　ハク　ナラティマナミラム！》

9　悪魔との契約

読者の方々はきっと、以上のどの写本にも、ヘブライの信仰心とキリスト教の信仰心とが奇妙に入り混っていることに気づかれたことだろう。この特性は、福音書を否認するとか十字架を踏むといった行為のような、はっきりした悪魔的儀式を含む悪魔の夜宴の悪魔性とは、ほとんど相いれないように思われる。儀式的と称されるこの呪術では、施術者はイエスと聖母の名において悪魔に呪いをかけるのだと主張している。

暗黒の世界の科学にはもちろん、いろいろと異なった方法がある。一部の妖術師は、自分は悪魔の主人であり、決して彼らの仲間にもならず彼らに服従することもないと自負していた。『ソロモンの鍵』は、著者とうたわれている人の知恵を思ってのことであろうが、一般にこのような型の呪文の形式を集録したものである。

しかし、神と悪魔が入り混る領域に立つということは非常に難しかった。悪魔の呼寄せが神の名においてなされようと、悪霊の名においてなされようと、教会はその行為を罪であるとした。悪魔の主人になるつもりでいた妖術師も、手強い相手にあって、遅かれ早かれ《契約》を誓う結果になるのが必定だった。この有名な契約の方式は、呼寄せをする者にとっては、自分の魂をサタンないしサタンの従者の一人に売り渡し、代わりに何がしかの特典を授けてもらうことであった。しかし、期限がつきると、悪魔は彼の財産を没収しに現れ、妖術師の方はあの手この手でその運命の期日を避けようとあがいた。

85　自分を呼び寄せた者に契約を結ばせる悪魔
グアッツォー神父『悪行要論』ミラノ，1626年

グアッツォー神父の挿絵（図版85）には、呪術の円の中に閉じこめられた不注意な人々が、愚かにもサタンの手に落ちるさまが表わされている。彼らは、サタンを呼び寄せた罰として仕方なくサタンから契約に署名させられてしまう。

《自分の魂を悪魔に売った人》の話は数えきれない。そのかなりのものが中世文学に入っており、中世の文学に他の文学にはほとんど見られない面白さと沈んだ色あいとを与えている。それらはまた、彫刻のある切妻屋根の家、大聖堂、見捨てられた修道院、荒廃した城などのあるヨーロッパの古い町にまことにしっくり調和していた。ロマン主義は、これらの物語を時流にのせ、それがかもし出す強い装飾的な効果を利用することを知っていた。

われわれの知る最も古い契約は、五三八年頃、おそらく第二シリシアすなわちトラシェのアダナ教会の財産管理者であったテオフィルスのものだろう。司教に自分の役職を取り上げられてしまった彼は、悪魔に魂を売ってそれを取り戻そうとしたのである。

彼の弟子のエウティキアヌスはギリシャ語で師の物語を書き、パウルス・ディアコヌスがそれをラテン語に訳している。ガンデルスハイムの有名な尼僧フロスウィータはその話から一種の対話詩を作った。一三世紀に入ってゴーティエ・ド・コワンシがこれをフランス語の詩にすると、この伝説を朝の祈りに朗読する教会も出てきた。そして、リュトブッフが前述の『テオフィルの奇蹟』という名高い戯曲に仕上げたのである。だから、スイヤック修道院の正面入口（図版1）にこの話が刻まれているのは驚くに当らない。この情景は、テオフィルが呪い師サタンの仲介で悪魔を呼び出したところと、左手でテオフィルがサタンの要求していた署名済の契約を手渡しているところとを二重に描いている。

しかと心得よ
汝につき、公式の文書がいる
明確な、納得ずくのものが

と、悪魔はおそろしく疑い深くいった。

だいたいだれもあてにならぬからな

そこで、テオフィルは用意したものを手渡していう。

さあこれだ、私が書いたものだ

右端では、テオフィルが両手を悪魔に差し出している。リュトブッフはこの場面をつぎのように脚色する。

悪魔――手を合わせろ。わしの手下になるのだ。そうすればなんなりと助けてやろう。

テオフィル――被害をこうむるよりは、殿様、今より後あなたに臣従の誓いをいたします。

劇の山場で聖母マリアは、サタンといい争ったあげく、その手から契約書をもぎとる。争うあいだにマリアはサタンに向って、一三世紀のなまの言語で勇敢にいってのける。

そして、お前の腹を踏みつぶしてしまおう。

リュトブッフは、契約の文章を古い言葉のまま忠実に書きとっているが、これは現在でも容易に読解することができる。

この万人向けの書翰を読むであろうすべての人々に、サタンは運命がすでに変ってしまったことを、テオフィルが……

……私に臣下として従うことを、その臣従関係を知らせる。この書翰は彼の指の指環によって封印され、彼の血をもって認められたものであり、その他のインクは用いられていない。

契約の方式が時代を通じてほとんど変らなかったことは容易に分る。前にあげた『小さな赤い竜』は、より貴族的な『ソロモンの鍵』を大衆化したもののようだが、悪魔との契約の方式をはっきりと記載している。その小さな本の中で《契約を結びたいと願う相手の精霊の大がかりな呼寄せ》と呼ばれているのは次のようなものだ。

《あらゆる叛逆の精霊の主、ルシフェル皇帝よ、汝の大いなる大臣ルシフュージュ・ロフォカルを呼び寄せて契約を結びたいが、ついてはどうか好意を示されたい。また、王子ベルゼブスもわが試みを守られるようはからい給え。ああ、アスタロテ伯爵よ！　われを憐み、今夜大いなるルシフュージュが人の姿にて、悪臭を放つことなく現れ、私が捧げる契約により私が望むあらゆる富を与えてくれるよう、はからい給え。ああ、大いなるルシフュージュよ！　いずこにあろうとそのすみかより出て、姿を現し私に語りかけよ。さもなくば、偉大なる「ソロモンの鍵」の強き言葉の威力をもて、いうことをきかせるだろう。ソロモンが叛逆する精霊にみずからの契約を受け入れさせるために用いた言葉だ。よって、できるかぎり速かに現れよ。さもなくば、「ソロモンの鍵」の強き言葉によって汝を苦しめ続けよう。》

精霊の答は、やはり『赤い竜』によれば次の通りである。

《二十年後にお前がわたしに身を献げ、心も身体もわたしの望み通りになるのでなければ、お前の願いを聞きとどけることはできない。》

最も重要な決意をせまられる厳粛で恐しい瞬間である。『赤い竜』は次のような忠告をしている。

《そこで、あなたは自分の契約書を彼に投げ与える。これは自分の手で、新しい羊皮紙の小片に書いたものでなければならない。その文句は次に示すが、署名には正真正銘の自分の血を用いる。

契約

二〇年後には、ルシフュージュが私に与えるであろうすべてに、償いをすることを、大ルシフュージュに約束する。その証として、ここに署名する。

X……≫

契約の恐るべき書式はこのようなものであり、多く一六、一七世紀に行なわれたが、それを実行する人々が裁判所の追跡の手を逃れねばならなかったために、これに関する資料はほとんど残っていない。それに、今読んだ形式的な文句の他にも、神、聖母、聖霊を放棄するという誓いが入っているものがあり、人々はそれを必死に隠していた。家具の上などに、次の図版で示したような書類を出しっ放しにしておくことがよかろうはずはない。署名した人間は契約の中でカトリック教会を否認しているのである。だいいち、契約書は悪魔が地獄に持ち去ったのだ。だからこそ図書館や古文書館にはこの種の文書は皆無なのである。

ところがルーダンのかの司祭ユルバン・グランディエは軽率だった。注意深く自分のいくつかの契約を隠しておくことをしなかった。そのためついに火あぶりの刑になった。一七世紀の妖術裁判の最後の大裁判として、彼の話はだれもが知っている。この件にはリシュリュー自身もまきこまれていた。あまり品行方正でなく恐しく虚栄心の強いグランディエは、ルーダンの町で大勢敵をつくり、ウルスラ童貞会修道院に呪いをかけたとして訴えられた。修道院では尼僧の大部分が悪魔憑きの徴候を示していたのだ。国務顧問官ローバルドモンの報告により、

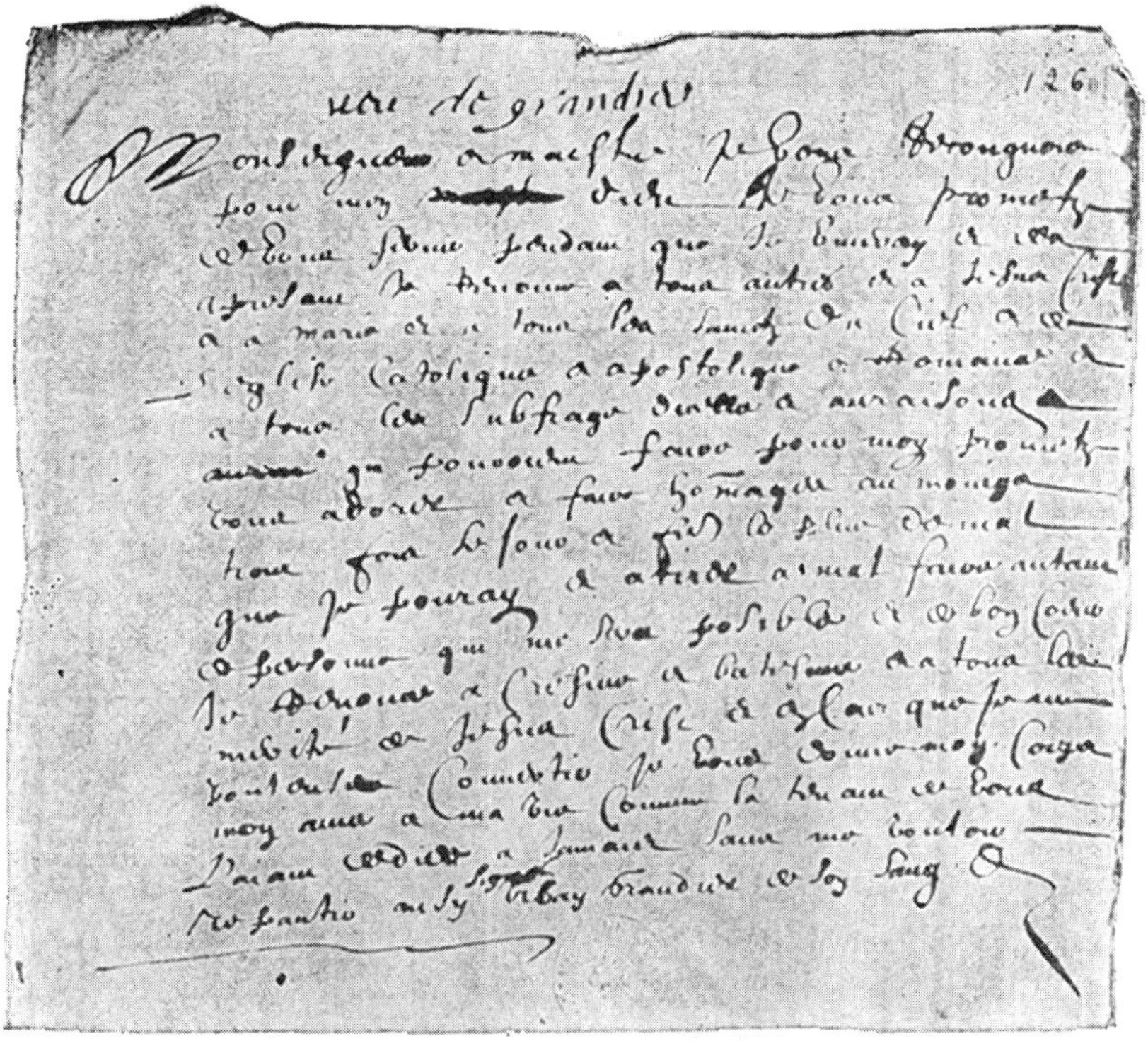

86　ユルバン・グランディエ自筆の契約書
国立図書館，写本フランス語資料7619番，126頁

彼は一六三四年に有罪の宣告を受けた。《ウルスラ童貞会修道女および平信徒における魔法、呪術、悪魔憑きの罪により、無帽にて加辱の刑に服し、かつ記録保存所にとどめられた魔法の文字の契約書ともども生きながらの火刑を受けるべきこと》を宣するというものであった。

　記録保存係は契約書の一枚を、刑場に持って行くのを忘れたのに違いない。なぜならそれが今日、国立図書館のルーダンのウルスラ童貞会修道院関係書類の中に入っているからである（写本フランス語資料七六一九番、一二六頁）。それはグランディエの自筆で、署名があり、花押が入り、「グランディエの

87　パラケルススの肖像
パラケルスス『天文学および占星術小論』
ケルン，1567年（著者所蔵）

誓い」と題がついている。図版86に載せたのがそれである。古い書体の判読に馴れていない人のために書き移してみよう。

グランディエの誓い

《わが主、わが君、私はあなたを私の神として認め、生ある限りあなたに仕えることを約束する。そして、今より他のすべての神、イエス・キリスト、マリア、天の聖霊のすべて、カトリック教会、使徒教会、ローマ教会、それらが私のために行なうあらゆる代禱と祈禱を否定する。日々少なくとも三回はあなたを讃え礼拝し、できる限りの悪を為し、可能な限り人々を悪におびき寄せることを約束する。そして心から聖油、洗礼、イエス・キリストの功徳のすべてを否定する。改信を願うに当り、私の体、私の魂、私の命を、あなたのものとして悔いることなくあなたに永遠に捧げる。ユルバン・グランディエ、みずからの血にて署名。》

88　パラケルススの肖像
パラケルスス『最高原理』ミュンヘン，1570年
（著者所蔵）

89　両親が契約で約束した子供を連れ去る悪魔
『トゥルンの騎士』アウグスブルク，1498年

契約の最も忌わしい点は、その恐るべき期限であった。そこで、契約に署名をした者が腐心するのはそれを逃れること、つまり、悪魔が当てにしている獲物を奪うことだった。『赤い竜』は、契約を結んだ上は、と警戒の祈りをさえ教えている。《ああ、大いなる神よ！　悪魔とすべての悪霊の爪から逃れられるよう、必要な感覚を与え給え！》これによって、人々は自分の願ったよきことを悪魔から受け取った後で、自分の約束は取り下げていたのだった。

しかし、悪魔は自分との約束を守ろうとしない疑いのある者たちを監視しており、期限の日が来ると仮借なく姿を現した。図版89を見てみよう。これは一四九八年アウグスブルクで出た『トゥルンの騎士』というドイツの初期印刷本から抜粋した版画だが、その中で悪魔は期限の時刻に、非道な両親が約束をした子供を引き取りに来ている。哀れな子供がどんなにもがいても、がっしりした爪は子供を離さない。生れた家庭に戻ることはもう二度とないだろう。これから子供の教育に当る毛むくじゃらの教師を見れば、子供が怖がっているのもむりはない。

契約によって悪魔に服従するか、妖術の技によって悪魔を屈服させた後で、悪魔らとの気がかりな親交に生きた人々は数多かった。コルネリウス・アグリッパは常に大きな犬を二匹連れていたが、その犬は降霊術の首輪をしており、悪魔に他ならなかったらしい。アバノのピエトロは、壜の中に閉じ込めておいた恐しい生きものの七者を用いて、七つの学芸、三学と四科を学んだという理由で有罪になった。フランスの歴史家パルマ・カイエは、プロテスタントに対する論争で常に勝者になることを目的に悪魔と契約を結んでいた。彼の死後、彼が自分の血で署名をした契約書が見つかっている。彼の体は悪魔たちがやって来て運び去り、棺には石をつめて見せかけの埋葬をしたということである。

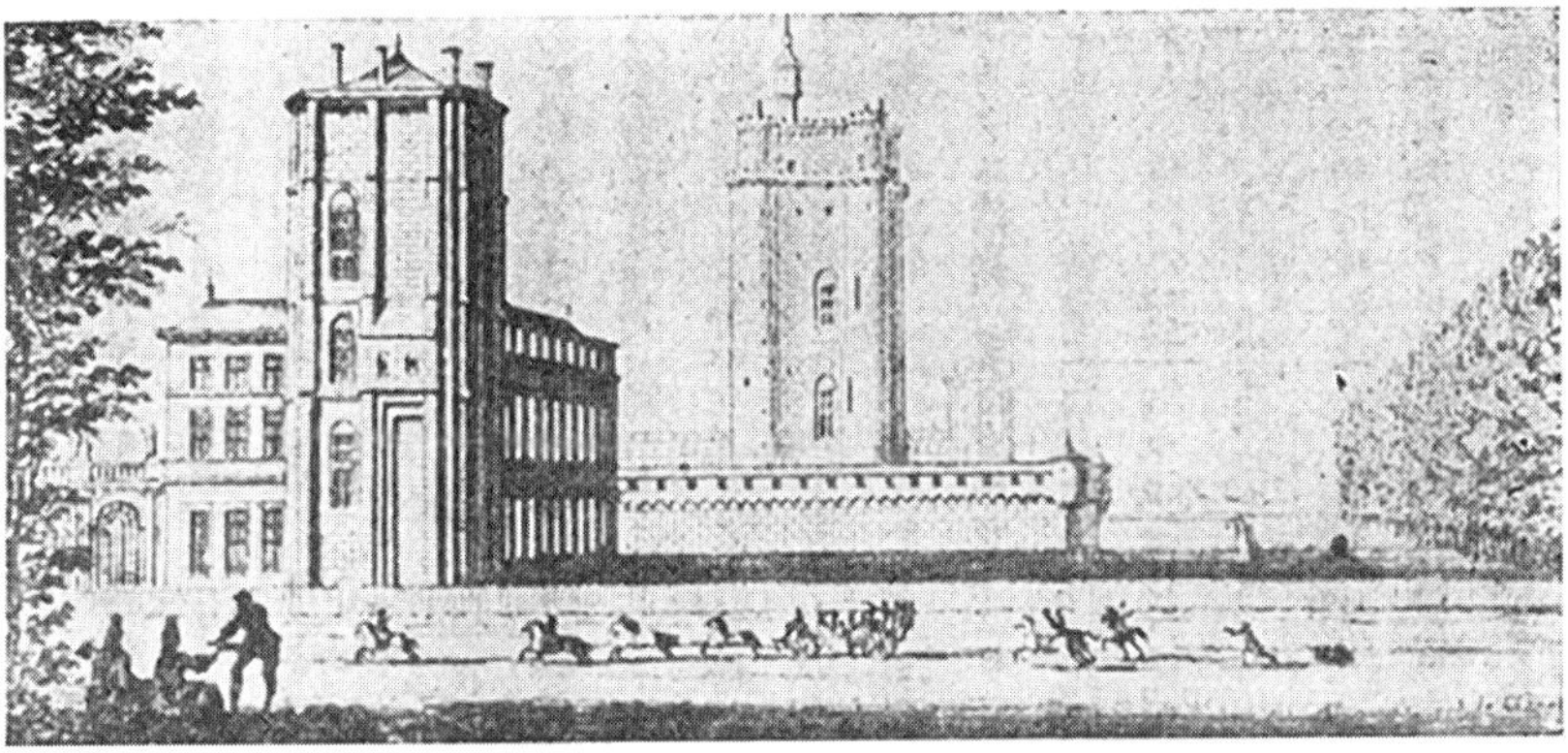

90　一七世紀のヴァンセンヌの城と塔
（前景の建物が妖術に専念するためにアンリ三世が閉じこもったパリ塔）
セバスティアン・ル・クレルク

91　アンリ三世が悪魔的術に用いた妖術の道具
『アンリ・ド・ヴァロワの妖術』パリ，1589年（著者所蔵）

また、パラケルススも、その有名な剣の水晶の柄頭に、一部の人々がアゾートと名付けた悪魔を封じ込めている、と信じられていた。一五六七年ケルンで出版された彼の『天文学および占星術小論』の中にある、木版の非常に奇妙な肖像は（図版87）、オーギュスティン・ヒルシュフォーゲルが彫ったものだが、このパラケルススはたしかに剣の柄頭に手を置いていて、柄頭にはアゾートの語が記されている。しかしながら、彼の著作、殊に彼の『アゾートの書』を読むと、アゾートは悪魔などではさらさらなく、パラケルススがその名によって錬金術師たちの「生命の水銀《メルキュール》」――いずれ述べる――を指していたことがたやすくうなずける。ニコラス・ソリスの作である別のパラケルススの肖像（図版88）がこのことを完全に裏づけている。『最高原理』（一五七〇年、ミュンヘン）からの図版だが、剣の上にメルキュールの表象が表わされ、なおこの記号がわれわれの宗教を啓蒙するにはまだ不十分だとでもいうように、画師はそこに封じ込められている物質の活性力、増加力を示して、剣の上部にわざわざ VIRESCIT（成長する）という語を彫りつけている。

現世の大物、王や教皇たちもすすんで妖術に耽った。『便覧』や『魔法書』を著したとされるレオ大教皇やホノリウス教皇、またシルヴェステル二世となったジェルベールはあげるまでもないが、シクスツス五世がスペイン人から、教皇になるために魂を悪魔に売り渡した、として告発されたことを忘れるわけにはいかない。フランク人の初代の王であったらしいマルコミールは、ある日一人の魔女にすがった。セバスティアン・ムンスターの『全世界地図』（一五四四年、バーゼル）によれば、その魔女はワシ、ライオン、ヒキガエルの頭をした怪物を王の前に出現させたという（図版92）。王家のこの伝統はカトリーヌ・ド・メディシスと息子アンリ三世によって引き継がれた。アンリ三世は妖術に夢中になり、当時のスキャンダルとなったが、そのために匿名の中傷文が発行された。これは王の威信を守ろうといきまく人々の手で破棄され、今日ではこの上なく珍しいものになっている。

表題は『ヴァロワ家のアンリの妖術、および彼がヴァンセンヌの森で悪魔たちの金めっきをした銀の像をもって悪魔に奉納したこと——彼は悪魔たちに供物を捧げたが、この悪魔らは今もこの町に見られる』(一五八九年、パリ)というものだ。

アンリ三世が妖術に興味を持ったのは、この本によれば《王のもとに世界各地から呪術師や妖術師を呼び寄せたサン・メグランをはじめ、デスペルノンその他の人々と知りあって以来のことであった……また彼の寵臣と出会ったこともあった。この者たちは、宮廷ではいずこも同じだったが、ほぼ公然と妖術の業を行ない、何人かはカトリックの宗教と信仰の道を踏みはずしていた。》

アンリ三世が、その寵臣と一緒に、闇の業を果すために引っ込んだのは、ヴァンセンヌの城の塔だった。パリ塔と呼ばれた建物だったともいわれ、セバスティアン・ル・クレルクの美しい版画(図版90)の前景にその塔が見える。あるいは城壁の反対の端にあってパリ塔に相対している悪魔塔の中だったかもしれない。とにかく、彼が死んだ時この塔の中に《なめした子供の皮膚》と奇妙な品物が見つかった。それを図版91に示したが、これについて前述の小冊子は次のような記述をしている。

《金めっきをほどこした銀のサテュロスが二体新たに見出された。高さ四インチ、それぞれ左手に太い棍棒を握ってそれを支えにし、右手には美し

92　フランク王マルコミールの前で怪物を出現させる魔女　セバスティアン・ムンスター『全世界地図』バーゼル，1544年

く輝く純水晶の鉢を持ち、ギザギザ模様のついた四本足の円い台座の上に立つ。鉢の中には奉納用のえたいの知れない薬が入っている。なお忌わしいのは、二つとも金の十字架の前に立ち、その十字架の真中にはわれらが主イエス・キリストの本当の十字架が木ではめ込まれていることだ。政略家らはこれは燭台だというが、その言葉自体が逆のことを思わせる。二つの鉢の中には大ろうそくを立てる針も小ろうそくを立てる針も一切見当らず、おまけに二体とも今述べた真の十字架に背を向けているのである。天使二体なら、あるいはふつうの燭台なら、これらのサテュロスよりはよほどふさわしかったろう……。この悪魔的怪物はこの町にあり名士のよきカトリック教徒が持っている。彼は（町のおえら方に披露したあと）、さらに他の何人もの人々にそれらを見せた。》

妖術師にはたしかに高名な保護者がいた。えらい人たちの例から大衆の間で自分の魂を悪魔に売り渡すことが大変栄誉ある行為と思われていたとしても、少しも驚くことはない。

10　昔の著述家による悪魔の具体像

有能な施術者が、魔法の本の呪文によって、首尾よく悪魔を闇のすみかから離れさせたとき、悪魔たちはどんな姿を見せるのだろうか。読者はきっとこう自問されることだろう。もっともなことである。

ここでもまた図像がおおいに助けになってくれる。

悪魔の外観は時代とともに変化している。この点では、悪魔にもやはり、流行と慣習があったのである。大聖堂の彫刻に見たような典型的な姿はさまざまな変化をたどっている。その研究は興味のつきないものだ。

一六世紀の著述家ピエール・ボエテュオは、ラ・クロワ・デュ・メーヌが絶讃したその『諸作家に見る不思議な物語』(一五七五年、パリ)の中で、サタン陛下を表現した(図版93)。その魔王は玉座に坐し、両脇に二人の持香者を従え、一人が魔王に向って勢いよく香炉を振っている。もう一人の方は大胆にも魔王の耳を引っぱっている。サタンはそのなれなれしさにとくに腹を立てている様子もない。その足にはがっしりした爪がある。巨大な猛禽のものだ。偽の手は、うろこのある尖った冷たいワニの手である。下の顔は、《上部にあるものは下部にあるものの如し》という『エメラルド板』の聖なる文句を嘲弄するように置かれ、大アリクイのように環のついた、この者によく釣りあった尻尾の根元を隠している。本当の顔の方の表情は野卑でかなりきこしめしているようだ。頭には教皇の三重冠をいただいている！　画師のいたずら心、多分ひどく意地悪な考えによるものだろう。

これはまだ古典的な悪魔であり、呼寄せが終れば、問題なく田舎のどこか古い教会の迫石の下の自分の場所へ帰って行く。

地獄の主はだんだん礼儀正しくなっていった。上流社会の仲間入りをし、その習慣を取り入れ、あまりに野蛮な裸の姿をやめてビロードと絹の衣裳をまとう。そしてついに、ゲーテの暗い戯曲の中で、冷やかし屋で皮肉屋のあのメフィストフェレスになるのである。この種のタイプは今では劇場の人気者だ。グノーのオペラのフランスの脚色者はこれを殿様《つまり本物の貴族》に仕立て上げた。ゲーテは悪魔にただ旅をする学生らしい装いをさせたかっただけだ。この点、ファウストの挿絵画家の中でもよく調べて描いた一人、モーリッツ・レッチュは『ゲーテのファウストのスケッチ』(一八三四年、シュツットガルト)という画の本の中で、非常に正確にメフィストフェレスを描き出している(図版94)。彼は《剣を小脇に、羽根を帽子に》、手にはコウモリの翼で作った扇を持つ。今日のように先のとがったひげはないが、その顔は冷たく唇をゆがめている。こんな細かい点を別にすれば、そこにいるのはどんな上流社会にでも紹介のできる非常に感じのいいサタンである。

その後は、魔神論もかなり進み、サタンの多くのとりまきたちの独特の表情を正確に記すことができるようになった。

それほど彼らはよく知られているのだ。闇の世界に関しては、なみの人間には思いもよらないきわめて正確な観念ができ上がっているのである。著述家たちの中には、有能な統計学者でありながら、地獄の精霊を概算するという逆説的な仕事も辞さない者さえあった。一六世紀のクレーベ公の侍医であったかのヤン・ヴィールもその一人だ。彼によると、悪魔の数は七、四〇九、一二七でそれを七九の君主が支配しているという。この数字は、フロマントーのものとされる著者名のない書物『フランス国王の官房』(一五八一年)の中でわずかに修正された。

この本によれば、妖術師たちは悪魔の名称の正確な目録、一覧表を作成した結果、君主七二、悪魔七、四〇五、九二〇という数を得たらしい。同じくこの種の問題にくわしい他の著述家たちは、まったく別の数を出している。彼らを信じるとすると、六軍団があって、おのおの六六大隊を擁し、一大隊はそれぞれ六六六小隊を持ち、一小隊は六、六六六の悪魔で編成されている。悪魔数総計一、七五八、〇六四、一七六となる！ われらが地球のような小惑星にとって、この悪魔の数はいささか大き過ぎる。この莫大な数はたしかに誇張であろう。これは現在の地球上の人口を越えている。一流の統計学者にもとづけば、人口は一五億人であるから、人間一人に悪魔一人という割合を少し上まわり、正確には悪魔一・一六人となる！ もともと形勢不利な人間は、こんな優勢な敵の襲撃に対抗できないだろう。

93 玉座のサタン
ピエール・ボエテュオ『不思議な物語』
パリ，1575年

かつて高く評価された定式によると、悪魔の正確な数は、ピュタゴラスの偉大な数を六倍する。すなわち 1234321×6 によって求められ、その結果は七、四〇五、九二六となってはるかに納得のいく数がえられる。これは、大体ヤン・ヴィールとフロマントーの数であり、ともかくまともな数であって、人類をわずらわすにも十分である。

これらの悪魔にはそれぞれ名前がある。

全部は分らないにしても、少なくとも著述家たちが書き残してくれた主な首領の名前は知ることができる。そのリストは、悪魔の数を計算する定式におとらず興味深いものである。

旧約聖書にはすでに、悪魔族の最高首領とされるサタン、イザヤが語ったレビアタン、ベリアル、そして男色魔アスモダイの名がある。新約聖書はそれにキリスト自身が名付けたベルゼブブまたはベルゼブスとアバドンを加えた。アバドンは破壊者であり、黙示録の皆殺しの悪魔、第七王国の悪魔の頭首である。アラビア人は彼らの煉獄の中に、悪人を拷問するために、ムンキールとネキールという二悪魔を置いた。また、サハラ・エルマリドという名前の恐しい悪魔についても語っている。この悪魔はソロモンによって鎖でドバヴェン山につながれた者だ。

キリスト教徒の魔神論学者は、さらにバエル、プルサン、ビレト、ペイモン、ザパンを知っている。先へ行ってウルスラ童貞会修道院の祓魔師シュラン神父が、ルーダンの悪魔レビアタン、イサハロン、バラムを呼び寄せる様子を見よう。ウルスラ童貞会のかの修道女マグダレーヌ・ド・マンドール・ラ・パリュは一七世紀の初めゴフリディ司祭に誘惑された。彼はクルミの実に閉じ込めた魔力を用いたのだが、これが恐しい悪魔憑きの始まりだった。この激しい発作に襲われている間、彼女は、ルシフェルが最高階級のセラフィム中首位に立つものであり、第二位がベルゼブス、第三位がレビアタンであることを明かした。聖ミカエルは四番目に創られた精霊だという。彼女は、自分に憑いた悪霊二四の名前をあげた。それらが一筋につながって口から体内に入り、下の方から出て行ったという。

ユルバン・グランディエの裁判中に名前のでた悪魔はアスタロト、エサス、セルスス、アカオス、セドン、アスモデで、これらは堕ちた座天使である。また、アレクス、ザブロン、ネフタリウス、シャム、ウリエル、アシ

94　ファウストとメフィストフェレス
モーリッツ・レッチュ『ゲーテのファウスト・スケッチ』シュツットガルト，1834年

ャスらは悲歎の権天使である。ベネディクト修道士ドン・カルメはアスタロト、サバタン、アクサファトを知っていた。そして『魔法書』は、首相ルシフュージェ、大将軍サタニアシャ、それにアガリアレプト等をあげている。その他の名前は、フルーレティ、サルガタナス、ネビロス、バエル、アガレス、ナルバス、プルスラス、アスモン、バルバトス、ブエル、グソイン、ボティス、バティム、プルサン、アビガール、ロレイ、バレファール、ポライー、アイペロス、ヌベルス、グラシボラスといったように、なかなかおつな面々である。

『ソロモンの鍵』や『魔法書』の方式でこれらさまざまな地獄の霊を呼び出すことができるのだから、人間のうち恵まれた者が、ことのついでに貴重なクロッキーをものすることができたとしても、なんの不思議もない。

フランシス・バーレットの『秘術師』という奇妙な著書についてはすでに触れる機会があったが、このイギリスの魔神論学者は、地獄の貴顕の何人かの顔を示してくれる。夜中、森のかたすみで出くわしたりはしたくないこれらの顔のスケッチを、彼は、版画師B・グリフィスに渡す前にその微妙な仕事をだれにもまかせずに、自分自身で描いたのだから、その絵は彼のいうとおりきわめて正確なものなのである。それはアスタロト、アバドン、マモンである（カラー図版4）。昔ながらの山賊の親玉の頭をした一番目がアスタロテだ。彼とは、しこたま身代金を積めばなんとか折り合いがつこうが、悪意のかたまりのような他のろくでなし二人には望みは全然持てない。彼らの爪にかかったら、せいぜい情け容赦なく締め殺されるのがおちだ。次に図版95だが、テウトゥスはベルレーヌ風の団子鼻をした酒びたりの顔で、あまり怖くない。酷いブルドック、アスモダイはおよそ手におえる代物ではなく、強力なクルミ割りの万力のような口は喰いつき、吠えたて、からかわれでもしようものならあっという間もなく相手を殺す。最後が、オペラ・コミックの炭屋もどき「夢魔」だ。寄宿学校の年端もいかない娘でも、彼をこわがったりはしないだろう。それほど彼の様子は恐れるに足りない。

図版97は先の『赤い竜』に載っている顔である。無害に見えるが、これはほぼ公式の肖像でありルシフェル、ベルゼブス、アスタロト他主だったもの六人を表わしている。図案家は彼らの顔を少々カリカチュア的に描いて楽しんだようだが、こんな具合に愉快にからかった者たちに出会って、その爪にかかりでもしたら、画師にはさぞや高くついたことだろう。

クロード版の『大魔法書』（一八二三年、ニーム）も『赤い竜』のように、呪い師が呼び寄せると悪魔は図版96(a)、96(b)の形相で現れるというのだ。この悪魔は夜宴の主のように山羊の脚をしているが、きちんと上衣を着けてお

95　悪魔テウトゥス，アスモダイ，夢魔
フランシス・バーレット『秘術師』ロンドン，1801年

り、妖術師の本当の悪魔、三本角の悪魔と見受けられる。角の一本は風変りにねじれて巻いている。たしかに彼はあまり賢そうではない。人の暮しを楽にするというのも疑わしい。それでも、彼は財宝をもたらすのだ。だから、多くの人々は彼が才気に満ちていると思うのだろう。

しかし、呼び寄せた際に主だった悪魔がどんな姿形をとるかが最終的に確定したのは、一九世紀も半ばになってからである。M・J・コラン・ド・プランシという変った著述家が、一八六三年にプロン社からその『地獄辞典』の第六版、つまり決定版を出版した。《M・L・ブルトンのデッサンによる七二悪魔の肖像――厳正な資料に基づいて》とも、その表題はうたっている。

というわけで、われわれも、アスタロトが《非常に醜い悪魔》で竜に乗っている、ということを彼とともに認めないわけにはいかないかと思う。図版98が、《厳正な》資料を持つというこの驚くべき画家L・ブルトンが描いたアスタロトである。手にマムシを摑んでいるが、何の役に立つものかは不明である。ゆがんだ口、曲った背中、悪魔というよりは、良家の子弟に剝製のワニを貸して金をまきあげた嫌らしいちっぽけな高利貸の一人に似ている。ヤン・ヴィールはアスタロトは臭いといっているが、しんそこ反感を持つにはそれだけで十分だ。

バエル（図版99）は、ヴィールによると地獄の第一の王で、頭が三つある。その一つは男だが、この顔はまさしく妖術裁判の時代に、シャトレやトゥルネルの法廷に座を占めた変った裁判官に酷似している。他の二つは気の好いヒキガエルと、田舎の老女の律義な猫の頭だ。この全体はツチグモの自在な足で動きまわり、あらゆる方向へ非常な速さで移動することができる。

ベルフェゴール（図版100）は寝室用便器の王座を占める悪魔である。モアブ人お気に入りの悪魔だ。われわれにはこのような者を呼び出すことに利益がありえようとは思われない。それでも、仲間のユリノーム（図版101）ほど

97　地獄の悪魔の高官の公式の肖像
『赤い竜』アヴィニョン
1522（1822年）（著者所蔵）

96　(a)財宝をもたらす悪魔
『赤い竜』アヴィニョン
1522（1822年）（著者所蔵）

96　(b)財宝をもたらす悪魔
『大魔法書』ニーム
1823年（著者所蔵）

98　悪魔アスタロト――ブルトン画
コラン・ド・プランシ『地獄辞典』パリ，1863年
99　悪魔バエル――ブルトン画
コラン・ド・プランシ『地獄辞典』パリ，1863年
100　悪魔ベルフェゴール
コラン・ド・プランシ『地獄辞典』パリ，1863年

は恐しくない。ユリノームときたら、今にも嚙みつきそうな大きな歯、『赤頭巾』のオオカミのようなその歯にはまったく身の毛がよだつ。

　しかし、悪魔はいつでも人の形で現れるとは限らない。あるときには幻想の動物の様相で、あるときには普通の姿で現れることは、前に述べたいくつかの妖術の場面で目撃したとおりである。彼らの好む形は竜、雄山羊、オオカミ、猫、フクロウだ。半人間の姿も珍しくなかった。渋い顔をした人間の頭が、何とも形容しがたい動物の体の上に乗っている。オラウス・マグヌスの本『北方民族史』（一五五五年、ローマ）に出て来る魔女はアルタームと人間の脂肪のろうそくをかかげて、二重の鼻と人間の頭とをもつ悪魔を出現させたところである（図版105）。その体は飛竜である。別の悪魔が、彼女の立つ壇の横を這っている。前景の死人は蛇に嚙まれたらしい。その蛇に、魔女は鋭い斧を投げつけて殺す。図版107では、やはり夜宴の雄山羊が登場するが、ここではフランス風のしゃれた装いである。この図は一九世紀初頭の小冊子『黒いメンドリ』からとったもので、この本は『魔法書』の異本である。施術者は円の中に立つが、先に説明した儀式の他に、黒いメンドリの喉を切って殺さなければならない。そのメンドリが施術者の足下に横たわっているのが見える。

悪魔が犬の姿をとることは、比較的稀である。二つの例が知られているだけだ。一つはゲーテの『ファウスト』の中で、悪魔はスパニエル犬の姿で現れ、異常なまでに脹れあがってからメフィストフェレスになる。モーリッツ・レッチュはその有様を実に巧みに表現した(図版104)。ファウストは、弟子ワグナーと野原を散歩していて、この犬に出会う。犬はくるくるとまわり、後に火の跡を残した。ファウスト一人だけがそれに気づく。そして、ファウストは家に入った。スパニエル犬も彼について書斎まで通り、唸り声をあげて不安げに吠え

101 悪魔ユリノーム——ブルトン画
コラン・ド・プランシ『地獄辞典』パリ，1863年

102 悪魔アムドゥシアス——ブルトン画
コラン・ド・プランシ『地獄辞典』パリ，1863年

103 悪魔アスモダイ——ブルトン画
コラン・ド・プランシ『地獄辞典』パリ，1863年

104　ファウストとスパニエル犬
モーリッツ・レッチュ『ゲーテのファウスト・スケッチ』
シュツットガルト，1834年

105　竜の体と人間の頭を持つ悪魔の出現
オラウス・マグヌス『北方民族史』ローマ，1555年

始めた。《この犬は何と大きくなったことか》とファウストは叫んだ。《もう犬の形ではない。ひどい化物を家に連れ帰ってしまった！　火の目、恐しい顎、もうカバに等しい。ほれ、部屋が一杯になった。とけて霧になってしまう。天井まで昇るではない！》その時、メフィストフェレスがストーブの背後から立ち現れる。《なぜにこの騒ぎ。ご主人にはどうお役に立ちまし

ょうか。》ファウストは失望する。《スパニエル犬の正体はこれか！ 旅の学生！ 夢のようだ！》もう一つの例をカゾットの秘教的小説『恋する悪魔』から抜粋しておこう。この話の主人公は、友人らによってポルティーチの見捨てられた遺跡で呪術の円の中に閉じ込められ、はからずもベルゼブスを呼び寄せてしまう。この先に載せた図版108はこの物語の稀覯本（一八四五年、パリ）からとったもので、エドゥアール・ド・ボーモンの挿絵である。ちょうど悪魔が大きなラクダの姿で現れて、イタリア語で《何のご用で》と尋ねているところだ。

――スパニエル犬になって出て来い。

と、呼び寄せた者は答える。

106 オオカミと猫に変身した悪魔と魔女
グアッツォー神父『悪行要論』ミラノ，1626年

『ファウスト』の話とは逆に、呼寄せの最後の結果は犬になっているのだ。

語り手はいう。《私が命令を下すやいなや、ばかでかいラクダは一六フィートもある首をのばし、部屋の真中まで頭を下げると、一匹の白いスパニエル犬を吐き出した。絹のように繊細で光沢のある毛並をして、耳は地面まで垂れ下っている。すべての幻視は消え失せ、円天井の下に残ったのは犬と私だけだった。犬は尻尾を振りながらぐるっと円の周囲をまわり、身をかがめて何度も頭を下げた。ご主人様、と犬がいった。あなた様のつま先を舐めさせていただきたいのですが、あなたをとりまくこの恐しい円が邪魔をするのです。》これを聞いて彼が円の外へ出ると、犬の姿をした悪魔は世にも不思議なことどもを演じたのだった。

悪魔がとる動物の形について、しめくくりにもう一度コラン・ド・プランシの助けをかりて調べてみよう。彼はアムドゥシアスを紹介してくれるのだ。アムドゥシアスは決して人間の容貌をとらない（図版102）。一角獣の頭を持ち、胴体はほとんどなく、人間の腕と脚をしている。有名なアスモデ、ユダヤ人のアスモダイは、キリスト教徒の呼寄せに応じる場合には三つ頭だと、ヤン・ヴィールは断言している。ブルトンはアスモデを見て、それを描いた（図版103）。真中の頭は小さな子供をバリバリむさぼる人食い鬼の頭だ。左側の頭は雄牛、右側は雄羊の頭だ。彼は竜に乗っている。歩くのには不便な、水かきのついた三叉の小さな足とか細い脚をかばうためである。

107 雄山羊の姿で四つ辻に現れた悪魔
『黒いメンドリ』1820年

しかし、どれよりも面白いのがベヘモートだ（図版110）。熊の手と足をして象の頭をいただきカボチャの腹を運び歩く。人を横目でちらっと見るのもご愛嬌だ。ただし、その鼻が敵意のある一撃を加えないときには、のことである。その名はヘブライ語で巨大な動物という意味だ。聖書の中では、現在ではすでに消滅した洪積世の巨大な生物を指していると考えられるが、その伝承からベヘモートが重く、凄まじいまでにずんぐりした生物の思い出をとどめたとしても、ちっとも不思議はない。

それに、妖術における動物の役割はおそろしく複雑である。すでに見て来たように、あるときには悪魔が動物

108　ラクダの姿の悪魔の出現
カゾット『恋する悪魔』

の姿となり、またあるときには妖術師なり魔女なりがみずから動物に変身する。その結果、動物が悪魔なのか、魔女なのか、あるいは単にある種の闇の作業に不可欠のアクセサリーなのか、わからなくなってしまうのだ。図版106はグアッツォー神父によるものだが、この家の前にはオオカミと猫（イタチかも知れない）が戸口で待っている。オオカミは悪魔、猫は魔女だ。その逆でなければの話だが。上の町の方へ這って行く大カタツムリだって、おそらくは変身した悪魔であろう。

魔女の身辺にはいつもフクロウがいる。だが、元は何であるかはっきりしない。ヒキガエルの方は、左の肩に乗っているなら悪魔の化身である。額に生えた小さな二本の角によって、ヒキガエルが悪魔であることが分ったのだ。魔女たちはそれは大切にヒキガエルの世話をした。名前をつけ、黒いビロードの服を着せ、足には鈴をつけて踊らせた。この動物の串刺しが、モーリッツ・レッチュの描くファウスト博士の書斎に見える（図版94）。

猫も同じように妖術で重要な位置を占めていた。主として黒猫である。今日でもいまだに人々は、悪魔の化身か魔女の変身したものとして黒猫を見る。近世の百姓はヨーロッパのあらゆる国々で、黒猫を魔女の化身として大々的に殺害した。自分らに呪いをかけた魔女を滅ぼすつもりだったのだ。とにかく、妖術の情景にはどこにも猫がかならず顔を出す。フランツ・ファン・デン・ヴァイガートの非常に珍しい版画（図版109）「魔法書の朗詠」に注意してみよう。この画で猫はおかしな役割を演じているが、冷酷さがないわけではない。

前景で、夜宴を脱け出して来た何匹かの動物たちが、ある者は魔法書を、ある者はあざ笑うようにグレゴリオ聖歌の本を読みながら呪文を唱えている。見苦しい魔女が病の床にあって頭にカラスを止めた姿でやはり呪文に和している。本は見ていない。もう一人の女が暖炉の前にうずくまって、羊皮紙を読みながら彼女に応える。画面の中央では、片足の妖術師がまことに悪魔的な楽器をひいている。クラブサンの類いであり、昔さる修道士が

109　魔法書の朗詠
フランツ・ファン・デン・ヴァイガート，17世紀初頭の版画（著者所蔵）

ルイ一一世に贈ったものを真似て作られている。八匹の猫――一オクターブ！――を入れた箱が取り付けられ、そこから鍵盤のように猫の頭と足が出ている。男は満足気に冷やかすようにその足を引っ張って、猫のなき声の交響曲を奏でる。別の男が楽器の後から猫の尻尾を引っ張って違う音を出す。すべてが不協和音を生じる仕組みになっている。その悪魔的性格は、妖術師兼演奏者の椅子の背にとまるフクロウと、同じ椅子の背からぶら下るコウモリの存在によってもはっきり示されている。なんとも不気味な狂気に触

110　悪魔ベヘモート――ブルトン画
コラン・ド・プランシ『地獄辞典』
パリ，1863年

発されたこの画は、妖術の図像の中で重要な地位を占めている。それは、すでにわれわれには遠い過去になったある精神状態、そして幸いにもこれからの世代が知ることはもうないであろう一種の精神状態の、最も奇怪な証言の一つとして残るものなのだ。

魔女はまたときに大鷲や吸血鬼に変身した。その古典的な型は、ヨハネス・デ・クーバの『健康の園』の仏訳（一四九八年頃、パリ、A・ヴェラール社）の中に示されている。それは《人間らしさがなにもないにもかかわらず》人間の顔をした鳥であった。と著者は述べている。大鷲は飽くことなく絶えず食べ続け、あらゆる肉、とりわけ人間の肉を貪った。この鳥は黒海の沿岸に多数棲息していた。そこは当時のヨーロッパ人がほとんど足を踏み入れない僻地であり、たいていの人人は大鷲など一度も見たことがなかった。しかし、ウェルギリウスが『アエネイス』の中で触れているということで、その存在は一も二もなく議論の余地のないものとされたのである。

11　悪魔に押しかけられた人々

サタンとその仲間は変った者たちで——驚くにも当らないが——、ひどいあまのじゃくだ。多くの妖術師が、いっこうに姿を現そうとしない悪魔を呼び寄せようと苦労している一方で——この本の中に示す方法どれか一つを思い切って実際に試してみても、かならずしも試みが成功するとは限らないことを、読者諸氏も自分で確かめられるだろう——、逆に、悪魔など見たくもないというたくさんの人々が、悪魔が自分を訪れようとしつこく狙っているのに気づく。呼寄せなどおよそしたこともなく、ほんのちっぽけな呪術の円の中にも入ったためしがないにもかかわらずである。

この《望まずして妖術師》というのは史上相当な数に上った。この種の事実をのせた年代記をすみずみまで調べ上げれば何冊ものぶ厚い書物になるだろう。

ルターが闇の世界の精霊と交わした哲学と神学の討議はよく知られているが、その中でこの改革者はいつでも優勢であったわけではない。インク壺をサタンの顔に投げつけた日もあったほどだった。有名なその染みは、今でもまだ彼の部屋で見ることができる。ルイ・ギィヨンは古い言葉で次のように語っている。《キリスト教暦一五四五年、ドイツのロットヴァイルへ帰って来ると、悪魔が真っ昼間に町の広場を歩きまわっているのが目にとまった。町の人々は悪魔がよそでやったように町全部を焼くのではないかと心配していた。こうリコステーヌは

111　おしゃれ女に無礼をする悪魔
『トゥルンの騎士』アウグスブルク，1498年

記している。》

悪魔が聖ベネディクトゥスに話しかけたのは、グレゴリウス大教皇の『対話篇』を信じるならば、ツグミの姿をとってであった。鳥は、隠者の眼前を弧を描いて飛んで彼を悩まし、聖ベネディクトゥスが十字を切るまで飛び去ろうとはしなかった。飛び去っても激しい誘惑を置き土産にしたのだった。場合によっては、女の姿がよいと悪魔は思った。トゥールのグレゴリウスは、その『フランクの聖職者の歴史』の中でこう語っている。メロヴィング王朝時代、オーヴェルニュの司教エウパルクスは、ある晩自分の教会が悪魔で一杯になり、その頭首が女装をして司教の椅子にかけているのを見つけた、と。

一四九八年にアウグスブルクで出版されたドイツの珍しい初期印刷本『トゥルンの騎士』は、同じような話をたくさんに盛り込み、宗教的で純朴な版画の挿画を組み入れている。図版112はドイツのとある僧院の地下礼拝堂のようすだが、そこではかなてこ頭で目のとび出した悪魔が、敬虔な隠者がミサをあげるあいだ、それも聖体奉挙のあいだに、おしゃべり女たちに浮薄なその場にふさわしくないことをたて続けに囁きかけている。その先では（図版113）、別の悪魔が二人、同じような場面で、三人のおしゃべり女の話していることを長い紙に速記している。その内容ときたら、ミサ聖祭の考えからはほど遠く、とりとめのない町の話か、隣り近所の女に対するえげつない陰口である。悪魔の一人は自分の羊皮紙が足りなくなったのを見て、立派な歯で引っ張ってのばそうとするが、羊皮紙は破れてしまい、悪魔は壁に頭を打ちつけてくやしがることになるのだ。

しかし、図版111にはもっと大胆な悪魔が登場する。いかにも中世らしい露骨さで、思いきり人をからかう。シュワーベンだかチューリンゲンだかのこのおしゃれ女は、衣裳櫃の中から一番きれいな品々を選び出して装い、鏡を見ながら美しい髪をとかしている。その後で悪魔がおどけたしぐさをし、無礼にも彼女に自分の尻を見せる。自分を眺めるつもりで鏡をのぞき込んだ女は、それを見つけてびっくりしてしまう。

そして、当時の女嫌いの神学者は、流行の化粧をした女の顔は神のまえでは悪魔の尻よりも醜い、と断固と

112　ミサの間に女たちにおしゃべりをさせる悪魔
『トゥルンの騎士』アウグスブルク，1498年

113　ミサの間のおしゃべり女の話を書きとめる悪魔
『トゥルンの騎士』アウグスブルク，1498年

していい放ったのだ。鏡の前で日中の四分の一をすごすこの浮わついた女はこうして罰せられた！　と彼は説く。

だが、ティムのテールヌーヴのアレクサンドル＝ヴァンサン＝シャルル・ベルビギエなる人物ほど、悪魔の無作法きわまる冷やかしとあざむきにあった者はない。カルパントラ生れの資産家の彼は、一七九六年に故郷の町を離れてアヴィニョンに落着き、それからパリへ出た。そこで前代未聞の冒険をすることになったのである。それを三巻の自伝で長々と物語っている。『妖怪つまりすべての悪魔が他の世界の者とは限らない』（一八二一年、パリ）がそれである。

《頭首ベルゼブス、王位を奪われた君主サタン、死の君主ユリノーム、涙の国の君主モロク、火の君主プルトン、夢魔の君主パン、女夢魔の君主リリス、夜宴の大主レオナール、高位の聖職者ダールベリス、大女悪魔プロセルピーヌ》たちが、冷酷に彼を悩ました。ところで、彼は奇しくもこの悪霊たちがフランスに代表を派遣していることを知った。彼はいう。《パリの呪術師で妖術師のモローはベルゼブスの代理、サルペトリエール病院の医者ピネル神父はサタンの代理、アヴィニョンの医師ニコラはモロクの代理、薬屋の長男のプリユールはリリスの代理》等々、と。

ベルビギエ氏は、一八一三年から一八一七年まで、パリのマザリーヌ通り五四番地のマザラン・ホテルに滞在した。その期間中、悪魔たちは彼の部屋に入りびたりだった。町なかにまで彼について行き、ポン・ヌッフかポン・ト・シャンジュの橋を渡った。彼が聖ロック教会に入れば、突然さまざまの妖怪――妖精もいた――にとり囲まれるのだった。彼が好んで《パラファラピヌ》と呼んだ者たちだ。ある日彼は、吊刑の刑場に近いポスト通り一二番地にピネル教授を訪ねた。恐しいことにピネル氏は妖怪どもに自分を売り、自身妖怪でもあった。教授はベルビギエ氏を氏のホテルに悩ましに現れた。本物の妖術師として、部屋の暖炉の煙突から侵入したのだ！妖怪たちは、ベルビギエ氏が告解にノートルダムの赦免司教のところへ出向けば、そこにまでついて行った。最初の王政復古もナポレオンの百日天下も、少しも妖怪をおびえさせることなく、なおも哀れなベルビギエ氏を責めさいなんだのだった。

114　ベルビギエ氏の肖像
ベルビギエ『妖怪』パリ，1821年

116 仲間になるようベルビギエ氏にすすめるロトマゴと妖怪ども
ベルビギエ『妖怪』パリ，1821年

115 自分を魔法にかけた二人のカード占い女によりタロット占いをするベルビギエ氏
ベルビギエ『妖怪』パリ，1821年

さて、彼は自分の著作に石版刷りの挿画をつけた。あまりにも奇怪で、あまりにも証拠としての魅力あふれるものなので、著者自身の説明ともどもここに再録しておきたい。

《最初の石版画（図版114）は私の肖像である。画の四隅は針のささった牛の心臓、X形十字の二片の硫黄、芳香植物、針とピンの包みで飾られている。私の下にいるのが、妖怪の犠牲になった私の可愛いココ、わが忠実なる友だ》（ココは小リスだったが、妖怪ピネル教授がやって来てベルビギエ氏を悲しませるために意地悪く殺してしまったのだ。）

《第二の画（図版115）は室内で、ラ・ジャンヌトン・ラ・ヴァレットとラ・マンソが私にタロット占いをやっている。私が悪意のある惑星の影響下に置かれたのは、この瞬間だ。猿とコウモリに変身した二妖怪が、二人の女占

117　ベルビギエ氏と消防士の劇的場面
ベルビギエ『妖怪』パリ，1821年

118　悪魔を遠ざけるために芳香植物を燃すベルビギエ氏
ベルビギエ『妖怪』パリ，1821年

い者に悪しき霊感を吹き込んでいる。》
《第三の画（図版116）はロトマゴである。妖怪の一団がついて来て、私にその忌わしい仲間に入らないかとすすめている。私は憤然と彼らをはねつける。私の目の前には、われらが主イエス・キリストの聖なる十字架がある。目に見えない小妖怪の何匹かは私に十字架から目をそらしてほしいと思っていることだろう。彼らは、地獄の軍を何千と閉じ込めてある壜に目をやって恐れをなしている。ロトマゴは私に向ってその三叉熊手を使おうとはしない。》
《第四の画（図版117）は、消防士と私が登場する。このとき私は、われらのよき王の祭の日には雲もなく太陽が輝き照らすよう、術を施していたのである。》（ベルビギエ氏は妖怪を立ち退かせるために、彼の部屋で硫黄を燃したのだが、隣りの人たちが火事だと思って消

119 ベルビギエ氏，壜の中の妖怪，ピネル氏
ベルビギエ『妖怪』パリ，1821年

120 ベルゼブスのとりしきる妖怪の集会
ベルビギエ『妖怪』パリ，1821年

防士を呼んだのだ。》
《第五の画（図版118）は、私が施術をするときに燃す芳香植物を調合しているところである。ゴラン氏のゲネゴ・ホテルのささやかな部屋の内部だ。私はつねづね豪華を好まなかった。私の家具は私という人間と同じくらい簡素である。この石版画を綿密に探れば、私を見張り、私の作業を妨げようとしている妖怪が何匹か見えるはずだ。》
《第六の画（図版119）でもやはり私はひきつづき妖怪退治の薬を準備している。暖炉のわきに坐り、そばのテーブルの上には芳香植物、針、ピン、硫黄、塩などが乗せてある。捕まえた妖怪がいっぱいに詰った壜も一つ乗っている。私は挑むような目でわが捕虜を見ているが、哀れな者どもには私を傷めつけることができない。ピネル氏が三叉熊手をたずさえ、たくさんの目に見えない者の一団を従えて私

121 妖怪式贖罪の山羊
ベルビギエ『妖怪』パリ，1821年

を怯えさせようとしている。だが、何者にも私の穏やかな気持は変えられない。豚に変身しているエティエンヌ・プリユール氏（法学生）は、妖怪撃退の私の薬草の匂いに処置なしのていだ。彼の他の犠牲者の家で食べて来たらしいものを吐いている。》
《第七の画（図版120）は、妖怪の集会であり、ベルゼブスが三叉熊手を手に会をとりしきっている。その前にロトマゴが坐って命令を待っているのが見える。地獄の会議に出席しているその他の妖怪の中に、ピネル、モロー、シェ、エティエンヌ・プリユール氏らがいるのが分る。プリユール氏はやはり豚の姿で、私の針とピンに刺されたとこぼしている。シェはベルゼブスの命令を待って地上と地獄とを往来するのだ。》
《第八の、そして最後の画（図版121）は、妖怪流の贖罪の山羊の効用を描いたものだ。暗い

122　橋の建造と引替えに悪魔に猫を与える聖カド　民衆画　ペレ，レンヌ，1855年

地獄の一番明るい部屋の中央に雄山羊の皮を置き、悪魔が地獄のふいごを使ってこれをふくらませる。この悪魔の創案をとりしきるのが地獄の破廉恥漢ベルフェゴールだ。彼は磁化した杖を持つ。ブージとニコラの両氏がアヴィニョンで私に魔力を及ぼそうとして用いたものだ。妖怪たちは雄山羊に飛びかかり、山羊は彼らを天空まで放り上げる。そこには悪漢ロトマゴが待ちうけていて、天候に呪いをかける。この忌わしい情景を見物している妖怪は地獄の最高裁判所から不行為のかどで処罰された者たちであり、中にラ・ジャンヌトン・ラヴァレット、ラ・マンソ、ラ・ヴァンドヴァルが混っている。これらの石版画の周囲にあるのは妖怪のしるしである。》

この三巻の書物ほど意外でしかも正確なものはないと思うが、批評はさしひかえ、どのような書物なのかもいわないことにする。読者ご自身でその狂おしい……悪魔に憑かれた千二百頁を読み通されるようおすすめする。私は読まれた方のご意見に同意しよう。

さて、近代生活には悪魔は以前ほどしげしげ姿を現さなくなった。機械、速く移動できる手段、電話などに煩わされるのだろうが、すっかり諦めてしまったわけではない。ただ、物見高い者たちが自分たちの平穏を乱しに来ないような、近づきにくい場所にひきこもっているようだ。たとえば、ユトレヒトの町に近い城の廃墟には毎月一三の日に悪魔が集まるという。また、アイルランドのセイント・パリトックや、フィニステールにあるカルノエ城の穴ぐら、さらにオータンのピエール・ド・クアールと呼ばれる記念物の中などである。

この記念物はクアールの小部落へ行く道の端にあり、町からは外れている。図版127がその外観だ。これは一八世紀に描かれた大変美しい水彩画で、パリの国立図書館に保存されている。いささかゆがんでいるが、一種の四辺形の石造りのピラミッドであり、ローマ時代に造られたものと思われる。しかし、何のためのものだったのか正確なところは不明である。ピラミッドの、道に面した面に大きなまわり穴がうがたれている。版画に見えるそれより下の開口はもう以前に埋まってしまったか、もともとなかったに違いない。とにかく、今日ではその跡は分らない。

どれほどの深さがあるのか測ることもできないこの穴から、きまった時刻になると喧騒と激しく鎖をゆすぶる音とがもれてくる。土地の人たちは、そこが鎖につながれた悪魔のすみかだという。私自身その非常に不気味な騒がしい音を数回耳にした。

123　人間に役立つ仕事をする悪魔
オラウス・マグヌス『北方民族史』ローマ，1555年

しかしこの塔は藪や茂み、野草、イバラ、イラクサなどにすっぽりとり囲まれていて、入口まで登るのも、入口をちらと覗くのも不可能だ。私もまた多くの人々と同様、この不思議を謎のままにしておくしかなかった。

悪魔と人間との関係は、つねに悪魔が人間に悪巧みをしたりうさんくさい冗談をいって意地悪く楽しんでいただけでなく、ときには悪魔が大変役に立つ、という間柄でもあったのである。悪魔が仕事を助けに来てくれたり、仕上げにさえ来てくれるのを見た人々も大勢いる。中世には、悪魔はちょくちょく家に入り込んで来ては、家事をしたり、野菜の下準備をしたり、鍋を火にかけたり、丸焼きの串をまわしたり、子供の下着をとりかえたりした。家の者は、帰宅してみると家の中がきれいに片づいていて、仕事も終っているのにびっくりしてしまうのだった。親方になるために試験用の作品を作ろうとして思うようにいかない職人がいると、悪魔たちは夜こっそりやって来てそれを仕上げてやる。大聖堂を建てるために苦慮している建築家には設計図を引いてやる。建築の材料を援助してやることさえ珍しくなかった。

オラウス・マグヌスの『北方民族史』(一五五五年、ローマ)からとった小さな挿絵(図版123)の悪魔たちを見ると、左手では、見事に尖った鼻をした、背中にのこぎりの歯のようなとげのある悪魔が、実にてきぱきと鉱夫の仕事をしている。本物の鉱夫は多分嫌気がさしてその仕事を放り出してしまったのだろう。中央では、別の悪魔が馬小屋を掃除し、新しいワラを敷き、かいば桶を一杯にしてやっている。馬丁の方は自分の務めをなまけがちで、飲屋に出かけたのだ。右にいる三番目の悪魔は、四人の客を乗せて職務に誇りをもって渡し舟を操っている。一方の手でともがいを操作し、もう一方の手で追い風を吹きかける。風は映写機のような大きな雲から吹いてくる。上空では、他の旅行者たちが車で運ばれている。地上のひどいでこぼこ道をうち捨てて空中に舞い上がったのだ。飛行機がこの危険な冒険を試みる三世紀半も前のことである。

124　悪魔が造ったカオールのヴァラントレ橋
ユージェーヌ・グリュックの石版画，1850年

125　悪魔が造ったサン＝クルーの橋
クールヴォアジエの版画，18世紀

今なら蒸気や電気があるが、人間の労働力を補助する強力な手段のなかった恵まれない世代にあっては、悪魔たちはどれほど貴い助手であったことか。

一二世紀、ニュルンベルクの都市のきれいな礼拝堂カイザー聖堂を建てるとき、礼拝堂付司祭であったツィリル神父は、主要な装飾にするために悪魔にミラノから白大理石の円柱四本を運ばせた。ところが、悪魔もなみの職人のように失策をして、そのうちの一本を落としてしまった。教会の四本の円柱のうち三本は一本石であるのに、一本だけが二本つなぎになっているのはそのためである。有名な「悪魔の城壁」もいい例だ。これは昔イングランドとスコットランドとを隔てていたものだが、あまりにも頑丈であったため、その地方の人々はそろって悪魔の仕事だと思っていた。グルノーブルに近いヴィジィルの城の城壁にもやはり伝説がある。ド・レディギエール司令官はその構築を悪魔に注文した。悪魔は引替えに司令官の魂を要求した。ただし、もし司令官が、翌日の朝、城壁が完全に仕上がるまえに城壁から逃げ出せれば、この代償は免除するという。悪魔の一隊は即刻、この一四キロに及ぶ城壁の相対する二点から工事にとりかかった。二つの部分が合わさろうとする瞬間、司令官は愛馬を駆って壁を飛び越えた。しかし、馬の尻尾が工事中の壁にはさまれてしまった。騎士はそれを剣で切り落として逃れた。今でも不完全な壁の合わせ目を示して、人は尻尾が入っているのだという。

しかし、悪魔が手を貸したのはおもに橋を建設するときだった。建築家や技術者が技能不足だと感じると、悪魔が顔を出すのである。ヨーロッパでは沢山の橋が「悪魔の橋」という名を持っているが、これらの橋はそれぞれ似たような伝説を持っている。イギリスにもスペインにもこうした橋がいくつかあり、ドイツには《悪魔の橋》は大変多い。スイスでは、アインジーデルンにあるパラケルススの生家の脇にかかる橋が今も有名だ。フランスにあっては、ボージァンシー、ポン・ド・ラルシュ、ヴィエイユ・ブリウド、オルテスなどをはじめとしてたく

126　悪魔ビスコルネが作ったパリのノートルダム寺院扉の鉄細工——15世紀
1856年以前に撮影されたもの（著者所蔵）

さんの橋が悪魔の強力な助けをかりてかけられた。フランスの古い橋の中で、いちばん美しいのはきっとカオールのヴァラントレと呼ばれる橋だろう。図版124のロマンティックなきれいな石版画の橋である。その全部を悪魔が作り上げた。まことに、悪魔は傑作をものしたものである。

そしてパリ近郊のサン＝クルーの橋、有名な公園やいかにもパリらしい賑いに通じているまともなサン＝クルーの橋、その上を今日ではのんびりと電車が走っている。この橋が悪魔の作品であるなどとだれが信じるだろう。クールヴォアジエは一八世紀に、サン＝クルーの橋の穏やかな情景を美しい版画に捉えている（図版125）。悪魔は、力を貸すと——このような場合ほとんど常のことだったが——自分の労苦の代償を求め、最初に橋を渡る者の魂を要求した。サン＝クルーの住民は、だれかが通る前に黒猫を一匹渡らせることを思いついた。こうしてサタンはごまかされたのだが、この貧弱な餌食に甘んじるしかなかった。

この手のやり方はしょっちゅうだったが、悪魔は諦めてしばしばそうした取引に応じたらしい。図版122は一九世紀によく描かれた図柄である。徳の高い司教、聖カドが聖職者の装いをして手には司教杖を持った姿で、橋を造ってもらった代償としてキリスト教徒の魂の代わりにサタンに猫を与えている。画の下の方に橋のアーチが見える。

悪魔による最もすばらしい仕事は、その昔、パリのノートルダム寺院に見られたものだ。ヴィオレ＝ル＝デュックが修理を手がける以前のノートルダム寺院である。

この大聖堂には正面入口が三つある。右と左の入口の扉は鉄細工で飾られており、その細工は有能な金具細工師たちの称讃の的であった。この上なく複雑かつ繊細な仕事によって仕上げられたこの鉄細工は、高さ七メートル、幅四メートルの両開きの扉の全面をおおっていた。そこにはどんな切目も見当らず、溶接や組立の跡もぜんぜんない。つまり、これらの鉄細工は一枚づくりであり、鉄を全部一緒に溶かして、赤熱のうちに細工し、冷えたところにやすりをかけて仕上げたと考えられていた。悪魔だけが成し遂げうる巨大な工芸だ。なにしろ悪魔は地獄の火を使えるのである。この火に比べたら、どんな金具細工師の炉もかなわない。この細工こそはまさしく悪魔のなせるわざだ、人々はためらわずにこういったのである。悪魔の名はビスコルネという。証拠があるのだ。横に走る鉄の帯の中に、角が二本生えた顔がいくつか浮彫りになっている。これは悪魔が署名のつもりで彫り込んだ自分の肖像だ、そう人々はいうのだった。

こんな話も伝えられた。ある金具細工職人が同業組合に親方になりたいと出頭したところ、試験作品としてノートルダム寺院の扉の鉄を細工するようにと命じられた。この仕事は職人の技量を越えていた。すると、彼の前に悪魔が現れて、もし彼の魂を売るなら試験作品を作ってやろうと申し出た。職人は承知した。翌日には、左右の入口の四枚の扉が出来上がったが、そこで悪魔ビスコルネは中央扉を作ることはできないとうちあけた。聖体行列のさい聖体が通るのは中央の入口だからである。職人は悪魔との誓約から自由になった。が、ともかく完成した扉は確保し、彼は親方として認められた。

この鉄細工は現存していない。一八六〇年代に、ヴィオレ＝ル＝デュックによってほぼ忠実な複製に入れ替えられたのである。複製には悪魔の協力はな

127 悪魔のいるオータンのクアールの石塔
18世紀の水彩画
パリ，国立図書館，版画Va190

かった。しかし、さいわいなことに、入替えの直前に撮った古い鉄細工の写真がある。図版126に載せたのがそれだ。興味のある方は今の鉄細工と比較されるとよい。相違は容易に確かめられることだろう。

12 悪魔憑き

中世には、また一八世紀に至るまでも、妖術師とはじつは一匹あるいは数匹の悪魔に憑かれた人間である、と考えられることが多かった。

それに、一部の魔女は悪霊を呼び寄せることにあまりに熱心だったために、悪霊の方が魔女たちの従順な僕におさまるどころか、彼女らを力ずくで捉えてしまうことがあった。

エンドルは、旧約聖書の中で名誉ある箇所に最初に出て来るうえ、最も有名なので、その堂々とした姿で全キリスト教会に君臨している。この古典的な大魔女は、悪魔に憑かれた魔女の類いであったらしい。

それは、先に行って見るように（図版141）、降霊術の魔女だった。聖書の語るところによれば、サウル王は、預言者サムエルを出現させるために、従者に彼女を探させた。この暗い挿話は列王紀（ユダヤ人によればサムエル記）の上巻二八章七節にある。ヘブライ語の原典によると正確には《サウルの従者は彼に、エンドルには一人の女、ベハラス－オブがおります、という》とある。二つの異なった解釈ができるかなり曖昧な表現である。オブという語はギリシャ語の翻訳者によってピュートーンという言葉に訳されたもので、竜、蛇、悪霊という意味を持つ。したがってベハラス－オブは《ピュートーンの女主人》の意味で、ピュートーンを所有するということになる。あるいはまた、ヘブライ語の特性によくかなうものだが《ピュートーンの花嫁》、したがって《ピュート

128 発作の初めに冒瀆の言葉をはく悪魔憑き
アブラハム・パーリンク『魔術のはぎとられた仮面』
アムステルダム，1725年

129 窓から身を投げようとする悪魔憑き
アブラハム・パーリンク『魔術のはぎとられた仮面』
アムステルダム，1725年

ーンの支配下にある》という意味にもなる。

ピュートーンに憑かれているのか、それともピュートーンを支配しているのか。ほとんどの神学の注釈者は「憑かれて」いる方を好んだ。彼らは腹が悪魔の好む潜伏場所だとさえ断定し、この魔女を《腹中神話の《アンギャストリミット》》エンドルと呼んだ。

《憑かれている》とは、精神錯乱をさす強い言葉である。精神異常は史上数えきれないほどの例があるが、それはほとんどの場合、目に見えようが見えまいが身体の傷害には関係がない。

憑かれた人間は目に見えない不可思議な力の影響を受けて興奮する。その力は彼を責めさいなみ、乱暴なまた過激な行動に走らせ、わめき声をあげさせる。それを解くには特別の祈りしかない。こうした情景は福音書にすでに語られており、その後中世を通じて聖者伝の中に、宗教関係の年代記の中に継続的に現れる。どの巡礼地もどの有名な大寺院もその証人であり、アルス、ルールド、パレ＝ル＝モニアルにおいて、また一部の修道院の奥深くで、今でもときに、悪さをする流体が体内に入りこみ骨の髄まで沁み透った悪魔憑きが、その力に屈して絶叫し身もだえするさまを見ることができる。

130　プロテスタントの説教中に悪魔に憑かれる男
アブラハム・パーリンク『魔術のはぎとられた仮面』
アムステルダム，1725年

131　告発しないでくれと家族に懇願する悪魔憑き
アブラハム・パーリンク『魔術のはぎとられた仮面』
アムステルダム，1725年

先にアブラハム・パーリンクの稀覯本『魔術のはぎとられた仮面』（一七二五年、アムステルダム、アンドリース・ファン・ダム版）をあげたが、この本は妖術と悪魔憑きの事例について妖術師であるティモン、エウセビウス、マントゥスが交わした長い対話であり、悪魔憑きの典型的な光景が展開される。そこでは一人の魔女が突然悪魔に捉われて、町の役人会――彼らは女の行ないを懲戒するために、彼女を召喚していた――の真中で発作を起こす（図版132）。彼女はけいれんして床に倒れ、その拍子に椅子を引き倒す。同じく別の場面（図版133）では、魔女が、あるいは魔女などではなくただ憑かれただけの女かもしれないが、悪魔の怒りといわれる発作を起こしている。口から泡をふき、手首と足をよじったり、ねじ曲げたりしている。神学者によると、これは不浄な悪魔一匹ないし数匹が体にとり憑いたときの明白な徴候である。質素な室内にいるオランダの女たちの驚きようはどうだろう（図版128）。彼女たちは、悪霊がとり憑いたばかりの悪魔憑きが冒瀆の言葉をはくのを聞いたのだ。別の女は、抵抗することのできない悪魔の衝動につき動かされて窓から身を投げようとしている（図版129）。それをとめようとして親切な人たちはどんなに骨をおったことか。教会でプロテスタントの説教を聞いていて、突然腰掛けの上でのけぞった男もある（図版130）。周りの人々は仰天しているが、男にとり憑いた悪魔は聖なる書物の至聖の言葉の朗読に耐えられなかったのだ。そして少したつと（図版131）、この同じ男が、発作もおさまって、家族と隣人と友人とに、お上はきっと自分を妖術師と同じ恐しい目にあわせるだろうから、どうか訴え出ないでくれと跪いて嘆願している。

グレゴリウス大教皇は有名な『対話篇』の中で、ごくすなおにたいへん興味ある悪魔憑きのさまを語っている。ローマのある修道女が修道院の庭を散歩していると、ふいにチサを食べたくなった。彼女はチサをとると、祝福を与えるのを忘れてかぶりついた。とたんに彼女は悪魔に憑かれてしまった。人々は悪魔祓いで有名なエグニテ

132　役人会での魔女の悪魔憑きの発作
アブラハム・パーリンク『魔術のはぎとられた仮面』アムステルダム，1725年

133　手足をよじる悪魔の怒りの発作
アブラハム・パーリンク『魔術のはぎとられた仮面』アムステルダム，1725年

ィウス神父を呼びにやった。神父がやって来るとすぐに悪魔はめそめそしながら叫んだ。《おれが何をしたって？　このチサの上に坐っていたらこの女がチサをとってガブッとやったんだ！》聖なる人物は祈りと呪文によって、悪魔を修道女の体から立ち退かせた。

また、もっと奇妙でもっと複雑な悪魔憑きの話がある。ボヘミアのプラハでのことだ。ヴィスヘラトの教会の中で、ワズラガ・クラリツェクという名の司祭が悪魔に、とり憑いた者の体から出て行くように命じた。従うなら代わりに彼自身の体に入ってよい、というのだった。ただし、すぐにローマへ行き、サンタ・マリア・イン・トラステヴェーレ教会の円柱を一本、ミサの入祭禱の前に持ち帰ることができればという条件である。悪魔は出発し、円柱を持ち帰った。しかし司祭はすでにミサを終え、最後の福音書を読んでいた。悪魔はくやしがって円柱を落とした。円柱は三つに割れ、数人の人を殺した。悪魔はとり憑いた女の体を離れた。長さ六メートル近いこの円柱は今もその地方の教会にあって、上部の壁に描かれた古いフレスコ画は、この物語を克明に表わしている。この話が妙に印象に残るのは、そこから二千キロへだたったローマのサンタ・マリア・イン・トラステヴェーレ教会の中に、ヴィスヘラトの教会の円柱に似た円柱があり、それが本堂の片側には一六本並んでいるのに、反対側には一五本しかない、ということである。失くなった円柱の場所には聖壇が設けられ、その上にやはりこの不思議な話が、それも古いフレスコ画で描かれているのである。

悪魔たちは、とり憑いた人間の体内に主人として居坐ると、数えきれないほどの耐えがたい苦痛を与えた。そこで、キリスト教徒の最高の術は、悪魔をその仮りのすみかから移動させるにはどうするかにあった。福音書に書かれているように、ある悪魔憑きたちは悪魔の一隊を内蔵していた。身体の自然な穴から、珠数つなぎになった悪魔の一列を排出させるのは容易なことではなかった。

責苦に悩む不幸な者たちを悪魔から解放する祈りを祓魔の祈りといい、昔はたしかによく用いられた。なぜなら、教会は祓魔師の職能を他の聖職からためらわずに切り離し、それを四つの下級の聖職の一つとしたからだ。この役目は、闇の世界の攻略を受け持つ特定の人々に任せられた。その人々は間もなく手一杯になり、自分たちの任務を片づけきれなくなった。そこで人々は自分勝手に、何の叙任も受けないまま悪魔祓いをするようになった。女たちでさえが、ことにシエナの聖女カタリーナが、この危険な行に耽ったのである。

教会は典礼のあらゆる箇所に祓魔の祈りを入れた。水の祝福、塩の祝福、建物の祝福などの儀式の中にもあれば、洗礼式の中にもあり、洗礼の儀式はそれ自体が長い祓魔の祈りに他ならなかった。生れたばかりの子供には

134　悪魔に囲まれて呪術師の前に立つ聖ヤコブ　ブリューゲル（父）の版画，1565年

135　聖ヤコブの命令で呪術師を八つ裂きにする悪魔　　ブリューゲル（父），1565年

悪魔が憑いている。赤子は悪霊の庇護のもとにこの世に現れる。これは教会の教義そのものだ。なぜかというと、洗礼式の間、教会は直接悪霊に向って激烈な叱責をあびせるからである。司祭はいう。《けがれた悪霊よ、汝を祓う。この神の僕より離れよ！　僕より出でよ！　呪われし悪魔、呪われしサタン！　汝の判決を聞け、等々。》これが、ほとんど知られていないが、洗礼の秘蹟の前文の言葉である。それが明白な真実を表明していないものなら、むだで大げさなきまり文句に過ぎないのなら、それを述べたてたりする必要がそもそもあるだろうか。

悪魔がとり憑いた者の体から悪魔を追い出すための祓魔の祈りの文章は非常に多く、かならず効果があるとされた。そのいくつかが『洗礼の法』（一五七五年、エギディウス・レガゾラ書店）というヴェネチアで編纂された古い本に集められている。そこには洗礼の祓魔の祈りはもちろんのこと、聖アンブロシウスの悪魔祓いの祈りも載っており、それは、「全能の言葉である主よ」の言葉で始まる。それからルシフェリナと呼ばれる祈りがあり、この立派な本がいうには、これは特に推薦に値する。悪魔に対する見事な呪いだ。さらに、聖キプリアヌスの祓魔の祈り、およびローマのサンピエトロ寺院のキリスト笞刑の円柱の前で読みあげられた「われらが救い主」の言葉で始まる祓魔の祈禱が載っている。

一五八二年にヒエロニムス・メングス神父は『悪魔祓いで恐しい悪魔を追い込む悪魔の笞』と『悪魔の棍棒』という表題の二冊の祓魔祈禱集を編んだ。が、彼の本は禁書になった。修道院の内規や相互の対抗心のせいであろう。なぜなら一世紀後の一六七八年に、アントワープの教会参事会員、マキシミリアン・アブ・エィナッテンが同様に総括的な『祓魔祈禱便覧』を出版して、ローマの典礼書とマリヌの司教教書から抜粋した例を載せたが、ローマ教皇の検閲を免れたからである。これを見ると司祭は悪魔憑きの上にその頸垂帯を置いて、頭の上で福音書のヨハネ伝を読み、病気の動物やサタンの悪巧みで呪いをかけられて悲しいことに不能になった夫たちには悪

136　悪魔祓い
　ステファノフの版画，ロンドン，1816年（著者所蔵）

魔祓いの祈りをさえやっている。同じ種類の本が一六六三年にスイスのフリブールで出版されている。ダヴィッド・イルビッシュ書店から出たもので、題は『さまざまな悪行をとりさるための祓魔に関する諸祈禱を含む核』という。これには水、ブドウ酒、塩、食事、香、硫黄、香水、薬、水薬、香油、風呂、寝台、家、衣服、草、バラ、道、アブサント酒、船、羊の群、ブドウ畑、そしてかいこのまゆにいたるまで、それぞれの魔よけの祈りが入っている。いずれもそれぞれの物の中にひそむ悪霊を追い出すというのが目的である。そして、ミミズ、ネズミ、蛇、それに呪いをかけられた食物に対する祓魔の祈りはきまって「イエス・キリストと聖ウバルドの名において」唱えられる。また、以下のようなおかしな呪文が目につく。父と†子と†聖霊の清き御名によりて†エル†エロヒム†救い主†エマニュエル†聖なる†万軍†聖なる

†聖四文字†おお強き神……等々。これらは奇妙に魔法書の呪文に似通っている。

最後に、信心のちょっとした慣わしの数々、十字を切ること、聖水、ロザリオ、肩衣、聖ベネディクトゥスの印章、キリスト教徒の間で用いられるその他のお守りなどは、悪魔を追い祓うための日常の祓魔祈禱に他ならない。あくびをする時に口に手をやる習慣、さらには親指でそこに十字を切るということも悪霊をしのび込ませないためのものであり、同様に魔よけの意味を持つのである。

聖ヤコブが唱えているのは祓魔祈禱に違いない。今、彼は呪術師が呼び寄せたたくさんの悪魔たちによって、呪術師の前に引き出されたのだ（図版134）。そして、主は、悪魔たちが悪魔憑きの呪術師を捕え、椅子からつき落とし、八つ裂きにするように、というヤコブの願いを聞き入れられる（図版135）。ブリューゲル（父）は一五六五年コックの彫刻による二枚の見事な版画で、例によって想像力のおもむくままに筆をふるっている。彼は、フランドルの人間だけが表現できる陽気なアナクロニスムによって、箒の柄に乗った魔女たちを画面に示した。またそこには気味の悪い小鬼や先史時代の地球の泥濘を逃れて来た一寸法師がひしめいている。このめざましい幻想に、資料としての価値を求めることはできないだろう。

もっと地味でもっと真実に近いのが、アンドレア・ボスコリによるカロの版画である（図版137）。教会の中で一人の悪魔憑きの女性が身もだえしており、それを二人の筋骨たくましいがっしりした男が骨をおって支えている。人々がそれをとりまき、司祭がこれ見よがしの風もなく気のりのしない様子で祓魔の祈りを読んでいる。その後に隠れている助手の少年は聖水盤を持っている。奥の祭壇にはミサ聖祭の準備が整っている。この騒ぎがおさまればすぐに祭儀が始まるのであろう。

祓魔祈禱はいまだに行なわれている。カトリック教会の離教派の一部ではずっと守り続けてさえ来たのである。

筆者は、ステファノフのデッサンによって一八一六年に彫られた非常に興味深いイギリスのエッチングを持っている（図版136）。一九世紀初めのイギリスにおける悪魔祓いの有様を描いたものだ。神学上も世間話でも魔法などは追放してしまっていたと思い込んでいる国のものである。画家は場面の恐怖の効果をあげるため魔よけの対象はまったく表現しなかったが、人物は皆恐れおののいて、また滑稽な態度でその者の方を見つめている。舞台は、イングランドの北にある、アン・ラドクリフ好みの古城の付属教会堂の一つらしい。奥の柏の階段からは、身づくろいも終らない者たちがどかどかと転り落ちて来る。ミミズクが彼らのろうそくを吹き消す。下男が悪霊をおどかそうとして古い決闘用の細身の長剣を摑む。女子供は泣きながら牧師によりそうようにかたまっている。牧師は祓魔祈禱書を読んでいるものの、さしてこの祈りに信頼を置けないらしく、半信半疑の表情である。年寄りの召使が震えながら明りを差し出しているが、頭の毛は逆立ち、右手に持っている聖水盤を今にも落としそうだ。もう一人は鈴を振っている。家中に注意をうながしたのだ。犬までもが、超自然の与える説明のできない光景に何がしか不安の目を向けている。

悪魔を追い出すのは生易しいことではない。彼らは抵抗し、しがみつき、自分らに気に入った滞在先を離れまいと執拗に頑張る。追い払うには祈りをあげ、場合によっては香をたかねばならない。ときには彼らの目に見えない体が突然に形を成し、次に汚物、排泄物、毒素、腹鳴りと化して行くのを目で捉えることができる。そのために、悪魔憑きは悪魔が出て行くとき、しばしば口から糞便、石炭、爬虫類を吐き出す。また、これもソロモンが見つけたことになっているバラスと呼ばれる植物を用いると、悪魔はクモ、コウモリ、悪臭を放つ蒸気や煙、あるいは「不潔なへどとなって」、また「口からの不潔でけがれた吐血となって」逃げ出す、と神学者はいう。さらにまた、昔の人々が魔女を《臭い女》と呼び、悪魔が現れると昔から硫黄のにおいを放つとされているのもこの理由からである。

しっかりした聖職者は確かな能力をもって、この重要な物質を明らかにした。そうした著述者の中でも、一六世紀のセレスチン会修道士クレスペ神父は、『人間に対するサタンと悪霊の憎悪についての二冊の本』を著した。ちなみに彼はグレゴリウス一四世が与えようとした司教職をことわっている。また、イエズス会士ピエール・テ

137　悪魔憑きの悪魔祓い
ジャック・カロの版画（アンドレア・ボスコリ原画）17世紀

ィラエウスは、一六〇三年リヨンで『悪魔に憑かれた人々、すなわち、悪魔の霊にとり憑かれた人間について』と題する大冊の決定版といえる著書を出版した。これは立派な知性ときわめて健全な学理をもって、憑かれた人人の問題を長々と扱っている。彼は思慮と慧眼とで、悪魔が好んでとどまる体の箇所はどこか、どこから入り、どこから出て行くかを知ることができた。彼は、飲物や食物と一緒に体内に入り込む者や、女の体に入ってそこから分娩の時のような苦しみを与えながら「つつしみの道」から出て行った者を捕えた。

すでにあげたピエール・ボエテュオの『諸作家に見る不思議な物語』(一五七五年、パリ)には、悪魔がとり憑いた女の体から出て行くところが描かれている(図版138)。彼女に、司祭は聖体の秘蹟を施している。人々は聖別されたパンを食べさせようとして、無理矢理女の口を開かせる。彼女から逃げ出した不浄の霊は爪を持った小悪魔の姿である――小さい者が最も有害だ、とその道の人々はいう。

しかし、シュラン神父が残した祓魔祈禱についての記述ほど、詳しくかつ証拠になるものはない。非常に敬虔でまたまっすぐな心の持ち主でもあったこのイエズス会士は、多くの書物を著し、教訓ゆたかな讃歌を作った。リシュリューは彼をルーダンのウルスラ童貞会修道院へ派遣し、そこにとり憑いた悪魔を祓わせた。彼は悪の力に闘いを挑み、それは数年におよんだ。彼が書いた異常な出来事の驚くべき話は、たいへん真実味あふれる

138　悪魔憑きの体からの悪魔の退散
ピエール・ボエテュオ『不思議な物語』
パリ，1575年

ものである。

彼以前にこの重責を委ねられた先任者たちは、三人の修道女の体をすみかと決めた悪魔を三匹追い払うことができただけだった。オラトリオ会士のジャン＝バティスト・ゴル神父が、悪魔アスモダイを追い出したのは一六二九年五月二九日のことだった。彼はきわめて用心深くアスモダイにこの事件に関する正式の証書を記させ、署名をさせた。アスモダイのこの世での姿を二種、読者は図版95と103に見ることができる。この悪魔は五回署名をし、その同じ頁にゴル神父、マルタン・ド・ローバルドモン氏、ポワティエの司教であるアンリ・ロワ・シャテニエ・ド・ラ・ロシュ＝ポゼも署名している。この貴重な資料は写本フランス語資料七六一八として国立図書館に入っている。悪魔がどんな具合に書くものか知る人は少ないだろうから、ここには悪魔アスモダイの正真正銘の書体をそのまま載せることにした（図版139）。

読み易いように正確に書き移してみよう。


《以下のことを誓約する。この人間の体を離れるに当り、心臓の下、および胴着と長衣に針の長さほどの裂け目をつくる。そこからは血が出るだろう。日時は明日、五月二〇日土曜日午後五時とする。また、グレジル（悪魔の名前）とアマン（別の悪魔）も同様にしかしより小さい口を開けるだろう。なお、レビアタン、ベヘモト、ベヘリーが彼らの仲間とともに体外に出るしるしをすると誓約したことを、この記録においで認める。聖十字架教会にて。一六二九年五月二九日に記す。》

アスモダイ

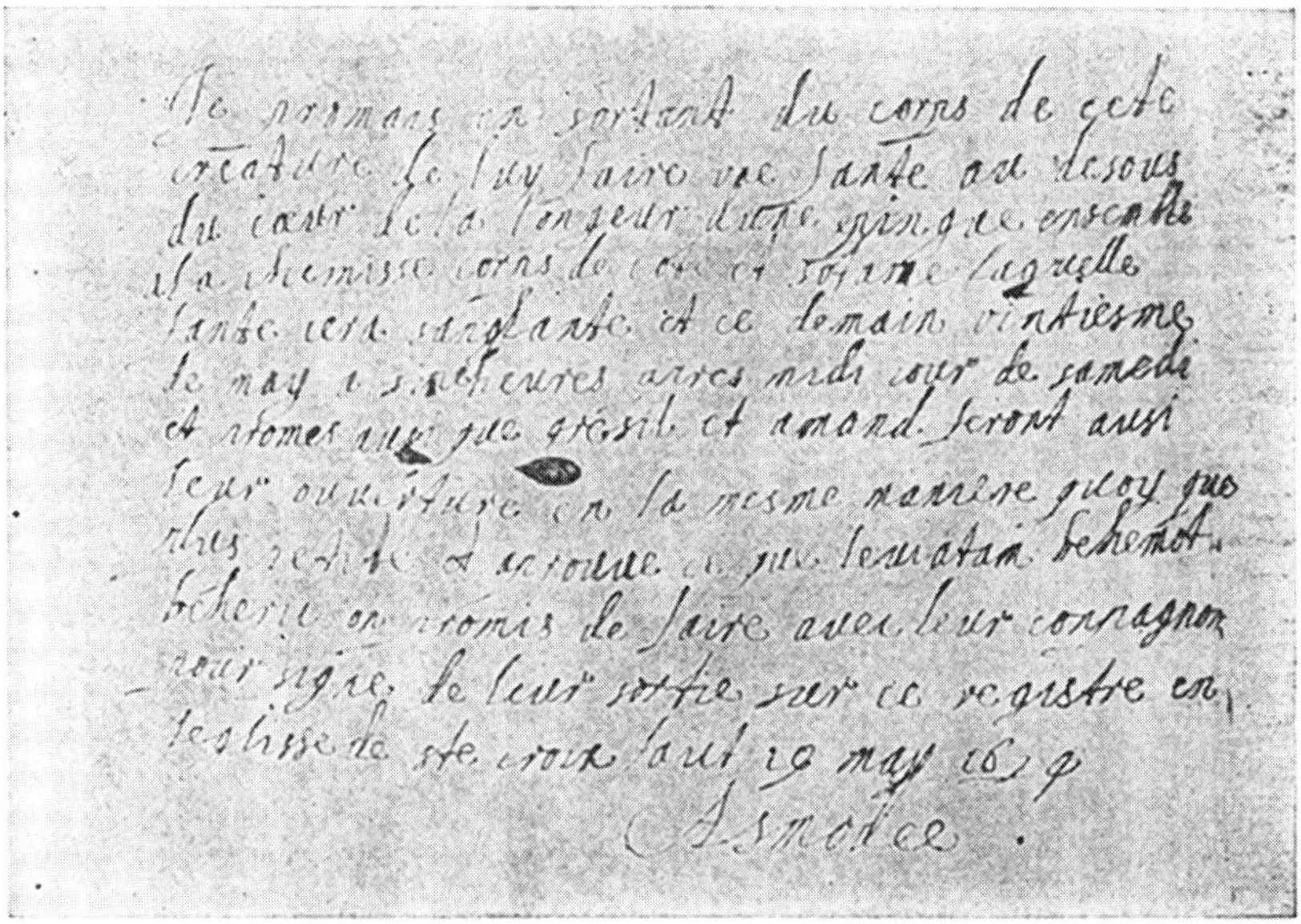
Je promets en sortant du corps de cette
creature de luy faire une fente au desous
du coeur de la longeur d'une espingle ensemble
a la chemisse corps de cotte et soutane laquelle
fante sera sanglante et ce demain vintiesme
de may a cinq heures apres midi jour de samedi
et promes aussi que gresil et amand feront aussi
leur ouverture en la mesme maniere quoy que
plus petite et aprouve ce que leviatam behemot
beherie ont promis de faire avec leur compagnons
pour signe de leur sortie sur ce registre en
l'eglise de ste croix fait 19 may 1629
Asmodee

139　悪魔アスモダイの署名入り自筆書
国立図書館，写本フランス語資料7618番，f° 20，裏面

この資料の筆跡は女性的でわりにきれいだ。この書面を見て笑った批評家たちもいる。文中に，《綴りの誤り》があるというのだ。悪魔がそんな誤りをするはずがない，と主張するのである。この反論はいいかげんだ。一七世紀にきまった綴字法などはなかったことを指摘しておこう。一歩譲ってあったとしても，それを守ったのは印刷屋や公証人たち，そしてド・ヴォージュラ氏らだけであった。身分の高い人々は規則を守るなどとは己の名誉を汚すに等しいと思ったことだろう。ルイ一四世は綴りを誤った。マントノン夫人も間違えた。セヴィニェ夫人，モンパンシエ公爵夫人，ボシュエ，サン＝シモン，リシュリュー枢機卿らの書いたものにも，今日なら小学校の生徒でも分るような誤りがちりばめられている。それにアカデミーの辞書はまだ出版されていなかった。それぞれの者が自分の綴字を持っていたのである。というわけで，やはり貴顕の氏であった——同意して

いただけよう——悪魔がどうして文法の決まりを守ったろう。そんなことをしようものならただちに平貴族の風下に立つことになってしまったろう。

しかし、こうした悪魔の追放は少しもはかばかしく進まなかった。ラクタンス神父はゴル神父のあとを継いで悪魔祓いの役を引き受けたものの、三、四年の間にただ一匹の悪魔も追い出せなかったという。それにまだ大仕事が残っていた。修道院長にとり憑いたたくさんの悪魔がどれも外に出ようとはしなかったからである。この超人間的な任務のためにはさらに手厳しい人物が必要だった。こうしてシュラン神父に白羽の矢がたち、神父は目に見えない強力な敵に対して幾多の危険にあわされながらも、とことん闘って、悪魔を一匹また一匹と立ち退かせることに成功した。《そこで、私は一六三四年の使徒トマスの日に自分の任務に着手した》と彼はいっている。それは三月七日であったが、間もなく成果が見られた。六月二三日には、別の悪魔が出て行った。国立図書館の同じ写本七六一八番はこう述べている。その五六頁はひどくいたんでおり、地獄の火による焼焦げの跡さえあるようだが、そこに次のような証言が載っている。

《今日六月二三日、我、処女の不倶戴天の敵は、体外に出、そのしるしとして右手に指の太さの切り口を作り、それが二週間残るだろうことを誓う。》

そしてこの匿名の悪魔は《処女の敵》と署名した。
七日後、退出の記録に署名するのはネフタリの番であった。

《この体を離れるに当り、自分の真の退出のしるしとして、残念ではあるが、ルーダンの司祭がその異教の支離滅裂な掟を説いた大切な大聖堂の説教壇を壊し、屋根を破ってその壇を持ち去ることを、我ネフタリはここに誓約する。一六三四年六月三〇日、ネフタリ記す。》

一年後の一六三五年、シュラン神父はレンヌのイエズス会士ダティシ神父に当てて書き送った。《私は絶えず悪魔たちと語らっております。この三ヵ月半、私のそばでは決まってどれかしら悪魔が立ち騒いでいるのです。話をしようと思うと私の言葉をさえぎり、ミサではすっかり私の口を封じます。食卓につけば食べ物を口に運ぶことができません。悪魔が私の家でわがもの顔に往き来しているのが感じられます。》

修道院長に憑いた悪魔たちは、自分たちが堕ちた熾天使、智天使、座天使であり、名前はレビアタン、バラム、イサカロン、ベヘモトであると神父に明かした。イサカロンは修道院長と争い、バラムは礼拝と祈禱の間に彼女を爆笑させた。ベヘモトはいささか罪が重く、彼女によろしからぬ考えを吹き込んだ。別のザブロンという悪魔は修道女クレールにとり憑いていた。ザブロンは、シュラン神父の前任者でポワティエの司教から悪魔祓いの大任を委ねられたラクタンス神父の祓魔祈禱に抵抗しきったのだった。

聖なるイエズス会士は、自分がとり組んだ闘いの間、相手の不可思議な敵たちから手ひどい逆襲を受けねばならなかった。彼自身、なんどか悪魔にとり憑かれたのだ。《一度は、悪魔たちが恐しい魔力を行使したために八日間というもの修道院長がまったく別人になった。彼女の顔は稀有の美しさに輝いた。》さらに《別の日には、悪魔が私の姿をとり、応接室に入り、私に似た声でやさしく女院長に話しかけ、誘惑に陥れようとした》という。それからは果てしない異常事が続いた。それは奇怪であったり、悲劇的かつ不気味であったりした。悪魔らは修道女たちをむち打ち、すさまじい叫び声をあげておびやかした。あるときには、彼女らに語学の才を与え、およそ無学な者までが急にラテン語で講話を始めるのであった。

《ある日ベヘモトに術を行なっていると、ベヘモトは突然ひどく怒り出した。これほど激怒したためしはなかったので、私は彼が出て行くのだと思った……。彼は、自分は、ルーダンで二人、パリで一人の、三人の呪術師が聖体拝受の折にとっておいた三つの聖体のパンをとってあるのだと白状した。それらの聖体のパンを悪魔が無性に欲しがっていることを私は知った。そこで、イサカロンに、またバラムにも、パリに行くように命じた。夕食後、イサカロンはぷりぷりしながら戻って来た。すぐあとにバラムが女院長の顔で続いている。私は命じたことをすませたのかと聞いた。彼はうなずき、パンを持って来たと答えた》と、優れた神父はいう。さらに後になって悪魔たちはいい張った。《女院長は妊娠している、と。たしかに、見た目には事実のようだった。しかし、一六三五年の割礼の日に悪魔は、聖母が女院長にあらゆる体液を送りこむよう自分に強いたのであり、それが見せかけの妊娠の原因だといった。祓魔祈禱をすると、院長は二時間かかってその体液を吐いた。これには高貴の人人、とりわけニームの司教が証人である。》

シュラン神父が、女院長の体から最初に追い出すことのできたのはレビアタンだった。レビアタンはポワティエの司教に約束した通り、院長の額に赤い十字架をしるして出て行った。次がバラムだった。それから、一六三六年にイサカロンが院長の手にローマ文字で、だれの目にも明らかな聖なる名マリアを残して去った。その字は、聖ヨセフの名のより小さい文字とともに深く肉に彫り込まれていた。そして最後にベヘモトは、さらに抵抗を続けたあげく、一六三七年一〇月一五日になってやっと患者を離れた。それ以後ルーダンではすべてが秩序を取り戻し、シュラン神父と修道院長は、この苦しかった解放を主に感謝するために、相たずさえて聖フランソワ・

ド・サルの墓へ巡礼に旅立ったのだった。

13　降霊術、死者の呼寄せ

これまで私は、人間と悪霊との関係に限って妖術の施術を見てきた。しかし、悪魔を呼び寄せると自負する妖術師の他に、遠慮なく故人の永遠の眠りを妨げる降霊術を行なう妖術師がいた。死者に向って、他界に滞在した間に学んだにちがいない未来の秘密を明かしに墓から出て来るよう命じるのである。

この方がはるかに恐しいことだった。悪魔を見ることなどさして怖いことではなかった。好奇心は強烈な刺戟を受けると、満足するためには何も不安を感じない。しかし、死者が現れるのを見るということには、それじい何か不吉なものがある。そこではエッチングははてしなく暗く、演出はどうしても不気味になり、どんな豪胆な者でも身震いを禁じえない。そこで、この章では闇の深淵にもう少し深く下ってみよう。そこは、人間の知性が何世紀にもわたって好んで探険を試みようとし、今もって足を踏み入れることを諦めないところなのである。

尊敬すべき女占い師魔女エンドルは、前の章で触れたように、魔女中最初のかつ最も有名な魔女、わが中世の魔女たちの祖先、母、模型、原型、典型であるが、また女降霊術師でもあった。彼女の特技は死者を出現させることだった。なにしろ、苦もなく預言者サムエルを墓から引き出したのである。預言者でありながら、彼はこの悪魔的な女の闇の力を逃れる術を持たなかった。この聖書の情景は、われわれの先祖の想像力をひどくかきたてたものの、芸術家の創作意欲にはほとんど働きかけなかった。ブリューゲルもカロも彼らの軽妙な構想力でその冷えびえとした恐怖を描きだすことはできなかった。一八世紀にわずかな作例があるにすぎず、美文調の旧い悲劇は、資料が欠けていることをおおいかくせなかった。

アウグスブルクの図案家ヨーハン・ハインリッヒ・シェーンフェルトはサムエルの呼寄せを版画にしている（図版141）。彫版はガブリエル・エヒンガーである。墓所の一角でやせ細った魔女が、左手にたいまつを右手にクマツヅラの枝を持って立っている。たいまつはその不気味な光で場面全体を照らし、枝の先が円のあちこちに触れる。円の上には、表象の文字が記されている。ざっとなぞっただけのため判読はできないが、悪魔を呼び寄せるための円に記される呪符と非常によく似ていることは察しがつく。ミミズク、ヒキガエル、蛇が自由に牛の頭蓋骨の近くを散歩している。サウルは戦の装具の重みに身をたわめながら、不思議な力で石の持ち上がった墓からそろそろと身を起こすサムエルの前にひれ伏す。地位の低い魔女たちが駆け寄って上部の石棺の上にまたがり、この光景を興味深く見つめている。一方、サムエルが現れた深淵の闇の中には、角の生えた悪魔の嘲けるような顔がのぞく。この施術においても他の場合のように、地獄の助手たちの強力な助けが必要とされるのである。

140　死者を墓から掘り出す妖術師
グアッツォー神父『悪行要論』ミラノ，1626年

中世には、降霊術が非常に熱心に行なわれた。それは死者を呼び出すことであり、死者がそれに同意しない場合には、明確には限定できない施術をしながら死骸を掘り出して検査をすることであった。スペ

インでは、セビリアで、トレドで、サラマンカで、イサベラ・ラ・カトリックが塞がせたいくつかの深い洞窟の中で、この降霊術が教えられた。魔女はそこで人間の肉を食べると訴えられてさえいた。グアッツォー神父は、その有名な『悪行要論』の中にこの術のやり方を大変よく示す画を載せている（図版140）。前景で、妖術師が二人、屍衣をまとった死者を墓穴の平穏から引き出している。その背後では、四人の魔女が食卓の上の別の死骸を切り刻み、前に図版31、45、46、50ですでに見たあの恐しい食事に夢中である。奥の方では大男の妖術師が、死の饗宴に持って行こうと、絞首台の丸太にぶら下っている死体の綱を切っている。サリカ法のあの解釈の難しい名高い条項四七章第三条《もし魔女が「人間を食べ」、それを証明できるならば、八（千）デナリ、すなわち（金貨）二百スーの罰金を科す》は、明らかにこの種の集会についていっているものとすべきである。また、《卑賤な者たちが、夜中に死者について歌う慣わしのある悪魔の歌》が問題の、レギノン・デ・プルム（『聖会の教えとキリスト教について』）の例の条文にも見合うものだ。

降霊術に関する版画で私が知っている最も面白いものは、シブリーの図案によってエイムズが彫った一八世紀のイギリスの版画である。これには《エドワード・ケリー、死者の招霊術における呪術師》という説明がついている。この版画は匿名の画師の手で立派に彫りなおされ、マティウ・ジラルドの『妖術師たちの興味深く面白い物語』（一八四六年、パリ）の口絵として用いられた（図版142）。この画は空想ではなく、歴史的事実にもとづいている。妖術師が二人、一人の死者を呼び寄せたところだ。施術は大成功で、ある墓の前に体を屍衣に包み頭に布を巻いた死人がすっくと立ち現れている。妖術師の一人は、エリザベス女王の占星術師、錬金術師、数学者、地理学者である著名なジョン・ディー博士であり、もう一人はエドワード・ケリーである。この男は詐欺で訴えられたりした奇妙な人物だが、霊媒であったことは確かで、ジョン・ディーに相当の影響力を及ぼしていたようで

141 女占い師エンドルによる預言者サムエルの呼寄せ
ヨーハン・ハインリッヒ・シェーンフェルト，17世紀（著者所蔵）

ある。呼寄せをやった妖術師は、杖と本とを持つケリーその人である。ジョン・ディーはすべてに文句なく彼よりは学殖ゆたかだが、ケリーほど大胆ではなくイニシアティブに欠けていて、自分たちを照らすたいまつ持ちに甘んじ、結果に恐れをなしているようである。一方ケリーはそれほど動揺したようには見受けられず、取り乱していない。彼らが入っている円は、図版73から79に示したものに酷似している。十字架と錨に飾られたEO、ラファエル、ラエル、ミラトン、タミエル、レックス（王）の語が明瞭に読みとれる。つまり、死者の呼寄せは悪魔の呼寄せとまったく同様に行なわれ、悪魔につけた名を死んだ人の名前に変えただけのことであるのが分る。

この呼寄せが、ジョン・ディーの生涯のいつ頃のことであったかを明らかにすることはむずかしい。この学者は、一六世紀には珍しいもの、次の世紀にもやはり稀であった生活の内密をつづる《日記》を断片的に残しているが、彼がこの冒険についてふれたことがあったとは思われない。が、彼がクラコフとプラハの都市で、悪魔の呼寄せをやったことは確かだ。彼はエドワード・ケリーを伴って行き、この呼寄せに関するこまごました話を『ジョン・ディー博士と若干の精霊との間に多年にわたって起きたこととの真実にして忠実な物語』（一六五九年）という著書にまとめあげた（私はその主要部分を私の『隠秘学選集』の中に訳出しておいた）。しかし、死者の呼寄せは問題にされていない。それに呼出しの行なわれた場所は、テューダー朝風に建てたツタにおおわれた教会とそのローマン的な背景からみて、明らかにイギリスの墓地である。したがって、この死者相手の冒険がなされたのは一五八二年の終り頃で、ジョン・ディーとエドワード・ケリーの関係の始まった時期、つまり二人ともロンドンにいたときとしなければならない。一五八九年にプラハから帰って後は、ジョン・ディーはもうケリーとは一度も会わなかったようである。

死者呼寄せのかなり奇妙でかなり珍しい方法が、パリのアルスナル図書館の写本に遺されている。これは読者

142 イギリスの墓地で死者を出現させるジョン・ディー博士とエドワード・ケリー
マティウ・ジラルド『妖術師たちの興味深く面白い物語』パリ，1846年

の方々に特におすすめできる貴重な方法と思われる。写本三〇〇九番『ギラルディウスの小さい光の小冊子、自然の驚くべき秘密について』（主の年一七三〇年）を開いていただきたい。この著書の表題はラテン語だが、中の文章は非常にはっきりした正しいフランス語であり、その筆跡もたいへん読み易い。六頁とそれに続く頁に「魔法の鈴とその使い方」という面白い章がある。いいかえると「ギラルディウスの降霊術の鈴」ということだが、この不可欠の道具を持てば、読者でもジョン・ディー博士より容易に他界と交流することができることだろう。

この写本は問題の《降霊術の鈴》とはどのようなものであるべきかを図示している（図版143）。鈴には、下のほうに口にすべからざる名の聖四文字、その上側に七惑星の記号、そしてアドナイの語、吊環の部分にイエスと記されている。周りには円内に惑星の七霊の名前が並ぶ。これを使って施術をするのである。土星の精はアラトロン、木星の精がベトール、火星の精ファレグ、太陽の精オク、金星がハギス、水星がオフィエル、そして月がフエルだ。次の頁に正装の施術者が描かれている（図版144）。彼は右手に惑星の七つの記号を書いた羊皮紙を、左手に鈴を持っている。

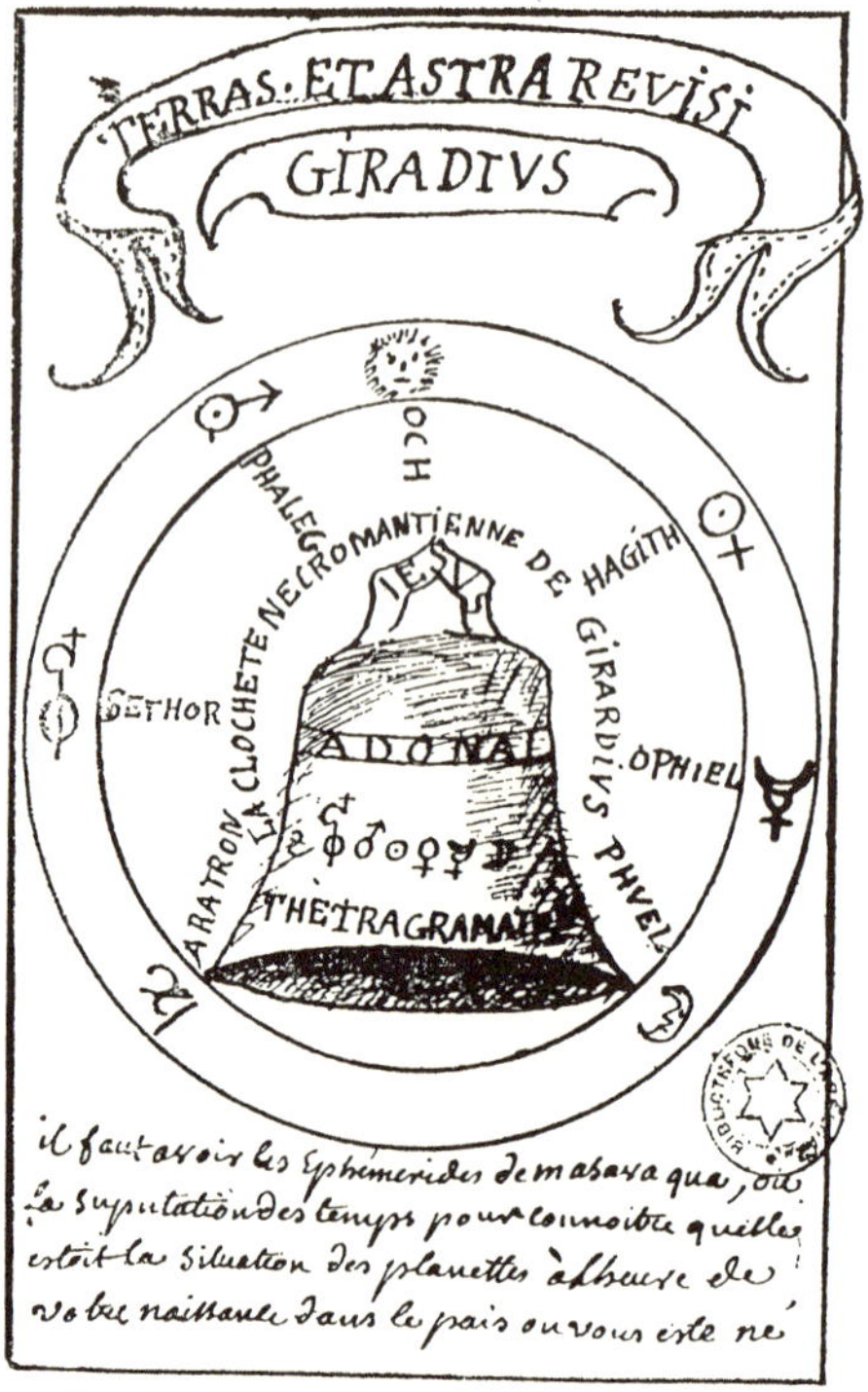

143 ギラルディウスの《降霊術師》の鈴
アルスナル図書館，写本3009番，18世紀

鈴は、この資料によれば鉛、錫、鉄、金、銅、不揮発性水銀、銀の合金でなければならない。これらの金属は《神秘の鈴と合一し交感を持ちたいと願う人物の誕生の日と時間に》一緒に溶解されねばならない。そして、《把手にアドナイの名、その裏面にイエスと記し、厚みの部分か下方の環に聖四文字の名を入れ、二つの環の間に七惑星を彫り、把手と上方の環の間にこれを用いるはずの人間の誕生日を》書かなければならない。

それから、《鈴を緑色のタフタの布に包み、大いなる神秘を行なう人物がそれを墓地の墓穴の真中に置くだけの自由と便宜を得るまで、そのままにしてとっておく。穴の中の鈴はそのまま七日の間放置する。鈴が墓の土にくるまれているうちに、感化力と交感力とが鈴に必要な性質の影響に加わり、以後は鈴を離れることなく、こうして得られた永久に続く特質と力とで、鈴を振れば鈴が目的を達成させてくれるのである。》

144　ギラルディウスの《降霊術の鈴》の使用法
アルスナル図書館，写本3009番，18世紀

しかし、降霊術のこれらの手続はどれも今日ではだいたいかえりみられなくなった。墓地に呪術の円を描きに行くのは、ましてや鈴を墓穴に埋めるのはだれにでもできることではない。何となく野蛮で薄気味の悪いこれら過ぎし時代のやり方は、一九世紀中頃に、上品で、容易で実際的で、快適な死者との交流方法、われわれの文明

の洗練された風習にふさわしい真の方法が発見されるとともに消滅した。もう墓地へ出掛けて行く必要はない。自分の家で、火を囲み、家族そろって静かにしていればよいからである。

わが国では、交霊術が、うまく魔女降霊術にとって代わった。古代の三脚床几はこっくりに入れ代わった。このサロンの降霊術は世界の各地でよく知られ、よく試みられているので、とくに説明することもないと思う。

この降霊術が生れたのは一九世紀前半だが、またたく間に次から次へと広まった。人々は、死者を呼び寄せ、およそ勝手な質問をして、答えさせては喜んだ。そして死者は語ったのだ。この術特有の巧みなアルファベットを使って答えたのである。それは、回転テーブルを神秘的に叩いて綴られて行く。

しかし、この初歩的な方法はじきに修正された。L・ド・ギュルダンステュベ男爵が、死者に紙の上に置いた鉛筆で直接に字を書かせることを思いついたのだという。鉛筆は目に見えない力に動かされて自然に動き出していた。彼は自分の方法の成果を、現在では非常に珍しくなった本『実証的実験的霊物学——霊の実態と明示された彼らの直筆の見事な現象』(一八五七年、パリ)に著した。

そして彼は自分でこれをすばらしいこと、人間の歴史においてかならずや一時期を画する事件だと述べている。《すばらしい発見がなされた。一八五六年八月一三日、この日に最初の一連の実験が成功した。霊がどのような媒介もなしに直接に記した超自然の筆跡の実験である。霊媒も何か他の物も介在していないのだ。ここに実地証人の何人かの名前をあげる。そのうちほとんどの者が数度の実験に立ち会っている。ベルリンの美しい画廊の主人、ラヴネ氏、モスクワのレオニード・ガリツィン殿下、S・メチェスキー殿下、高名なリングの弟子で現在ロンドンにいるジョルジ博士、トゥシェフ大佐、パリのブーヴロン博士、シュマン・ド・ヴェルサイユ通り四三番地に住むパリの著名な芸術家キオルベ氏、パリのコルマン大佐、ヴォワ＝レッス男爵、ボリス・デュクスクル男爵である。実験の多くはルーヴル美術館の古代美術の部屋、サン＝ドニ大聖堂、パリのいくつかの教会と墓地、そして筆者の家で行なわれた。私の家はシュマン・ド・ヴェルサイユ通り七四番地にあるが、ここで一八五六年八月一三日に最初の現象が確認されたのである。》

この最初の現象は名前の分らない霊によるもので、その結果は形を成さない書体だったが、それでも実験を続けるよう著者を勇気づけるには十分だった。図版145がそれであり、ド・ギュルダンステュベ氏自身は次のように説明している。

《一八五六年に記された書体。この日は、霊の直筆というすばらしい現象を筆者が初めて確認した永遠に記念すべき日だ。この書体は筆者の家、シャンゼリゼのシュマン・ド・ヴェルサイユ通り七四番地にて、午後三時にある霊がしたためたものである。》ド・ギュルダンステュベ氏は急いで翌日またやってみた。その結果は図版145の通りで、それについて彼は次のように解説する。

《一八五六年八月一四日に同じく筆者の家で書かれた魔法の書体。これは奇蹟的ともいうべき即効の治癒をいくつかもたらした。》

が、これらの名もなき死者たちに質問をするのはあまり意味がない。著者はやがて名のある死者を呼び寄せ、彼らはその呼びかけにただちに答えるのである。皇帝アウグストゥスが、次いでジュリアス・シーザーが墓から出て、ド・ギュルダンステュベ伯爵のアルバムにローマの碑文式文字で署名をしにやって来たのだ！

《八月二六日に得たラテン語の碑文式の書体は、ルーヴル美術館のローマ皇帝の部屋の一隅、アウグストゥスの彫像の側において、ドゥルシュ伯爵の立会いのもとに得られたものだ》(図版145)。

《八月二八日に書かれたラテン語の碑文式書体は、ルーヴル美術館のジュリアス・シーザーの像の側で、ドゥルシュ伯立会いのもとに書かれたものである》（図版145）。

時代がさらにくだって、今の時代に近づくと、わが近代的降霊術師は、アベラールを呼び寄せようと考えた。すると、アベラールは几帳面に答え、神学的文章をしたためた。ギュルダンステュベ氏はその断章を次のように評価する。

《アベラールの署名がある立派な筆跡は、ペール・ラシェーズ墓地にあるこの著名な男の墓の上で、交感を得た霊の（直筆の）推薦のもとに、一八五七年一月二〇日に筆者が手に入れたものだ》（図版146）。その原文の意味は《この同じアダムに似て、蛇により過ちに誘い込まれたわれわれはすべて、罪によって死し、天のアダムによっ

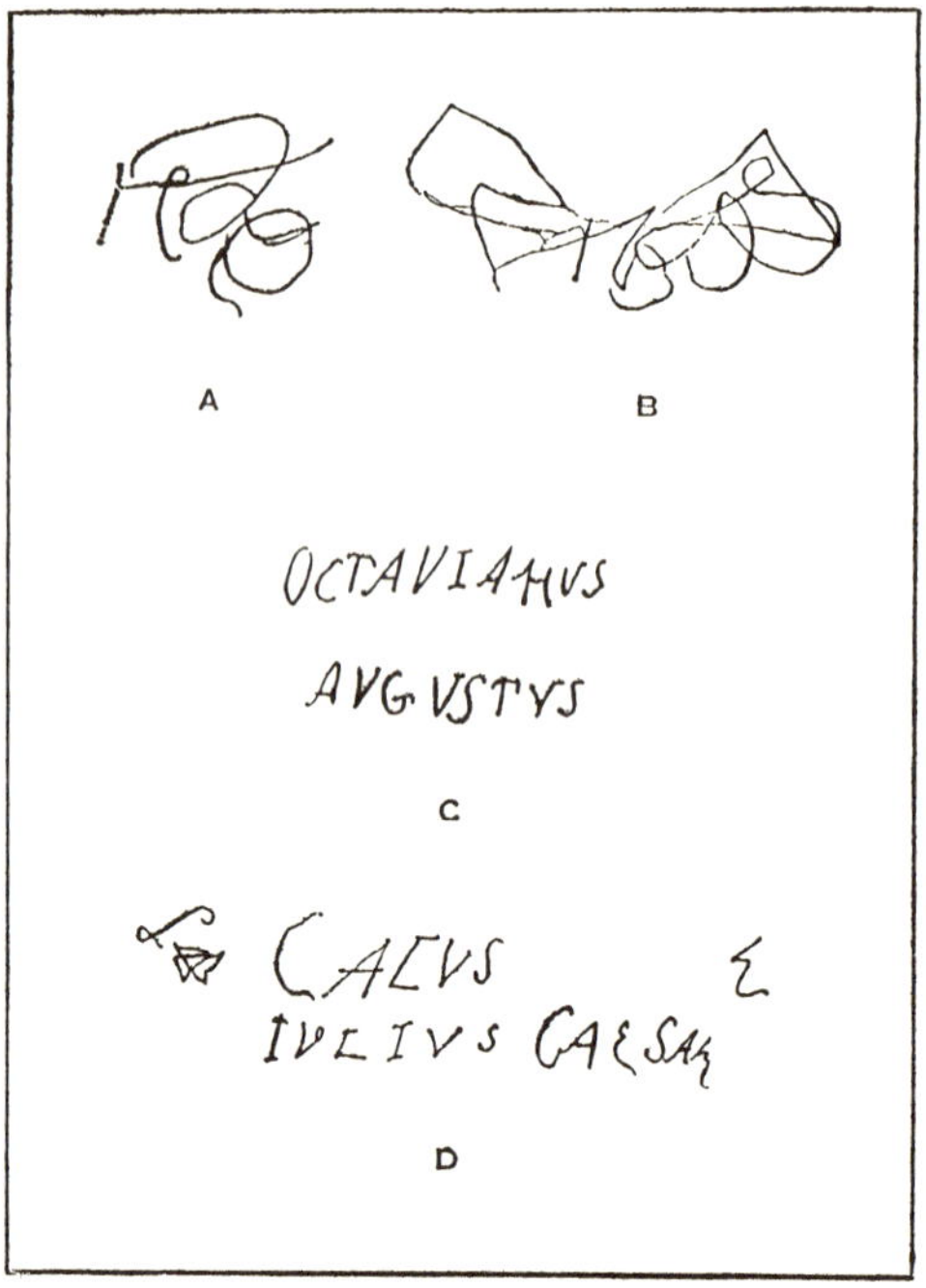

145　A　1856年に得られた他界の筆跡の第一の例
B　他界の筆跡の第二の例
C　降霊術の呼寄せによって得られた皇帝アウグストゥスの筆跡
D　降霊術の呼寄せによって得られたジュリアス・シーザーの筆跡
L．ド・ギュルダンステュベ『実証的実験的霊物学』パリ，1857年

て救いを得て生命の木へ帰る。われわれはそこから恥の木によって遠ざけられていたのだ》である。

アベラールはラテン語で書いた。他に書きようもなかったろう。二度目の Adamo は明らかに Adamum が要求されるが、彼はそのまま繰り返した。ラテン語の間違いだがどうして彼だけを責められよう。七世紀の間ものを書く習慣を失くしていたら、だれでもいとも簡単に「筆の誤り」を起こすだろう。署名以外の書体は一九世紀のものであり下手な小学生の字であるといっていい。ただ署名はオンシアル字体を使おうとしたらしいことが判るが、成功しなかった。まあ、あまりうるさいことはいわないことにしよう。

ド・ギュルダンステュベ氏が、アベラールの墓碑の上にいた間に（墓碑といっても形だけのもので、かの有名な神学者がそこに眠ったことはない）、エロイーズを呼び寄せないわけがなかった。そのエロイーズは《私たちを結んだ愛は、私たちの仕合せのすべてとなった》となぐり書きをした（図版147）。

これにはいささか驚かざるをえない。エロイーズはアベラールと同じように上手にラテン語を話し、書いた。ラテン語は彼女が最も親しんだ言語だった。おそらく稀で

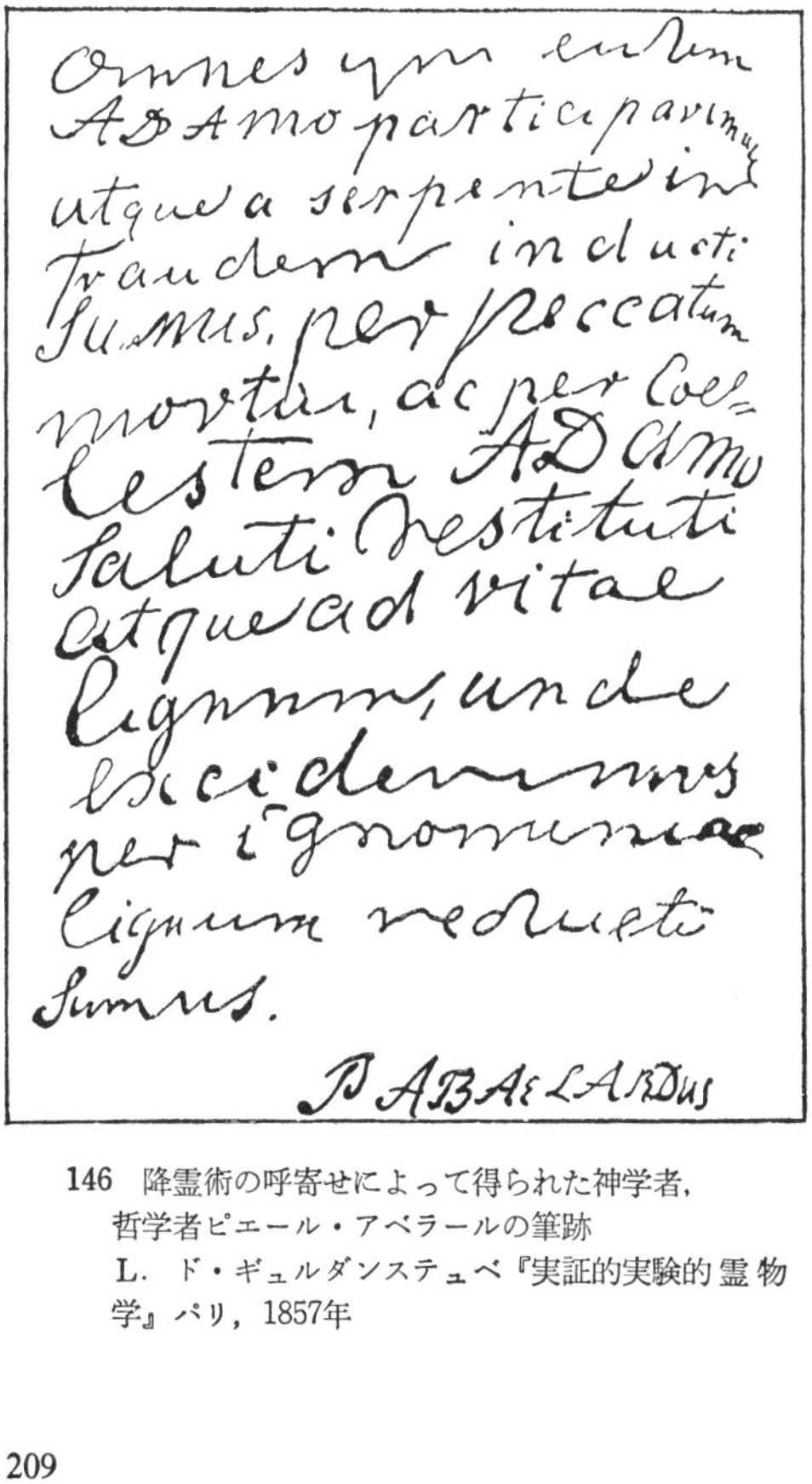
Omnes qui enim
ADAMO participavimus
atque a serpente in
fraudem inducti
sumus, per peccatum
mortui, ac per Coe=
lestem ADAMO
saluti restituti
atque ad vitae
lignum, unde
excidemus
per ignominiae
lignum reducti
sumus.
P. ABAELARDUS

146　降霊術の呼寄せによって得られた神学者，哲学者ピエール・アベラールの筆跡
L．ド・ギュルダンステュベ『実証的実験的霊物学』パリ，1857年

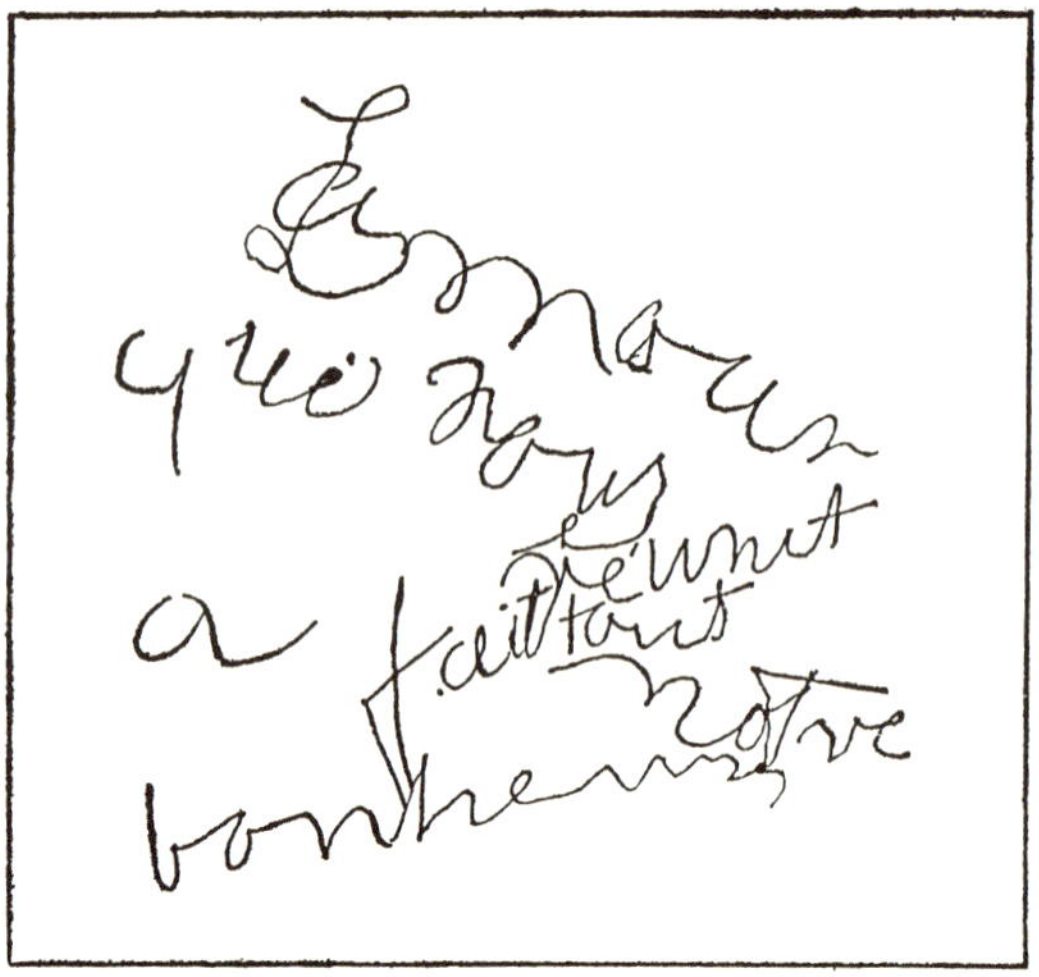

147 降霊術の呼寄せによって得られたエロイーズの筆跡
L．ド・ギュルダンステュベ『実証的実験的霊物学』
パリ，1857年

はあったろうが、彼女が世俗の言葉で自分の考えを説明するような場合でも、ド・スキュデリ嬢と同じ言葉は話さなかった。先の文句は一二世紀のかなたからは、今のフランス語ではなくその時代の古フランス語で表現されるべきだったろう。ところが、アルジャントゥイユの女子大修道院長は、永遠の余暇を楽しむために、フランス語の進化を追い続けて来たというわけである。なんとすばらしいことか。

もし読者が、このような他界の筆跡が本質的にどんな価値を持ちうるのか興味をお持ちなら、次に比較の基準をお示ししておこう。結論はその後でご自分でお考えいただきたい。ド・ギュルダンステュベ男爵は、ド・ラ・ヴァリエール嬢の霊の呼寄せにも成功した。信仰に入り、修道女ルイズ・ド・ラ・ミゼリコルドとなった女性だ。

彼女の書体は、このルイ一四世の有名な愛人が、悔い改めて修道院に閉じこもった時に署名した本物の資料を見れば分る（図版148）。修道女ルイズ・ド・ラ・ミゼリコルドの下に rse. car. ind. とある略語は「いたらぬカルメル会修道女」の意味である。

これこそが、修道院生活の厳粛な謙譲さのうちにも、誇り高く高貴であった一七世紀の貴婦人の記した雅やかで上品な筆跡なのである。

ところで、死後一五〇年して、ギュルダンステュベ氏に呼び寄せられた彼女はどんな書体で署名をしたか。同氏が示すのは図版148の下の文字である。《一八五六年一二月二九日、ヴァル＝ド＝グラース教会にて、ド・コルマン大佐立会いのもとに記された修道女ルイズ・ド・ラ・ミゼリコルドの書体》とある。

これはむざんとしかいいようがない。「空の空」だ。エロイーズが知性を磨き続けていたのとはほど遠く、ド・ラ・ヴァリエール公爵夫人、ボーム＝ル・ブランのフランソワズ＝ルイズは彼女の美しい草書体を失い、大佐の存在にわずらわされでもしたのか、紙の上に図版の三行のような拙い線を引いた。これでは彼女の修道院の受付係の尼僧でも自分の字だとはいわないだろう！

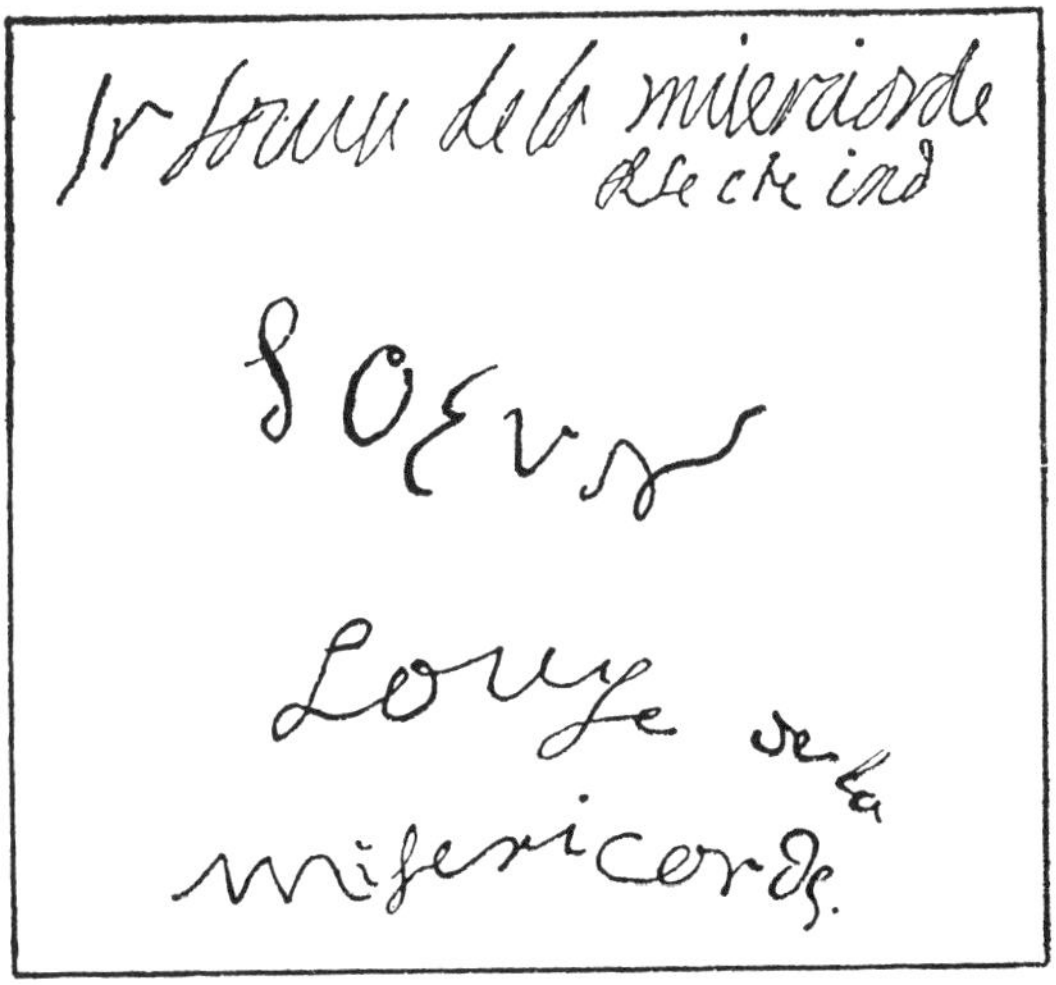

148　上　自筆の手紙にあるド・ラ・ヴァリエール嬢（修道女ルイズ・ド・ラ・ミゼリコルド）の実際の署名（著者所蔵）
下　降霊術の呼寄せによる同人の署名
L．ド・ギュルダンステュベ『実証的実験的霊物学』パリ，1857年

14　呪縛

妖術師たちは、悪魔の夜宴に出掛けたり、悪魔を出現させたり、死者を呼び寄せたりすることだけに専念していたわけではなかった。一部の妖術師が決してこうした闇の業にふけらなかったことはすでにみて来た。しかし、彼らは負けず劣らず恐しい術、《呪《まじな》いをかける》力を発揮していた。そこに彼らの存在理由があったとさえもいえる。呪《ソルティレージュ》いという語から彼らの呼称妖術師《ソルシエ》が出て来ているからだ。

呪いには二つの種類がある。有害なものと有益なものとを区別しなければならない。このことはわれわれが好んで妖術師の《二重の生活》と呼ぶものが何かを考えさせてくれる。田舎にあって、ある家に、ある家族に不幸を引き起こすために嫌われ恐れられる全能の人物、妖術師。しかし一方では、不幸を免れたり、成功を得たりするために、人々はその妖術師に訴えたのである。

自分の利益を思う妖術師はこうして何でも金にした。財源がなくなれば、だれか農民に呪いをかけ、かけられた者はお金を工面しなければ呪いから自由になれなかった。逆に、何か病いが、災害が人々を襲うと、妖術師はほどほどの支払いを受けるだけで禍いから救い出そうと申し出た。ときには、他の妖術師の呪いにかかった者に、その呪いを解いてやろうという妖術師もあった。するとこれは悪魔的人物二人の争いとなり、哀れな呪縛を受けた者がその経費全額を払うことになったのであった。

149　嵐を起こす魔女
オラウス・マグヌス『北方民族史』ローマ，1555年

150　三つの結び目に風を封じ込めた綱を航海士に売る妖術師
オラウス・マグヌス『北方民族史』ローマ，1555年

151 雨を降らせる魔女
ウルリッヒ・モリトール『冷酷な女預言者について』
コンスタンツ，1489年

妖術師や魔女は海上を航行する船を止める方法を知っていた。彼らは風車を止め、乳牛の乳を涸らし、麦の発芽を妨げ、パン屋のパンを黒くし、ブドウ酒を樽の中で凍らせ、愛情で結ばれた人どうしに不和をまき、伝染病を招き、嵐を呼び起こした。反対に、頼まれれば、火事を消し、傷の出血を止め、銃砲の傷から弾を取り出し、飢饉をおさめ、医者が見放した病人を治した。こうしたわけで、彼らの名声は相当なものであった。

妖術師と魔女が、それぞれ求めに応じて嵐を起こしたり波を鎮めたりする力をしげしげと発揮したのは、北方の国の人々、主にもともと海洋国であったスカンジナビアの人々のところでのことだった。ド・ランクルが載せたJ・ツィアルンコの悪魔の夜宴の版画（図版45）では、魔女たちが箒の柄に乗って夜宴を飛びたち、ド・ランクルによれば《海かどこかに嵐や台風を起こしに行った》ことを見た。

オラウス・マグヌスが『北方民族史』（一五五五年、ローマ）に載せた魔女（図版149）は、大鍋の中身を海にあけて恐しい嵐を呼び、船を沈没させている。同書の中に、帆船のへさきに立つ二人の航海士の図がある（図版150）。

彼らは海の中に突出した岩の上に立つ妖術師とかけ合っているところだ。妖術師が手にしている三つの結び目のある綱をいくらで売ってくれるか、というのである。この結び目には風を捉えて封じ込めてある。第一の結び目を解くと、おだやかな西南西の順風が得られ、第二の結び目をほどけば、風をかなり烈しい北風に変えることができる。ひとたび第三の結び目が解かれると、世にも恐しい嵐が起きるのだ。後景では、海中に沈みかけた船の上で、船員が一人心配そうにこの取引のなりゆきを見守っている。

ウルリッヒ・モリトールの版画（図版151）の二人の魔女は何か呪いの最中だ。炎をあげる大鍋の上にニワトリをかざしている。これで雨を降らせようというのである。

雨は、特別の図を描く、ヒキガエルかクモを壜の中に閉じ込める、聖なる呪文を唱えるなど、変ったやり方によっても降らせることができる。アルスナル図書館の写本二三四八番『ヘブライの王、ソロモンの鍵の書——アブラハム・コロルノ訳』の中には約三〇個の一連の星形があり、一二九頁から始まるそれらは次のような表題にまとめられている。すなわち《施術者の便宜と知識のために、聖なる星形の各々の形、色、性格、ヘブライ文字もしくはカルデア文字の説明、ならびに私が習い、知ったその効力の列挙。——アブラハム・コロルノ》である。それらのうち図版154のものを見てみよう。これは地震を起こすことができる。この本にある次の説明はとても簡単だ——《天使の一人一人の力は全宇宙を揺るがすに足るからである》。この星形のてっぺんにまさに《ソロモンの印章》と呼ばれる星形が描かれている。正三角形を二つ組み合わせたもので、一つ

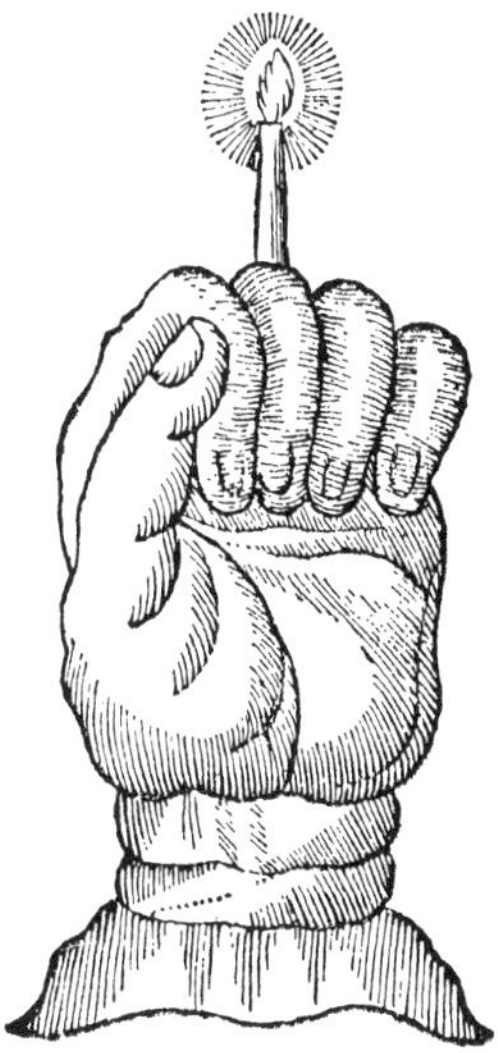

152　栄光の手
『小アルベール』
ケルン，1722年

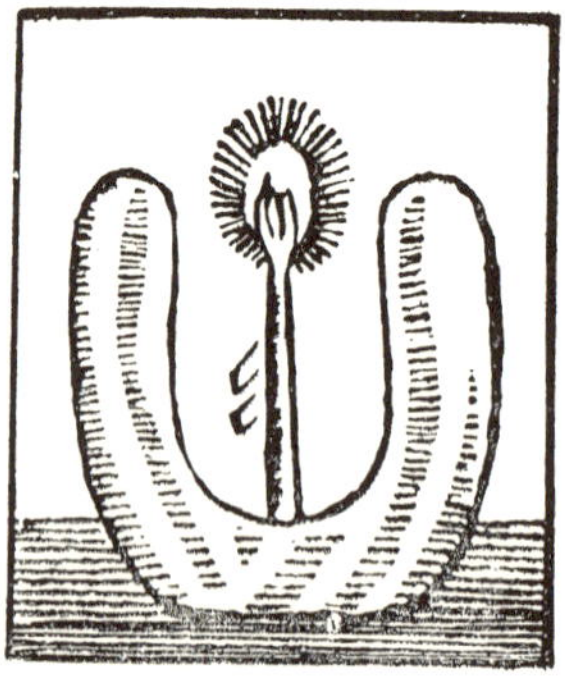

153 不思議のろうそく
『小アルベール』
ケルン，1722年

は底辺を下にもう一つは頂点を下にする。円の周囲にラテン語で詩篇一八章七節からとった文が入っている。これは《そのとき地は揺れ動き、山々のもといは震い動きました。主がお怒りになったからです》という意味だ。円内および円を分ける三角形の中に、ヘブライ文字と《惑星のカバラ的文字》とが集められており、これらは不可視の力に対応するものと考えられるが、はたして読みとれるものかどうか、かなり疑わしい。ともあれ、もちろん新しい羊皮紙に書かれたこの星形は間違いなく効果をあげることであろう。

かつて数世紀にもわたり、非常にもてはやされた呪いは、《栄光の手》と呼ばれるものだった。この手は、先に引用したほとんどどの妖術の場面にも表わされている。魔女が飛び立つ暖炉のかまちの上などがいい例だ（図版32、33、134）。この呪詛の記述が、図版152の画とともに『小アルベールの自然的カバラ的呪術の驚嘆すべき秘密』（一七二二年、ケルン）の中に載っている。だが、この呪詛の準備はあまり愉快なものではない。

この奇妙な小冊子の著者はこう《告白する》。《私自身は一度も「栄光の手」の秘密を経験したことはなかったが、ある悪人どもの最終審に三度臨席する機会があり、彼らが拷問にあって自分たちが犯した盗みに「栄光の手」を用いたと白状するのを目撃した。「栄光の手」を見せると、見せられた者は麻痺して身動きもできなくなる。死んだように微動さえできない。この手はこんな具合に使用されるのだ。作るには次のようにする。つまり絞首刑にあって公道にさらされた死人の右手か左手を取り、柩にかける黒い布でくるみ、そのままよく押しつけ、それを土器の壺に入れる。この中にはツィマ、硝石、塩、唐辛子をいずれも粉末にして一緒に入れる。そのまま二週間おいた後、取り出して土用の陽光に当ててよく乾燥する。太陽の光が十分でない場合には天火に入れて熱を加える。天火にはシダとクマツヅラを使う。それから、首を吊られた人間の脂肪と、蜜房から採ったままの「蜜蠟」、「シザム」、「ポニ」とで一種のろうそくを作る。このろうそくに火をつけて栄光の手を燭台として用いる。こうしてこの不吉な道具は行く先々で、その場の人々を身動きもならなくしてしまうのである。》

このかなり死の影のただよう準備は、ツィマという語が曖昧なために一層難しくなっている。プラニ＝カンピのダヴィドがいうように、これはツィマールで緑青を意味するのか、それともやはり同じ著者のいう通りアラビアの硫酸鉄に相当するツィマックスなのであろうか。ポニの語に至っては何をいいたいのか皆目分らない。しかし、バス＝ノルマンディの方言では、ポニは馬糞を意味し、乾燥すると非常によく燃えるこの物質が妖術師たちの用いた材料であった、ということは多分にありうることである。

だが、「栄光の手」を使いたいと思う読者はいないだろう。それよりはむしろその効力から身を守る方法を知りたいと望まれることと思う。『小アル

154　地震を起こす星形
『ソロモンの鍵』アルスナル図書館，写本2348番

ベール』は惜しむことなくそれを記しているが、とにかくその方法はしごく簡単である。《次のようにすれば「栄光の手」は効力を失い、盗人もそれを使うことができなくなるだろう。黒猫の胆汁と白いメンドリの脂肪とフクロウの血とで作った軟膏を、家の扉の敷居やその他彼らが入って来そうな所へ塗り込んでおくのだ。ただしこの薬物は土用の時期に作ったものでなければならない》という。

妖術師の暖炉の上には、「栄光の手」の脇にかならず灯のついたろうそくが立っている。これが《魔法のろうそくで》(図版153)、その秘密はジロラモ・カルダノに由来する。このろうそくは地中に埋められた財宝を発見させてくれる。『小アルベール』がやはりその貴重な秘密を教えてくれている。

《人間の脂肪で作った太いろうそくを用意する。それを図が示すようにハシバミの木片の中に固定する。このろうそくが、地下で灯をつけたときにパチパチと大きな音をたてて燃えるなら、その場所に財宝があるしるしである。財宝に近づけば近づくほど、ろうそくは勢いよく燃え、すぐそばに達したときに消える。暗闇にとり残されないようにランタンの中に他のろうそくを用意しておかなければならない。財宝の見張り役がたしかに死者の霊だと考えられるときには、普通のろうそくより清めたろうそくを持って行くのがよい。そして彼らに対して神の代わりに、彼らをよき憩いの場所に導くために力になれないものかどうかはっきりいってほしい、と頼むがよい。そして、彼らの願いはかならず果さなければならない。》

牛乳に関する呪いは多い。今日でも田舎ではこうしたことが起きる。

魔女はだれか百姓に害を与えたいと思うと、その男の乳牛の乳を涸らした。哀れな男は他に策もなく、魔女を見つけ出して、金を払い、自分についた呪詛を祓ってほしいと頼むのだった。ジャン・ボダンは『鬼憑狂』(第三巻)で、それでも次のように魔女を懲らしめる方法があると教えている。乳の涸れた牛の乳があったら、それを

155　斧の柄から乳をしぼる魔女
ヨハネス・ガイスラー・フォン・カイザースベルク『アリ』ストラスブール，1517年

鉢に入れて棒でたたきながら沸騰させる。すると、悪魔が同時に魔女を同じように打ちすえ、魔女は仕方なく現れて呪いを解く。ときによると、魔女は青い牛乳を出させることもあった。皮肉なことにこの呪われた乳はきまっていい乳の倍も豊富に出るのだった。

また逆に農家で乳が足りなくなると、有能な魔女は種々雑多な物から乳をしぼる方法を見出した。ごくふつうには斧の柄が用いられた。図版155はドイツの非常に変った著書、ヨハネス・ガイスラー・フォン・カイザースベルク博士の『アリ』(一五一七年、ストラスブール)に入っているもので、一人の年取った魔女が斧の柄から乳をしぼっている。さだめしこの仕事に慣れているのであろう。斧の刃が田舎風の家を支えるつけ柱に突き刺してある。乳はとくとくと桶に流れ、これを見る二人の女のさも嬉しそうな様子がよくうかがわれる。バルコニーの下には、欠くべからざる魔女の大鍋が燃えさかる火の上で湯気をたてている。家畜小屋の中では、骨と皮の牛が、自分の出なくなった乳にかわる思いがけない代用品を見て驚いているようだ。壁にひびの入ったわらぶきの家、屋根ごしにみえる村の昔ながらの小さな教会、このささやかな情景は、私の知るなかでもとくべつまじめな、よく特徴をとらえたものの一つである。

すでに触れたウルリッヒ・モリトールの『冷酷な女預言者について』(一四八九年、コンスタンツ)の中に、また別の田舎の呪いの画がある(図版156)。弓を持った魔女が野原で一人の百姓に出くわし、彼の足に魔法をかけたハシバミの細い棒を射る。百姓は自分の足がおそろしくふくれて来たのを感じて仕方なく靴を脱ぐ。魔女は青緑色の目で、落着いて待っている。百姓が観念して財布をとり出し、そのひもをほどくのを待って、今度は逆に治療の呪いをしようというのに違いない。

呪いの中のあるものは妖術師たちにだけ役に立ち、彼らに大勢の人間の羨む利得を与えていた。バルト海の名だたる妖術師ホラーのように、何でもない木片に乗って波に浮かび海を渡ることのできる者たち(図版157)は、水上滑走艇を先取りしていたということになる。これなど今日でも多くの航海者たちに幸福をもたらすものであろう。残念ながら、この貴重な術策の秘訣は分らない。一方、アルスナル図書館の写本二三五〇番『秘密の秘密』第五章は、さらに貴重かも知れない「不可視」の秘密を遺してくれている。それによって妖術師はその場にいる者たちに気づかれることなく、集会のただ中に現れてみたり、他人の家に立ち入ったりできるのだ。読者も大いに興味をそそられることかと思う。それは次の通りだ。以下の呪文を唱えさえすればいいのである。

《アタル、バテル、ノーテ、イホラム、アセイ、クレイウンギト、ガベリン、セメネイ、メンケノ、バル、ラベネンテン、ネロ、メクラプ、ヘラテロイ、パルキン、ティムジミエル、プレガス、ペネメ、フルオラ、ヘアン、ハ、アラルナ、アヴィラ、アイラ、セイェ、ペレミエス、セネイ、レヴェソ、フエイ、バルカル、アクト、トゥラル、ブカルト、カラティム、慈悲により、死すべき者は行くであろう。人目に触れずに行くことができるというこの業を成しとげるために》。

ここで、もし適当と思ったら、コウモリの血でいくつかの文字を書いて呪いをしてもよい、と写本はいう。しかし、これもそうしたければの話で任意である。大切なことは次の祈りを続けることだ。

写本は、《この原則を十分に知るべきことを銘記せよ》と、つけ加えているがもっともなことである。これら

156　弓の呪い
ウルリッヒ・モリトール『冷酷な女預言者について』
コンスタンツ，1489年

157　呪いによって海を渡る妖術師
オラウス・マグヌス『北方民族史』ローマ，1555年

の祈りはラテン語で唱えなければ効果がないとはことわってない。しかし、それはいうまでもないことだ。われわれをとり囲む隠秘の力に対して、俗語の訳文は何の影響力を持たないだろう。とはいえ、立派な呪文の意味が簡単には理解できない読者もあるかも知れないので、翻訳をしておこう。

《ああ、汝、ポンタシオン！　不可視の主よ！　また汝の主人テネム、ムサク……（主人の名が続く）よ。宇宙を揺るがす者、天と地、知天使と熾天使、聖母を受胎せしめ神であり人間である者により、ポンタシオンおよび不可視界の主たちよ、私は汝にこの試みが完遂するよう祈る。何時なりと私の望むときに姿が見えなくなるように。汝と汝の主たちよ、スタブケスとネカエロム、エセイ、エニトジガ、ベリス、セモネイにより、汝が汝の主たちと共にただちに来りて、汝の知るこの仕事を成就し、この試みが私を不可視とし、何人も私を見ることがないよう、改めて汝に祈る。アーメン！》

いくつかの魔法書によると、コウモリ、黒メンドリ、カエルの心臓を右腕にかかえても、やはり非常にたやすく自分の姿を消すことができる。だが、ギゲスの指環をはめる方がしゃれている。その石を手の内側へ、あるいは外側へ回すだけで、思うように姿を現したり消したりすることができるのだ。この指環は不揮発性水銀で作らねばならない。そこにヤツガシラの巣で見つけた小さな石をつめ込み、周囲に《イエスは通り過ぎて†彼らの真中を†立ち去った》という句を彫り入れる。それを指にはめて鏡に姿を映してみて、姿が見えなければ、指環作りは成功である。

妖術師は、場合によっては他の妖術師がかけた呪いを解くことができ、そのために、たがいに容赦のない争い

158　つながれた妖術師
オラウス・マグヌス『北方民族史』ローマ，1555年

をくりひろげる、ということは前に述べた。力のある妖術師は、力の劣る妖術師の術を完全に無効にしてしまうばかりか、逆に呪いをかけて相手を呪縛することまでできる。オラウス・マグヌスは、その『北方民族史』（一五五五年、ローマ）でいい例をあげている。《東ゴート人のところのヴェーターと呼ばれる湖に、大勢の人々が住む一つの島があった。その島には教区の教会が二つたっていて、その下には洞窟が広がり、中にギルバートなる妖術師がいる。彼は大昔、主人のカティルムを侮辱したために、魔法の力によって主人に負かされ、主人が投げた棒でつながれた。その木の上にはゴティック文字とルーン文字とが刻まれている。今では彼は手足を動かすことができない》（図版158）。この画の妖術師は、説明によるとまた別の妖術師が呪いをかけて彼を解き放つまで、そのままつながれていなければならない。首枷のように彼の四肢を押さえ込んでいる二片の板にルーン文字が彫られているのがはっきり判る。一六世紀には、この洞窟は迷信的な恐怖の的であり、だれもそこに近づこうとする者はいなかった。

15　媚薬と呪殺

呪いの中でも、二種類のものが中世を通じて重要だった。人の心を捉えてはなさない二つの思い、愛と死についての呪いである。まだ科学的に開けていなかった当時にあっては、媚薬と呪殺はいわくいいがたい威力をおびているように思われた。それは悪魔の教会の恐るべき秘蹟であり、だれでもが、知らないうちにいつなんなりと影響をうけることのありうるものであった。

媚薬は中世文学では、武勲詩にも、戯曲や奇蹟劇にもしきりに出て来る。それは強烈な力をもち、仕掛けるのはやさしいが、行きづまった状況では絶大な効果を発揮する。というわけで、ブドウ酒を下地にして薬草や薬品を適当に混ぜ、それを飲んだ男なり女なりに特定の人物への逆らいがたい愛情を懐かせるように調合した飲物を媚薬とよんだ。

トリスタンとイズーの物語では、イズーの母親が王マルクのためにと思っていた媚薬を、トリスタンとイズーがともどもに飲んでしまい、宿命の恋におち、死に至るのである。リヒャルト・ワグナーが『神々の黄昏』の中で用いるのもやはり媚薬である。それによってジークフリートをブリュンヒルデからそむかせ、その心にグートルーネへの愛を呼び覚す。しかし、ワグナーのこの楽劇の悲話の元でありエッダという名で知られているスカンジナビアのサガにはこの話は入っていない。

薬の調合は千差万別だった。ここには、アルスナル図書館の手書本二七九〇番、ピエール・モラの『ゼケルボニ』の方式をあげてみた。

《人に愛されるためには、例えば、ハトの心臓、スズメの肝臓、ツバメの子宮、野ウサギの腎臓を取り、それらをきめの細かい粉にする。それに、媚薬を調合しようとする人間が自分の血を同じく乾燥し粉末にしたものを同量加える。この粉薬を二ないし三ドラクマ愛に誘おうと願う相手に呑ませれば、効果はてきめんであろう。》またほかに非常に好評だった処方は、聖ヨハネ祭の前日に摘んだエミラエ・カンパナーエの根と黄金のリンゴ、それに竜涎香を混ぜてすり潰し、そこに《シェヴァ》と書いた紙片を入れるものだ。

図版159では、古風な感じのいい部屋で裸の若い魔女が媚薬を作っている。この画はロンドンのフェンウィック・コレクションの中にあり、一五世紀中葉のフランドル派の名前のわからない画家が描いたたいへん美しい絵である。魔女は、三脚の腰掛の上においた宝石箱に心臓を押しこみ、片手に持った壜のようなものから一滴一滴液体を落としている。効果はさっそく現れる。うしろから、猟人の身なりをした若い男が戸をなかば開き、運命的な魅惑に抵抗することができずに、幽霊のような足どりで歩み入ろうとしている。明らかに自分の意志は働いていない。これが、魔女がわなにかけようと願った男なのであろう。

うっとりするような情景である。おそらく魔女は自分自身のためにやったのだろう。しかし、媚薬を用いたいと願う者はたいてい自分では調合できず、専門の魔女に頼まなければならなかった。そして、ここにもサタンの世界では珍しくない対照の妙があり、最も年老いて、最も醜く、最も意地の悪い魔女が最もよく効く愛の飲物の作り方を知っているのであった。地獄の事象の巨匠ゴヤはこのことをよく知っていた。マドリッドのプラド美術館にある写実的なフレスコ画が、前の絵ほど快いものではなく、まことに悪魔的な魔女を描出しているのはその

159　媚薬を作る魔女
フランドル派の無名の画家の絵画，15世紀中葉
（フェンウィック・コレクション，ロンドン）

せいだ(図版160)。卑しくゆがめた顔。小さなくぼんだ目は鋭く貪欲で冷笑を浮かべている。彼女はスプーンで媚薬のむかつきそうな飲み薬をかきまぜ、そのかたわらで、どくろ顔の鼻のひしゃげた助手が魔法書の難しい章句をたどたどしく読み上げている。左手は司祭の手つきを風刺して、あざ笑っているのだ。

ところで、愛の呪いはいつもきまって飲み薬とはかぎらなかった。一七世紀と一八世紀にはいわゆる媚薬はあまり用いられなくなった。魅惑したいと願う相手に飲ませることが難しかったからに違いない。そこで、もっと簡単な、そしておそらくずっと効果のある方法が見られるようになる。アルスナル図書館にある一八世紀の写本二三四四番『惑星の七精霊の業』に「愛を得るための魔法の秘法」という項目がある。その数は五〇にも上るが、大部分は難点があり興味がわかない。現代の私たちの感性に逆らわないような、ごくやさしいものを三つだけ引用しておこう。この偉い著者はこういう。

《娘なり人妻なりから愛されたければ、相手の星を占ってやる振りをすることだ。あなたは結婚するだろうか、などとやるのだが、このとき相手に自分の顔を、それも目と目の間をじっと見つめさせなければならない。二人が同じように見つめ合ったら、次の呪文を唱える。「カフェ、カシタ、否カフェラ、娘は皆のもの」こう唱えると、相手を自分の命令に従わせることができ、彼女は何なりと思いのままになるだろう。》

二番目の秘法はもちろんどの季節にでも使えるというものではない。

《愛を得るためには、クマツヅラの汁で両手をこすり、お目当ての男なり女なりにさわる。》

この方法は試してみるだけのことはありそうだが、実際には手近にいつもクマツヅラの汁があるというわけにはいかない。そこでもっとましで簡単な方法をあげておこう。

《相手の(娘の)手に触れながら、ベスタルベルトが女人の内部を誘惑する、と唱える。》

160　媚薬を調合する魔女
ゴヤ，マドリッドのプラド美術館

161　愛のための星形
『ソロモンの鍵』アルスナル図書館，写本2348番

それだけのこと！　こんな簡単な方法があるのに、なにも複雑な飲み薬をさがすてはない。読者諸氏も試みられない法はないと思う。

なお、心惹かれるいとしい人の手に触れることができない男女でも、魔法の術は決して見放したりはしない。アルスナル図書館の写本二三四八番『ソロモンの鍵』は、そのような人々のことを考えて非常に有効な星形を考案した（図版161）。これには《ヴィーナスの霊たちを従わせ、一瞬にしてどのような女性をもかけ寄らせる》、と但書きがついている。この星形は円、半円、十字架、正方形を巧みに組み合わせ、円の周囲に創世記第二章二三節、二四節からとった《これこそ、わたしの骨の骨、わたしの肉の肉、そして二者一体となるであろう》という意味のラテン語の詞が書かれている。また、星形の装飾の中にはヘブライ文字のアルファベットがほとんど全部入っている。

さて、これから述べるのは呪いの中でもおそらく最も恐しいもの、それと目にふれることなく人間の命そのものを狙う呪殺である。それは一六世紀、一七世紀のヨーロッパの宮廷にまで大きな恐怖をひき起こした。この《呪殺《アンヴートマン》》という表現で知られている呪いについて記してみたい。

それには、殺したいと願う人間をかたどった蠟人形を作り、これに傷をつける。この傷が隠秘術の伝達作用によって別の所にいる実の生身の人間にそのまま移り、その人間はこれが因で原因不明の謎の死をとげるのである。ときによっては、人間の心臓の型に長い針を突き通した。これが殺したいと願う敵の心臓を刺すことになった。

この種の呪いに関する図像資料はほとんどない。まったくないといってもいいだろう。それでも先に引用したフランス・フランケンの絵画「魔女集会」（図版33）では、構図の中央にあるテーブルの上に人間の頭蓋骨がのっており、それにナイフの刃が突き刺さっている。明らかに《呪殺》の試みを示すものだ。この場面の主題ではないが、その前になされたことに違いない。しかし、この悪意の施術は一般には頭蓋骨に対してではなく、蠟人形に対して試みられていた。同じ絵の下のほう、中央より少し右よりに謎めいた物が横たわっている。ロの醜く裂けたヒキガエルか、マンドラゴラの根か、まるまると形のよい腕の先についた人のような手が、政見をぶつ政治家の手つきを思わせる。小さい矢が、真中にへそのあるふくれた腹に突き刺さっている。この種の人形を見つけたとき恐怖が人々のあいだに、とくに身分の高い人々のあいだに広がったことは疑いない。

呪殺は占星術師ルッジエリが一六世紀にフランスの宮廷で流行らせたらしい。国立図書館の写本の一つ、デュピュイ・コレクション第五九〇巻二四頁に、カトリーヌ・ド・メディシスの手紙二通の写しがある。パリ最高法院検事長に当てたもので、《一五七四年、国王シャルル九世に対し蠟人形を作製したかどで告発されたフィレンツェ人、コスモ・ルッジエリ》に触れている。王妃の訴えは次の通りだ。

《検事長殿、昨夕、貴殿の名代のお話によれば、コスモが蠟人形を作ってその頭を何度か殴ったが、その人形は王に刃向かうためのものであったとのこと。コスモは、王が嘔吐したかどうか、まだ血を流しているかどうか、頭痛がするか否かと尋ねました……》

ルッジエリは翌日逮捕された。同じ写本の二六頁に載っている一五七四年四月二六日付の国王顧問官ド・ラ・ギュエル宛の報告には、《ご存知の占い師コスモが捕えられ、宮廷裁判長の手に渡された、と貴殿に一筆するよう王太后が私にお命じになられました》とある。シャルル九世はひと月後の五月三一日に死んだ。不可解な肺病に冒されていたのだった。デル・リオがいうには、王はプロテスタントの妖術師たちに死の呪いをかけられたのであり、彼らは毎日王をかたどった蠟人形を溶かし、その都度王の命はだんだんに衰えていったのだった。

イギリスの宮廷も同じ難儀に見舞われていた。一五六〇年頃、ある朝、枢密院は急いでジョン・ディー博士を呼び出した。リンカーンズ・イン・フィールズで、胸に大きなピンの刺さったエリザベス女王の蠟人形が発見されたのだ。国務卿ウィルソンは占星術師を女王のいるリッチモンドへ伴った。女王は流れの下にある私庭に坐っていた。その横では例によってダッドレーがふんぞり返り、枢密院の諸侯も同席していた。ジョン・ディーは呪いのからくりがどんなものかを説明しなければならなかったが、すっかり動揺してしまった迷信深い女王を安心させるのにひどく骨をおった。

歴史上知られている呪殺のうち最も古いもののなかで、挙げておく必要のある例は、一〇世紀のスコットランド王ダフの事件、一三〇四年トロワの司祭ギシャールによる女王ブランシュ・ド・ナヴァールの事件、そして、一三三三年アルトワのロベール三世がヴァロワ家のフランス王フィリップ六世を亡きものにしようとした事件である。ロベールは偽りの称号を名のり、アルトワ伯爵領に対する権利を主張して証人を買収し偽証させた理由で訴えられていた。だが、国王の前に出頭して告訴に答えることを拒んだ結果、パリ高等法院の判決により、永久追放と全財産没収との刑を宣告された。彼はリエージュ、ナムール、それからイギリスへと亡命し、国王と王妃ジャンヌ・ド・ブルゴーニュ、それに二人の息子ジャンに死の呪いをかけようと謀った。彼はサージュブランという僧侶に懺悔をしていたところ、この僧が彼の秘密を王にもらした。王の不手際な憤りはロベールの憎しみをかりたてるばかりだった。ロベールはイギリス国王エドワード三世に、フランス国王を名のるよう熱心に働きかけた。このほとんど知られていない隠秘術の挿話が百年戦争の直接の、また決定的な原因の一つだったのである。

図版162はガルニエ編『フランス史の人々』からの引用である。一七八八年にモロー・ル・ジュンヌによって板刻された本だが、完全な形で残っているものは珍しい。この版画は、アルトワのロベールが三人の助手と闇の術に没頭しているさまを描いている。モロー・ル・ジュンヌには中世の習慣や衣装など風俗学の知識はいっさいな

162 1333年にヴァロワ家のフィリップ六世に呪詛を試みるアルトワのロベール三世
ガルニエ『フランス史の人々』モロー・ル・ジュンヌ彫版，1778年

かったため、この版画には歴史的な価値はない。一四世紀には人々はこんな風に呪いを行なってはいなかったに違いない。しかし、その時代錯誤が逆に一八世紀には死の呪いがどんな具合に進められたかを十分に示唆している。画師が、当時知られていた資料に従って画題をまとめ上げたからである。画面の左手には召使の一人が人形を作る温めた蠟を入れた器を持って来たところだ。アルトワのロベールは呪う者であり、片方の手に宮廷装束の王の人形を持ち、もう一方の手で握りしめた針を人形に刺そうと構えている。刺す前に彼は呪文を唱える。その文句の載った魔法書を助手の一人が彼の目の前に開いている。別の蠟人形が二つテーブルの上に放り出されたままだ。王妃と王子の人形である。ロベールの肘掛椅子の背にもたれている三人目の助手は、ロベールのやっていることに恐れをなしている様子だ。施術の秘密を宮廷に密告するのはこの男であることが察せられる。

ケンブリッジの博物館には、今日なお一六、一七世紀に人を呪い殺すために用いた針の穴のある蠟人形が残されている。これらが、不吉で凄まじい呪いの、現存する唯一の遺物だと思われる。

16 妖術師の処罰

中世全期を通じて、また一七世紀末に至るまで、そしてドイツ、イタリア、スペインではさらに後までも、妖術師は非難され、迫害され、追跡された。そして、最も重い罰は永劫のうちに科されるものと考えられていた。魔女に約束されていた命数がつきると、悪魔が彼女を捕え、彼女にまことにふさわしい地獄へ連れて行くのをしばしば目撃した、と人々は語るのだった。オラウス・マグヌスの著作『北方民族史』（一五五五年、ローマ）の魔女もその一人である（図版164）。角を生やし、冠をかぶったルシフェル自身が黒い馬にまたがり、魔女の方は、どこまで罪が深いことか、去らねばならない町の上にまだ呪いを投げかけている。町の方では別の魔女が、去って行く魔女がかけていった呪詛の一つを祓っている。

しかし、人々は信仰の力にもかかわらず、悪魔の懲罰には、自分たち自身が加える懲罰ほどの効果があるとは思っていなかった。そこで、永劫の責苦以前に前もってこの世のもっと確かでもっと具体的な苦痛を与える方がはるかに確実だと考え、妖術師と魔女を法廷に召喚し、拷問にかけ、死に追いやった。妖術師たちが悪事を働き、宗教を傷つける醜聞を周囲にまきちらすことを恐れたわけだが、それにもまして聖書の冷酷峻厳な掟に従うためであった。出エジプト記第二二章一八節には、《魔法使の女は、これを生かしておいてはならない》と記されているではないか。

ヨーロッパの法律が初め妖術師に科した処罰は、実のところモーセの掟よりもずっと穏やかなものであった。先に、サリカ法では《人間を食べた》魔女は金貨二〇〇スーを支払えば許されるとあることを述べた。同じ法の六七章一条は以下のように定めている。《人を魔女もしくはいかがわしい女を持っている者つまり魔女もしくは吸血鬼を招く者つまり妖術師と呼ぶか、その者が魔女の集まる所へ大鍋を運んだと告発した場合、その証拠を提出することができないならば、原告は五〇ドゥニエの倍の科料とする。これは金貨六二・五スーである》と。

しかし、この法は証拠のある場合にどうすべきかはいっていない。中傷者には厳しいが、実際に大鍋を運んだ者のことは忘れているらしい点によく注意する必要がある。

ともかく、三六四年のラオデキアや六九七年ベルガムステッドの例にも見られるように、宗教会議は妖術師を教会から追放するか、罰金を科してこと足れりとしていた。中世の一般裁判所の判事たちが妖術師に対して法外な厳しさでのぞんだようすもない。一三〇三年に、トロワの司祭ギシャールは彼が願うときに自由に呼び寄せていた悪魔の息子だと訴えられたが、禁固の刑を受けただけであり、しかも結局は復権を認められた。

妖術師に対する執拗で野蛮な迫害、真の迫害が始まるのは一五世紀に入ってのことであり、それも特にフランスとスペインにおいてであった。ポルトガルが国外追放でよしとしていたのにひき比べ、フランス、とりわけアルトワでは、尋問をし、拷問にかけ、足の裏に火を仕掛け、煮えたぎった油を飲ませるなど妖術師をことさら厳しく扱った。あまりの過酷さに、一四九一年にはパリ高等法院がみずから乗り出して、アラスの判事たちが行なった訴訟をすべて破毀し、判事らを妖術師の財産横領を企図したかどで告訴し、犠牲者に対する賠償として多額の罰金を支払うべしとの判決を下したほどだった。

妖術に対する裁判がしばらくの期間止んだ。人々は寛容になったかのように思われた。しかし、一六世紀、一

164　魔女を奪い去る悪魔
オラウス・マグヌス『北方民族史』ローマ，1555年

七世紀には再び、そしていっそう苛烈な裁判が行なわれるようになる。妖術師と魔女を頑強に追跡した判事の中に、あの有名な《ブルゴーニュ伯爵領の大判事》アンリ・ボゲがいることを指摘しなければならない。彼は一六〇三年にルーアンで『妖術師の憎むべき話――判事のための妖術なるものへの手引』を出版して、さまざまな裁判で自分が妖術師にやった残酷な仕打をあからさまに語っている。フランスの各地の高等法院は彼の『手引』に長いこと一字一句従った。ボゲの死後、彼の家族は、もっともなことながらこれを恥じて、彼の著作の出版物を見つかった分はすべて破棄させた。また同じくらい有名なマルタン・デル・リオは、アルバ公がフランドルで迫害を行なうために設置した《血の裁判所判事兼死刑執行人》の一人であり、『魔法の議論と研究、および呪術師と妖術師に対する裁判の進め方――聴罪司祭のための案内』(一六一一年、パリ、アンドレ・デュシェーヌ)を著した。

他にも、自分は裁判官ではないが、妖術師に対して容赦のない懲罰を要求して、彼らの迫害に多大の貢献をした著作家がいる。すでに何度か触れたド・ランクルしかり、哲学者ジャン・ボダンしかりである。ジャン・ボダンは『国家論』という名著を書いた後、一五八二年に『妖術師の鬼憑狂』を公にしてその名を汚した。しかし、神学者たちは彼らを援護した。著者がはっきりしない『魔女に与える鉄槌』、クレスペ神父の『サタンの憎悪についての二冊の本』、グアッツォー神父の『悪行要論』もその類いである。

イギリスではヘンリー八世とエリザベス女王が非常に厳しく妖術師を追跡したし、陰険なジェームズ一世は国王みずからわざわざ『魔神論、すなわち呪術または魔法に対する教え――最も平静にして強力なる第一人者ヤコボ師、神の恩寵によりイギリス、スコットランド、スペイン、フランスの王、信仰の擁護者これを著す』(一六〇四年、ハノーヴァー)をしたためた。これは三部からなるフィロマトゥスとエピステモンとの対話で、後者が王の意見を表わしており、悪魔、妖術、占いに関するあらゆる問題がきわめて冷徹な頑迷さをもってこと細かに検討されている。王はエピステモンの名のもとに対話を進めつつ、妖術師に対して情け容赦のない態度を貫く。第三巻六章の初めに次のようなやりとりがある。

フィロマトゥス――それではもう日も暮れるようだから、話を切り上げるとして、妖術師や呪術師がそのような者たちならば、彼らにはどんな罰がふさわしいと思うか。君はどちらにも同じ程度に罪があると考えているようだが。

エピステモン(ジェームズ一世)――妖術師も呪術師同様に死刑に処すべきだ。ただし神の法、市民法および帝国の法、そしてキリスト教民族おのおのの法、いずれの民族なりとかまわない、とにかく法にもとづいて行なうのだ。

フィロマトゥス――だが、君の考えでは、一体どんな死刑が妥当なのか。教えてほしい。

エピステモン――最も多い例は火あぶりの刑だ。しかし、それはどうでもいいことだ。それぞれの国で通用している法や習慣に準じた死刑の種類によればよい。

フィロマトゥス――男性女性によって例外なり特例なりをもうけるべきだと思うか。老若、身分、爵位、地位、貴賤の別ではいかがなものだろう。

エピステモン――いかなる例外も認めるべきではないと私は考えている。司法官の前では、どんな情状酌量もなされるべきではないからだ。それに、呪術は偶像崇拝の最たるものゆえ、この罪を犯した者はすべて主の掟に従って、一切例外なく罰せられるべきだ。

163 ヤン・ヴィールの肖像
クレーヴ公の侍医，1515–1588年，16世紀の版画

ここで、有名な医師ヤン・ヴィールについて特筆しておこう。彼は一五一五年ブラバント地方のクレーベに生れ、一五八八年に没した。先に記した地獄の悪魔の正確な調査は彼によるものである。この著述家は版画の肖像（図版163）から察するに、律義な人間であったようだ。たいして聡明ではなかったかもしれないが、真面目で正直で、物事を系統立てて

検討する能力をそなえ、その眼差しにうかがわれるある種の憐憫の情に恵まれていただろう。彼は『悪魔の欺瞞についての五つの書』(一五六九年、パリ)を書いた。その意図は、妖術師だと訴えられる者がみな妖術師とは限らず、その多くは病人にすぎない、したがって残酷な懲らしめは不当である、ということを人々に論証することだった。この善き人物のおかげで、当時の妖術師の拷問はかなりの数減少したもようである。

一七世紀フランスの大妖術裁判には、修道女マドレーヌ・ド・マンドールに魔法をかけたとして告訴された、プロヴァンスの司祭ゴフルディの裁判がある。彼は自分が行った悪魔の夜宴の模様を語った後、エクスにて一六一一年生きたまま火あぶりになった。ついでルーダンの司祭ユルバン・グランディエの裁判があったが、彼の自筆の契約書(図版86)についてはすでに述べた。

しかし、これらの立役者のかたわら、どこのだれとも知れぬ端役がいく人同じ運命に苦しんだことか！　フランスのどの地方の古文書館にも妖術裁判の厖大な記録が残されているが、告発された人々にとって裁判はすべて悲劇的な結末をたどった。カタンの妻は一六四〇年フランシュ＝コンテで生きながら火あぶりになった、悪魔の夜宴に行ったと告白したからである。アベル・ド・ラ・リュは、スパニエル犬と契約を交わし隣近所の男たちをその呪いによって萎えさせたため、一五八二年クーロミエにおいて絞首刑となった。レオナルド・シャトネは八〇歳でポワトゥにて一五九一年生きながら火あぶりの刑に処せられた。穀物に呪いをかけ、夜宴に出掛けては、悪魔を情夫にしたと白状したのである。マドレーヌ＝ミシェル・ショードロンは吊されて絞殺された上火あぶりになった。一六五二年、ジュネーブでのことだ。娘たちに魔法をかけ、その体に《悪魔の印》を捺したからである。一六世紀にはイタリアの神父ベネデット・ベンダがやはり八〇歳で火刑になっている。四〇年間自分の家にヘルメリネという名の女の悪魔をおいていてどこへ行くにも連れ歩いた——だれもその女悪魔の姿は見たことは

165 魔女アンネ・ヘンドリックまたはハインリッヒの火刑――1571年アムステルダムにて
ヤン・ライケンの版画，17世紀

なかったが――と告白したためであった。ベルトメ・デュ・リニョン、通称シャンパニャは夜宴に出たかどで一五九九年モンモリオンにて火刑、ルネとマテュラン・ボンヌヴォも同じく同時に火刑になった。この二人は天火で蛇とヒキガエルを乾燥し、それで呪いをかけていたのだ。グイユのフランソワズ・ボスは一六〇五年グイユで首吊りの上火あぶり、一年のあいだ悪魔と暮したのである。フランソワズ・スクレタンはフランシュ＝コンテのサン＝クロードにおいて、ボゲの命令で火刑、悪魔を情夫にしたかどであった。

一一歳で火あぶりに処せられたカトリーヌ・ナギィユという最も若い魔女についてはド・ランクルが短い話を残しているが、彼女も含めて、名前の分っている受刑者をすべてあげれば、優に数百という数に達しよう。

オランダでは、医師ヤン・ヴィールが魔女たちを薪の山から救おうと苦労したものの、このプロテスタントの国においても、彼の努力が実を結んだかどうかはどちらかといえば疑わしく、人々は悪魔崇拝に対する拷問の手をゆるめはしなかった。ヤン・ライケンの恐しい版画集の中に魔女の拷問を描出した版画が数枚あり、図版165はその一枚である。妖術の罪で一五七一年にアムステルダムで火あぶりになったアンネ・ヘンドリックまたはハインリッヒを描いたものだ。

166　子供らに笞打たれる妖術師
アブラハム・パーリンク『魔術のはぎとられた仮面』
アムステルダム，1725年

167　妖術師に加えられたやっとこの拷問
アブラハム・パーリンク『魔術のはぎとられた仮面』
アムステルダム，1725年

この資料は、現代からまだそれほど遠くないある時代に、悲しいことにこんな野蛮な風習が見られた事実を示している。その胸に迫る描写にはアムステルダムの死刑執行人が薪をたっぷりと山積みせずに魔女を火あぶりにしていた原始的な方法が見られる。罪人を梯子に縛りつけ、その梯子を屈強な死刑執行人が、十分に燃え上がった火の上にひっくり返すのである。このやり方は同じように残酷でありながら、咎を受けた者が昇りつめねばならなかった立派な薪の山ほどの演出効果は大衆に与えなかった。それでも、背後で拳を腰にあて、ボリヴァール帽を挑発的にはすにかぶった傲慢な態度の判事は、この拷問のやり方に満足気である。この方法は申し分なく敬

168 首輪の責苦にあう妖術師
アブラハム・パーリンク『魔術のはぎとられた仮面』
アムステルダム，1725年

169 責苦で息絶えた妖術師
アブラハム・パーリンク『魔術のはぎとられた仮面』
アムステルダム，1725年

意を表するに足り、教訓になり、愛国的なものであって、何ら変えるには及ばない、といっているかのようだ。

アブラハム・パーリンク『魔術のはぎとられた仮面』（一七二五年、アムステルダム）からはすでに何枚もの例を引いたが、この本はまたオランダにおける魔女拷問についても余すところなくわれわれに教えてくれる。第一に鞭の体刑である（図版166）。これは子供たちの役目であった。腕を磨いていつの日か死刑執行人になるための修練であった。これは、それでも鉄の大釘のついたやっとこを使う拷問（図版167）で《尋問》と称される儀式の一部であった体刑に比べればゆるやかなものであった。執行人の凶悪な顔、執行をとりしきる委員の生真面目なさまを見るがよい。そしてこれが、デカルトが世界で最も居心地のよい都市であるとほめそやしたそのアムステルダムでの出来事であったことを、考えてみる必要がある。

首輪の責苦（図版168）は、やはり釘をとりつけた用具で苦しめる。部屋の四隅から張った綱で首輪を支え、受刑者の足下では炭火がじりじりと燃えている。妖術師が息絶えることもあった（図版169）。そうなれば作業は終り、判事と役人たちは、執行人に死体を渡し、生きているかのように火あぶりの刑に処するよう命じて、食事に急いだのだった。

スペインとイタリアでは、裁判所につきだされた妖術師たちは法衣とカロカと呼ばれる司教冠という特別の装束をまとわされた。ベルナール・ピカールの版画に、ここにあげた二枚の画がある。一枚（図版170）は、宗教裁判所によって生きながらの火刑を宣告された魔女であり、その法衣と冠の上には地獄の火をかきたてる悪魔が描かれ、彼女を待つ責苦が燃えさかる炭火の上の女の顔で示されている。もう一枚（図版171）の方の魔女は責苦を免れることに成功した。彼女は《自分の過ちを告白して火刑台を逃れ》た、と版画の説明はいう。したがって彼女の法衣には、妖術を決定的に放棄して主と和解したしるしとして、聖霊の炎だけが描かれている。

171　過ちを告白して火刑を逃れた魔女
ベルナール・ピカールの版画，18世紀

170　宗教裁判で生きながらの火刑を宣告された魔女
ベルナール・ピカールの版画，18世紀

外観から判断してよいなら、魔女が最も多かったのはドイツのバンベルク地方だった。なぜなら、この都市はなかなかの凝り性で、魔女たちを裁くための家、魔女の家または罪人の家を建設しているからである。私の知る限りでは、これは他のどの地方にも見られないことだった。一六二七年にドルンハイムのゲオルゲ二世フックスの切望によって建てられたこの家は、その後すっかり取り壊されたが、装飾の一部分がバンベルクのエーブラッヘル・ホーフに保存されている。当時この家はすばらしい出来映えとみなされ、すぐに版画が作られてその一部が皇帝に送られた。皇帝はいたく喜ばれた。現存するものはきわめて少ないが、バンベルクの国立図書館に一部、ニュルンベルクの城の五角塔の中に設けられた拷問展示館に一部残っている。

その貴重な資料をここに集録しておこう（図版172）。これには等角投像の図と縮尺を示した

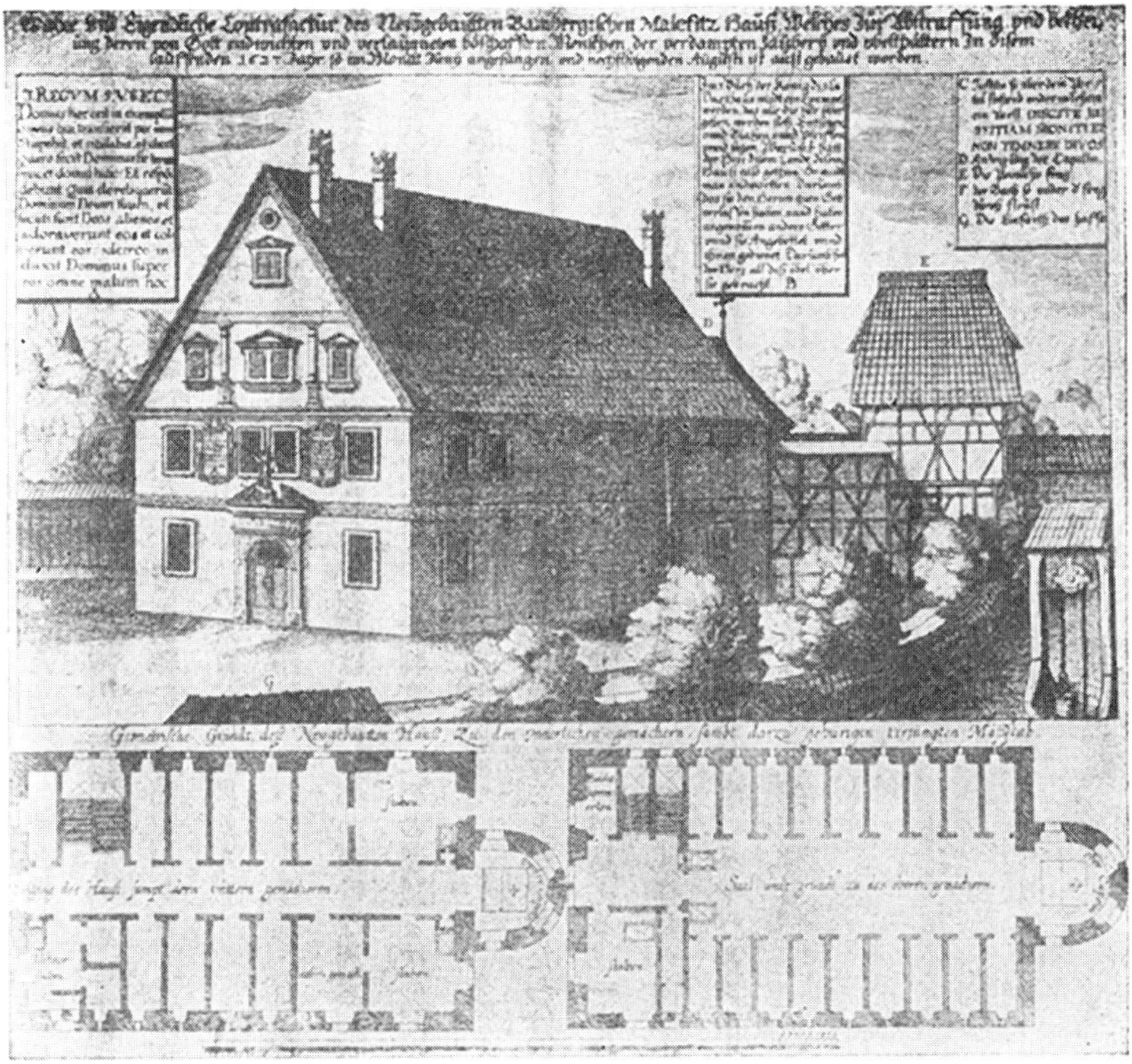

172　バンベルクの魔女の家
バンベルク図書館保管の版画，17世紀

図面と説明文とが入っている。正面入口の扉の上部にウェルギリウスの詩句からとった銘が刻まれている。いいフランス語にはならないが、《正義を学べ、学んだ後に神々を侮らぬことを学べ！》とでも訳すのだろう。さらに上の方に二つの額があり、左側にはラテン語で、右側にはドイツ語で列王紀上、第九章八節九節の言葉が彫られている――《この宮は荒塚となり、そのかたわらを過ぎる者は皆驚き、うそぶいて「なにゆえ、主はこの地と、この宮とにこのようにされたのか」と言うであろう。その時人人は答えて「彼らは……彼らの神、主を捨てて、他の神々につき従い、それを拝み、それに仕えたために、主はこのすべての災を彼らの上に下したのである」と言うであろう。》家には二階、三階があり、奥に上の階と下の階の礼拝堂が重なっていて、図版のDにその後陣がのぞいている。Eの別棟には拷問室があり、その下に流れFがある。おそらく受刑者たちをむりやり水に漬けたのだろう。中庭への入口がGに見える。

図面の左側は一階である。入口に看手の部屋、ついで礼拝堂への通路の左右に八つの独房があり、それぞれ魔女を監禁することができる。これらの独房は、高いちっぽけな天窓から明かりをとっていた。家の外側の横手の壁にその開口が見える。礼拝堂の両側に裁判官のための部屋と次の間とがある。上の階には懺悔室といわれる小部屋、看手の部屋、そして独房一八室が並んでいる。

この建物は一度に二六人の魔女を別々に収容することができたわけだ。ドイツ式の大ストーブが六つ冬の暖房用に用意されていた。そのうちの三つが一階にあるのが見える。一つは看手部屋、二つが礼拝堂の両側である。上の階にもやはり三つあって、一つが看手部屋、二つが礼拝堂へ向う大部屋の入口の所についている。

この設備と建物正面の装飾の見事さにもかかわらず、バンベルク市当局がこのような建物をあわてて取り除こうとしたということは、今日のわれわれにはよく理解できる。

第二部　秘術師

173　ハインリッヒ・クーンラート――ライプツィヒの医者でありカバリスト
17世紀初めの版画

1　ユダヤ人のカバリストとキリスト教徒のカバリスト

これまでは、隠れた闇の教義のことさらに忌わしい部門だけをみてきた。この教義は闇の中で、キリスト教の公的な教えに対峙していたものであった。

しかし、熟慮のうえ「悪」へ導かれる道に踏み入って、「奥義」の道を踏みはずした求道者がいる一方で、隠秘的秘密と、驚くべき方式とを持つ多くの人々がおり、彼らは妖術師と同様に社会の枠外で生きながらも、自分たちの学問を善きことのために用い、また用いると主張していた。

そこで、この章では悪魔の夜宴や、夜宴の危険でしばしば胸のむかつくような悪しき行ないとははっきり別れを告げて、隣人を傷つけようなどとは少しも思わずに、逆に隣人の役に立ち、その仕事を助けたいと望んだ人々の教義と秘密を総合的に検討して行きたい。

妖術師に対立し、ときには妖術師の敵であるとさえ表明したその人々は「秘術師」であり「達人」であった。実際にはこうした分類が任意な人為的なものであることは十分承知している。区別の根拠はいたって薄弱であり、これからも話の中でなんどか妖術師や魔女に出会うことだろう。それはおそらくは無害な仕事に取り組んでいる妖術師や魔女たちだが、夜宴の合図があればいつ何どきでもその仕事を投げ打って空中に飛び立って行くかまえでいる。だいいち、神学はその聖なる特権と独占権とに執着するあまり、自分が認めない行為からはどのようなものであれ善いことなど生れるはずはないとし、それらの行為を検討することもせずに、すべてを神の不倶戴天の敵――ルシフェル、サタン、あるいは他のどれなりと――に関係があると決めつける。神学はすすんで秘術師と妖術師とを雑然と一つ袋に入れるように永劫の罰で包み込み、彼らが心がけているという善意などにはおかまいなく、キリストの教会から放逐し、永久に破門にふしてしまうのである。

にもかかわらず、右の区別は便利であり、こうした問題では稀な明快さを与えてもくれるので、一方法ということでとりあえず採用しておきたい。ただしそれが邪魔になったり、非論理的になった場合にはいつでも放棄することにする。

第一部で見たとおり、私たちは、闇の所業の中にはローマの妖術の影響とスカンジナビアの呪術の名残りとがあり、それらが、中世に神の言葉を意味した聖書という土壌に移植されたことを知った。

隠秘学の領域では事実ユダヤ教の影響がきわめて大きい。ことに一六世紀以降、その強い影響力は決定的となり、一八世紀末に入ってやっと少し弱まるが、一九世紀末には再び勢いをもり返して来るのである。それはキリスト教世界の中にカバルと呼ばれる、もっと正確にはカバラと呼ばれるヘブライの教義がもたらされたためであった。

カバラは、ユダヤの宗教の内部で独特な発展をとげた、非常に神秘的な哲学的方法である。その秘密は、一部のラビが伝え継いだもので、イスラエルの一般民衆には知られていなかった。その名称はヘブライ語の Qabol（受け取る）に由来し、《伝統によって受け入れられた知恵》を意味する。それを構成する複雑な教義は『ゾハルの書』すなわち《光輝の書》、『イェジラの書』すなわち《天地生成の書》、および「ミドラシュ」のあるものなど、ヘブライ語で書かれた書物の中で展開されている。

中世のキリスト教はカバラを知らなかったといってよい。ピコ・デラ・ミランドラ、ギヨーム・ポステル、ロイヒリン、クノル・フォン・ローゼンロート、ピストリウスなど、学殖ある門外漢たちが至聖所に踏み入り、ヘブライ語のヴェールを引き裂いて、これら神秘的なラビの書の原典をラテン語に訳出し、だれでもがこれらの書物を手にすることができるようになる日まで、カバラはあくまでもユダヤ人のものであった。

ここでカバラについて論述するつもりはさらさらない。ただ、カバラの発見は神学の表現に複雑な語彙と新しい要素をもたらし、それに対してキリスト教徒は、自分たちが教義のより深い要諦を見逃していることを知らずに、過分とも思われる重要性を与えた、ということだけをいっておこう。カバラは神秘主義に、一〇個のセフィロートすなわち数、「知恵」の三二の道、「知性」の五〇の扉など、絢爛たる定式を持ちこんだ。聖書には登場しない何人もの天使の名前を教え、とりわけ神の七二の名の宝庫をたずさえて現れたのであった。これは、キリスト教神学をきわめつくしてなおその熱い好奇心、禁断の奥義にかつえた好奇心を満足させられなかった研究者たちの想像力を魅了した。

ヨーロッパ人にはおよそ耳慣れず、ときには発音するのも難しいこれらの神聖な名前は、やがて妖術と秘術のあらゆる儀式に取り入れられた。本書でもすでに、『ソロモンの鍵』の星形の中で、それらがジプシーの隠語の文句に混って出て来るのを見た。こうして、儀式張って重々しく唱えられる不可解な文の様式すべてに《カバラの言葉》という名がつけられるようになったのである。こうした歪曲がさらに進んで、カバラという語を誤って《隠秘学》の同義語とすることに慣れ、手相術から錬金術にいたるまで、全く関係のない分野にすら所かまわずカバラが出て来ることになった。

カバラの図像は非常に稀である。一六世紀と一八世紀にほそぼそと印刷されただけのヘブライ語の文献に挿画が見られることはきわめて珍しい。ここに引用したカバラに関する版画(図版174)は珍書『光の門すなわち聖四文字の門——正しい者たちはこの門より入るであろう』(一五一六年、アウグスブルク)のもので、著者パウルス・リキウスは改宗をしたイスラエル人であった。

この画はイスラエルの老人であり、モーセ五書と雅歌のあらゆる奥義を伝授された最も典型的な真のラビである。彼は《セフィロートの木》と呼ばれるものを手にしている。これは一〇個のセフィロートが自生する聖なる序列に従って組み合わされたものだ(図版174)。一番下の円内にはマルクトとあり、これは王国を意味する。その上がイェソド(基礎)、さらに左から右へホド(名誉)とニサ(勝利)、その上の真中の円がティフェレト(卓越あるいは栄光)である。それからやはり左から右へゲブラ(力)、ケセド(寛大あるいは恩寵)、ビナ(知性)、コクマ(知恵)、ケテル(王冠)となる。この概念およびこの種の他の概念を知ることは、その知識の持ち主にとってより高い世界の扉を開くものである。

このような思弁は、最も高度なまた最も難解な哲学に通じる。したがって、不可解であればあるほど俗人を感嘆させる一方、他方では、その目新しさゆえに、かねてこの種の秘密の教義をプラトンやアレクサンドリアの哲学者のうちに認めえたと考えていた敏感な研究者を惹きつけた。この事情は容易に理解できる。こうしてカバラは、ロバート・フラッド、ミヒャエル・マイヤー、ポステル、ジョン・ディーといった人々の高遠な論文から、悪魔の夜宴に行く前に読まれた魔法書の闇の頁にいたるまで、隠秘学の高尚な表現にも低級な表現にも同時に影響を及ぼしたのである。

ユダヤ人がカバラの独占権を失うとただちに、多くのキリスト教徒は主として一六世紀にこの新しい教義をキリスト教に取り入れようと試みた。プラトンやポルフュリオスをキリスト教化しようとした人々があったのと同

174 セフィロートの木を持つユダヤのカバリスト
パウルス・リキウス『光の門』アウグスブルク，1516年（著者所蔵）

様である。《キリスト教的カバラ》という特異な教義があったことはほとんど知られていない。その主張者たちはこれを哲学のあらゆる分野に応用し、それを用いて、天体の運行から最もつまらない生物の体内を循環する生命の流体の秘密まで、世界のあらゆる神秘を解明しようとした。

ピコ・デラ・ミランドラ、ギヨーム・ポステル、コルネリウス・アグリッパ、ジョン・ディー、ハインリッヒ・クーンラート、パラケルスス、ファン・ヘルモント、ヤーコプ・ベーメ、ギヒテル、ヴァレンティン・アンドレーエ、ミヒャエル・マイヤー、ロバート・フラッドらは、キリスト教神学に、外来の公式的には認められはしない原理を混入した革新者の主な人々とみなすことができる。そして、迫害の恐怖のためか、もともと一部の人間の胸中にひそむ隠れた秘密の事柄への愛のためか、彼らは自分たちの教義を不可思議な神秘でとり囲んで、素人には禁じられたものであると断言し、その知識はごく限られた選ばれた者たちだけに許されると執拗に説いた。この少数者たちは神の思召しに永遠にかなった人間なのであった。

カバリストの教義に到達する難しさは、図版175を見れば非常によく分る。これはハインリッヒ・クーンラートの『キリスト教的カバラの永遠の知恵の円形劇場』(一六〇九年、ハーナウ)という珍しい本にあるものだ。この本は一八九九年に私の仏訳が出ている。

この著者(図版173)はライプツィヒの医者で、一五六〇年頃ザクセンに生れ一六〇五年にドレスデンで没した。一六世紀末の最も卓抜な神知学者、錬金術師であったが、自分の学問の秘密については故意に不明確な語り方をした。その《至聖所の扉および賢者の階段》(図版175)は、あきれるほどたくさんの碑文を用いて、いかに秘術の奥義への道が堅く守られていたかを示している。下部の説明文で著者は《唯一真実の知恵の円形劇場の扉は、狭いが荘厳で主によって聖別されている》ことを指摘する。その扉に達するには、版画にも示されているとおり、

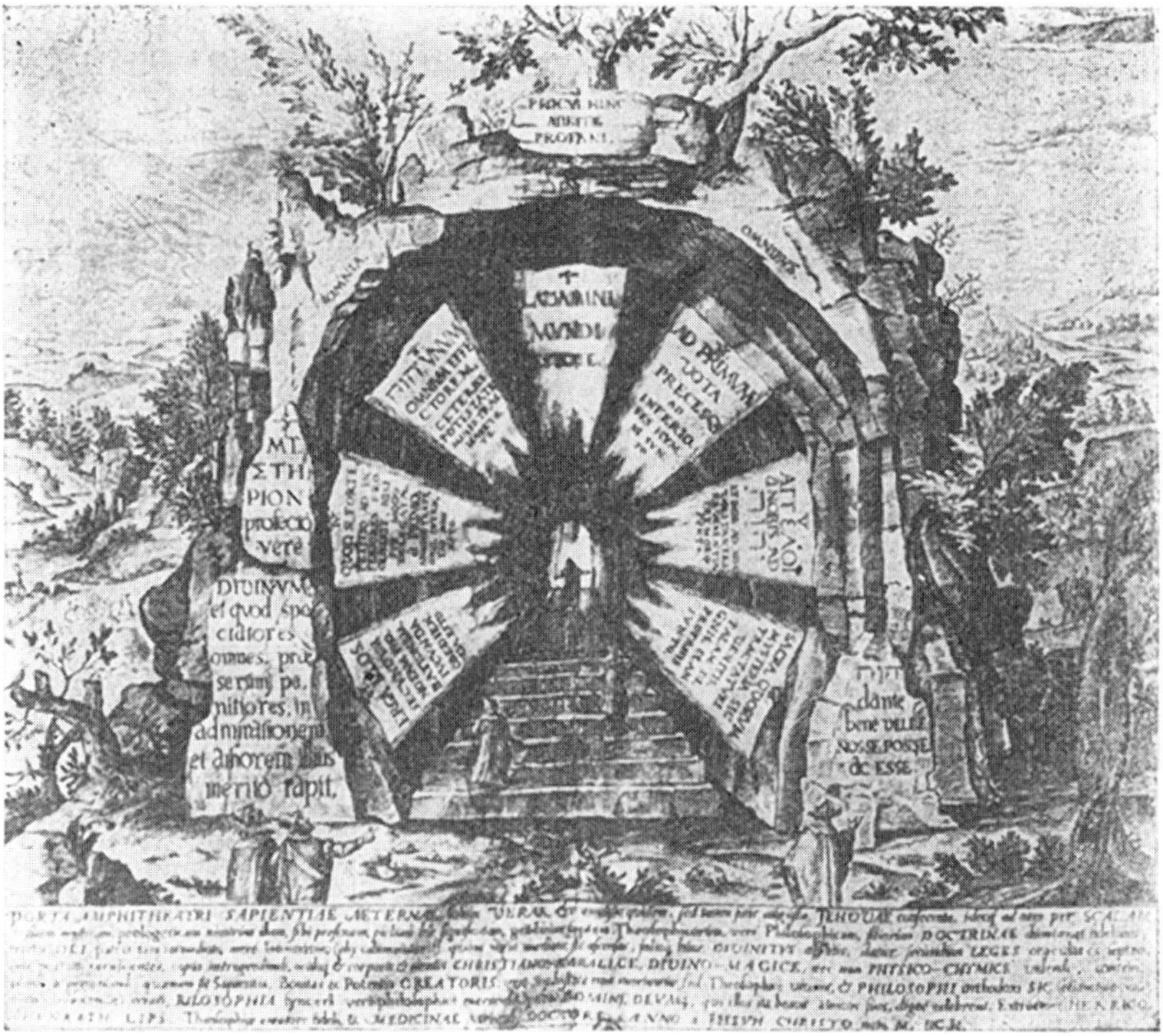

175　至聖所の扉および賢者の階段
ハインリッヒ・クーンラート『永遠の知恵の円形劇場』ハーナウ，1609年

神知学的な七段の神秘の階段を登る。この階段は《完成の七等級》に対応し、サヴォナローラはそれについて論文を書いた（この論文も私が仏訳した）。著者によると、そこには《キリスト教‐カバラ的に、聖的‐秘術的に、なおまた物理‐化学的にさえ》入ることができる。興味のある方は原典を読まれると、この理論が把握できよう。階段の上を二人の達人が進み、もう一人はすでに究極の光明へもう一歩のところにきている。この階段の周囲にたくさんのラテン語の銘がある。頂上には《おお、俗界の者よ、ここより遠く退け！》とある。ついで《すべてはすべての中にあり》と続く。左手の大きな碑文は《真に聖なる奥義、これはそれ

を見る者すべて、また主としてそれを心深く考える者すべてに当然に感嘆と愛とをもたらそう》という。そして、小さな扉をとり囲む七つの光は、番号順にこういう。Ⅰ、汝を清めよ、潔くあれ　Ⅱ、万物を創りし主、および主に仕えるもろもろの力と共にあれ　Ⅲ、至高の存在には祈りと願いを、劣れる者には讃美歌を　Ⅳ、祈願が先ず第一に劣れる者に与えられるようなことがあれば、それは至高の存在が彼らに権利を委ねられたがために他ならないことを　Ⅴ、崇敬と畏怖とがわれらから神へ、神からわれらへと飛ぶ絶えざる使者であらんことを　Ⅵ、経験に応じ、彼らに対し楽しき服従のあらんことを。

ここに、達人が「至聖所」に入り、全き「光明」を知ることを許される道徳的哲学的諸条件があるのだ。右側の補足的な銘はそれをより簡潔な言葉で別様に要約している――《主の許しがあってこそ、望み、知り、力を得、存在する》。本書の錬金術の章にやはり『円形劇場』から抜粋した《錬金術の城砦》という別の版画を載せたが、錬金術の領域においても、真理の探求に乗り出そうとする素人を、同じ困難が待ちうけているという印象を受ける。

このような象徴的で不可解な図は研究者や好事家の想像を強く刺戟し、こうした謎を提起する者たちは大いに威信を得たのである。その昔、人々が隠遁生活をおくる一部の人物をどのような恐怖心をもって眺めていたかよく分る気がする。その者たちが俗人にはうかがい知れぬ秘密の保持者であることを人々は承知していた。また、悪魔に魂を売り渡したのではないかと疑いもした。そしてとどのつまり、それこそが彼らの存在の謎を説明している、といいはることになるのであった。

秘術師、達人、秘伝を伝授された者、隠秘主義者、カバリストなどその呼称はどうであろうと、彼らは、神学がおそるおそる扱った問題に鋭い詮索の目を向け、神学自身が解決不能と認めていた問題に、あえて明快な説明を与えた。例えば次の世界創造の図式画である（図版176）。初期教会の教父や中世の学者の曖昧模糊としたどんな理論よりも大胆である。この図はロバート・フラッドのほとんど知られていない優れた著書『大小両宇宙研究』（一六一九年、オッペンハイム）の中にあるものだ。

一塊の雲がその本質は隠れたままである神性の第一の存在、父を表わし、そこから創造の意志を表明する**FIAT**の語で示される「言葉」がもれる。そして「聖霊のハト」がこの二つの位格から生じ、息吹きのように、神の霊気のそれのように飛び立ち、「宇宙」をめぐり、無数の光線を集めた光の帯で宇宙を囲み、それによって闇の無限の広がりを限定する。

こうして、聖書の教理中最も厄介な問題の一つ、ラビもキリスト教神学者ももともども世代から世代へと情熱を傾け続けた問題、数多くの有名な異端を誘発した問題が解明されるのである。神を世界の創造主と考えると、その世界にはおおよそ同程度の善と悪とがあるといわざるをえず、必然的にすべての善の源である神にこの悪の創造を帰

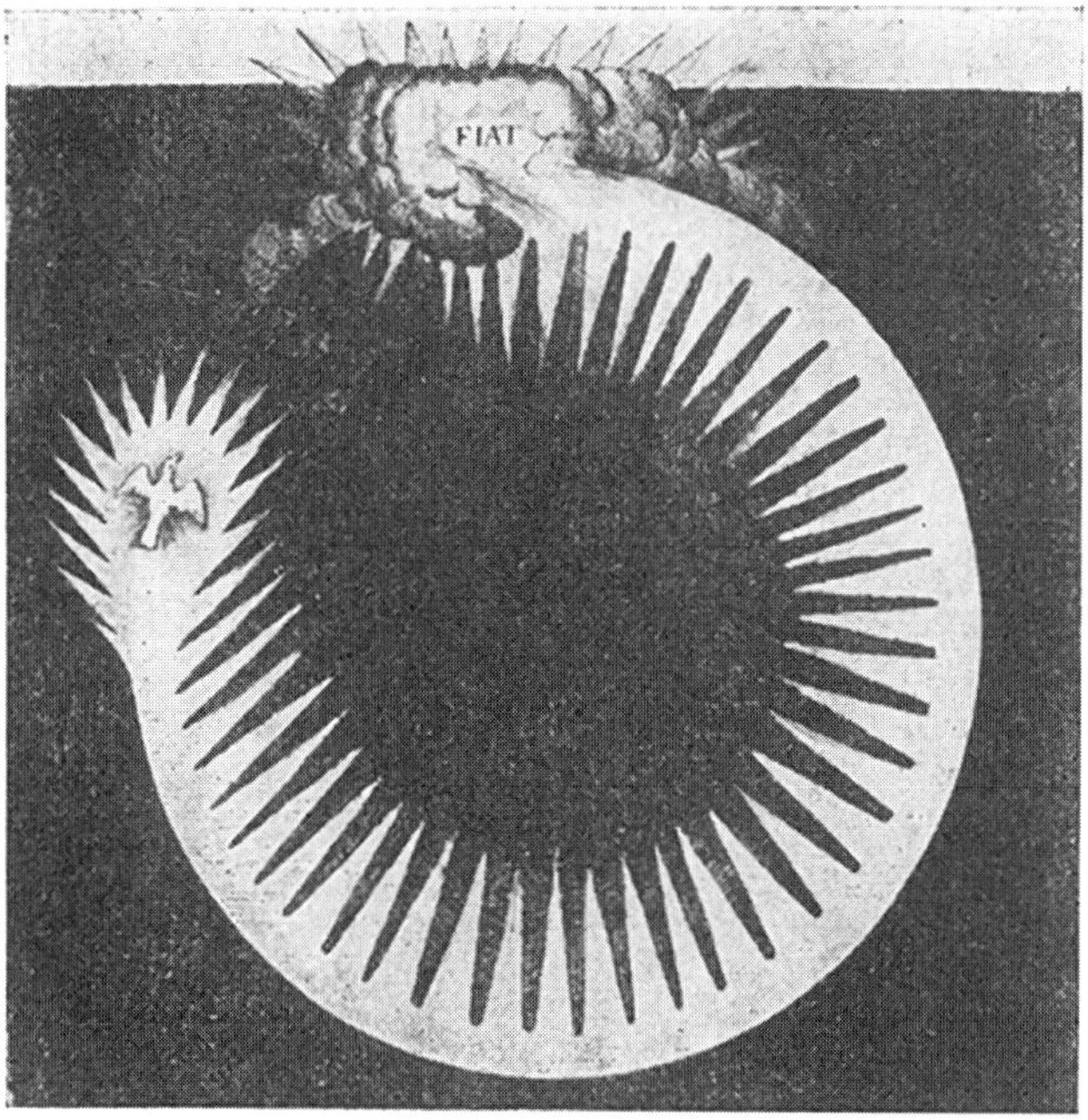

176 隠秘学の教義による世界の創造
ロバート・フラッド『大小両宇宙研究』オッペンハイム，1619年

することになる。ペルシャの古代の教義は善の創造を「善の根源」に、悪の創造を「悪の根源」に帰し、両者が永遠に共存するものとしてこの困難を回避したのであった。しかし、ユダヤ人もキリスト教徒も、そもそもの初めから善と悪との永遠なる共存を認める決意をすることはできなかったし、悪の代表者サタンにたとえどれほど小さくとも創造の一役を担わせることもできなかった。ところが、ロバート・フラッドはこの問題を図を描くことによって片づけているのである。オクスフォードのこの有名な博士は神を「光の本源」と考え、その外側には無、すなわち闇の世界に示される非存在しかないとする。神の息吹きは、プラトン、キケロ、アレクサンドリアの学者らが精神は円を描いて移動すると考えた理論どおり闇の中に光の円い軌跡を描く。このようにして描かれた円の中には、光にとり囲まれて闇の一部分が包含されている。創造された宇宙はこうして、神がその創出者ではない悪の一部を含む。聖なる光の中に浸ったこの部分は絶えずその光と拮抗する。したがってこの理論は、世界における悪の存在の事実とも、神学者が決して異論を許そうとしない神の不朽の純粋性とも相いれるのである。これは、私が仏訳をした『キリスト教的カバラ概説』の中に述べられているラビの《限定》よりも、さらに巧妙でさらにはっきりしている。

コペルニクスの学説が世に出てすでに七〇年たった当時にあって、ロバート・フラッドはそれを完全に無視してさらに創造の奥義の図式を進め、宇宙の生成に関して、また達人らがカバリストに親しい表現によってマクロコスモスすなわち「大世界」と呼んだものに関して、聖書の考え方とギリシャの宇宙論とにそのまま合致する次の図を示している(図版177)。大世界とはミクロコスモスすなわち「小世界」に対立する概念であり、小世界とは人間、つまり宇宙の縮図である。地球は固体要素で中心に位置し、魚の繁殖する流体要素にとり囲まれ、その外部に天の鳥の飛び交う気体要素があって、これを火の要素が囲む。ついで七惑星が続き、恒星の天があって、最

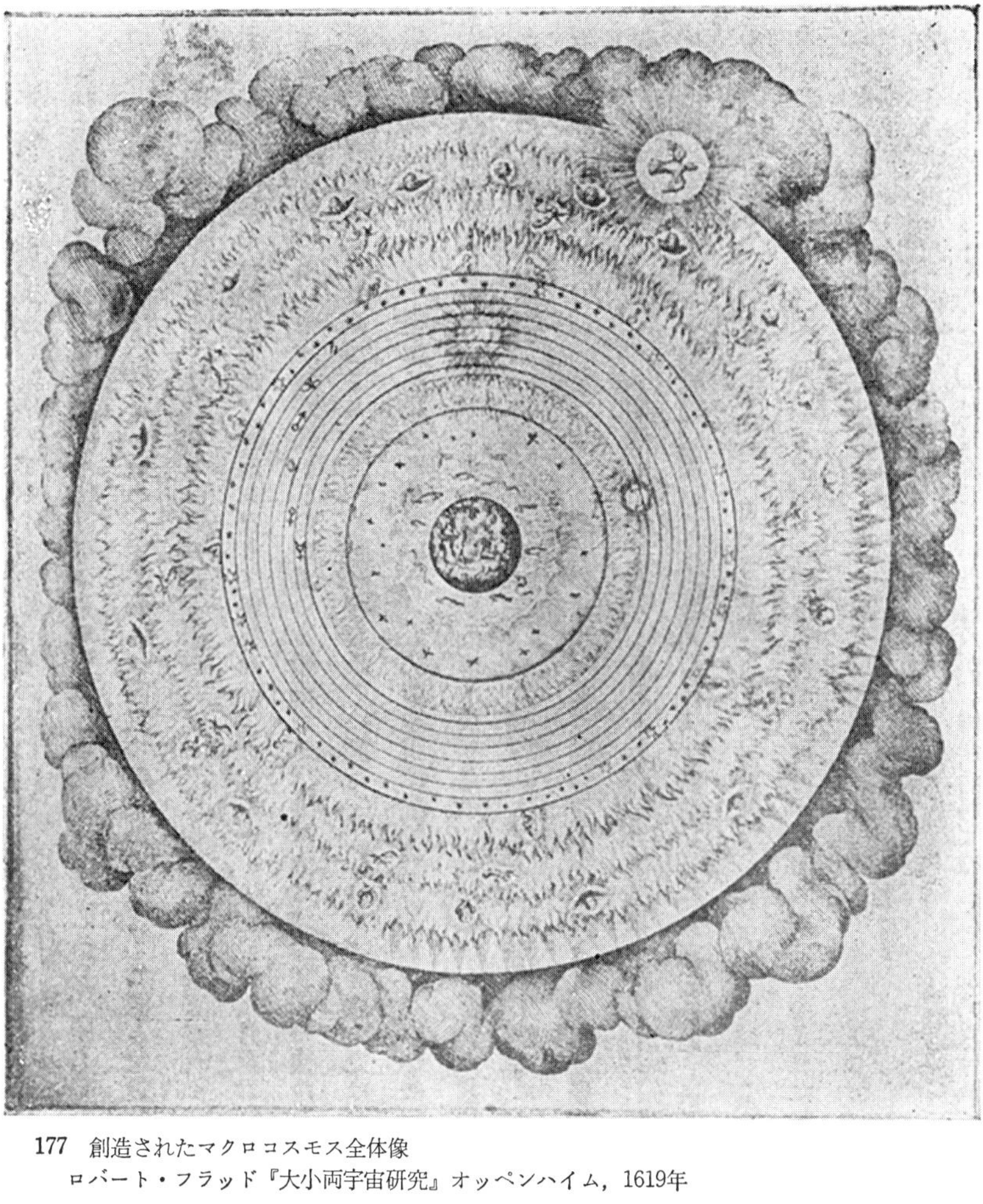

177　創造されたマクロコスモス全体像
ロバート・フラッド『大小両宇宙研究』オッペンハイム，1619年

後に天上界すなわち天上の列聖のすみかがある。その上に精霊のハトが円を描き、創造された宇宙を閉じる。

どれほどうるさい神学もこの図には非難の余地を見出せなかった。しかし、同じ著者が示す次の図(図版178)についてはおそらくそうはいかないだろう。これは「自然の鏡」と「技芸」の図とを表わしている。地球は諸要素、天文圏、天上界に囲まれ、その配置は前の図と同様だ。が、二つの新しい要素が付加されている。一つは「自然」であり、星をいただく女、聖処女として表現され、身体にダイアナの三日月をおびている。彼女はその力を主から直接に受ける。主の腕が雲からのびているのが見え、雲の上には四文字の聖なる名が輝いている。主は、その腕に結ばれた鎖によって「自然」を己の権力の下に捉えているが、自然の方は別の鎖によって人間の「技芸」をおさえており、完全に服従させている。人間の技芸は猿で表わされる。いかに精妙で深い知識を積もうが人間は自然の猿でしかないし、これからも猿以上にはなりえないであろう、という意味である。猿はわが物にした地球の上に坐り、測径器で球体を測っている。その周囲にはこうした知識すべてによって諸要素を変形し、地球の表面を変化して得た成果が並ぶ。四要素は動物界、植物界、鉱物界となった。動物と植物は分類され、金属は地の底から抽出される。人間は土占い、数学、音楽、絵画、築城技術を発見した。時間を測って時計を作った。レトルトと蒸溜壜による蒸溜法を用いて《鉱物界の自然を修正した》。土地を耕やし接木をして《植物界の自然を助けた》。医術、蜂や家禽の飼育によって《動物界の自然を補った》。ここでは、《奥義を許された》と主張する学者たちが、ベーコンとかニュートンとかの純粋な分析科学に対して、どのように総合的な絵図を組み立ててみせたかが分る。この絵図によって、彼らは哲学的思弁、瞑想、そして忘我によってさえ達することが可能であると考えた大生命原理に、あらゆる現象を結びつけようとしていた。

ときには神学者よりも遙かに先んじていた達人が、神学者がよほど後にならなければ定義しえなかった教義の

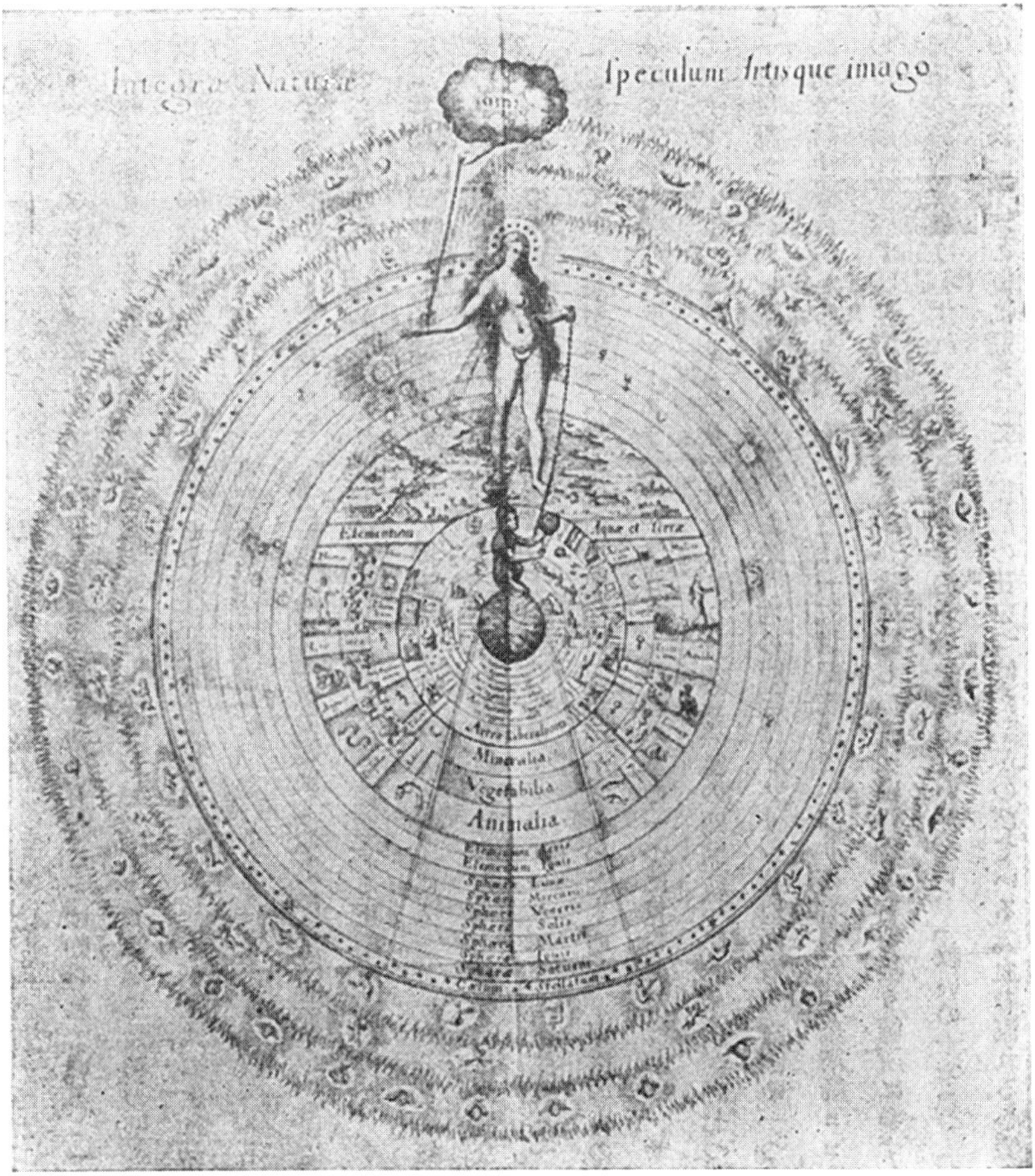

178 達人による自然と猿すなわち技芸
ロバート・フラッド『大小両宇宙研究』オッペンハイム，1619年

異論のない先駆者となったこともあった。イエスの「聖なる心臓」といわれる信心が、一七世紀に聖女マルグリット＝マリ・アラコックによってカトリック教会に導入されたことは知られている。一六四七年生れの彼女は一六七一年に聖女マリア訪問会の修道院に入り、ラ・コロンビエールの答唱で最初の聖変化を体験した。一六七五年六月二一日の金曜日のことであり、この厳粛な日を人々は新しい信心が正式に生れた日としている。一部の者は、彼女が、ハイデルベルクで一六五八年に出版された、クロムウェルの従軍牧師トーマス・ゴッドウィンの『小論文』を知っていたと考えた。その第二の小論文の題は「地上における罪人たちに対する天上におけるキリストの心」なのだ。しかし、それまでだれも聖なる心臓を象徴する正確な図二枚が、ラニョーの錬金術的カバラの本『神秘的調和もしくは化学哲学者の同調』（一六三六年、パリ）に入っていたことに気がつかなかった。その巻末に、ここに載せた二枚の図版（図版179）がついている。これは異なった由来を持つ聖なる心臓の二種の外形である。ラニョーの本が出たのが一六三六年、すなわち聖女マルグリット＝マリが生れる一一年前に当る。しかしそこに記載されている象形は一六世紀以前の二つの記念碑からとったものだ。左図のものはパリでは、コルドリエ修道院の神学の間のステンドグラス、ジャコバン僧院の壁の一つに見られるほかに、サン＝トマ・ダカンの礼拝堂のステンドグラスとカルム教会のサン＝ミシェル礼拝堂の四箇所、にあった。計七つ、うちいくつかは明らかに一五世紀から一六世紀の間のものである。右の版画はイノサン墓地の有名な像の一つである。この墓地については先で話す機会があろうが、その設立は一五世紀初めで、パリの有名な錬金術師ニコラ・フラメルによる。これらの表象はすべて錬金術的意味を持つ。その詳しい説明は賢者の石を扱う箇所にゆずりたい。ただ、金属変成に関係のある象徴はいずれもかならず神学的対応を持っていたから、「救いの十字架」の交点に置かれ、イエスその人を表わす茨の冠に囲まれて、復活の花をつけた茎がのびている「血の流れる心臓」も、一歩先んじた「聖なる心臓」のまぎれもない表現なのであり、それも神学にではなく、ヘルメス学者の捉えどころのない陰のグループに負うものである。中世末期にかけてヨーロッパではこの種の集団が多数出現していた。

この二図を、後に聖女マルグリット＝マリがパレ＝ル＝モニアル修道院で一六八五年にみずから描いたものに比べると、いまさらながら両方が似ていることに驚く。このデッサンは、トリノの聖母マリア訪問会修道院に保存されており、知る人もほとんどないが、この聖女の狙いでは、すべての教会に記されるべき聖なる心臓の公式の像となるはずのものであった。しかし、彼女の意図は尊重されず、この像はどこにも見出すことができない。それは（図版181）、ラニョーの二つの版画と同じ構図である。茨の冠が炎をあげる心臓をとり囲み、茎の場所に十字架が立っている。「絶対」の神秘の底の底まできわめた《奥義を許された者》、また最も熱烈な錬金術師であれば、この粗描のうちに真のヘルメス学的図案を認めることに少しの困難もないだろう。

名前をみなあげることはできないが、最後にドイツの神学者ヤーコプ・ベーメについて述べておきたい。彼は靴屋でもあったが、カバラの根本思想をキリスト教神秘主義の最も高度な思弁に結びつけたのである。一五七五年に生れて、一六二四年に死んだ彼は限られた達人の間にその理論を広めたに過ぎなかった。一九世紀末にその著作が各国語で数多く出版され、彼を忘却の淵から浮かび上がらせるまで、彼はほとんど無名の人であった。ここには、この偉大な神知学者の肖像として、ライプツィヒのJ＝B・ブルールが一七世紀に彫った非常に古いものを載せた（図版180）。弟子たちが聖人のように考えているベーメは、ここで星形や錬金術的カバラ的表象に囲まれて至福の姿勢をとっている。これらの表象は、宗教的神秘と秘術の原理との相関関係は恒常的であり続けるという彼のきわめて抽象的な理論を要約している。

さて、一八世紀も末に近づくと、サン＝ジェルマン伯爵やカリオストロなど、新しい種類のいくぶん皮相なカ

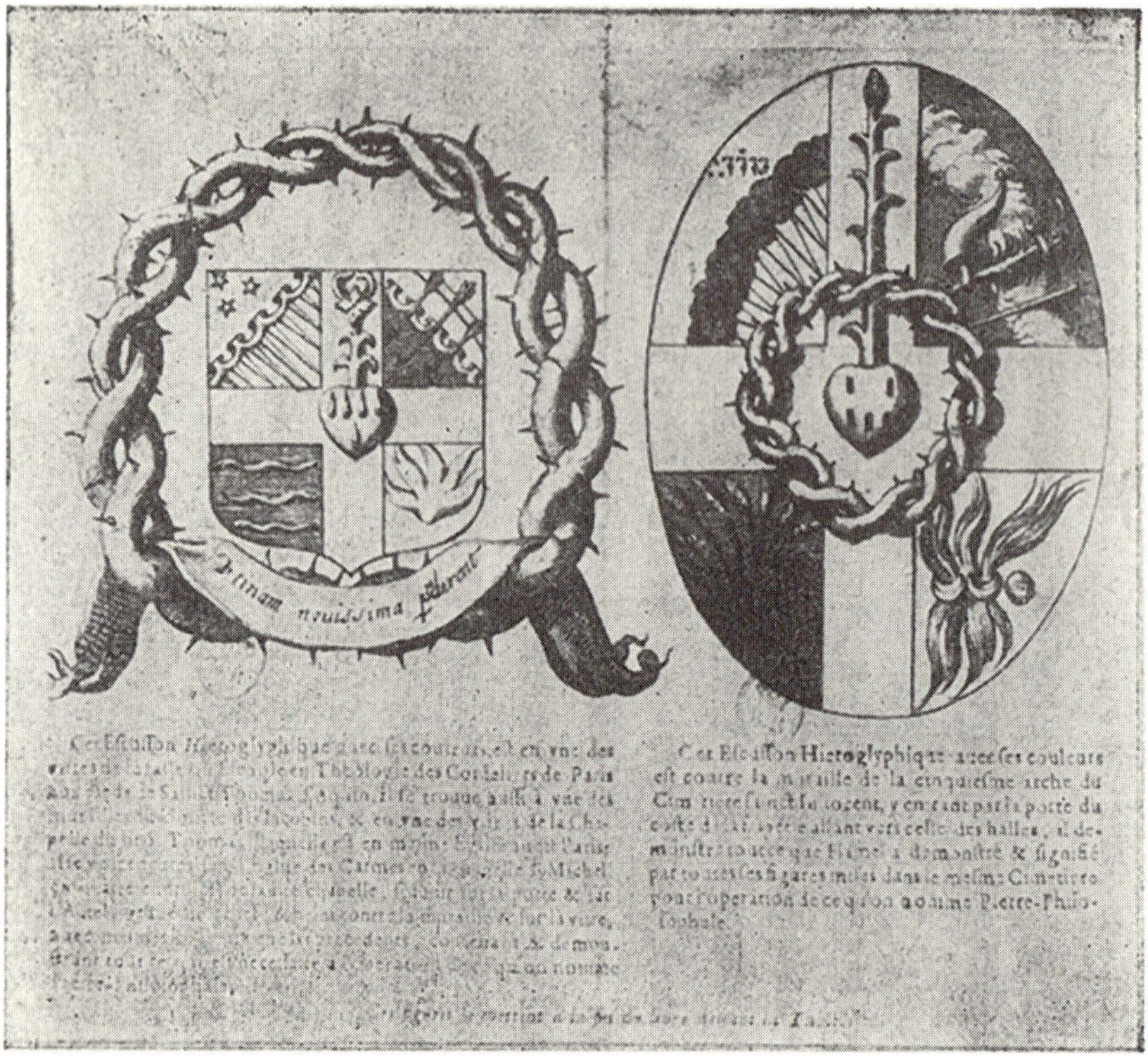

179 錬金術の二つの表象にある聖なる心臓の前例図
ラニョー『神秘的調和』パリ，1636年

バラ主義者が登場して、価値の疑わしい東洋的要素を混えた一種の非キリスト教化されたカバラを広めた。次代のエジプト象形文字の解読を予告でもするかのように、エジプトが流行になった。すでに一七世紀にキルヒャー神父はその『エジプトのオイディプス』の中で象形文字判読の空想的な鍵を与えていた。クール・ド・ジェブランはタロットに熱中してトートの神の本をものした。すぐに続いて各人各様にあらゆる物をエジプト化し始めた。トロワの図書館にある写本二四〇〇番『聖三位一体論』が絵入りで編まれたのはこうした影響のもとでのことであ

180　ヤーコプ・ベーメの肖像
ライプツィヒのJ.=B・ブルール，17世紀

181　イエスの聖なる心臓の図
聖マルグリット=マリ自身のデッサン，1685年
(トリノの聖母マリア訪問会修道院)

る。これはサン＝ジェルマン伯爵の著書といわれ、一二枚の美しい彩色挿絵があるので、世に知られている隠秘術の写本中で最も貴重なものとなっている。

見事な筆跡のこの書物はメセナの市で求められたものである。冒頭にさる哲学者がI・B・C・フィロトームという名で、写本は自分のものであって、サン＝ジェルマン伯爵のかの有名な『三位一体論』の現存する唯一の写しであり、元の本は伯爵がある旅行の途次その手で破棄してしまった、と述べている。またこの写本を持っていたのはカリオストロで、一七八九年の末に捕えられたおり、宗教裁判所がそれをローマの彼の家で押収したのだとも付記している。カリオストロと彼の妻はサン＝ジェルマン伯をホルシュタインの城に訪ねたことがあった。『聖三位一体論』は、後述するカバラ化された錬金術の本の一つに他ならず、カバラから借りた数多くのヘブライ語の銘、象形文字、それに思いつきの楔形文字までが入っている。ここに載せた図は（カラー図版8）、このすばらしい写本の彩色された本扉で、枠内のいくつもの象徴はいわばヘルメス学の縮図である。

上部中央はユダヤの三角形で、中に四文字の聖なる名前が記されている。正方形の中に描かれ表題の入った円も同じくカバリストによく知られた象徴であり、物質の中に隠された聖なる火のきらめきを示す。これは生命の火によって物質に命を与える。右側にヘブライの名エルが、下の方にアラビア語で記されたこれも聖なるものの名がある。アルファベットを指すA、Bの文字は聖なる言葉《ヴェルブ》、言《パロル》を示す。左側には、創世記の最初の唱句からとった《地は形なく、むなしく、やみが淵のおもてにあり、神の霊気が水のおもてをおおっていた》という、ヘブライ語の銘がある。この彩色画にあるほかの純粋に錬金術的な象徴については、先へ行って説明したい。ただここでは、著者が先駆者たちの総合的方法にならって、科学の諸原理を論述するさいにそれをカバリストの伝統的な方法で説明するためにやはり宇宙創成の聖書の記述に拠っているということだけをいっておこう。

2　大宇宙における占星術

いつの時代にも、「宇宙」は人間にとって、明らかであると同時に謎めいた頁として現れた。その判読は瞬間ごとに新しい様相を明かし、思いもかけなかった無限の地平線を拓いて、つきることのない解釈にいわれを与えてきた。

中世のヨーロッパでは、公式教育はこの宇宙の研究を、現象の説明に限定しながらも、二つの源泉に体系づけていたといえよう。一つはラテン語訳で読まれた聖書であり、聖書の触れていない自然学の細かい点については、アリストテレスの論理的合理的哲学であった。

このような科学は、科学という名で呼べるならばのことだが、想像にほんの限られたゆとりしか残さなかった。想像を修正し完全にすることのできたはずの実験は、当時まだ困難で、高価で、設備も悪かった。しかし、観察という貴重な才能に恵まれ、分らないことを知ろうとする熱烈な好奇心に燃える人々の場合にはその頭脳の働きを阻止することは不可能なので、精神を型にはめることに反抗する個人主義的な学者たちの間に、捉えどころのない、不可解な、隠れた教義が広がり、今日では呪術、錬金術、秘教、隠秘学と呼ばれるが、当時は何の呼名もなかったその教義は、謎のような人物たちによってひそかに伝達された。このことは驚くに当らない。彼らの著書は今日われわれを驚かす。なぜなら同時代のスコラ哲学の著作に比べるとき、彼らの著述には不思議に深く大胆な思弁が滲みこんでいるからである。

この教義は、キリスト教の出現で絶えたと思われていたキリスト教以前のあらゆる知識の遺物の合成である。中世のもの静かで穏やかな市民を驚愕させたこの秘教の達人たちは、ピュタゴラスやヘルメス・トリスメギストスの古代哲学から伝えられたものを取り入れた。彼らの神秘に満ちた著書は高い評価を保っていたのである。達人たちは古代ギリシャ人とアレクサンドリアの哲学者たちの学問も取り入れた。キケロの『スキピオの夢』の思弁をユリウス・マテルヌス・フィルミクス、プトレマイオス、マネトーらの占星術理論と融合した。そして最後に、判読しがたい魔法書の多くと同じようにさかんだったアラビアの文献をも渉猟し、やがてユダヤ人の変った思弁と合流するに至った。ユダヤ人はラテン語訳聖書をではなくヘブライ語の原典を読んでおり、そこからキリスト教の注釈家の知らなかったタルムドやカバラの神秘哲学を見出していたのだ。

この知識の奇妙な混合体では二つの主要な観念が支配的である。

宇宙つまりコスモスは巨大な有機的存在で、そのすべての部分は密接に連繫している。これはマクロコスモスすなわち大世界であり、ミクロコスモスすなわち小世界である人間と対応する。大宇宙のすべての部分は同じ諸法則に従って、同じように機能するので、その知識は「類比」、つまり全存在を支配する宇宙の法である《聖なる類比》によって容易に知ることができる。高きにあるものは低きにあるもののごとし、である。劣れるものは優れたものに似る。マクロコスモスの一部を知る者は、したがって類比によってその全部分を知る。その者はマクロコスモスに類似するミクロコスモスをさえも知るのである。後者の各部分は前者の同様の部分に対応しているのだ。こうして、達人は、宇宙みずからが彼の手に委ねた「総合」の方法によって、素人の知らない隠れた事象を知るに至る。これが達人をほとんど神にしかねないほどの学問の高位にまでひきあげるのだ。

182　カトリーヌ・ド・メディシスのためにジャン・ブュランによって建てられたソワッソンの館——ルニエの占星術の柱が見える
イスラエル・シルヴェストルの版画，17世紀

183　ルニエのためにカトリーヌ・ド・メディシスによってソワッソンの館に1572年に建てられた占星術の柱　ドラグリーヴ彫版の版画，1750年

これと完全な相関関係にある第二の観念は、万物の創造主がマクロコスモスとミクロコスモスを統べるすべての法をやはり単一の型にもとづいて作り上げた、ということである。創造主は全き永遠の存在であり、われわれが《過去》と《未来》という名のもとに指し示す惨めな偶発事を一切知ることなく、それらを単一不可分の《現在》の中に包み込む。われわれが《未来》と呼ぶ時限に起きるであろうことは、類比によって、《過去》に起きたこととそっくり同じである。起こるはずのすべての出来事はいずれもあらかじめ永遠によって規定され限定されている。それらは神の思召しのうちに、書物の中に記されるように、書きとめられている。この書物を読みとることが、コスモスの真の構成の鍵を握り、類比の法を適用する達人たちの至高の科学なのである。

そこで、教会も完全には禁止しようとしなかった未来に関する知識が、隠秘術をあえて試みるすべての人々の心につきまとい、ときに大胆な夢に、そしてしばしば慰めの夢になったことが理解される。こうして中世には数限りない占い方法が、社会のあらゆる階層の間で行なわれた。非常に聖なる人々の間でさえもそれは珍しいことではなかった。彼らについては先へ行って名を挙げる折があるだろう。

ところで、隠秘の術の第一位には中でも最も古く最も高貴な術である占星術をあげるべきだろう。

星によって未来を知ることは、いわば秘密の教義の基礎となっていた。それはギリシャ人やローマ人のさまざまな哲学と相通じるという利点を持ち、さらに遠く遡ってエジプト人、カルデア人の間でも行なわれていたことが分っている。それはカバラとも、星の知識では抜きんでていたアラビア人の実験科学とも調和した。占星術師はその術の結果を正当化するためなら、聖書の偉大な権威を引きあいに出しさえして、その背後にそそくさと逃げ込み神学者から身を守った。創世記にも《天のおおぞらに光があって……しるしのため、季節のため……》(第一章一四節)とあるではないか。この聖なる原典では《しるし》の語は、それ自体日の区分を示す季節の語と

184　ノストラダムス59歳の時の肖像
16世紀の版画

は完全に切り離されている。よって星は季節の区分を示すが、同時に《しるし》でもある。何のしるしであろうか。マクロコスモスやミクロコスモスに現れる出来事のしるし以外の何ものでもない。神の次元では過去、現在、未来は一瞬でしかない。だから、読み方を知る者にとっては、全未来は星のうちに記されていることになるのである。

占星術には相反する二つの流派がある。一派は星が人間生活の出来事を示す単なる《署名》に他ならないと主張し、もう一派は星が人間の身体をはじめ一般にはあらゆる生物に本当に《影響》を及ぼすという。だが、ここでは両派の見解については述べない。また、現代の数多くの論文に載っている占星術の微妙な作業の詳細についても立ち入らない。

ただ、古代人が恒星の天空の中に七個の動く天体の存在を確認し、この太陽、月、水星、金星、火星、木星、土星を惑星と呼んだことに留意しよう。彼らはそのひとつひとつに伝統的な記号を配した。その完全な体系は前の図版177に見られるが、太陽☉、月☾、水星☿、金星♀、火星♂、木星♃、土星♄となっている。

それから彼らは一定の星座の中に、一二の星の一団を定め、太陽が一年を通じてそれらの中央から水平線上に昇ることに気づいていた。この一二の星座は天界にあって黄道帯と呼ばれる広い帯を作る。その名称とそれに対応する伝統的な記号は次のとおりである。

白羊宮 ♈　　獅子宮 ♌　　人馬宮 ♐
金牛宮 ♉　　処女宮 ♍　　磨羯宮 ♑
双子宮 ♊　　天秤宮 ♎　　宝瓶宮 ♒

巨蟹宮 ♋　天蠍宮 ♏　双魚宮 ♓

天空において惑星間に存在する距離を《相》と呼ぶ。これらの相の解釈が占星術の基礎となる。主なものは次のとおりである。

合 ☌ 惑星二個または数個が同一の黄道一二宮の一つにまとまっている場合。
一二分の一対座 ⚺ 二惑星がたがいに三〇度へだたっている場合。
八分の一対座 ∠ 四五度へだたる場合。
六分の一対座 ✶ 六〇度 〃
四分の一対座 □ 九〇度 〃
三分の一対座 △ 一二〇度 〃
衝 ☍ 一八〇度 〃

合はときには吉であり、ときには凶である。衝は常に不吉で、四分の一対座、八分の一対座は常に凶である。三分の一対座は運勢がよい。

最後に天界は全体として《家》と呼ばれる一二の部分に分かれていた。それぞれは黄道帯の三〇度を含み、人間生活の特別の局面に対応する。太陽が昇る場所に始まる第一の家は《上昇》という。

星占い《ホロスコープ》の解釈には惑星、黄道一二宮、占星術の家、惑星の諸相およびその黄道一二宮の中の位置の影響を知らねばならない。そのためこの術を実施したことのない者には、それがどんなものか想像するのが非常に難しいという厄介なことになる。

J＝B・ド・ラ・タイユ・ド・ボンダロワの『要約土占い』（一五七四年、パリ）と、ジェラール・ド・クレモーヌの『天文学的土占い』（一六七九年、パリ）とによると、月、水星、火星、土星は概して不吉な惑星であり、太陽、木星、金星はむしろ吉である。

月は夢想と憂愁の惑星で、太陽の友、火星の敵である。水星は芸術と商業の惑星で、木星の友、土星の敵だ。金星は愛の惑星で火星の友、土星の敵である。太陽は地上の富と栄光をつかさどり、水星および土星の敵である。火星は戦争と戦闘をつかさどり、月と水星の敵、金星の友である。木星は栄誉と肉体美に関係があり、火星の敵である。最後に土星は惑星中最も不吉で忌わしく、事故、不慮の死、災害を予告する。

しかし、これらの惑星は、合にあるか、衝にあるか、あるいはその他の相にあるかによって、影響力が変化する。これらは二は二、三は三、四は四と組み合わせることができる。こうしてサレルヌ卿は『古代人の土占いと新占い』（一六八八年、パリ）にいうのである。《月と火星の合はいささかも運勢のよきことどもを表わすものではない。それどころか、剣や銃砲などによる事故を招き、女性の場合には精神の弱さと失血を示す。金星の月との二重の合は非常に淫奔で、性病を起こし、高貴の婦人に下男を愛させる、等々》と。

その上、これらの惑星およびその組合せは、それぞれ一二の家のどこにあるかによって、その意味が違ってくる。《木星は第一の家にあると高位聖職者、司教、貴族、有力者、判事、哲学者、賢者、商人、銀行家を意味する》と、ジェラール・ド・クレモーヌはいう。いいかえればこのしるしの下に生れた者は右の職業のどれかに予定されているのである。他の一一の家についても同様である。また火星が第一の家にあれば《軍人、扇動者、殺人者、医者、床屋、屠殺人、金銀細工師、料理人、パン屋、および火を利用するすべての職業を意味する》。こうして八四の別の組合せが得られるのだ。

しかし、黄道一二宮は、一二の家のいずれにあるかに従って、さらに惑星の影響を修正することになる。たとえば《金牛宮が上昇の中にあれば、その人はうぬぼれであろう。》人馬宮が（健康の）第二の家にあると《長男は弟たちを憎み、彼らは互いに悪口をいいあうだろう。》天秤宮は、（生命の）第七の家にあると《協定と取引、また天文学の医療の実施による幸運を意味し》、（親族の）第四の家にあると《女性との協約による幸運を意味する。》

可能な組合せを全部集めれば分厚い本になるだろう。古代の人々がこの問題について残してくれた占星術の宝庫は大したものである。ここでは次の著書を記すにとどめよう。マネトーの『占星術』はギリシャの重要な詩で、作者は紀元前二六三年頃、エジプトのヘリオポリス宮殿古文書館の管理者であり神官であった人物とされている。『四書』と『果実』は紀元一三〇年頃に生きていたアレクサンドリアの別のエジプト人プトレマイオスの著書だ。アウグストゥスと同時代の詩人マニリウスの『天文学』、四世紀のユリウス・マテルヌス・フィルミクスの『学問の書』、アルカビティウス、アルブマザール、ハリのアラビア語の論文。ルネッサンスの占星術師ヨハネス・アンゲルス、アンリ・ランツォ、オジェ・フェリエ、リシャール・ルーサ、ジャン・エシウ、ジョゼフ・グルンペックの著書。ことにフランソワ・ジャンクタンの『占星術の鏡』（一五八三年、リヨン）、ジャン＝バティスト・モランの『ガリア占星術』（一六六一年、ハーグ、ヴラック社）がある。星の科学の複雑な諸原理をきわめたいと願う読者は、これらさまざまな著述の中に、ここでは書ききれないくわしい説明を見出されることだろう。

ある事件の際の、もしくはある人間の誕生時の天空の状態の図表は、《星の天象図《テーム》》とか、《誕生の天象図《テーム》》とか、《天宮図《ホロスコープ》》とか呼ばれた。中世でも、ルネッサンス時代でも、そして一七世紀になっても、高貴の人の誕生

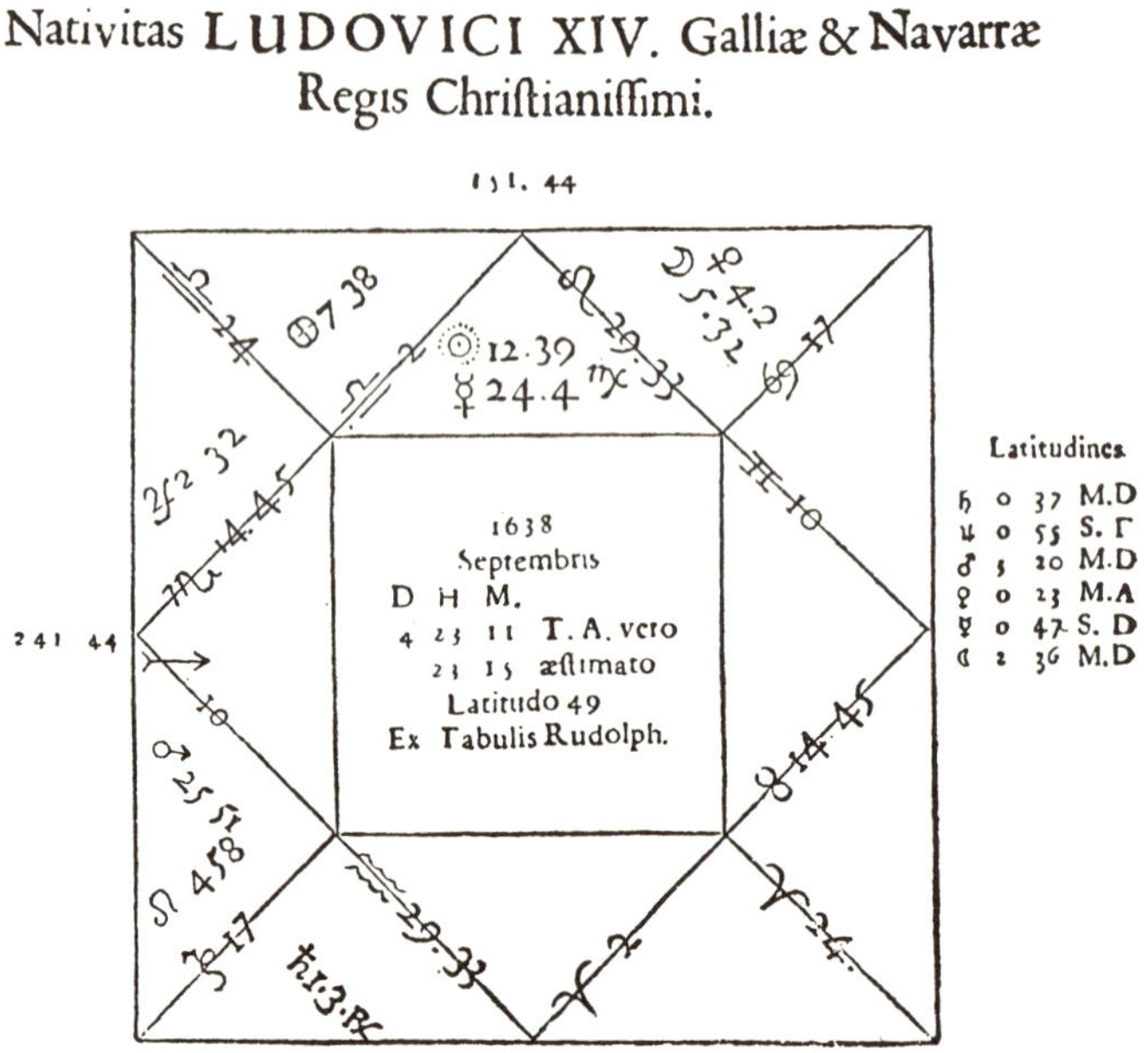

185　ルイ14世の誕生天象図
ヴィルフランシュのJ.＝B・モラン『ガリア占星術』ハーグ，1661年

のおりには必ず占星術師に誕生の天象図、すなわち誕生の瞬間の天の状態を正確に表わす図を作らせ、ついでこれを解読した。そこには当人の性格、品性、健康状態、かかるであろう病気、生涯に起こるであろう幸・不幸のあらゆる出来事などのしるしが見出されるはずであった。死の日付も、その死が非業の死であればなおのこと、明瞭に記されていた。

参考までに、ここでルイ一四世のホロスコープを見てみよう。ヴィルフランシュの有名な占星術師J＝B・モランの大著『ガリア占星術』に入っているものである（図版185）。この種の図の解読が示す複雑な細かい意味にここで立ち入ることはできないが、この図を構成する一二の三角形が一二の家を表わしているとだけいっておこう。上昇と呼ばれる第一のものは左側中央の三角形であり、第二の家はすぐ下の三角形、第三の家は次の三角形、といった具合に下方から右上へと図をひと回りする。

このルイ一四世のホロスコープでは、火星が財産と利益との第二の家にあり、その治世が好戦的でかつ富に恵まれることを予告する。土星は親、兄弟姉妹の第三の家にあって、それが家庭問題の紛糾を示し、ルイ一四世は生涯それに悩まされるという。《中空》と呼ばれる第一〇の家は当人の職業を表わすが、王のそれはすばらしい。そこには太陽があり、水星の影響はうまく及ばない。このような人物は最高の栄誉に達するが、その信じがたい偉大さのうちに結局は有用であるよりは有害な人生を送るであろうと予想している。《幸運の部》と呼ばれる第一一の家には特別のしるしがあり、ルイ一四世が大臣、顧問、とりまきの立派な人々の選択においてはことさらに運がよかったことを示している。

この基本的な解釈は、惑星の《相》、その黄道帯における位置などを考慮に入れることによって補うことができる。そうすればもっと正確な結果が得られよう。しかし、それにはたくさんの技術的な細かい問題に触れなければならず、ここにはその紙幅がない。

占星術は、世界中のどの民族でも人々から大変な信用を得ていたために、隠秘学のうちで教会があえて正式に糾弾することのできなかった唯一の部門だった。聖アウグスティヌ

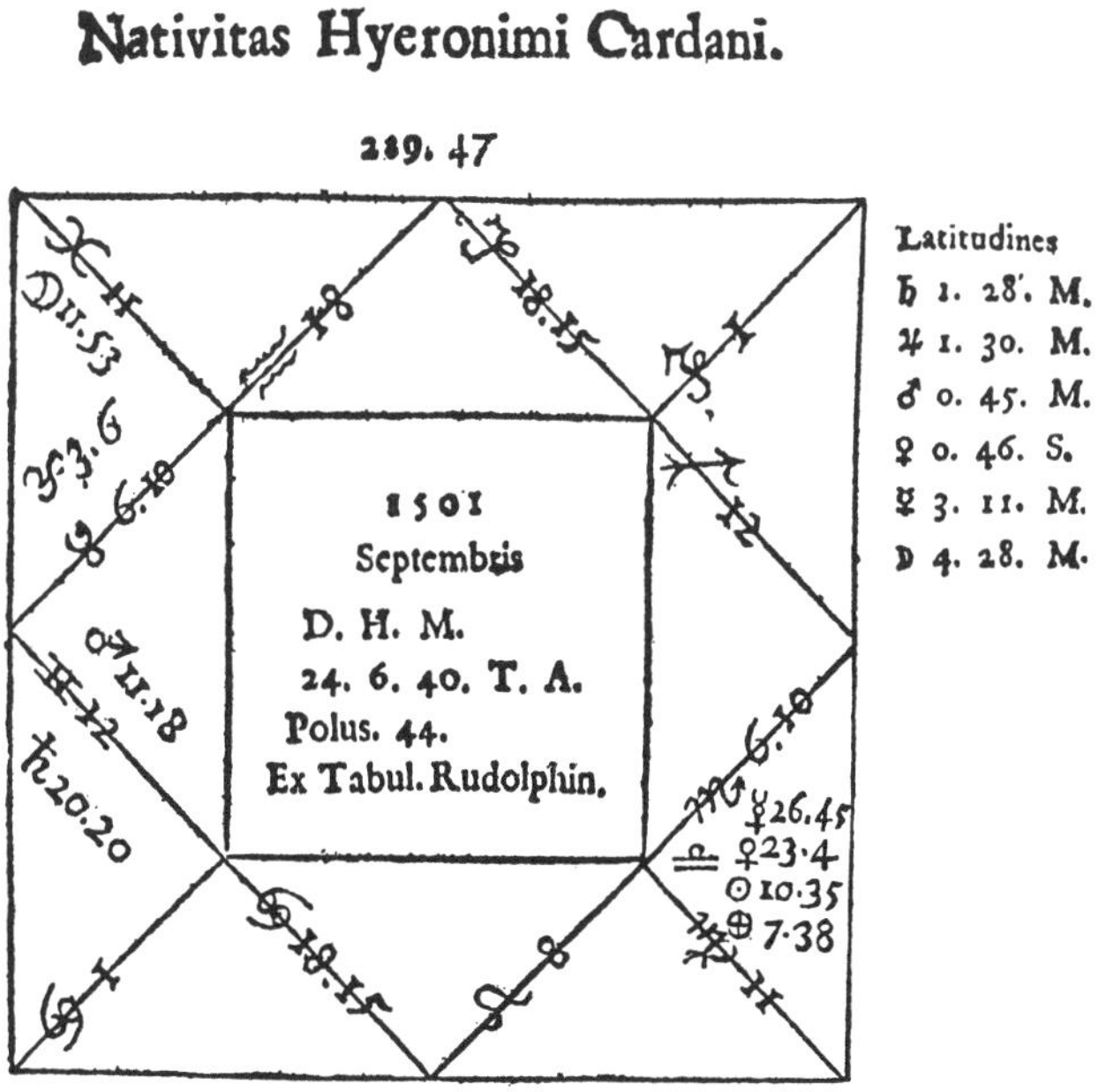

186　ジロラモ・カルダノの誕生天象図
ヴィルフランシュのJ.=B. モラン『ガリア占星術』ハーグ，1661年

スから聖トマス・アクイナスにいたる教会の教父、博士らの著書を読んでみると、この問題に関してはその理論にためらいが感じられる。彼らは非難はしたが完全に拒絶することはなかった。星占いの正確さを否定はせず、この科学の創出を悪魔に帰すことは絶対にしなかった。だが、迷信に染まった他の方法の場合には、断固としてそれを悪魔のものときめつけていたのである。未来を予見することは可能なのだろうか。神学者にとっては重大な問いである。聖書では、ヨセフ、魔女エンドル、「数えられた、量えられた、そして分たれた」を解き明かしたダニエル、そして他の預言者たちが未来を語った。よって未来は神の予知のうちではあらかじめ決定されている。それは人間が逃れるすべのない運命となるのだ。しかしながら、神学によれば人間は自由意志を持ち、神の恩寵も決して人間に拒まれることはない。善と悪との選択は自由である。ただ、神は人間が何を選ぶかを前もって知っているのだ。したがって神がみずからその選択を決めたのである。もし神がそれを知らないとしたら、神はすべてを知ることにはならず、全知とはならない。神学の論拠によっては、この問題は解くことができないのだ。

キリスト教は、占星術の運命論を認めれば、予定説すなわちジャンセニスムの説くところを助長することをよく知っていた。そして有効な論理的根拠をもって反対することなく、それを否認し続けた。占星術師は大胆に運命論の主張を支持していた。多くの人々は自分のホロスコープに予告されている不幸な事件を見て、そうした事故が起きそうな状況に出会わないように努めた。例えばホロスコープがお前は難破によって死ぬといえば、その人間は何が何でも海へ行くことは避けようとし、川を渡ることすらすまいとした。しかし、それは不可避であることを避けようとするに等しい、と占星術師らはいった。だれも己の運命を逃れることはできない。逃れようと努めれば逆にその努力が宿命の事件を引き寄せる力になる。そうではなく、人が星占いの予告することを避けられるなら、ホロスコープは起こるべき出来事を示しはするがそれは実際には起こらないということになって、占星術は土台から崩壊してしまうだろう。

モリエールは、少なくとも医者を嫌うのと同じくらい占星術師を嫌っていたが、『気前のよい恋人たち』の第三幕第一場では、占星術の信奉者たちにむかって、自分が議論の余地のない真理と考える自由意志をもちだして、彼らを当惑させることを忘れなかった。

次はモリエールが占星術師アナクサルクとその相手たちに交わさせた会話である。

アナクサルク――世の中の人々が皆私の予言の的中を見ています。それが、奥様、私にできるお約束の十分な証と存じます。とにかく、天が貴女に何を示しているかを、申しあげましょう。後の解釈はご随意です。いずれの運命をおとりになるか、選択なさるのは貴女なのです。

エリフィール――天は私に二つの運命を用意しておりますの？　アナクサルク。

アナクサルク――さよう、奥様、一人と結婚されれば幸福が訪れましょうし、もう一人の方と結婚なされば不幸が伴うでしょう。

エリフィール――でも、両方と結婚することはできないのですから、起こるはずのことだけでなく、起こらないはずのこともどう天に記されているのか、知らねばなりませんわね。

クリティダ（傍白）――さてさて、わが占星術師はお困りだ！

ここでモリエールは、いかさま占星術師でもなければ絶対に用いないような言葉をアナクサルクに使わせ質問をかわしている。占星術師があれかこれかという運命の選択を許すことはまずなかった。占星術師は、避けることの不可能なただ一つの運命しか示さなかったのである。

187　ジロラモ・カルダノ48歳の時の肖像
作者不詳の木版画，1553年

逃れられないままに、否応なく冷酷な運命にあうということについては、一六、一七世紀におおいに論じ書かれたものだったが、その非常に興味深い一例は、有名な学者ジロラモ・カルダノの場合である（図版187）。彼は数学者で三次方程式を解く方法を発見したが、それでも偉大なアマチュア占星術師であった。自分のホロスコープに己の死の正確な日付を読みとっていた彼は、この占いを実現するために、また占星術に偽りをいわせないために、七五歳で餓死をとげたといわれる。

つまりは宿命が成就しえたのは自由意志によるのだ、と自由意志の支持者はいう。しかし、反対者らは、宿命的な出来事はやはり起きたのであり、その種の死の理由が何であったにせよ運命の書には彼が飢えて死ぬべきことが記されていたのだ、と主張した。

残念ながら、事実の検証は難しい。カルダノの死亡した正確な日付にはいささか不確かな点があるからだ。トゥーによればそれは一五七五年九月一日であり、ベイルは彼が一五七六年一〇月にはまだその自伝『わが生涯』を執筆していたという。ジロラモ・カルダノは一五〇一年にパヴィアに生れている。図版186は、J＝B・モランの『ガリア占星術』にある彼のホロスコープである。これが正確だとしても、カルダノの死ぬ年を読みとるに十分なものとは思われない。J＝B・モランもそれについてははっきり述べている。火星♂が上昇にあり、凶の相で、第二の家にある土星♄とは八分の一対座、水星☿とはほぼ衝である。これは明らかに非業の死を予言している。ただし天秤宮♎にある水星は明確に数学の素質を示す。が、どうもカルダノは毎年ホロスコープを作り、その図が彼にとってことさら不吉に感じられた年には自分の死を予告していた、というのがより真実に近いらしい。

誕生の天象図を作成するためには、占星術師はながながと複雑きわまりない計算をしなければならなかったが、

188　15世紀の占星術師
シャルル六世と呼ばれるタロット・カード
国立図書館，版画室

やがて天文学が発達するにつれて天体位置推算暦や表が出版されて手続きは簡単になる。これらは一日二四時間の天空の状態を日々継続的に一年間にわたって示したものである。一七世紀には、何人かの占星術師が引用しているロドルフィン表が用いられた。前にあげたアルスナル図書館の写本からとった図(図版143)は降霊術の鈴を表わし、この術には惑星の精霊の介入が必要なのだが、図の下の方に「マサヴァカの天体位置推算暦」すなわち「時の算定」という語が書かれている。それに続いて《あなたが生れた国のあなたが生れた時間の惑星の状態がどのようなものであったかを知るために》とある。出版されたものはない。しかし、現代の占星術者は『ラファエルの位置推算暦』を利用している。これは毎年イギリスで出版され、一切の計算の手間をはぶいてくれる。その結果、信じられないようなことだが、今日では空を仰ぎ見たためしのない占星術師、星を知りもせず、望遠鏡をのぞきもせず、惑星なり星座なりを指し示して欲しいと頼んだらすっかり当惑してしまうような占星術師が存在するのである。彼らは本をひもとき、そこにある数字を調べてホロスコープを作っているに過ぎない。

昔はそうではなかった。どの占星術師も天文学者の役をもつとめなければ占星術を行なうことはできなかった。表もなければ目録などもないまま、彼らは人が生れたその瞬間に直接天空状態を観察してホロスコープを引くほかなかった。そうしなければ、数年後にこの状態を捉えようとしても、その計算はほとんど不可能なほどに難しかったのである。誕生が昼間であれば、一二時間後の夜の同時刻に空を観察し、減法を用いた。これはどの天文学者もたやすくやってのけた方法である。

占星術師が天空状態を研究している描写として、われわれが知っている最も古いものは、見事なタロット・カードの中にある。このカードはおしいことに不揃いだが、シャルル六世のタロットの名でパリの国立図書館に保管されており、一五世紀初めのものである。伝統的に月と名づけられている一枚に、二人の占星術師が普通のコンパスを使って月の高度を測定し、得られた数値をノートに記入しているところが描かれている（図版188）。彼らが用いている方法が簡単なことに注意しよう。二世紀後にも、この方法はほとんど変っていない。フラッドの著書『大小両宇宙研究』（一六一九年、オッペンハイム）の口絵の一枚に見られる占星術師も、一四世紀の同僚と同じように器具は持っていない（図版189）。このきれいな画が示す情景は、占星術を題材にしているきわめて珍しいもののなかでも、特に興味深い一枚である。占星術師は自分の観測室にいる。田園に向って広く開いた柱廊の間である。彼は自分の前に坐った男の星占いをしている。その男は百姓らしい。机の上にはインク壺、アーミラリ天球、そして欠くことのできないコンパスがある。が、施術者はこうした初歩的な道具にさえ頼らずに、前に置いた紙に天象図を書いている。指を一本天空に掲げて直接に星座を読み、ペンを取ってあらゆるしるしを図に写す。そこに一二の家の描線がはっきり見分けられる。他には器具は何もない。ことに天体望遠鏡などは見当らない。多くの挿絵画家はたわいもない時代錯誤からこの道具を占

189　誕生の天象図を作る占星術師
ロバート・フラッド『大小両宇宙研究』オッペンハイム，1619年

星術師の手に持たせたがるのだが。

現代の大衆の間に広く行きわたっている版画とか、程度の低い隠秘学の通俗的な内容の売らんかなの本には、どれにでも入っている図柄がある。そこにはきまっていわゆる《古典的な》占星術師が描かれており、彼らはとんがり帽子をかぶって、黄道一二宮を描いた衣服を着け、大きな望遠鏡を頼りに空を観察している。これほど大きな間違い、これほどばかげたことはない。モリエールの時代の医者と薬種屋のとんがり帽子が、そんなものをかぶったためしのない占星術師に譲られたのだ。人々はなぜか一八世紀の変った画師ジョが描いた喜歌劇の妖術師の装いを、占星術師に着せてみたかったのである（図版191）。このジョは、すでにわれわれに、伝統的な妥当な資料を度外視した思いつきの悪魔の夜宴を描写してみせてくれた（図版66）。

とっくになくなっていていいはずのこの紋切型に従って、人々はあくまでも昔の占星術師を表現している。しかし、どの学問もみずからを、《正確》なりと宣言するにはまだはばかりのあった、いくぶん動揺気味の不確かな時代である。星占いを職業としていた人々も、他の学問にたずさわる人々と同等の学者とみなされ、それなりの装いをしていただけで、特別に大衆の目につくなどということはまったくなかった。彼らが行なった計算は否応なく彼らを数学者にしたし、数学者で何ほどか占星術にかかわらない者も皆無だった。占星術師は、だから一六世紀に大方の学者が身に着けていた簡素で重々しい地味な衣服を用いていた。その特徴を最もよく表わしてい

190　ギヨーム・ポステルの肖像
ギヨーム・ポステル『大学論』
ライデン，1635年（著者所蔵）

る例として、ギヨーム・ポステルの立派な全身像を載せておこう（図版190）。この隠遁の哲学者は、フランソワ一世の要請によりコレージュ・ド・フランスで最初にヘブライ語を教えた人物である。このカバリストは『ゾハルの書』と『イェジラの書』を仏訳し、数学の教授をもかね、その主題について特に書物を著わすようなことはなかったが占星術にも熱心であった。彼の『大学論』（一六三五年、ライデン）のいくつかの版で、またときに『共和国について、またはアテナイ人の国政についての書』（一六四五年、ライデン）の中でわれわれは彼に出会う。ギヨーム・ポステルは博士の帽子、エラスムスをはじめ、一六世紀の学者のだれもがかぶった帽子をかぶり、哲学者の衣服をまとっている。首には胸十字架をかけているが、これはオリエントを訪れたときの記念である。手には数学者のコンパスを持つ。地球、天球、アーミラリ天球の三球儀に囲まれた姿は、彼の仕事が何かをよく表わしている。かつての占星術師を表現するときには、このようでなければならない。他の姿ではいけないのである。

いつでも手に天体望遠鏡を持たせるというのもおかしな話だ。オランダでは一六一〇年のガリレオの望遠鏡以前に、最初の天体望遠鏡が現れたが、それも一六〇〇年から一六一〇年であったことを忘れてはならない。グレゴリウスの最初の望遠鏡がやっと一六六三年である。したがって、占星術の絶頂期とみなすことができる一六世紀には、占星術師は望遠鏡などは持っておらず、いくらかずつ改良を加えた旧式な道具——照準儀、

191 想像による妖術師の衣服
ジョ画，トゥーラン彫版，
18世紀の版画

各種の象限儀、六分儀、半円儀、視差計などを用いていたに過ぎなかった。近代天文学を始めた一人であり、同時に占星術をあくまで支持した一人でもあったティコ・ブラーエその人さえ望遠鏡は知らなかった。彼が死んだのは一六〇一年で、オランダでさえ望遠鏡がすでに出ていたかどうかは疑わしいのである。観測所の彼を描いた奇妙な肖像（図版192）は彼の大著『天文学を革新する機械』（一六〇二年、ニュルンベルク）からとった版画だが、上部にある銘によると一五八七年、この占星術師が四〇歳になった年の作品であり、科学史上きわめて貴重な資料の一つである。ティコ・ブラーエは長衣をまとい丸い縁なし帽をかぶって机のそばに坐り、壁にあけた長方形の小窓越しに、星が子午線を通過するのを待っている。彼の手はその小窓を指している。観測をするのは彼の後にひかえる人物で、この男は鏡を見つめている。ブラーエは手許にコンパスと直角定規しか置いていない。観測所の一階では助手たちが錬金術らしい蒸溜を進めており、二階では他の者たちが計算に余念がない。バルコニーのついた三階では、天文学者が二人、象限儀、六分儀、アーミラリ天球を用いて星を観測している。前景には天文時計、ティコ・ブラーエ自身の発明になる四分儀あるいは壁指針板と呼ばれる大きな装置がある。しかし、これらの中には当然のことながら望遠鏡は影も形もない。

この新しい道具を用いた、ただ一人の優れた占星術師はヴィルフランシュのジャン＝バティスト・モランである（図版194）。彼の大著『ガリア占星術』については何度か述べたが、生年は一五八三年、没年は一六五六年である。一級の数学者であり偉大な天文学者であった彼は、最初に望遠鏡を照準儀を使って指方規と円に適用させることを思いついた。しかし、この頃すでに占星術は衰退への道を辿っていたのであり、その栄光の時代は天体望遠鏡の発明以前に終っていたのである。

なお、伝統を重んじ新しいことを積極的に取り入れる気のなかった占星術師が、実際には天象図の作成方法に

192 観測所のティコ・ブラーエ——1587年
ティコ・ブラーエ『天文学を革新する機械』ニュルンベルク，1602年

ほとんど変化をもたらさなかった望遠鏡をあわてて用いようとはしなかったであろうことも、大いに考えられる。一六八二年の日付のあるアルスナル図書館の写本二五四一番『人間の誕生後のあらゆる事故のための星占い図の判定に関する占星術論』には、ペン書きの口絵がついており（図版193）、一人の占星術師が旧式な方法、すなわち望遠鏡ではなく単純な木の定規を目に当てて星を観察している。ボルドロン神父が天体望遠鏡を占星術師たちの手に持たせるのは、一八世紀の初めになってのことである（図版195）。彼の『ウフル氏の奇想天外な空想物語』（一七一〇年、アムステルダム）の口絵の中でのことだが、占星術に対する冷淡で凡庸な冷やかしを集めたこの書物は、古代にあれほど高い地位を占めたこの術が、まさしく退廃に向っていたことを示している。いってみればもはや占星術師はいなかったのだ。占星術師であり続けた人々も、自分たちの職業が日々信用を失墜して行くのを見るだけのことだった。

193　天空を観測する占星術師
『星占い図の判定に関する占星術論』
アルスナル図書館，写本2541番，17世紀

占星術は何世紀かむかし、かなり流行した時代があった。それが今日、五〇年前には信じられなかったような勢いで息を吹き返したのだ。さまざまな歴史的事件に対してなされていた予言のことを思うと、この流行もある程度当然とみなしてよい。これは認めねばならない。つまり、占星術師ルイ・ゴリックは教皇レオ五世に教皇位につくであろうと予言し、

194　ヴィルフランシュの占星術師ジャン＝バティスト・モランの肖像
1648年の版画

195　天空を眺める占星術師
ボルドロン神父『ウフル氏の空想物語』
アムステルダム，1710年

ジョヴァンニ・ベンティヴォリヨにはボローニャの支配者の地位を失うだろうと告げ、この二つの事件は実現する。リカルド・チュルヴィーニは息子マルチェロ・チュルヴィーニに教皇になるだろうといったが、たしかに彼は一五五五年に選ばれてマルケルス二世となった。パレストリーナがその有名な『マルケルス教皇のミサ曲』を捧げた相手は彼である。ジャン＝バティスト・モランはサン－マール侯爵がまだルイ一三世の寵を受けている時に彼の処刑を予言した。素姓の定かでない占星術師ピエール・ル・クレルクは一七九〇年、ナポレオン・ボナパルトに王座につくだろうと教えたという。

　このような出来事を全部あげることはとてもできない。この種の事件の最も多かったのは、占星術の輝ける時代であった一六世紀だった。すでに述べたカトリーヌ・ド・メディシスは隠秘学の研究に大いに関心を寄せ、占星術師を何人か召しかかえていた。中でもよく知られているのが、アンリ二世の死を予言したノストラダムス、またルッジエリ、ルニエである。ルッジエリは風変りで正体の知れないいかがわしい人物で、妖術を行なった。それも少々低級な毒物の術を施していたらしい。降霊術もやり、占星術にもたしかに長けていた。ルニエは数学者である。カトリーヌ・ド・メディシスは彼のために有名な占星柱を建てさせた（図版183）。これは今なおパリのヴィアルム通りの旧小麦取引所、現在の株式取引所の建物に付属している。これはヨーロッパに現存する唯一の純粋に占星術的な建造物である。ピエール・ブュランの設計図によって一五七二年に建立され、高さ三〇メートル、直径三メートルの縦溝のついたイオニア式円柱である。内部のらせん階段が天辺へ通じ、そこに星の観測に用いた円天井が設けられている。約三分の二の高さの位置に日時計が見える。これは、カトリーヌ・ド・メディシス時代のものではなく、ルイ一五世の時代になって天文学者パングレがとりつけたものである。一八世紀の見事な版画（図版183）がこの円柱を正面図、断面図、平面図、正面半分の輪郭図で表わしている。カトリーヌ・ド・メディシスは、この建造物を一五七二年に国王付建築家ジャン・ブュランによって建設中だったソワッソンの館に建てさせたのだ（図版182）。川岸のチュイルリ宮殿が自分にとって不吉であると信じ込んだ彼女は、そこから離れようと考えていたのである。イスラエル・シルヴェストルの版画では、このルニエの柱が建物の右翼の上にそびえているのが見える。汚ない中央市場の場所にこんな魅惑的な館が建っていたとは、ちょっと信じられないことだ。今日ではこの市場で毎日数知れない取引があって、正午ともなれば泥の中に捨てられた芥や屑が散乱して目もあてられないありさまである。

占星術の中でとくに喜ばれた占いは、民衆が証人になる国家の運命や大事件にかかわる予言を行なうものであった。謎の人物ミルダンは、中世フランスに多大の影響力をあたえた伝説の中で魔法使メルランとなったが、詩人であり、妖術師であり、呪術師であり、おそらく占星術師でもあって、難解な予言の本を書いた。君主は不安や決定しなければならない重大な問題に直面するときまってこの本を開いたものだった。しかし、彼の記憶が時という闇に沈むにつれてその文章もいよいよ分りにくいものとなり、一六世紀には、その時代の生活によりふさわしい表現である有名な占星術師ノストラダムスの言葉にとって代わられるようになった。本書には一五六二年に彫られた珍しいそして奇妙な彼の肖像を載せたが(図版184)、このように威力のある眼光の持ち主なら、たしかに同時代の人々の心を惑わすほどの影響力を及ぼさずにはいなかったろう。プロヴァンスのサロンに隠遁し、独特の方法――その秘密は一切明かさなかった――で占星術に打ち込み、『諸世紀』をまとめ上げた。その各巻が謎の言葉で書いた予言の四行詩百篇を収めている。うちいく篇かは私の『隠秘学選集』に紹介しておいた。ここでは彼の書いた六行詩の二行だけを引用しよう。これは事件の五〇年以上前に出版されたものだが、その明瞭さと正確さを認めないわけにはいかない。

武器を手に六百と一〇まで
それ以上長くは、彼の命はのびるまい

この言葉はどうしても、一六一〇年に起ったアンリ四世暗殺に当てはまる。一五六六年に死んだノストラダムスは自分の予言の実現を知ることはなかった。

3　小宇宙における占星術

宇宙を統べる隠秘的法則の研究にたずさわる哲学者すべてに共通する特徴の一つは、人間を、大世界すなわち宇宙に類似の小世界である、とみる教義である。この哲学者たちは秘教的象徴主義によってその宇宙の法を説明するが、それはカバラに触発された著作にも、ギリシャの大方の書物にも見られるものである。「小宇宙」と「大宇宙」の理論はあらゆる民族の秘教や神秘的教えにも見出される。錬金術の非常に古い原典『エメラルド板』は、《高きにあるものは低きにあるもののごとし》という。隠秘論的教義のしみこんだあらゆる哲学者の著作はこの原理の長い注釈に他ならない。人間が大世界の縮図であり、両者がともに同じ機械的、物理的、生理的法則に従うならば、唯一のそして同一の研究をするだけで、容易に一方により他方を知ることができる。人間を知る者は宇宙を知り、逆に宇宙を知る者は人間を知るのである。

こうした類比、対称、並行の理論が総合を志向する悟性にとってどれほど魅力的であったかは推察に難くない。分析方法がないままに、人々は、占星術上の与件のすべてが人間のうちにそのままの対応を持つと信じ、人体の中に惑星の全体系を住まわせるまことに魅惑的な機会を逃さなかった。

占星術において最も重要であるのが、強力な二系列のしるし、七惑星と黄道一二宮である。それは、原初の人間が読むことを学んだ自然という偉大な書物のアルファベットそのものなのであった。そよとの風もなく、野営

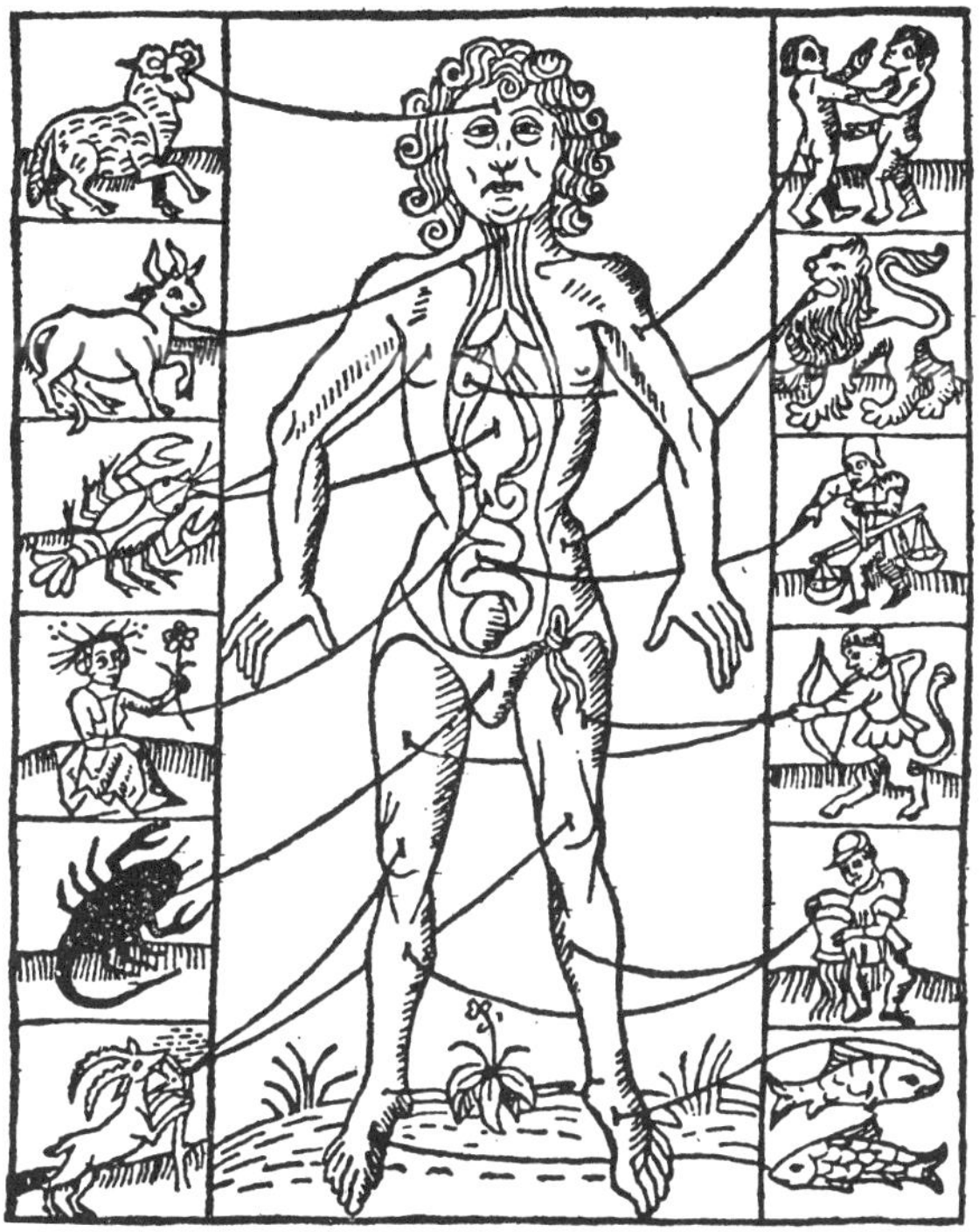

196　人体における黄道一二宮の位置
『聖者の殉教譚』ストラスブール，
1484年（著者所蔵）

197　人体における黄道一二宮の位置
『羊飼いの暦集』パリ，1499年

の煙が真直に天頂へ昇って行くオリエントの重たい夜、カルデアの羊飼いたちは、光り輝くこれらのしるしに視線を走らせてその広大無辺な空間にしんそこ怯えたに違いない。その動き、その深い沈黙の中に彼らは何らかの目印になる点を定めようと試みた。この時、彼らは知らず知らず数学の最初の道標を立てていたのである。

長い間、それだけが彼らの知る唯一のことであった。惑星と黄道帯は無限において空間を画定するものであった。人知の境界を記すものであった。そして、このきわめて確かな手引をたよりに、人々は大奥義よりおそらく遙かに複雑で、ずっと謎に満ちたもう一つの神秘、人間の探求へと乗り出したのである。

まず、人間の身体を黄道帯の帯がとりまいており、その一二宮が身体の主要な器官を示す、ということが異議のないものとして確定された。そして、この一種の科学的神秘主義が真の美術作品を生んだ。その出来ばえも見事である。

はじめに、ドイツの非常に珍しい初期印刷本『暦による聖者の殉教譚』（一四八四年、ストラスブールにてヨーハン・プリュースによる印刷）の木版挿絵に、大変明快に図示されている、人体の各部分に当てはめられた黄道一二宮の配置を見よう（図版197）。白羊宮が頭を支配する。金牛宮は首と肩を治め、双子宮が両腕に関係する。獅子宮が心臓、巨蟹宮が胸と胃の口、処女宮が腹というより特に胃の下の口、天秤宮は腸の働きをつかさどる。天蝎宮は性器、人馬宮は腿、磨羯宮は膝、宝瓶宮は臑、双魚宮は両足、に対応する。したがって個々人の天象図と、われわれが彼の《解剖図》と呼ぶ図との間には密接な対応関係があったに相違ないが、この相関関係はほとんど検証されなかった。愛書家にはよく知られている別の初期印刷本『羊飼いの暦集』（一四九九年、パリ、四つ折判）にも同様のさらに巧みな想像力豊かな美しい出来ばえの図があり（図版196）、前者と全く同じ順序で同じ宮のしるしが描かれている。

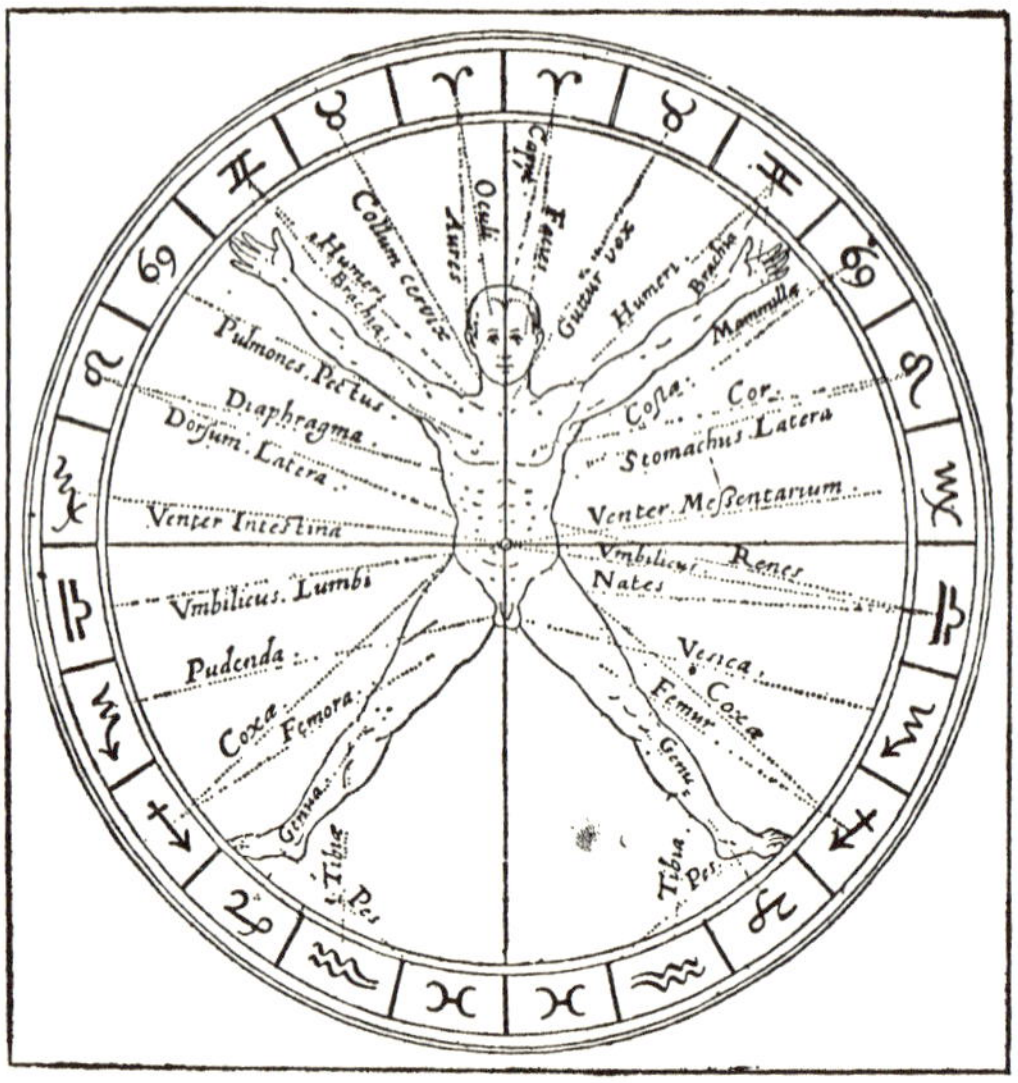

198　人体における黄道一二宮の位置
ロバート・フラッド『大小両宇宙研究』
オッペンハイム，1619年

『大小両宇宙研究』の中でロバート・フラッドは、もっと細かい所までを正確に示し、そのために二重の黄道帯を図示している（図版198）。白羊宮は頭、顔、耳、目に対応する。金牛宮は首、襟首、喉、声に、双子宮の二重のしるしは両肩と両腕に当る。巨蟹宮は胸、肺、肋骨、乳房に関係し、獅子宮は心臓、胃、脇腹、横隔膜、背を統べる。胃を巨蟹宮に入れる前の体系との大きな相違点だ。処女宮は腹、腸間膜、腸を、天秤宮は臍、腰、腎臓、尻を治め、天蝎宮は性器と膀胱を統べる。人馬宮は腿と大腿骨に、磨羯宮は膝に、宝瓶宮は脛骨に、双魚宮はこれも二重のしるしで両足に対応する。

惑星も人体に影響力を及ぼした。ロバート・フラッドはその位置づけもそれぞれの部分に明細に規定した（図版199）。土星は右耳、歯、脾臓、膀胱を支配し、木星は肝臓、肺臓、肋骨、脈拍、精液を治める。火星は左耳、腎臓、性器、胆嚢に対応し、太陽は脳と心臓とを同時に統べる。すなわち体の組織の最も重要な二つの部分の主人である。その影響力はまた右目にも及ぶ。金星は腰、子宮、睾丸、喉、肝臓、乳房をつかさどる。水星は舌と右手を治める。また、太陽と同じく脳に影響力を持ち、特に記憶に作用する。月も脳、左目、心室に働きかけ、味覚をつかさどる。

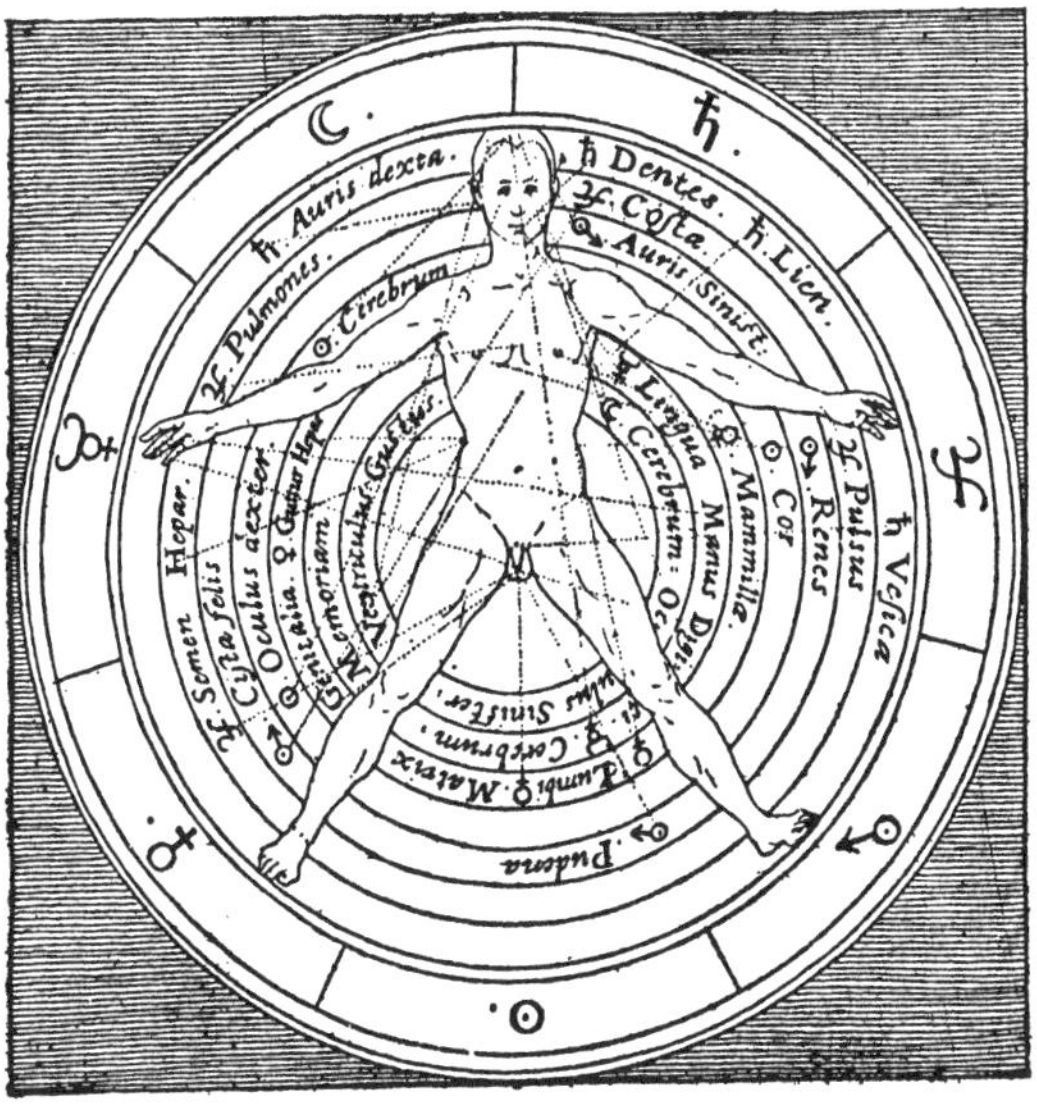

199　人体における惑星の位置づけ
ロバート・フラッド『大小両宇宙研究』
オッペンハイム，1619年

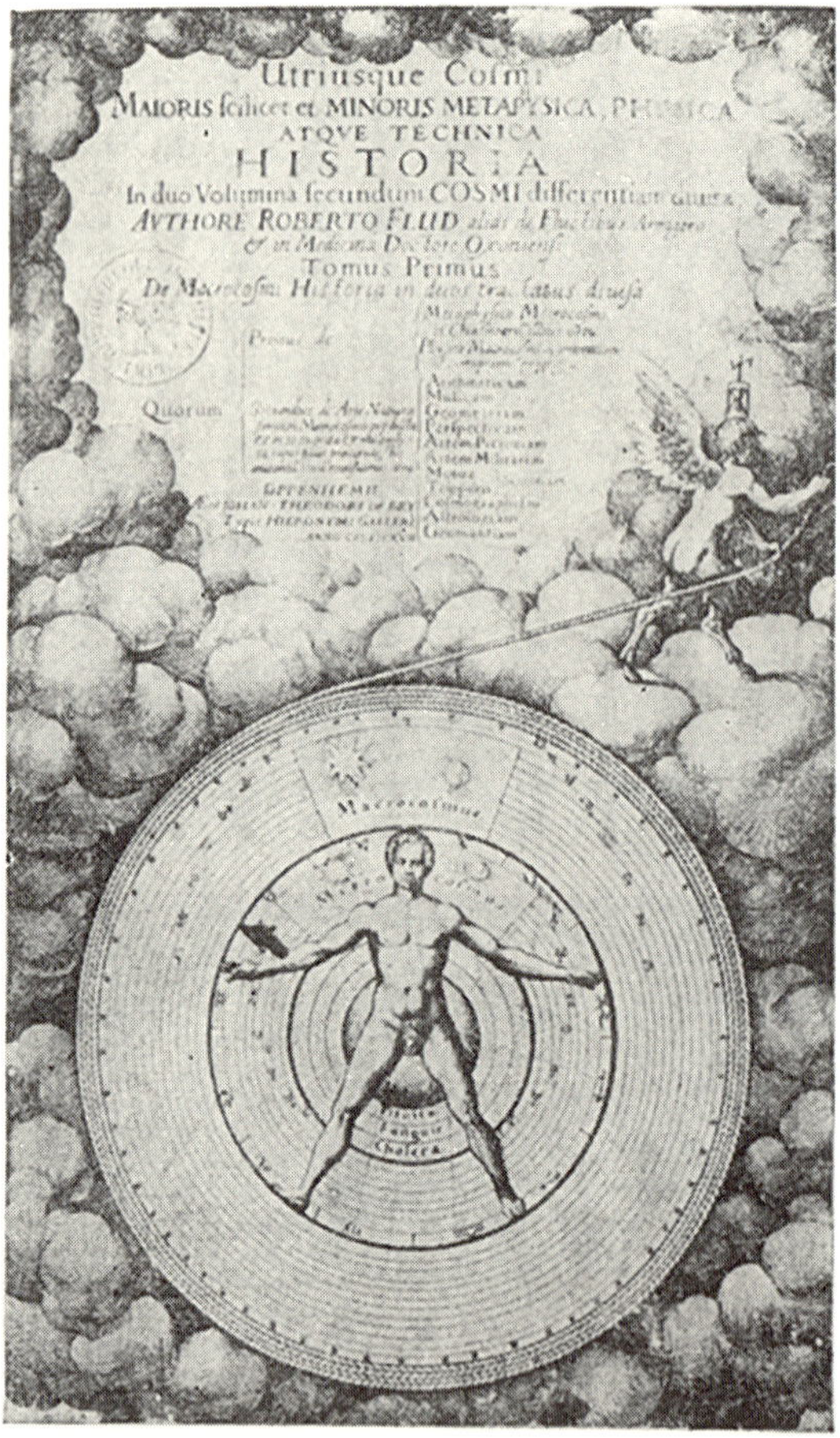

200 大宇宙と小宇宙
ロバート・フラッド『大小両宇宙研究』
オッペンハイム，1619年

ドイツの神秘主義者ギヒテルはその『実践神知学』（一七三六年）で、まったく異なった惑星の位置づけを考えている。彼は、土星を脳に、木星を額に、火星を肺に、太陽を心臓に、金星を胃に、水星を肝臓に、月を腸に置く。さらに他には見られないことだが、主な四器官と四大要素との間の類比をたて、火は心臓に、水は肝臓に、地は肺に、空気は膀胱に住むと説く。

ブロは彼には賛成せず、《太陽は頭、月は右腕、金星は左腕、木星は胃、火星は睾丸、水星は右足、土星は左足》という対応関係をたてた。しかし、コルネリウス・アグリッパの『隠秘哲学』第二巻二七章では、また違いが見られる。彼はそこで一つの円を図示し、その構造を以下の通りに説明している。《一点を中心に円を描く。この円が頭の天辺を通り、下方に開いた腕の指先が円周に触れ、頭の天辺から手の先端が離れているのと同じ程度に開いた足が同じ円周に触れるように描くと、恥骨の下部を中心とするこの円は五等分されて正五角形ができ、かつ足のかかとの先と臍とを結ぶと二等辺三角形となる》。この五角形の頂点に、アグリッパは惑星を配する。火星を頭上に、金星を右手の先に、木星を左手先に、水星を右足先、土星を左足先に置き、さらに月を性器に、太陽を胃の真中に持ってくる。だが、この体系の鍵をわれわれに説き明かしてはくれない。

この先になお別の図があり、惑星の位置づけが人体の姿勢によって異なることを教えてくれる。アグリッパは

201　小宇宙と天上界
ロバート・フラッド『大小両宇宙研究』
オッペンハイム，1619年

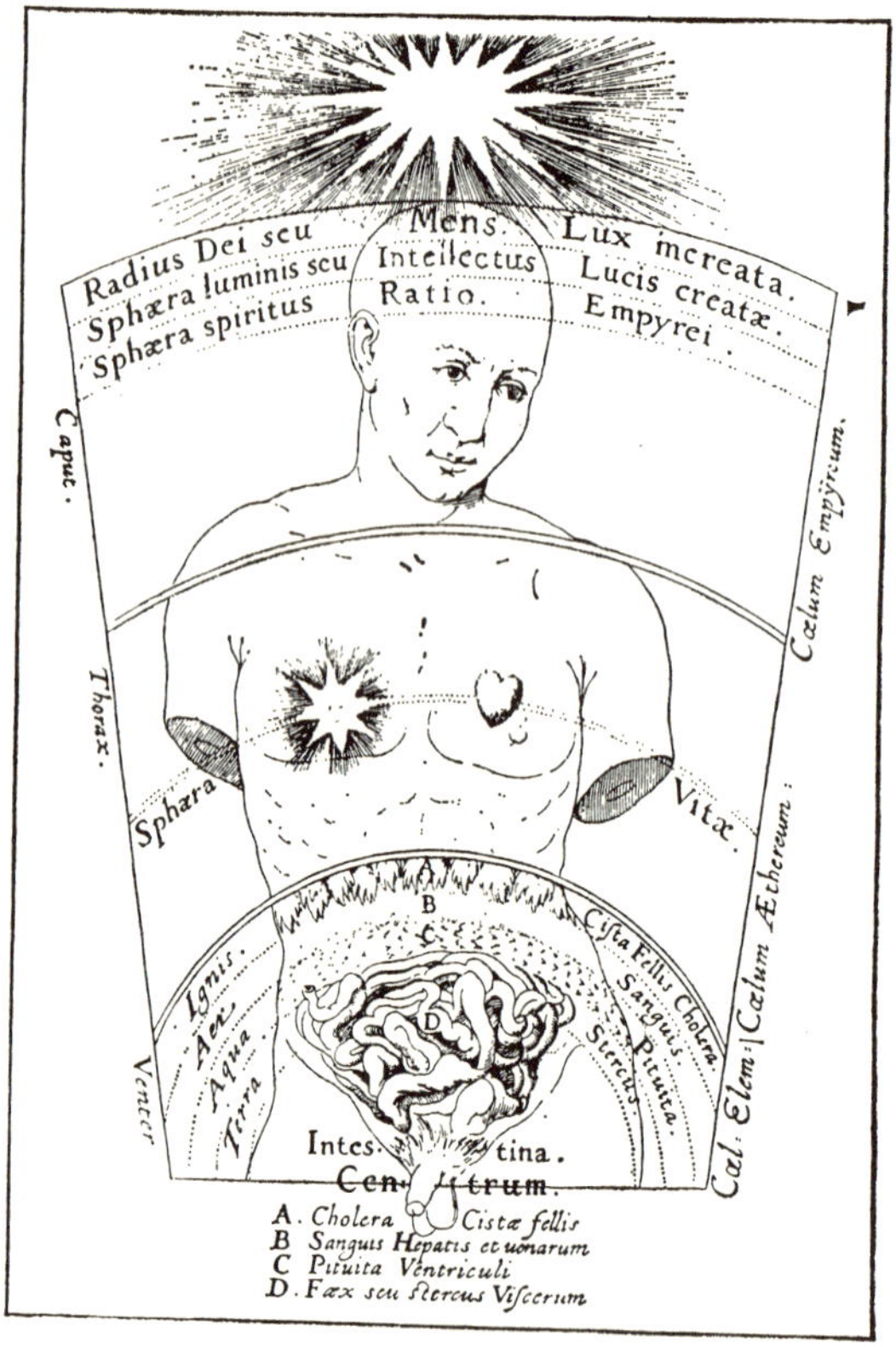

202　最高天と人間との対応
ロバート・フラッド『大小両宇宙研究』
オッペンハイム，1619年

続ける。《両手をこのようにあげ、脚をその人間が身長の一四分の一だけ低くなったように拡げた上で、両足の先と恥骨の下部とを結んで二等辺三角形を作ると、円心は臍に来て、円周は手と足の先端に触れることになる》。この姿勢の場合には、アグリッパは太陽を頭上に、月を右手、金星を左手、水星を右足、土星を左足（この最後の二惑星には変化はない）に置く。そして火星が性器に、木星が胃の中心に位置する。

著者によってこうしたくい違いがあるのは残念だが、その説明はつかない。しかしながら、ロバート・フラッドが示す惑星と人体各部との対応関係が、古くからの伝統に一番近いようである。近代の占星術師のある人々は、占星術の衰退期からはるか後に発見された天王星と海王星とを星図に導入した。だが、世界が始まった時すでに確立され、その原理が完全不易であると考えられる科学の基本構想に、そんなものを付け加えることを、断固として拒絶する人々もいる。

黄道帯と惑星が人間に与える共役的な影響は、フラッドの著書のすばらしい口絵二枚の中で巧みに総合されている。一枚目では（図版200）、小宇宙を表わす人間は、自分の天の円の中に描かれて、惑星の円と諸要素の円とに囲まれている。版画師の空想によって、時間が擬人化され、どういうわけか翼のある牧神として登場し、巻揚機のケーブルのように宇宙全体をとりまく綱を引っ張って、宇宙を永遠に回転させ続ける。もう一枚では（図版201）、小宇宙は不可視の天上界にとり囲まれている。ここには神学とカバラの思想が読みとれる。大宇宙の惑星の円に天使の九階級の円が入れ替る。天使、大天使、力天使、能天使、権天使、主天使、座天使、智天使、熾天使で、下級、中級、上級の三階級に分れ、これに声、喝采、出現という疑わしいギリシャの呼称を与えている。この九階級は人間に影響を及ぼすが、大宇宙の惑星系が人体に作用したのとは異なり、人間の精神面、不可視の面に働きかける。この精神部分はそれ自身三部に分れ、下級－理性、中級－知性、第三の級－神に最も近い魂（mens）となっている。

ロバート・フラッドは他に星の小宇宙との対応関係を定めた（図版202）。この変った図式によると、魂の座は頭蓋

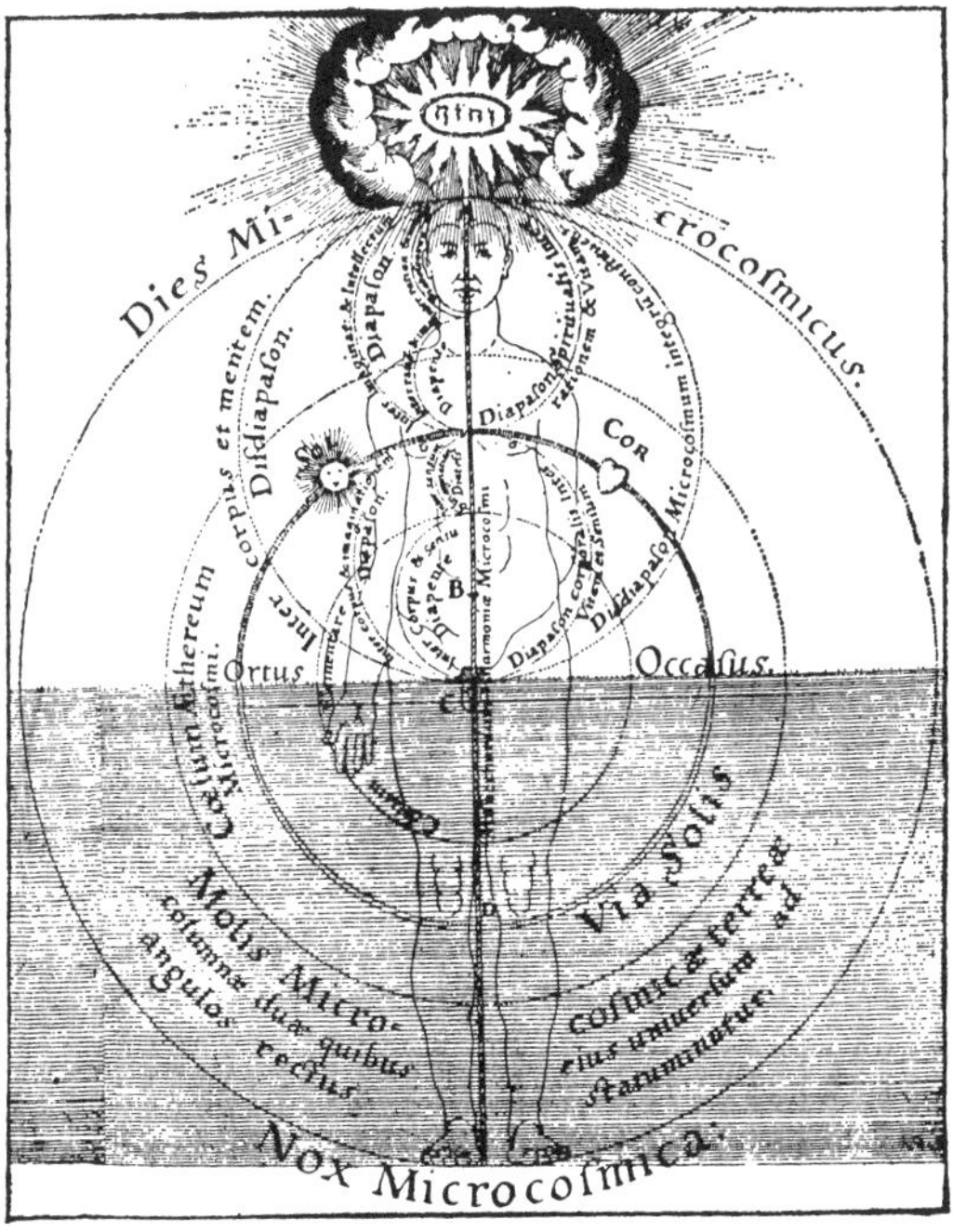

203　小宇宙の昼と夜
ロバート・フラッド『大小両宇宙研究』
オッペンハイム，1619年

の最上部にあって未創造の光明すなわち神の光線を直接受けている。知性は中間層に座を占め創造された光明の天球によって光を与えられる。理性は頭全体が所属する最高天の精神の天球から派生している。胴はエーテルの天に対応する。これは生命の天球であって、太陽が軌道を描き心臓に影響力を及ぼす。腹は諸要素の天に対応し、そこで諸要素が火は怒りを胆嚢で、空気は血液を肝臓と血管で、水は粘液を胃で、地は排泄物を腸で生み出す。

次の図式（図版203）は複雑になり、彼の説明をたどることがもっと難しくなる。ここで彼は形而上学的論理を進め、大宇宙の惑星系は地球に昼と夜の交替を生み出すのであるから、同様に《人間の昼》と《人間の夜》とが存在するはずである、と主張する。そのために、いろいろと考察を重ね、『スキピオの夢』から借りたものであろう、ピュタゴラス派の人々が音程と天体の運行の間に発見したと述べた諸関係を導入した。彼によれば、上半身が昼に対応し、下半身が夜に対応する。彼はこの関係について調和のとれた一つの体系をうちたてた。その研究は、この図によって聡明な読者ご自身で進められたい。

図版204は大変注目すべきもので、最上界が人間の脳にどのような作用を及ぼすかを示している。頭蓋内部の能力の位置づけの細部に、《骨相学》と呼ばれた科学——二世紀後に大流行する——の試論が見られる。最上界は神と天使とからなる天空界で、直接に頭蓋に浸透し、魂と交流する。四要素からなる感覚界は五感と通じる。それから《想像しうる世界》と呼ばれる天球があって、想像の純粋に形而上学的感覚、夢の感覚のように存在しない物したがって諸要素の影によって生み出される感覚に対応する。こうして、《地の影、水の影、厚い空気の影、稀薄な空気の影、そして火の影》を含む体系、前のものと透き写しの天球の体系が見られるのである。知性天球と想像天球とは細いくねくねした《虫》状のもので奇妙に結ばれている。著者は最後に、後頭部に《記憶すなわち思い出》の天球を配し、脊髄と連絡させている。

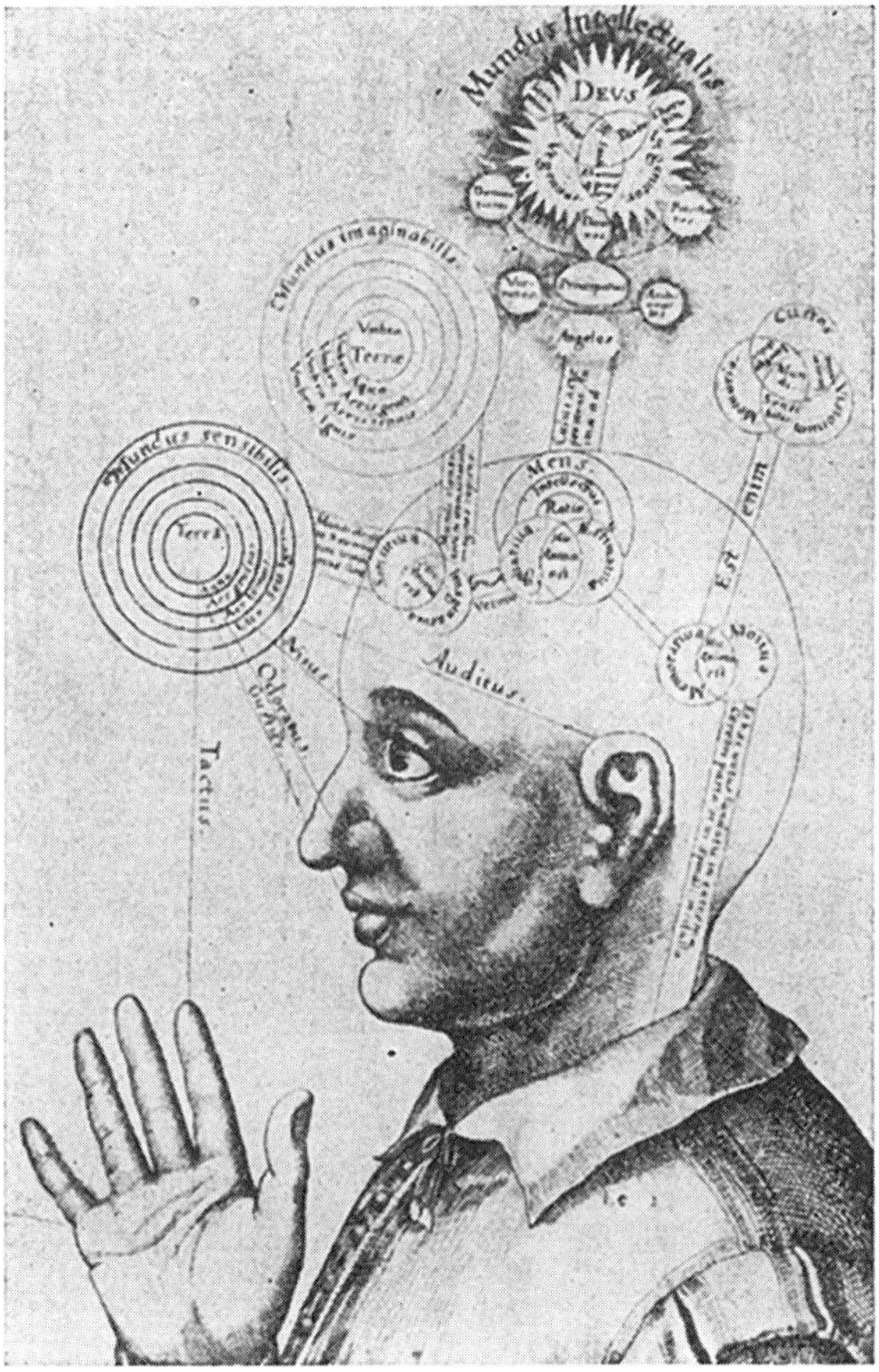

204　人間の頭脳の神秘
ロバート・フラッド『大小両宇宙研究』
オッペンハイム，1619年

4　観額術、額のしわの科学

以上見てきたように、占星術は個人の性格と、その人間に約束されている未来とを見出すことを可能にした。惑星の図式を人体の内部に当てはめてみても、同様の結果が得られうるはずである。したがって、小宇宙の占星術にもとづいて、心理学的方法であると同時に占い術をもかねた数多くの科学があってもおかしくない。人間の頭は自分の惑星図を持っていた。それは当然観察者の注意を引いたであろう。額のしわがやはり人それぞれに非常に特徴のある結構を示し、二人として同様の排列を持つことはあり得ない、という点に最初に気づいたのはジロラモ・カルダノであった。彼はそこに人格を示す貴重なしるしがあると考えて「観額術」という特殊な科学を創りあげた。これが、インダギネのヨハネ、ミシェル・レスコ、ボワヴァン・ド・ヴォルーらの研究した「人相術」を補うことになる。

観額術、すなわち額のしわを解釈する学問は、カルダノ以前にはまったく知られていなかったようである。示唆を得られたとしてもせいぜい、身体のしみとしるしの解釈について二頁ほどの小論文を書いたギリシャの著述家メランポウスからくらいだったろう。また、ダヴィド・レニョー以外には彼のあと観額術をとりあげた著者も、この言葉を用いた著者もなかったと思われる。

この科学は手相術を凌ぐこともありえたろう。話相手の額のしわを相手に知られずに観察するのは易しいが、

205　額のしわの惑星の位置
ジロラモ・カルダノ『観額術』パリ，1658年（著者所蔵）

手の線の研究となると当人がその気になってくれなければ致し方ないからだ。ところが、観額術は占い師たちに実際に使われたことはなかったらしい。発見者の名声にもかかわらず、観額術はほとんど人に知られていなかった。そのようなわけで、ジロラモ・カルダノのすばらしい著書『観額術』から何枚かの図を載せれば、読者の方方に大いに興味をもっていただけると思う。この本は一六五八年、パリにてトマ・ジョリのところからラテン語で出版され、同じ年にC＝M・ド・ロランディエールが仏訳を出した。ラテン語の原典も、訳書の方も手に入れることはほとんど不可能で、一六六三年にシャルル・スポンが編纂したカルダノの全集版にも入っていない。

当然予想されることだが、ジロラモ・カルダノは占星術と観額術との間に不可避的な対応関係をたてた。占星術師が体の各部分に、頭だけに、また手に惑星の《位置づけ》を見出したように、彼は額にその位置づけを見出した。額には七本の主要なそして理論にかなうしわがあり、下から上へ順に、月、水星、金星、太陽、火星、木星、土星に属している（図版205）。この七本の線はどの額にでもあるわけではない。全部の線のある額などはおよそありえないだろう。例えば、図版207は火星、木星、土星の線のある額、図版208は火星と木星の線だけの額である。

長い直線は、どの惑星内にあっても常に正義と魂の純真さを示す。波うつか、筋が入るか、途中で切れるかなどによって、その性格は変化する。また縦のしわが横の線と交わってその傾斜度に応じ直角、鋭角、鈍角を形作る。したがって限りなく組合せができることになるが、いくつかの例をあげておこう。図版209にあるような線の配置の主は、カルダノによれば、放蕩者で嘘つきで素行が悪い。淫蕩ゆえにとことん堕落し、金持から赤貧に落ちこむだろう。図版210の若いお人好しは、火星のしわを横切る小さな線のために、毒物か、女たちの陰謀か、鉄か、火による屈辱的な突然の死の危険にさらされている。

金星のしわが《海の波のごとし》の場合には（図版211）、その持ち主は海を旅行して死にあうと判断してよい。

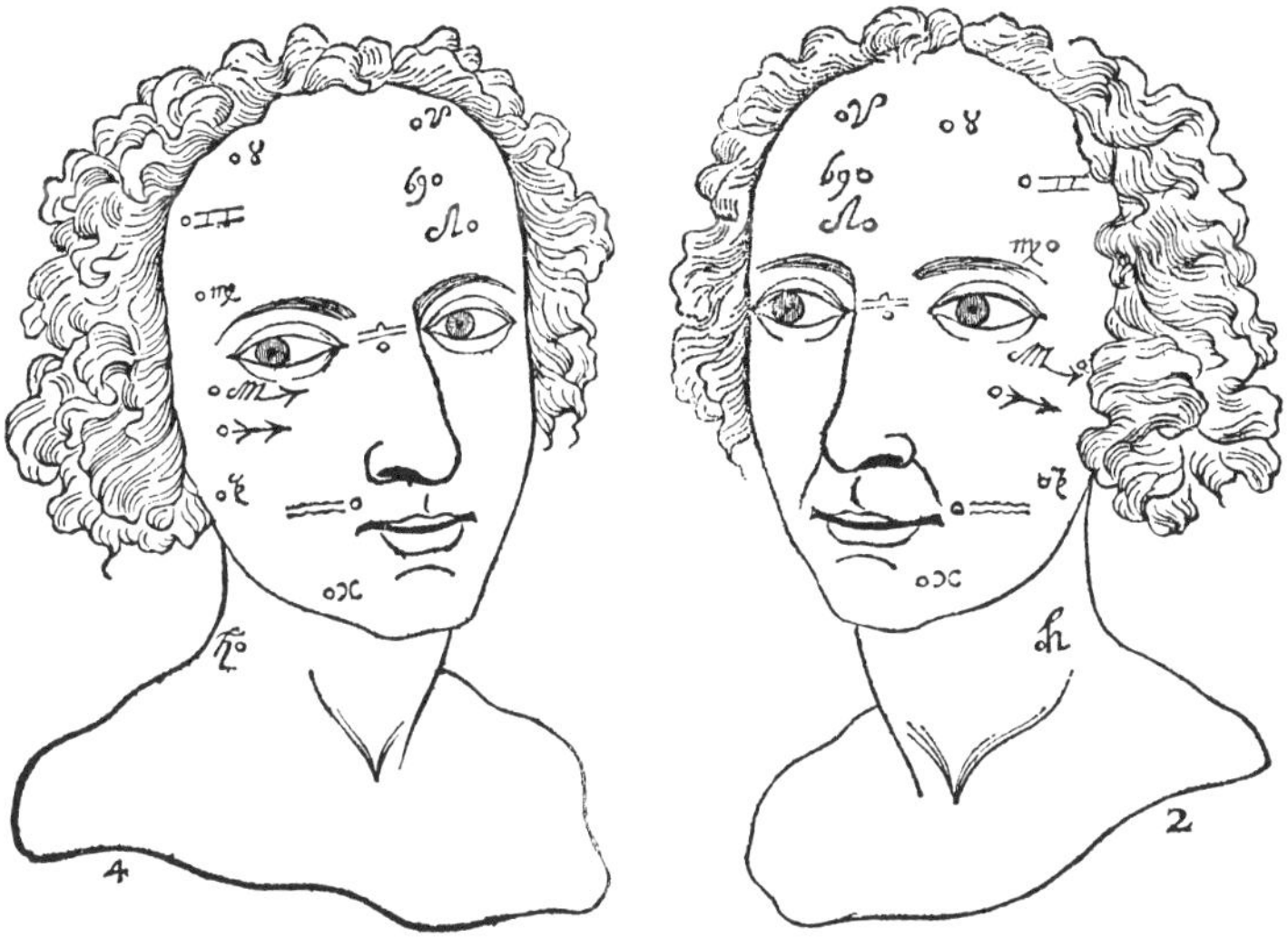

206　顔のほくろの黄道一二宮の位置づけ

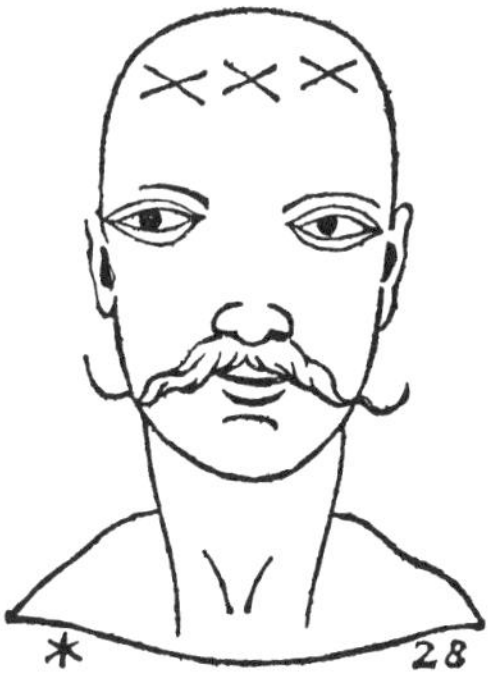

209　素行の悪さを示す線のある額

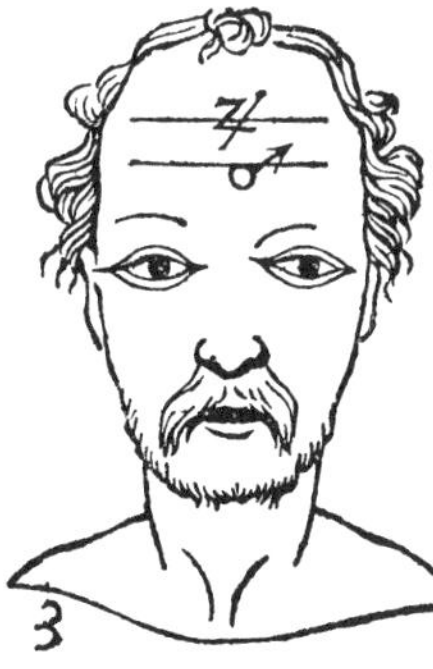

208　火星と木星の線のある額

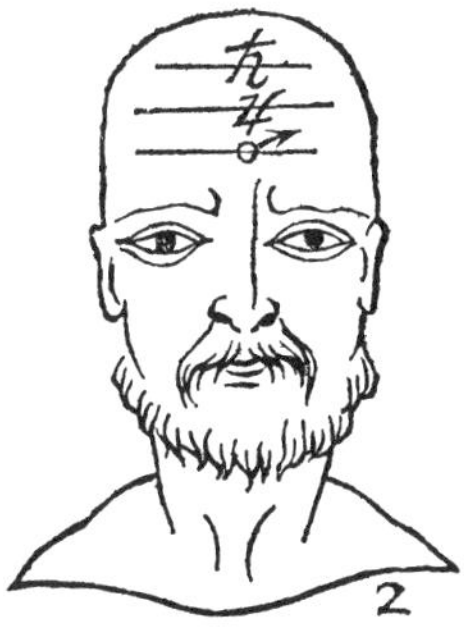

207　火星，木星，土星の線のある額

ジロラモ・カルダノ『観額術』パリ，1658年（著者所蔵）

212　陸上旅行を示す線のある額

211　海洋旅行を示す線のある額

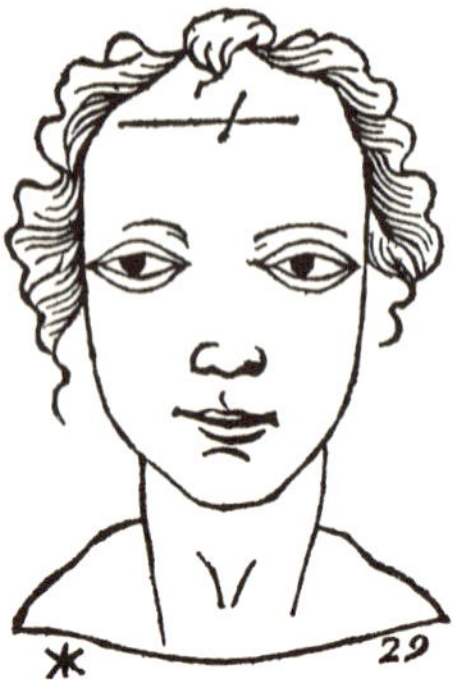

210　突然の死を示す線のある額

218　激しい道徳心の線をもつ女性の額

217　慈悲の線をもつ女性の額

216　寛容の線をもつ女性の額

ジロラモ・カルダノ『観額術』パリ，1658年（著者所蔵）

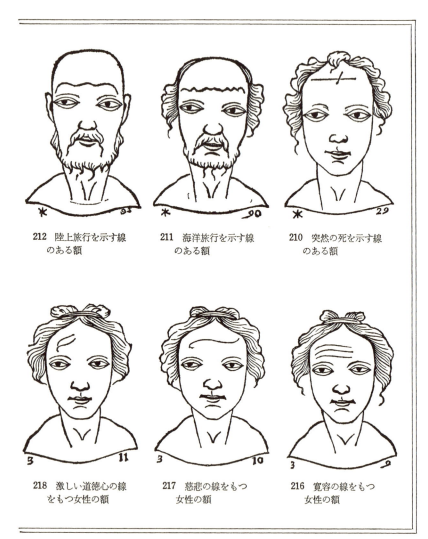

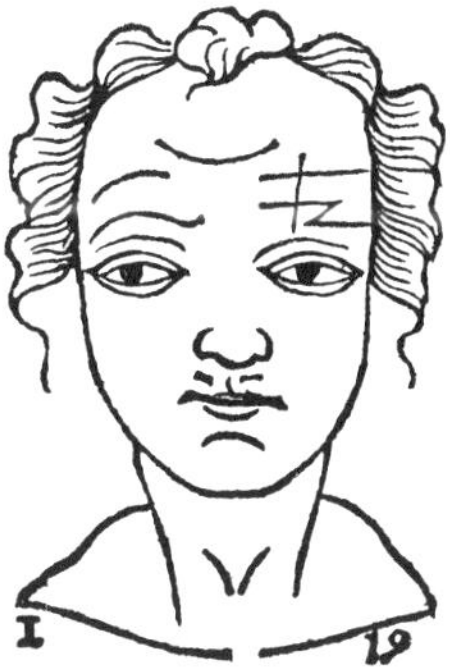

215　暴利の線のある額

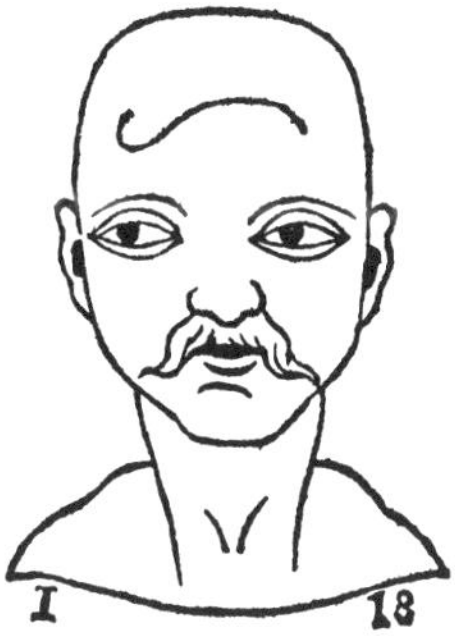

214　不安定な人生の線のある額

213　訴訟癖の線のある額

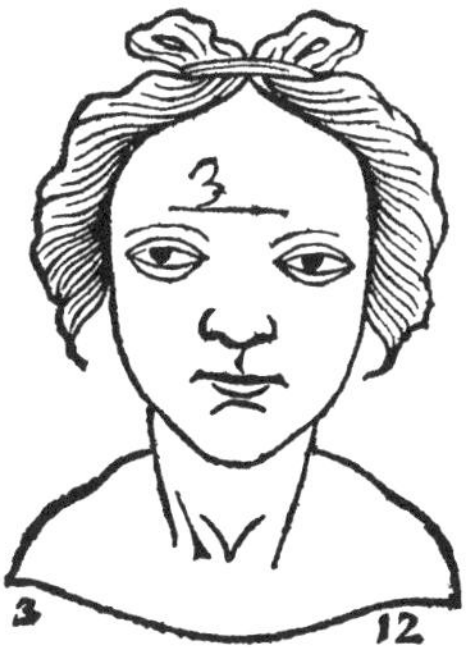

221　下級の浮気女の額

220　浮気女の額

219　不貞と乞食の線をもつ女性の額

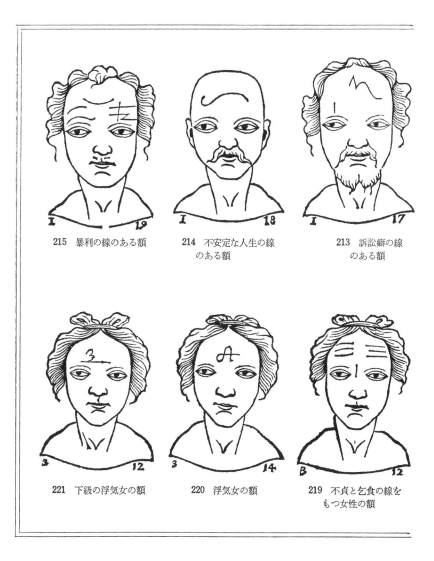

もしこの線が両端で水星と月の方へ曲っていれば、その線は陸路の旅を意味する（図版212）。

カルダノの方法による額の線の研究は、人相学の判断から別に引き出すことのできる意味合いをすべて変えてしまう。そんなわけで、図版213の外交員、みだらな笑顔のゴディサールは、その奇妙な額の線により、自分の家族に対して訴訟を起こし、意地になって裁判を続けるような男である。図版214のモンテ・カルロの賭博台取締人は、人生何をしても落着くことがないだろう。図版215のおとなしい若者は極悪の高利貸であり、不名誉な死にかたをするだろう。最後に、われわれがそろって全幅の信頼を寄せそうなこの悟りきったキリストは（図版222）、額の湾曲した三本のしわのために、この地上にある者のうちでも最も放蕩三昧な男なのである。

カルダノの術によれば、日頃はおよそ不可解な女たちの性格も簡単に知ることができる。図版216の三本の線はやさしく大変寛容な女性を示し、図版217のような曲線の若い女は慈悲深く寛大である。次の図版218に示されるような娘の特性は、道徳心堅固であらゆるみだらな行為に対して激しい憎しみを持つ。それとは逆に、もしわれわれが、額に六本の横に平行な線と短い縦じわがある感じのいい女に出会ったら（図版219）、彼女は不貞であり、最後には乞食になると信じてよい。次の二人の女は（図版220、221）、すすめかねる浮気女であり、二人目はことにこの種の商売のうちでも最下層に属す者である。

222　放蕩の線のある額
ジロラモ・カルダノ
『観額術』パリ，1658年

ジロラモ・カルダノは額のしわを、顔のしみやしるしつまりほくろとさまざまに組み合わせることによって、しわの分類をさらに完全なものにした。図版206は顔半分にそのしるしの位置を記した頭部の図である。顔の半分だけが表わされているが、その位置は他の半面にも対称的に現れるものである。

ほくろは、しわが惑星と関係を持つのとは違って、占星術の完全な体系が望むように黄道一二宮と関係を持つ。額の上部に白羊宮、金牛宮、双子宮が、その下に巨蟹宮、獅子宮、処女宮がある。天秤宮は鼻のあたまに、天蝎宮は耳のそばにあり、頬にそって下って来ると人馬宮、磨羯宮、宝瓶宮、双魚宮がある。最後に首にある特別のほくろは土星に関係があり、首の左右いずれにあるかによって特殊な役割をおびて、体系全体をいっそう複雑なものにする。

カルダノの著書には約八〇〇の図が入っている。それらが、ゆたかな想像に助けられた理論の所産ではなく、自然の観察の集大成であるとするならば、われわれは忍耐と明知との堂々たる記念碑の前に立っていることを認めねばならず、その確かさを検証することが望まれる。現在、実際に観額術を行なう占星術師や手相術師は知られていない。観額術は彼らにとって魅力と利点があるだろうが。

5 人相術

ジロラモ・カルダノが規定したような細部にわたってかなり正確に術を説く観額術と並行して、人間の顔を研究するもう一つ別の術が誕生した。その原理は観額術ほど確かではないが、その考察はより芸術的であり、惑星図はかざり程度に介入するだけで、施術者の解釈にはより自由な直観が許される。この人相術は、顔の造作を検討することによって、その人間の性格の秘密に迫るのだと主張した。

《人をその容貌で判断してはならない》という格言にもかかわらず、われわれはおのおの多かれ少なかれ人相術師である。だれでも、陰険で忌わしい顔から受けた悪印象を拭い去るのはとても難しい。正しい正しくないは別にして、われわれは顔を魂の鏡とみなす習慣を身につけてしまったし、人相術の著述家たちにしてもそれは同じことだ。バルトロメオ・コクレは『人相術大要』(一五三三年、ストラスブール)の中で、インダギネのヨハネは『手相術』(一五四九年、リヨン)の中で、ヴュルソン・ド・ラ・コロンビエールは『愛と幸運の好事家の館』(一六九八年パリ)の中で、ミシェル・レスコ師は『人相術』(一五四〇年、パリ)の中で、司祭ブロは『選集』の中で、等々、彼らも同じ解釈をしている。

インダギネの著書は彫版師ベルナール・サロモン、通称小ベルナールの手になる木版のきれいな挿絵で飾られており、コクレの本にはより力強く、より形のしっかりした版画が入っている。無名の画師によるものだが、ストラスブールの大聖堂の立像から大いに影響を受けたに違いない。ここには両方の書物からの見本を何枚か載せておきたい。

人相術の原理は、前述のように、いささか不確実で、右の著者たちの記述もたがいに相当くい違っている。顔はしばしば惑星の七つの型に準じて分類される。太陽型は金髪で縁どられた丸く陽気な顔、金星型は整った造作に愛想のいい笑顔、そして金髪が特徴である。火星型は粗い造作で角張った野卑な顔、水星型はくすんだ顔色に黒髪で美しい。月型は蒼白く、冷たく、憂愁をおびる。木星型はきつくはっきりした顔立ちで美しく高貴である。土星型は黄色い胆汁質の顔色で、悲し気で、黒髪を持つ。この型はあらゆる事故と非業の死にあう傾向がある。しかし、この分類は比較的新しく、古い著書には見当らない。

バルトロメオ・コクレは『人相術大要』の中でまずいくつかの一般的な型をあげている。図版223は非常に優れた気質を持つ男女を表わす。図版226の男女は激しい性格ですぐに激昂し、怒りっぽく、前の例のように人生の喜びを味わうことができない。苦々しく結んだ口もとを見ると、彼らが近づき易い人好きのする人間ではないことが分る。

図版238は不健康な体質の男である。消化が悪く、食事をする時間に食べることができず、常に気がめいりほとんど眠れず、体が重く、健康維持に必要な働きをしない。

額は人相術師に貴重な指標を与える。ダヴィド・レニョーは『観額術および人相論』の中で、額に多くのことを読みとっている。

《アリストテレスによれば、大きい額を持つ者は怠惰で無知であり、肉付がよくつやがあれば怒りっぽく、その上耳が立っていれば一層怒りやすい。額の小さい者は、広い人や狭い人と同様落着きがなく愚かである。ほそ長

223　優れた気質に恵まれた男女
バルトロメオ・コクレ『人相術大要』
ストラスブール，1533年

224　うぬぼれが強く好色な男の額
バルトロメオ・コクレ『人相術大要』
ストラスブール，1533年

225　短気で残酷で貪欲な男の額
バルトロメオ・コクレ『人相術大要』
ストラスブール，1533年

226　激しい性質の男女
バルトロメオ・コクレ『人相術大要』
ストラスブール，1533年

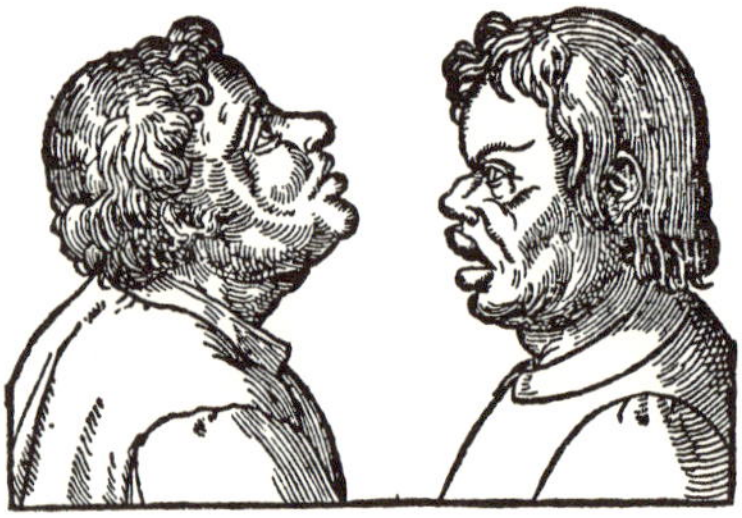

227　不敵，無謀，好色，嘘つきの男の口
小ベルナール彫版，インダギネのヨハネ
『手相術』，リヨン，1549年

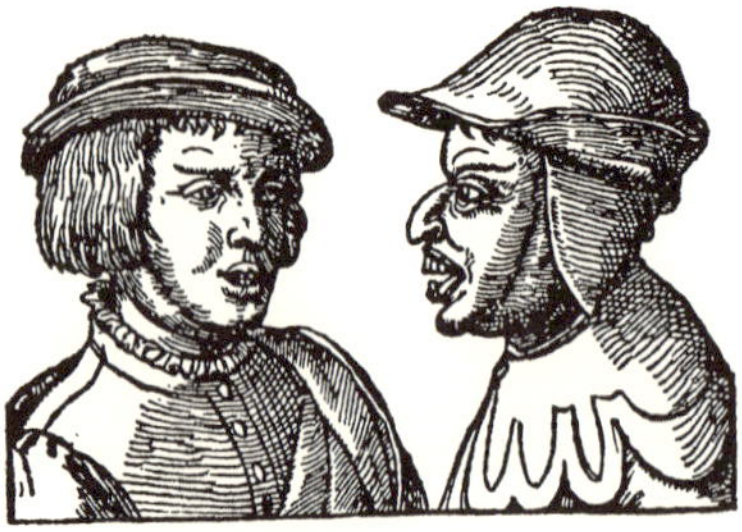

228　正しい男と残酷な男の歯ならび
小ベルナール彫版，インダギネのヨハネ
『手相術』，リヨン，1549年

229　倨慢，不敵，強欲な男の目
バルトロメオ・コクレ『人相術大要』
ストラスブール，1533年

230　温和，忠実，善良，知性豊かな男の目
バルトロメオ・コクレ『人相術大要』
ストラスブール，1533年

231　気紛れ，好色，裏切者，嘘つきの男の目
バルトロメオ・コクレ『人相術大要』
ストラスブール，1533年

232　狡猾な男と単純な男の目
バルトロメオ・コクレ『人相術大要』
ストラスブール，1533年

233　傲慢で虚栄心が強く不敵な男のまつ毛
バルトロメオ・コクレ『人相術大要』
ストラスブール，1533年

234　虚栄心が強く，嘘つき，好色，気紛れな人物の鼻
バルトロメオ・コクレ『人相術大要』
ストラスブール，1533年

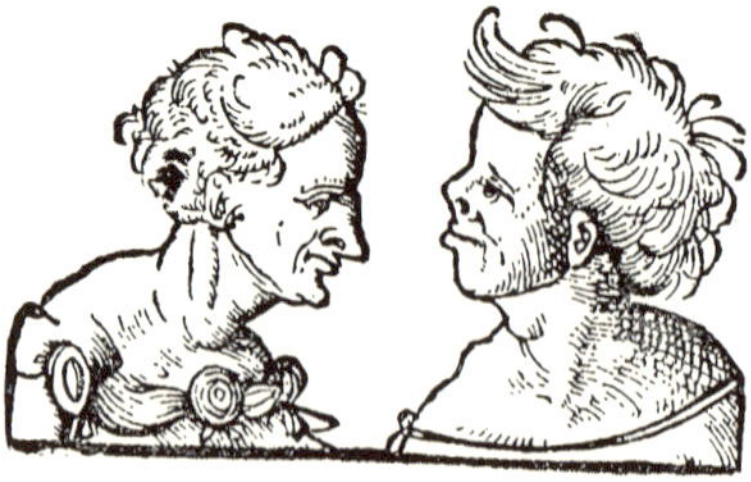

235　好奇心が強く柔弱な人物と虚栄心の強い人物の鼻
バルトロメオ・コクレ『人相術大要』
ストラスブール，1533年

236　無骨で血のめぐりの悪い人物の髪，粗暴で支配欲の強い人物のひげ
バルトロメオ・コクレ『人相術大要』
ストラスブール，1533年

い額は従順でやさしく良識家である。四角く感じのよい額の持ち主は太っ腹で強い、等々》。

コクレによると図版224の人物のように、滑らかでしわのない額は、うぬぼれが強く好色で、好んで屁理屈をいう。あらゆる点で貧弱な額は単純で短気で簡単に残酷にも貪欲にもなる人々である（図版225）。

ミシェル・レスコは『人相術』（一五四〇年、パリ）で、口許に次のようなしるしを読んでいる。

《口許に笑いの多い者は愚かであるか怒りっぽい。すぐに笑う者は単純でうぬぼれで移り気な人間を意味し、彼らは軽々しく信じ、理解、教養が雑だが、世話ずきで秘密を持たない。めったに笑わず、笑ってもほんの少しだけという口許の人間は、落着きがあり、器用で、理解が明確で、目だたず、忠実で、勤勉である。》

インダギネのヨハネは『手相術』（一五四九年、リヨン）の中で、不敵で無謀で好色で嘘つきの男の口の型二種を示している。彼は舌や歯にまでも他の人相術師たちが見つけられなかった性格を判読している。図版228の一人は美しい歯ならびをしており、これは真直な心と品行方正を表わす。他の一人は出歯であり、これは疑いなく、低級で残忍な強欲と愚かな残酷さを示す。

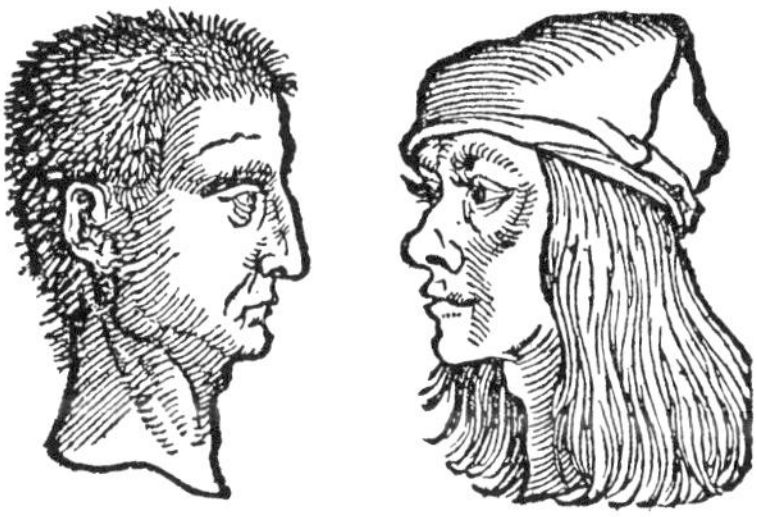

237 強く傲慢な人物と臆病で腺病質の人物の髪
バルトロメオ・コクレ『人相術大要』
ストラスブール，1533年

238 不健康な体質の男
バルトロメオ・コクレ『人相術大要』
ストラスブール，1533年

バルトロメオ・コクレは他の人相術師と同じく目を重視し、それについて非常に沢山の例をあげている。図版229が、怠け者、不敵で妬み深い人間の目である。図版230は温和で信義に厚く、善良で知性豊かな男の目である。次の種類に属する目は（図版231）、気紛れ、好色で、しばしば嘘つき、裏切者、不忠者になる目である。図版232の二人のうち左側は狡猾、悪意、不敬の目を持ち、右側の男はその目によれば反対に単純で人を信じやすくのみ込みが遅い。

まつ毛さえ厳密な意味を持つ。ここに二人の男がいるが（図版233）、バルトロメオ・コクレによれば、その目の長く弓形にそったまつ毛ゆえに二人を傲慢で虚栄心が強く不敵な者のうちに分類して間違いないという。

司祭ブロによると、鼻は月の影響下に置かれている。《なぜなら、そこから脳室の排出物が出て行くのであり、かつ、月は他のものより地球に近いために何千という発散物をわれわれに送り、それらを蒸発させる影響力を持つからである》と、司祭はいう。

図版234の二人や235の右の人物のような獅子鼻は、コクレによれば、虚栄心が強く嘘つきで好色、気紛れで誘惑者で不実な人間である。要するにあらゆる欠点を兼ね備えているようだ。が、同じ図の左側の男は明敏で親切で信義に厚く誠実である。

最後に頭髪だが、これも性格の一面を物語る。ただ著者たちはその占星術的対応関係を指摘することを忘れたらしい。コクレがいうには、図版237の左側の髪が短く太く逆立った人物は、強く、己を恃み、大胆で傲慢、ぺてん師で、賢いというよりは単純である。彼と向い合う人物は反対に、薄く滑らかで繊細な柔かい髪をしており、臆病で腺病質で温和でおとなしい。図版236のように髪がこめかみと額の一部をおおっている男は単純で虚栄心が強く、好色でだまされやすく、品性も言葉も粗野で血のめぐりが悪い。一方、同じ図の右側の男のひげは、粗暴、飽くことない復讐心、怒り、支配欲を示している。

以上見てきたように、人相術はとりわけ直観の科学であって原理を定めることはほとんど不可能である。そして、いわば隠秘学から離れ、聡明で観察力のある人間ならだれにでも容易に使えるような自然-心理学の一部門となった。

6 手相術

手相術とともに、われわれは完全に占星術の領域に立ち戻る。宇宙に対して人間が小宇宙であるなら、手は小宇宙の中の小宇宙であり、その部分はすべて惑星の支配を受ける。黄道一二宮はここでも同様に対応を持つのである。手とタロットとの間にさえ対応の関係を打ち立てようとする試みもあったが、その試みは近代の発案で、伝統的な価値のあるものではない。

ヘルメス主義者によれば、創造においては何物も偶然にまかされてはいないのであるから、手を走る線も、生理学的効用は持たないにしても、個人のあらゆる可能性と恒常的な関係にあるはずのものである。それは星辰と同じく、われわれ一人一人に約束された性格と運命のしるしであった。ここにもまた聖書の偉大な権威が介入していた。ヨブ記（第三七章七節）には「彼はすべての人の手を封じられる。これはすべての人にみわざを知らせるためである」とあるではないか。それをド・サシ師は自分の責任で《神はすべての人の手に捺印を押された。すべての人が神のみわざを知るためである》と手相術のために変に好都合な翻訳をした。聖ジェローム訳以前の古いラテン語聖書には《神はすべての人の子の手にしるしを置かれた。すべての人の子がみわざを知るためである》とあった。そして、主ご自身が手相術の細かい点に立ち入ろうとされたかのように箴言第三章一六節には《その右手には長寿があり、左の手には富と、誉がある》と説明されている。

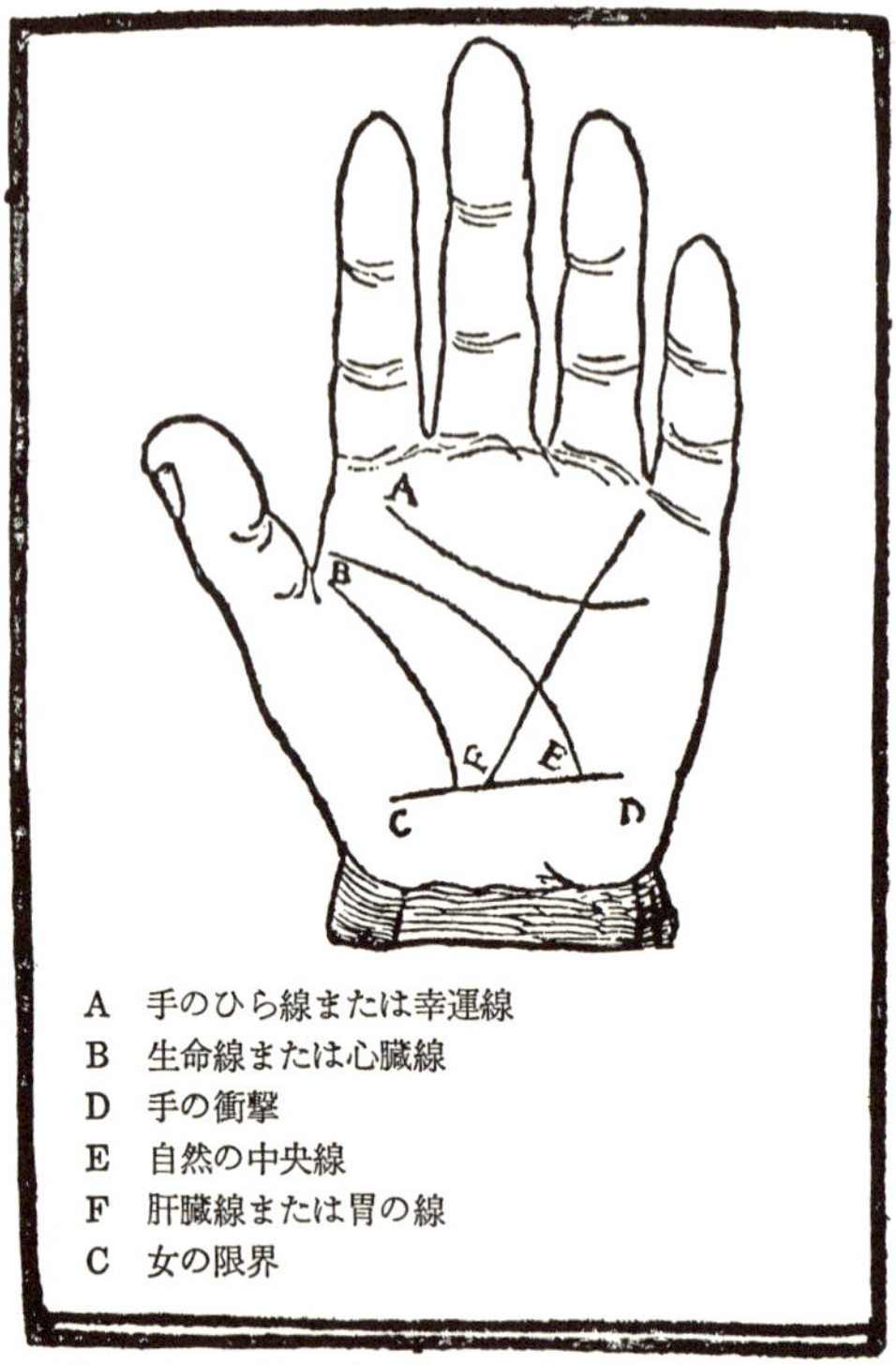

239　手の主要な六本の線
インダギネのヨハネ『手相術』リヨン，1549年

こうした権威の背後に隠れて、手相術師は複雑な科学を打ち立てた。その詳細は豊富な図像資料によって明らかになり、一七世紀にはもうだれにとっても秘密ではなくなった。この科学は、個人の身心の性格を規定するゆえに心理科学であり、同時に、個人に約束された運命を予言するゆえに占い術でもある。したがって、果す役割からみるとまず医学に関係があるが、また隠秘術の一部も成している。

手相術師のある者は線とさまざまなしるしとは左手で読むべきだと主張する。両手ではなく右手を使うということは大昔から世界中の人々の習慣であり、よって、左手は右手より使うことが少なく、その線が右手には見られない完全さで保たれているというのだ。また、人間の最初の運命は左手に記され、日々に示される意志によって修正された運命が右手の行なう仕事を通して右の手に表わされる、という者もある。そこで運命論者と自由意志論者との論争が始まる。もし人間が自分の意志によって自己の運命を変えるなら、左手には成就されなかった運命のしるし、とりもなおさず運命などではないしるしがあるということになる。複雑な問題、解決のつかない問題である。そっとしておく方がいい。

手相術師は人間の手に六本の主要な線を考えた。それはある程度の長さを持ち、ある程度湾曲していて、はっきり記されていることもあれば、途中で切れてしまったり、まったく欠落していることもある。しかしそれでも全体としては不変の体系を形づくっている。有名なインダギネのヨハネはそれらを『手相術』（一五四九年、リヨン）の中の木版画で非常に正確にかつ非常に明瞭に示している。それを元の説明文と一緒に引用したのが図版239である。線の名称がすでに十分線の意味を語っている。手のひら線Aは個人の運命に対応する。生命線すなわち心臓線Bはおおよその寿命を示す。中央線Eは職業に当り、肝臓線Fは健康の推移を表わす。

しかし、その後この初歩的な考え方に修正が加えられる。ロバート・フラッドはもう何度も引用した『大小両宇宙研究』（一六一九年、オッペンハイム）の中で、手の概念図を示しているが（図版241）、これは前者と少し異なっている。大きな違いは、近代の人々が好機、幸運、運命の線と呼ぶ線Hが現れたことである。Aにある生命線あるいは

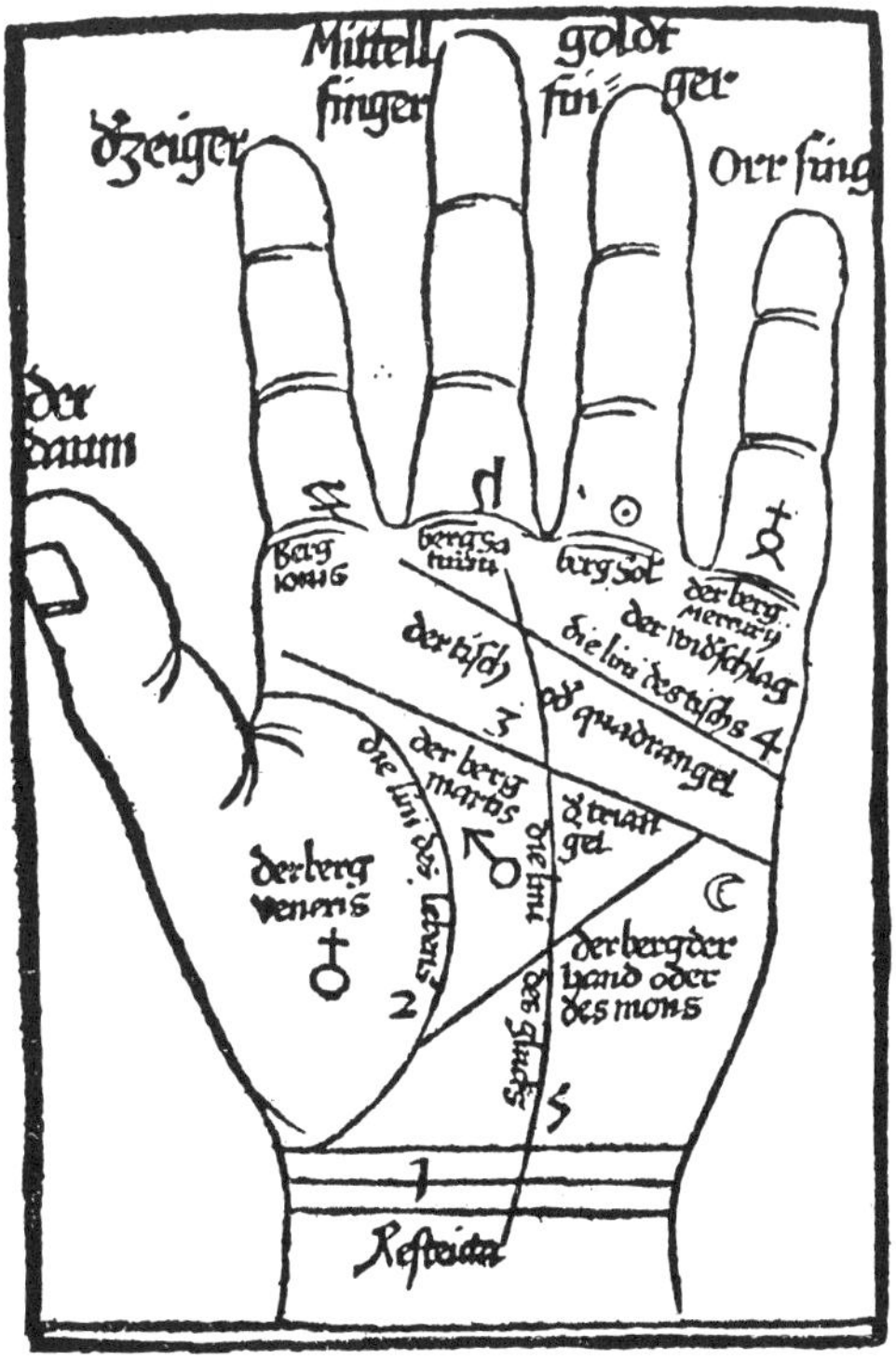

240　手の線の概念図
バルトロメオ・コクレ『人相術大要』
ストラスブール，1533年

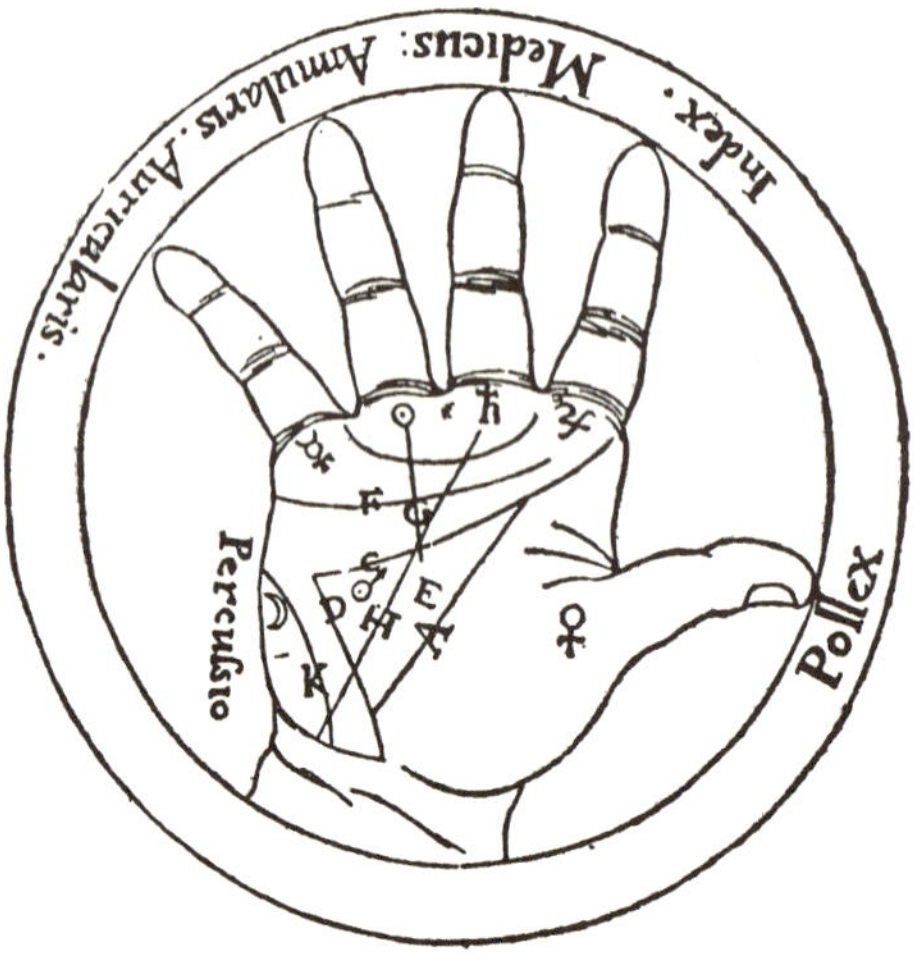

A. 生命線
B. 限界線
C. 自然の中央線または肝臓線
D. 頭脳線
E. 三角形
F. 手のひら線または幸運線
G. 四角形
H. 土星線
I. 火星線
K. 銀河
L. 金星の囲い
M. 太陽道
♃ 木星丘
♄ 土星丘
☉ 太陽丘
☿ 水星丘
♂ 三角形
♀ 金星丘
☾ 手の衝撃

241 手の線の概念図
ロバート・フラッド『大小両宇宙研究』
オッペンハイム，1619年

心臓線は前の図と同じ場所にある。肝臓線はDの頭脳線となり、肝臓線となったのはCに示された自然な中央線である。しかし、手のひら線はそのままである。手と手首を分けている線に注意しよう。これは限るといった意味合いでレストラント、ラゼット、ラセット、ザゼット、ラジュルトとも呼ばれたが、はっきり刻まれている場合には、長く仕合せな生涯を予告するものである。それから、《衝撃》といって、こぶしを握ってものを打つ場合に使う手の部分には、想像と生殖の線が入っている。バルトロメオ・コクレは先に述べた『人相術』（一五三三年、ストラスブール）の中で、ドイツ語の説明のついた同じような図を示している（図版240）。しかし、彼はフラッドが頭脳線とした線D、インダギネのヨハネが肝臓線とした線Fには何も名前をつけていない。彼が自分の著書を出版した年次はインダギネのヨハネよりも前であったのに、彼はすでに土星線を知っており、古い言葉で幸福の線と呼んでいた。近世の手相術師は同じ場所に生命線を残しているが、それを今も健康線もしくは血液線と呼んでいる。昔の自然な中央線、フラッドの肝臓線は頭の線となった。手のひら線は心臓線であり、古代の人々が生命線に当てたものである。インダギネのヨハネが肝臓線と呼び、フラッドが頭脳線と名づけた線は、今日直観線といわれる線のようだ。

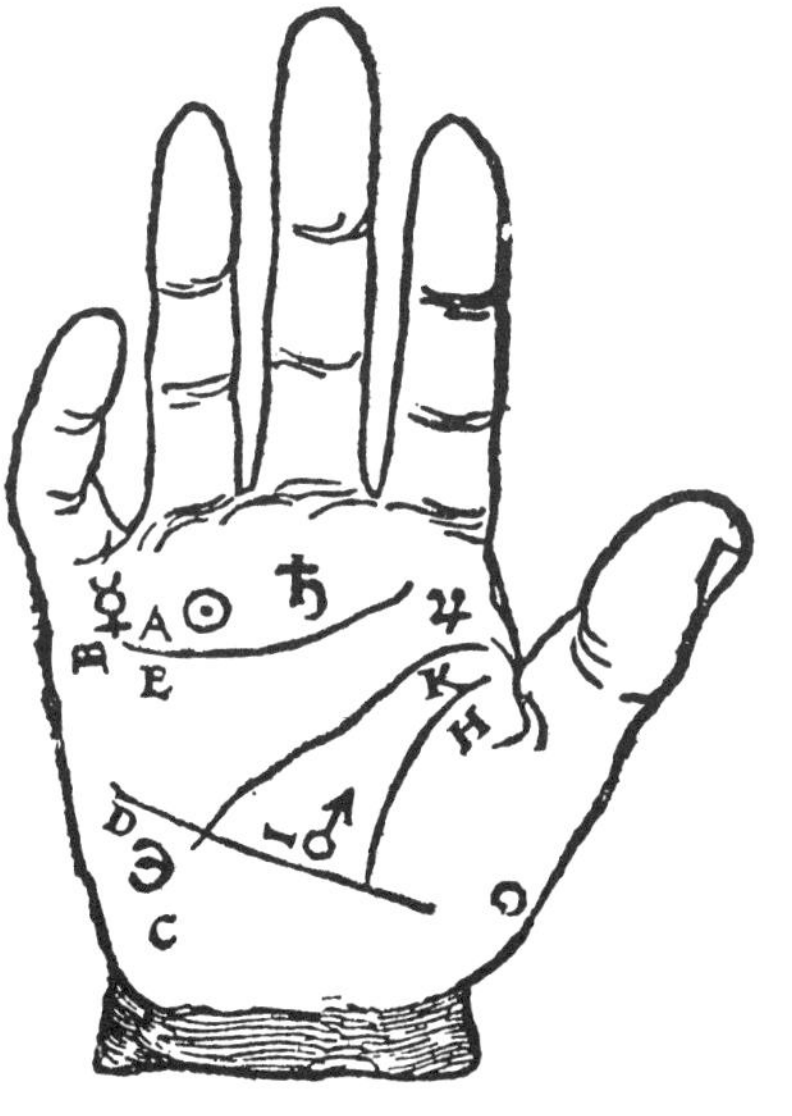

A 手のひら線
B 手の衝撃
C 男の限界
D 肝臓線
E 卓または四角形
G 親指の丘
H 生命線または心臓線
I 三角形
K 自然の中央線

242 手の惑星の位置
インダギネのヨハネ『手相術』リヨン，1549年

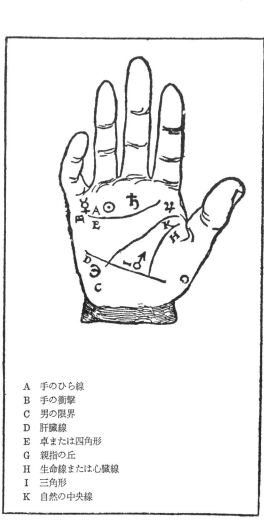

手は無論惑星の影響力を受ける。インダギネのヨハネから借りた版画がよく示しているように、惑星は手全体に配分されている（図版242）。人差指は木星に、中指は土星に、薬指は太陽に、小指は水星に属し、親指は金星の支配を受ける。他の二惑星が手の残りの部分を占める。火星は掌の中心部を、月は先に見たように《衝撃》と名づけられた外側の部分をという具合だ。惑星のこの配置は、インダギネのヨハネ以来世界的に採用されてきた。ただし、ジロラモ・カルダノは小指を金星に、親指を火星に当て、水星を掌の中央に置いた。またアルキンディウスは土星を中指から離して火星のものとし、親指を土星の支配下に置き、小指はカルダノ同様金星のものとした。

今日ではもう手の黄道一二宮の位置のことはいわない。だが、ブロ司祭はその関係づけを忘れなかった。彼の選集『神と天の科学の教授、ミルモンの司祭ジャン・ブロ師の著作集』（一六四〇年）の中に、すばらしい図がある（図版249）。そこには素朴で面白い細かい指摘もある。白羊宮は人差指の先の指骨に、金牛宮は中の指骨に、双子宮が最初の指骨に置かれている。中指では同様の順に磨羯宮、宝瓶宮、双魚宮となり、薬指が巨蟹宮、獅子宮、処女宮であり、最後に小指が天秤宮、天蝎宮、人馬宮となる。

指のつけ根には少し隆起している箇所があり、これを《丘》と名づける。すなわち木星丘、土星丘、水星丘、そして太陽丘という。金星丘は親指のつけ根をおおう大きな隆起である。火星丘は取るに足りないもので、理論的には水星宮の下に位置するべきものでありながらほとんど常に水星宮と入り混ってしまう。月の丘も大体衝撃と入り混っている。ロバート・フラッドはこれらの丘の位置を惑星記号で前述の図版241に表記した。図版240にも同様に記されているので、参照されたい。

さらに惑星は手の線にもその名を与えた。その線は対応する丘から出ると考えられている。したがって、生命線は親指を囲んでいるゆえに金星線と呼ばれる。幸運線は中指から出ているので土星線、頭の線は火星の平原を横切るので火星線、心臓線は人差指に行きつくので木星線である。芸術線すなわちアポロン線は薬指から出ているため太陽線であり、小指から出る直観線は水星線といわれる。さらに木星丘から出て水星丘へ至る半円の小さな補助線に注意しよう。これは図版241では「金星の囲い」の名で記されている。ブロ司祭はこれを《金星帯》と呼んでいる（図版249）。今日では一般に《金星環》という名で示す。さらに《銀河》という小さな線は、衝撃のふちにあって月の丘を二分する。図版241のKがそれである。

これらの線の方位、方角、強度が当人の手のうちでどのように交錯しているか、その交わり方には限りない組合せがあって、占星術の天象図同様にその解釈にはさまざまの変化があり、解釈の正確度は手相術師の能力、経験、透視力にかかっている。何か事件のあった後に、手相術師が以前には見出せなかったいろいろの事柄を手のひらに読みとることは珍しくない。

すべての人の手には、その人の死のおおよその時が読めるはずであり、それは生命線の断絶で示される。それには一〇年目を木星丘の辺り、八〇年目を手首の辺りとしてその間を等分してみる。土星線の上には機会と運命とによる浮沈を見ることができ、火星線つまり頭の線はその人間の性格を表わす。木星線は感情を、太陽線と水星線は各々芸術と科学の素質を示す。生命の長さはときとして手首の筋の数によって計算される。銀河は金星環と同じく愛情に関係がある。衝撃にある線はその人が持つであろう子供の数を示す。

いうまでもなく、ここに、手相術師たちが研究したすべての組合せをあげることはできない。優れた著作の中から運勢占いの解釈の特徴的な例をいくつか選んで示すにとどめよう。バルトロメオ・コクレとインダギネのヨハネは先にも引用した著書の中に楽しい挿画を入れている。種々の型の手が非常に装飾的なルネッサンス風の模様を背景に表現されているのだ。この種の型はリヨンで編まれた日付のない小冊子『アンドレ・コルヴォ師の優れた非常に実証的な手相術——ジャン・ヴェルドレ師によるラテン語からフランス語への翻訳による』の中にも見出される。このアンドレ・コルヴォというのはコクレの仮名に他ならないといえよう。とにかく、その図と説明とはおそろしく似通っている。

次は彼らの土星線の解釈である（図版243）。

《繁栄の線がこのように手一杯に長々としっかり手と手首の合わせ目の線まで延び、その色が生き生きしているとき、その人はあらゆる営みに繁栄を約束されており、そうでなければ新しい学問を起こし、建物をたて、この世の富に貪欲で、耕作に適している。》

二重の土星線の意味は次のようだ（図版244）。

《手にこのような形の二本の線があると、その人間は不安定で落着くことがなく、ある所からまた別の所へと放

243　土星線
アンドレ・コルヴォ『手相術』
リヨン，1545年頃

244　二重の土星線
アンドレ・コルヴォ『手相術』
リヨン，1545年頃

247　中央線でとまる土星線
アンドレ・コルヴォ『手相術』
リヨン，1545年頃

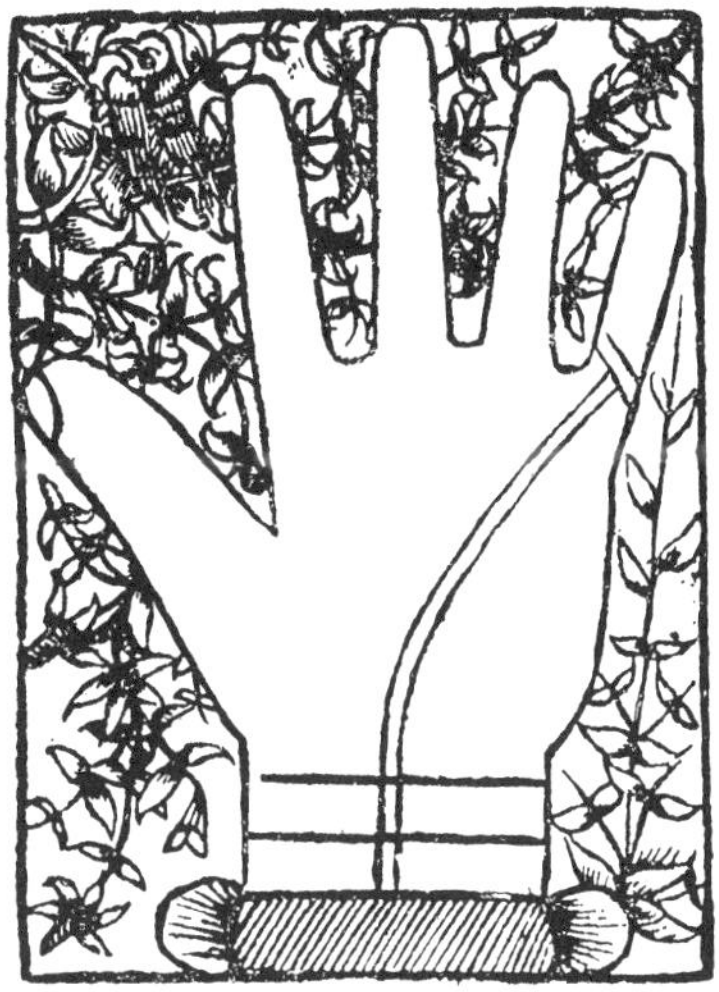

245　二重の水星線
アンドレ・コルヴォ『手相術』
リヨン，1545年頃

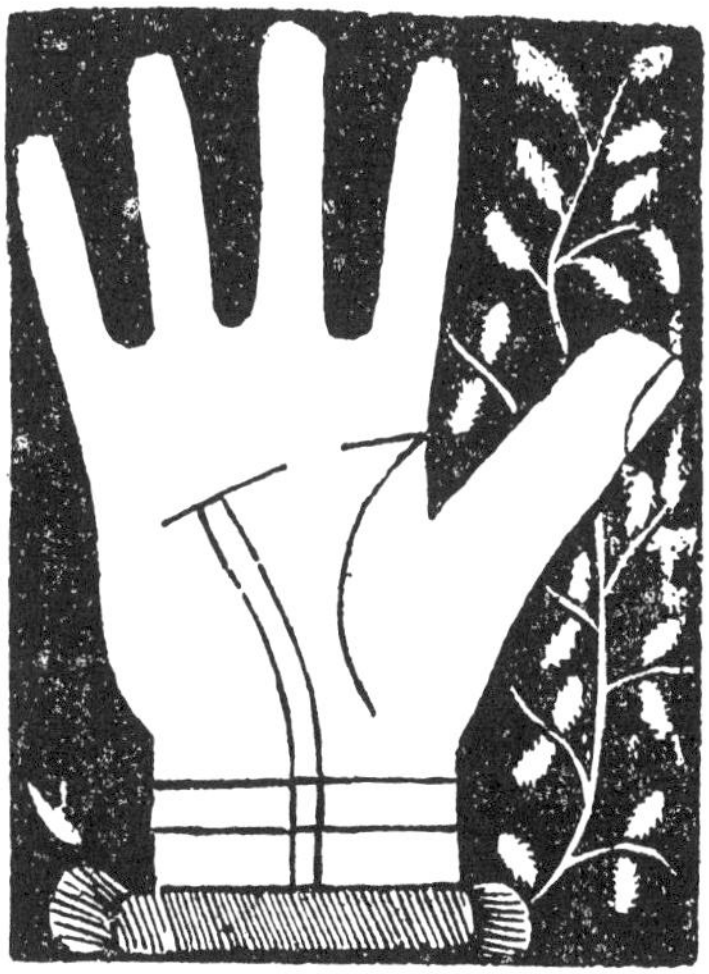

248　中央線で切れる二重の線
アンドレ・コルヴォ『手相術』
リヨン，1545年頃

246　二重の太陽線
アンドレ・コルヴォ『手相術』
リヨン，1545年頃

浪する。何箇所かに住み、人生の終りには貧乏になろう。》
著者たちを信じるならば、二重の直観線つまり水星線のこのような形も、それほど羨ましいものではない（図版245）。
《この手に現れているような形の二本の線は、おしゃべりで生意気で、生れ故郷を出て隷属的な仕事につき小額で働く男を意味する。》
これとは逆に、立派な太陽線つまりアポロン線は最も羨ましい運命を予告する（図版246）。
《この手に見られるような形の線の持ち主は栄誉のうちに幾多の道を歩むことを意味する。旅の愛好者であり、名誉ある役職、偉大な能力、莫大な報酬が役職の地にとどまることを望むならば彼に与えられる。》
中央線で止まる一本の土星線も、双方の線とも真直にはっきりとしるされていればやはり満足してよいものである（図版247）。なぜならば、
《この手にあるように繁栄線が上昇しているのが見られると、分別を尊びつつ仕事をする繁栄の人を意味し、その富は日毎にふえる。ただし、この線はあくまでも真直でなければならない。もし曲っていたら、その意味するところは逆になる。》
二重の太陽線つまりアポロン線は中央線で切れてはならない（図版248）。おそらくはごくつまらない運命が待ちうけているだろう。
《この手にあるように、二本の線が中央線で切れていると、その人間はしばしば利益をあげ、儲けることに熱心で、好奇心が強く、よこしまで約束を守らず、多くの行為において不運だが、取引では注意深く熱心である。》
最後に、バルトロメオ・コクレとアンドレ・コルヴォによると、手の動かし方さえそれが習慣的になったもの

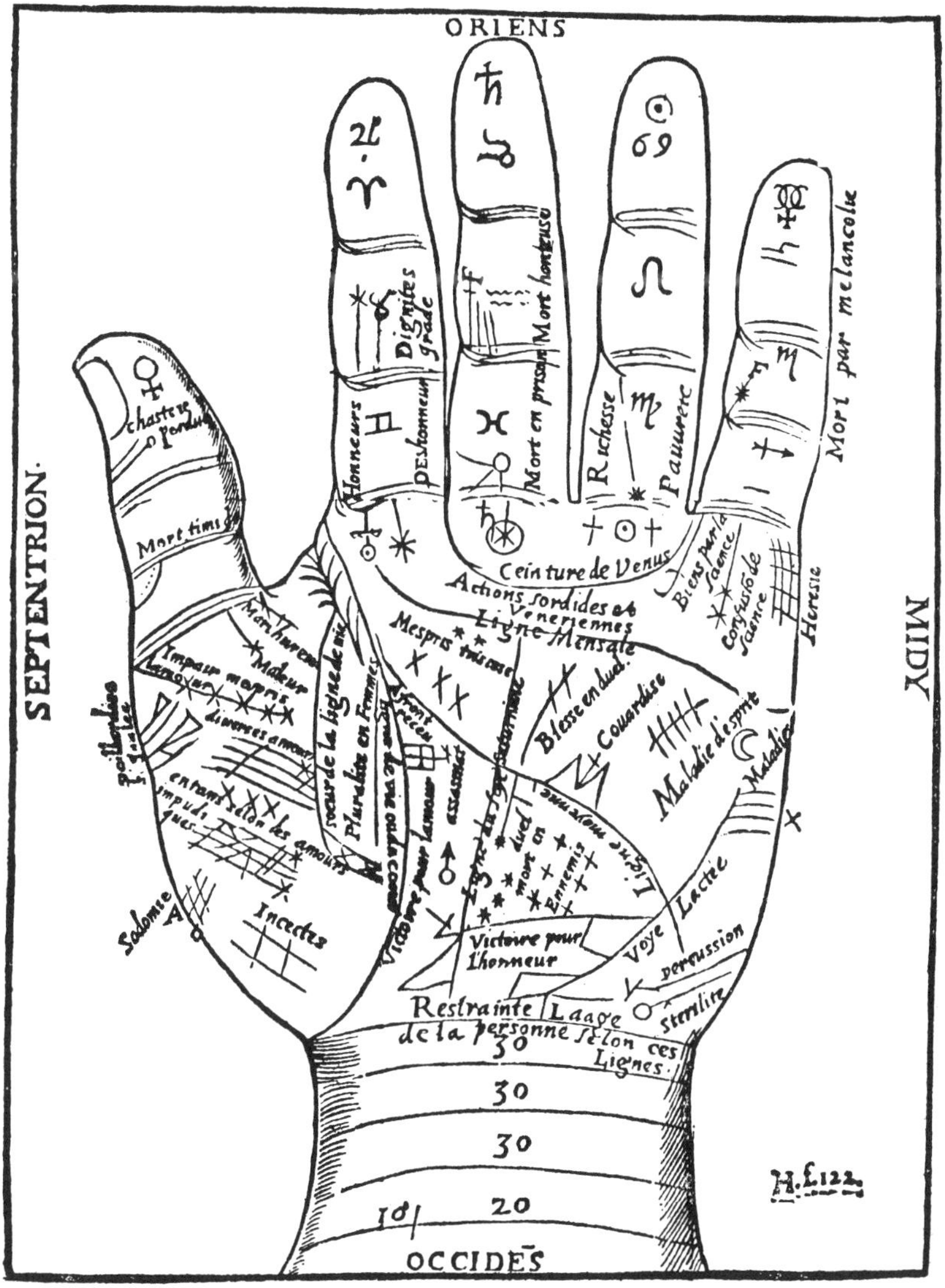

249　手の黄道一二宮の位置
ジャン＝バティスト・ブロ『著作集』1640年

であれば特殊な意味を持つ。図版258のように、親指を手の中に握り込む男から金を得ようと期待すべきではない。次のような警告があるからだ。

《親指を他の指で隠すように手を握る人を見たら、正当、不当の別なく守銭奴と考えてよい。》

手の線で考慮すべきはその方向、数、長さ、幅、深さ、色、鮮明度、切断、二重ないし三重の線の可能性、そして欠落である。しかし手の中にあっていろいろに解釈のできる多くのしるしもある。星、十字形、三角形、四角形、円、惑星のしるし、格子、結び目、文字、数字などがそれである。ヘブライ語のアルファベットすら見出

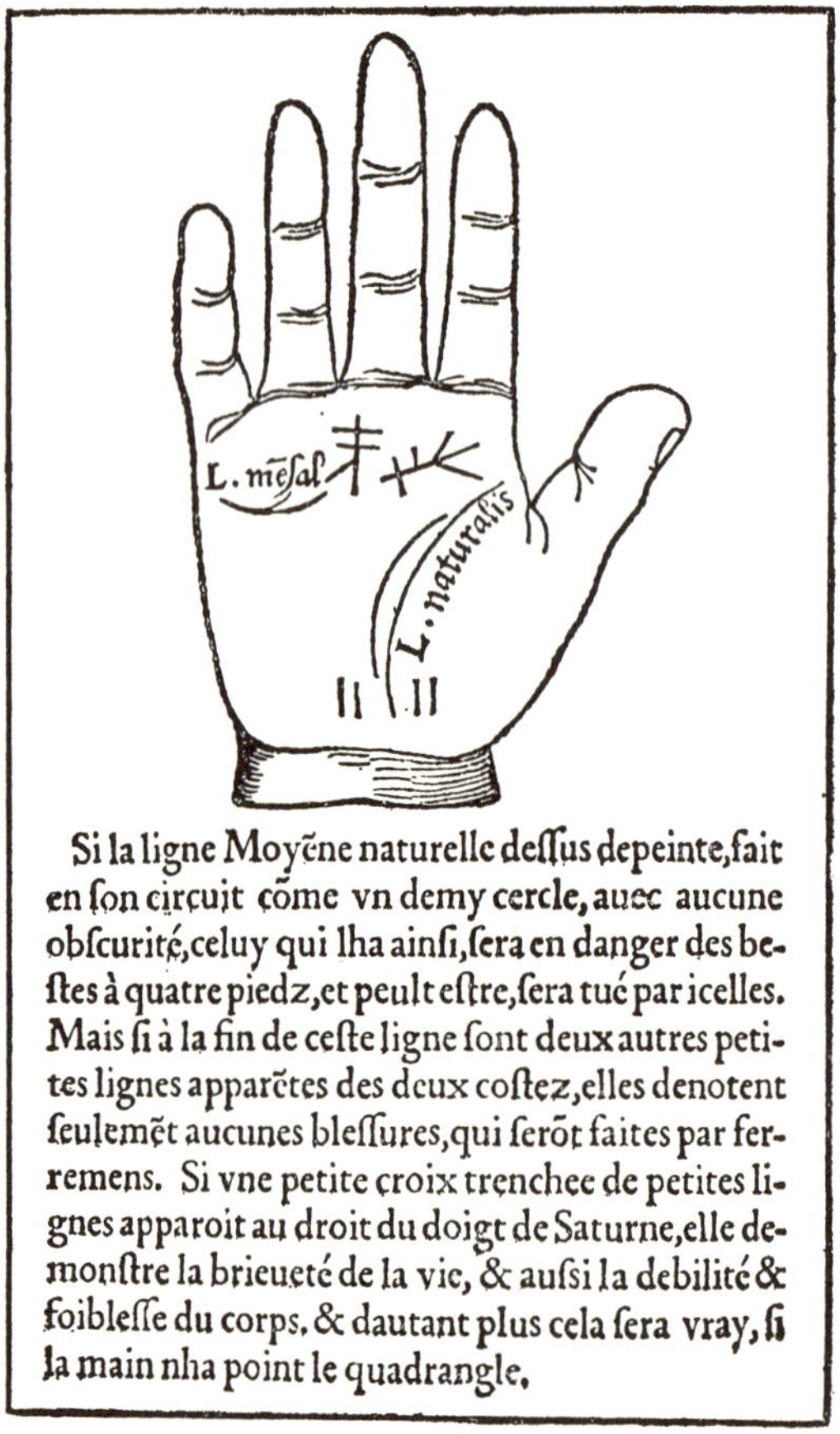
L. meſal
L. naturalis
Si la ligne Moyēne naturelle deſſus depeinte,fait en ſon circuit cōme vn demy cercle, auec aucune obſcurité,celuy qui lha ainſi,ſera en danger des beſtes à quatre piedz,et peult eſtre,ſera tué par icelles. Mais ſi à la fin de ceſte ligne ſont deux autres petites lignes apparētes des deux coſtez,elles denotent ſeulemēt aucunes bleſſures,qui ſerōt faites par ferremens. Si vne petite croix trenchee de petites lignes apparoit au droit du doigt de Saturne,elle demonſtre la brieueté de la vie, & auſsi la debilité & foibleſſe du corps. & dautant plus cela ſera vray, ſi la main nha point le quadrangle.

250　土星の指に作用するしるし
インダギネのヨハネ『手相術』リヨン，1549年

上に描かれた自然の中央線が，図のように明確に半円をしるすなら，その持ち主は四足獣の危険にあい，おそらくは殺されるだろう。ただし，この線の先の両側に他の二本の小さな線が現れていると，それが単なる傷，おそらくは鉄具による傷を表わす。もし小さな線で刻まれた小さな十字形が土星の指の右側に見られれば，短命と虚弱と身体の欠陥を示す。その手が四角形を持たない場合には，これは一層確かになろう。

され、著者たちはその二二文字の一つ一つにそれが手のどの部分に位置するかに従って、それぞれの解釈を与えている！

インダギネのヨハネはその著『手相術』（一五四九年、リヨン）の中で、これらさまざまなしるしの例を多数示している。ここには二例を選んだが一つは土星丘の上の小さな十字形であり（図版250）、他の一つは中央線の上の一連の小さな結び目で（図版251）、いずれも重要な意味を持つ。原典通りに載せたこのインダギネのヨハネの注釈は、これらのしるしについてわれわれがつけるどんな注釈よりも雄弁なものといえよう。ロバート・フラッドはある

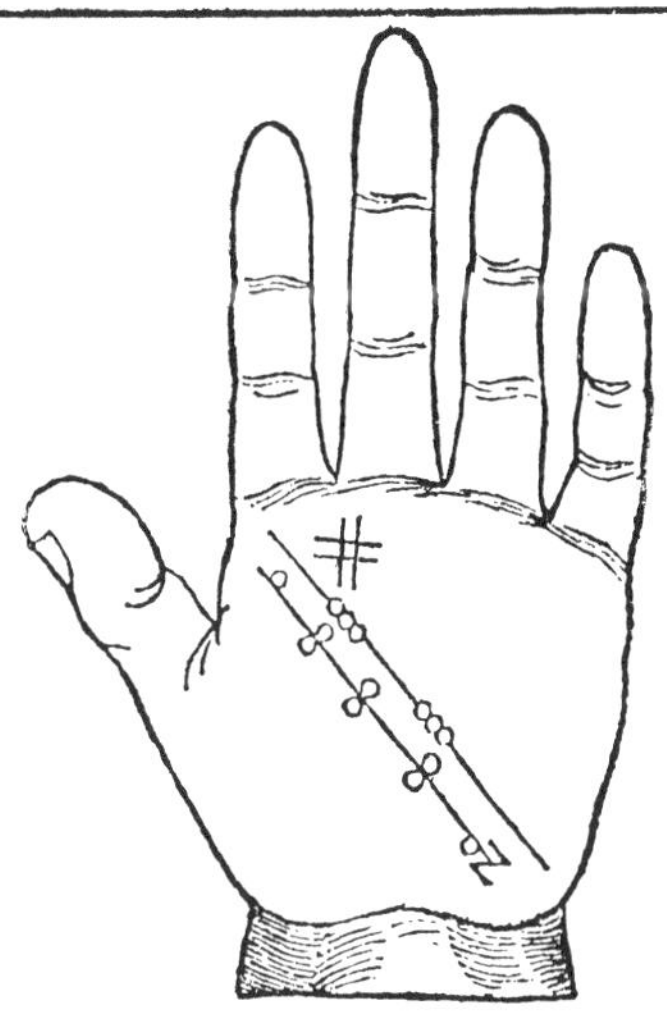

Si en la ligne Moyenne naturelle ſont trouuez telz petis nœuds : autant quil en y aura, ilz denotent autant de meurtres & homicides faits: moyennant toutesfois que ceſdits nœuds ſoiẽt bleſmes & pasles. Et ſilz ſont rougeaſtres, ilz ſignifient que lhomme ſera homicide & larron. Et ſi aucunes tortues inciſiõs ſont trouuees en ladite ligne Naturelle, elles denotẽt lhõme malheureux & infortuné. Et ſi vne croix eſt là trouuee, ie cõiecture q̃ lhõme ſera opiniaſtre, plaideux, & aymant diſcord & debats.

251 中央線に作用する不吉なしるし
インダギネのヨハネ『手相術』リヨン，1549年

もし自然の中央線にこうした小さな結び目が見つかり，結び目が青ざめているならその結び目の数だけ殺害，殺人を犯すだろう。赤味がかっていれば，その男は殺人か盗人になることを意味する。そして上記の自然線に歪んだ裂け目が見られるときは，不幸で不運な男を表わす。十字形がみつかるなら，その男は頑固，訴訟好きで不和と口論を好むだろう。

女性の左手を研究し、一見何気ないが非常に重要な幾多のしるしを指摘している（図版253）。aに示される十字形は死を意味し、しるしが大きいほどそれだけ死期が早い。bの十字形もやはり生命から遠のくもので死へ導くことは必至である。cの十字形は入信のしるしである。dは誓願成就を示す。eの細かい線は貞節、もしくは背信があるならばその中止のしるしである。fの線は老年の富を示す。gの線は中年、hは若年の富である。iの十字形は真実の告白のしるしである。jの十字は信仰を示し、信仰がなくなると消えてしまう。lの線が手の三角形の中央までのびていると、それは難破のしるしになる。mmの線上の十字形は王杖の威厳を示す。nの線が三角形までのびていれば、年の割に老けない男女を意味する。oの小さな三本のしるしは傷を示し、これから受けるものなら深手であり、すでに受けたものならば軽い。pの小さな線が他の線の方へ傾いているとその年に不具になる。qに現れる線は分娩時の死のしるしであり、このしるしが中指にあって同様のものが人差指にも見られれば突然の死はまずもって確かである。rからはその女性がどのような欠点も持ち合わせていないという確証が読みとれる。sに何本かの線があると、その女は娘より息子により恵まれる。tは息子のしるしであり、uは娘のしるしである。wに出る線は娼婦を示す。xの線の二本目以下がふえるほどその女は多くの夫を持つ。二本目以後の線が最初の線よりも強ければ、その夫たちは妻よりも身分が高い。弱ければ逆である。yの線もやはり娼婦を示す。線zは汚れのない女性を意味する。Aは寛容のしるしである。

前にブロ司祭の著書から引用した大きい美しい手を載せたが（図版249）、これにも数多くの非常に興味深い運命のしるしが書き込まれている。異端、メランコリーによる死、獄死、恥辱の死、栄光、威厳、不名誉、富、貧乏、決闘による死、この種の闘いにおける勝利、精神の病い、不妊、淫蕩、暗殺などだ。

占いの諸科学のうちで手相術は、過去何世紀もの間大いにもてはやされたが、今日なおおそらく最も人気の高

252　占いをするジプシー女
カラヴァッジョ画
ブノワ・オドラン彫版
17世紀（著者所蔵）

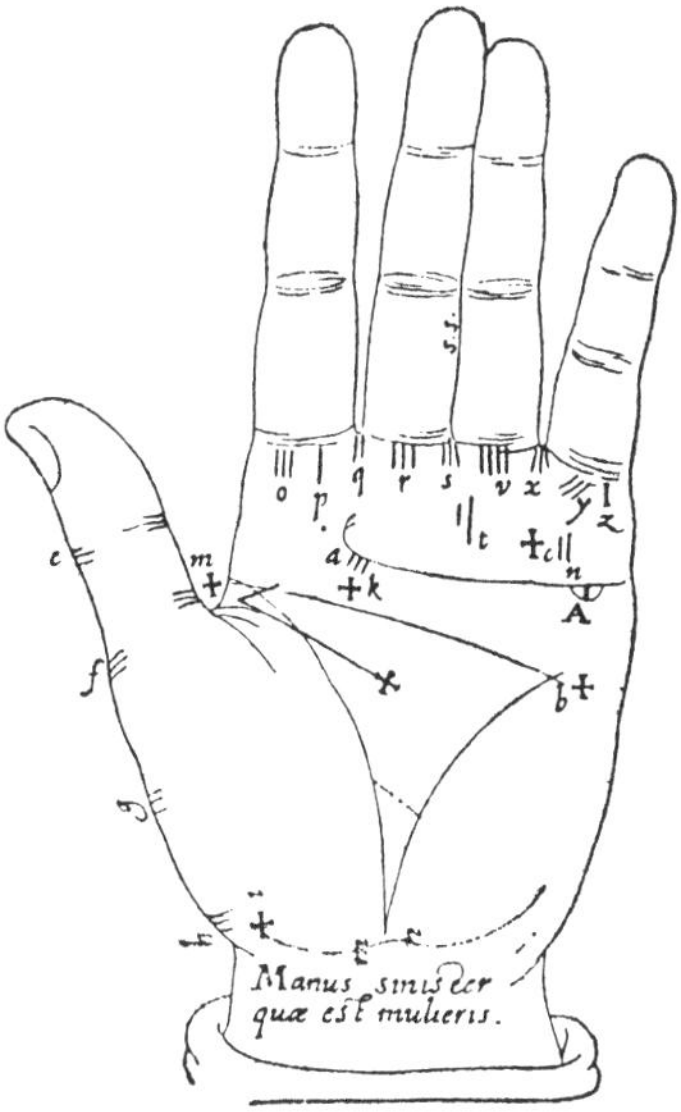

253　ある女性の左手に
あるさまざまなしるし
ロバート・フラッド
『大小両宇宙研究』
オッペンハイム
1619年

254　運勢占いの女たち
ダーフィット・テニールス画，シュニュ彫版，17世紀の版画

い占いである。それはわらぶきの家の中にも、宮廷にも、またサロンにも入り込んだ。学者、医師、外科医、解剖学者がそれに興味を持った。だが、カード占いのように、この占いもとりわけ主として女たちによって行なわれた。女たちが占星術を試みることはほとんどなかった。占星術はどちらかといえば男性的な科学であり、複雑で難しい計算を必要とし、かつての女子教育では何の役にもたたなかったのである。しかし、手相術には何の計算もいらない。観察、記憶、熟慮、そしてとくに透視を助けるあの独特な直観が多分に必要とされただけである。これこそは女性にふさわしい領域である。こうしたわけで、われわれはわれらの親しき魔女に再会する。ただし、ここの魔女は夜宴のための軟膏を準備するよりははるかに感じのよい仕事をする。魔女にとってもそれはずっと危険の少ない仕事である。

というのも、手相術もやはり、ジプシー女など、

255　妻の運勢占いをさせるダーフィット・テニールス
ダーフィット・テニールス画，シュリューグ彫版，1750年（著者所蔵）

なにほどか社会の余白に暮し、公的な栄誉や地位とは無縁の者たちの特技の一つであったのである。彼女らは、ふつうにはうかがうことのできない彼岸の秘密を知ることに償いを見出したのだ。誇り高い魔女で手相の読めない者はいなかった。検察官などは無名の下僕にすぎないような、この地上の貴顕、金持、権力者、社会の大立者たちに対して、その手を見ながら、《あなたの命は残り少ない。あなたの死はいつであり、あなたは自分の望まないことをなさり、望むことはなさらないでしょう！》といえるとは、何という復讐であったことか。そして、王自身ことに女王みずからが――運命は王冠をいただく者も容赦しないゆえ――、宮殿の秘密の回廊からジプシー女を招じ入れ、いっとき王座を下りて、身をこごめ、謙虚に《私の手を見て下さい。この条約に署名をすべきだろうか、この戦をしたものだろうか、この同盟を結ばねばならぬであろうか。世嗣が得られようか。わが身には何が起こるか。私は運命の手中の慰みものに過ぎない！》と訴えざるをえないとは、彼らにとって何という屈辱であったろう。ここで占い女の精神的な役割が何かを理解することができる。彼女は、しばしば神の具体的発顕であった《この世の有為転変》を、何がしか身をもって示す存在なのであった。

かつて、《幸運を告げる女》は町の目抜通りや十字路にしげしげ姿を見せたものだった。人の命がささいなものでしかなく、いつなんどき思いもよらない悲劇的な事件に巻きこまれてしまうか知れない時代にあって、彼女たちの存在は欠くことのできないものであった。こうして、時間におかまいなしに人々はすすんで魔女に相談をした。カラヴァッジョの絵のロメオのように（図版252）。細身の長剣を差した彼は悲しげにほほ笑みながら、自分が決闘で倒れはしないか、警官らが自分を暗殺しようと路地の曲り角で待ち伏せしてはいないかを、若い魔女が告げてくれるのを待っている。それにこのジプシー女は感じがいいし身なりもよい。彼女は自分の仕事をしているのだろうが、われわれの目にはアレティーノの『クルティザンヌ』に現れるアルヴィジアの近親に映る。アルヴィジアは、自分の才能を高貴の人々に役立てて手に入れたたくさんの金銭を悦に入って数え上げるのである。

テニールスはもっと低い階層のジプシーたちの思い出を残してくれた。未来の科学がまだ豊かにしていない彼女たちは、乞食や流浪の民の生活を送っている。図版254を見てみよう。ファウストでさえ自然への祈願をはばかったであろうような不気味な洞窟の恐しい背景の中に、彼女たちのみすぼらしい野宿の場所が設けられている。ジプシー女の一人が魯鈍な百姓に彼を待ちうけている仕合せなこと不愉快なことを告げているが、百姓には大したことは理解できないらしい。女は彼が自分の手に渡す半フロリンをじりじりして待っている。その金でまだ空っぽの鍋を火にかけようというのである。その鍋は枝を組み合わせて作った三脚の上にそそくさとかけられるのだろう。だいいちこの有名な画家自身占い術に熱中しており、自分の画の一枚に登場して妻の運勢を占わせている（図版255）。彼女はジプシー女におずおずとその手を差し出しているが、このジプシーも先の一人よりましとはいえない。その家族は心配そうに実入りの程を見守っている。

手相術師の中で最も有名な者はマドモワゼル・M＝A・ル・ノルマンである。彼女は老練なカード占い師でもあり、その名声は今日なおフランス中に聞えている。彼女は大道で仕事をするようなことはなかった。運よく結婚前のジョゼフィーヌ・ド・ボーアルネーのカード占い師であったことから、お得意さんが皇帝の后となって後ナポレオンの宮廷に出入りを許されていたからである。

彼女はジョゼフィーヌの名前をかりて『皇后ジョゼフィーヌの回想と秘密』（一八二七年、パリ）という題名の非常に珍しい本を書いた。中身の大部分はカード占いの彼女がナポレオンのもとで演じた役柄についてのかなりの空想と明らかな誇張ではあるが、著名な依頼人二人についての大変貴重な親しい観察もことこまかに記されている。そしてわれわれは、ナポレオンその人も手相術に、また、多分占星術にさえも熱中していたことを知るのである（第三巻四四六頁以下）。彼女はいう。

《彼の知性に芽ばえたカバラの思想の萌芽は、彼に早くから自分がほどなく世界を驚かし、自分でもまた驚くであろうという確信を与えていた。ある日、非常に注意深くベネヴァン殿下（タレイラン）の手を見ていたナポレオンは「私の天才は驚いてお前の天才の前で震えている！」と感嘆の声をあげた。戦闘の前夜には天空の惑星の軌跡を見出そうと懸命だった。新しいマホメットの彼は、そこに戦いの成行を読むのだと主張していた。》

マドモワゼル・ル・ノルマンの本には手相術師にとって貴重な資料――間違いなく正しければのことだが――が入っている。それは本書にも載せたナポレオン一世とジョゼフィーヌの手のデッサンである。ただし、ル・ノルマンは、作曲家メユールの時代には《感じやすい女》と称せられた類いの女性であった。今日ならさしずめ、とりわけ空想の才に《おそろしく恵まれた女》とでも訳すのであろう。彼女は実に巧妙に、エジプトを流行らせることになった発見の数々を利用し、自分の占いの方法すべてを《エジプト化》して、それらをファラオ時代の直系としてしまった。《体裁》とか《演出》とかにかけては非常な練達者であった彼女のことである、ここに示したナポレオンの手も例外的なしるしで大いにかざられている、と疑ってかかっていいだろう（図版256）。それはともかく、これらのしるしの主なものについて彼女は次のように解説する。

《ナポレオン・ボナパルトの手は遠くから見ると粗雑で何の魅力もないが、手の内を調べると人は突然感動に襲われる。そこにこの手の線と各部分がどの惑星、どの黄道一二宮に属すかが記されているからだ。すべてが示されているのである。英雄や征服者のしるしまでが明瞭に……。この偉人の手を今日私はカバリストの経験、手相術師の明晰さ、天才の瞑想に委ねよう。……ナポレオンの手は宇宙の書物であり、この書物はなお数世紀にわたって再び現れることはあるまい。……細心に調べてみると、七惑星はすべてしかるべき配置で位置している。木星は人差指の先に座を占める。その位置は、世界の大人物、世紀の幸運児たちとの友情と敵意とを知らしめる。土星は中指第三関節の上方に栄光の姿を見せ、幸福の移ろい易さと財産を失うこととを明確に示す。……土星の指の先端の二つ星は、ナポレオンがついには王冠をいただき、フランスの島民が建てた首都大司教座聖堂で公に戴冠式をあげることを宣言している。……これらの星の真下にあっていわばそれらを支配している土星のしるしは、彼にとってこの上なく不吉な前兆であった。この中指の第二関節に三角形が一つある。これは好奇心が強く疑い深い男、才能にそれほどは恵まれていない男を示す。ただし軍人の場合は別である。……土星の指の直線とCという文字はXともども二度目の結婚を約束しているが、これは初婚よりも高貴なものである。……ナポレオン・ボナパルトの手は銀河から衝撃までは支配者として火星を認めねばならない。……》

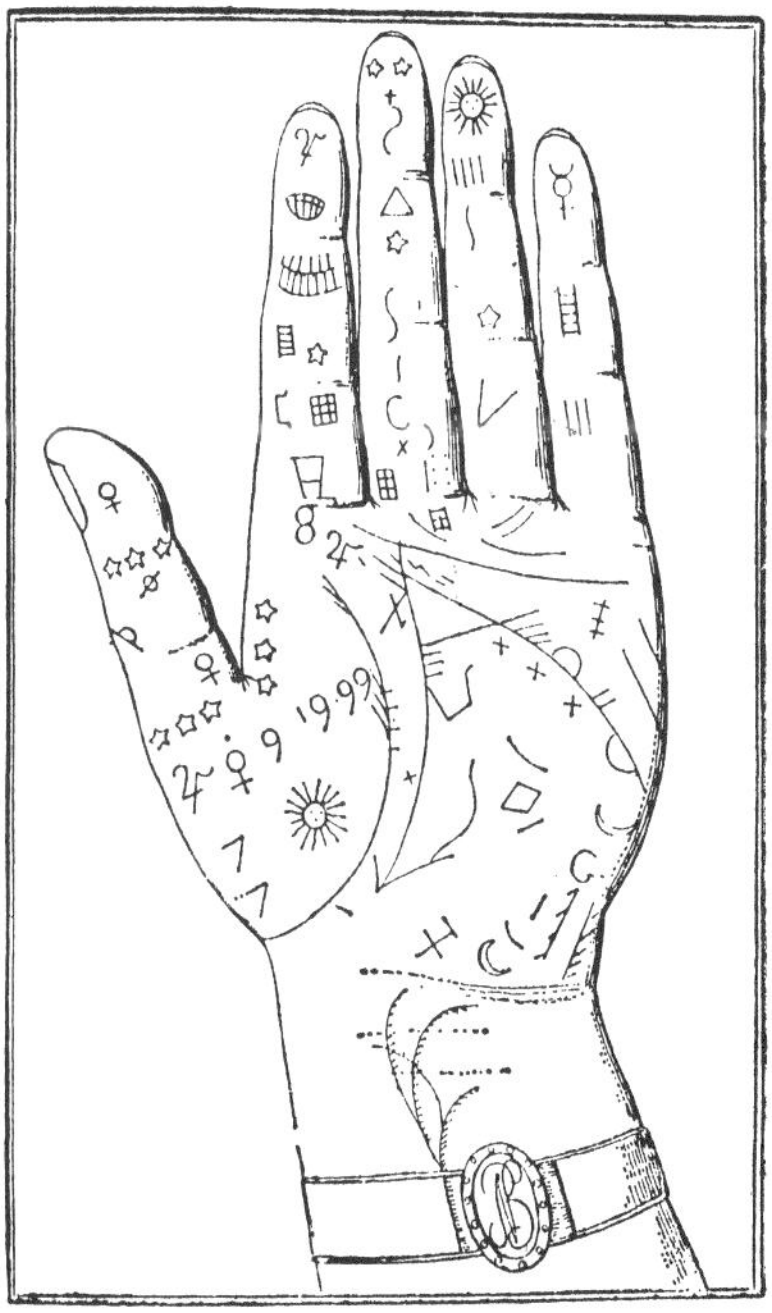

256 ナポレオン・ボナパルトの左手
ル・ノルマン『皇后ジョゼフィーヌの回想と秘密』パリ，1827年

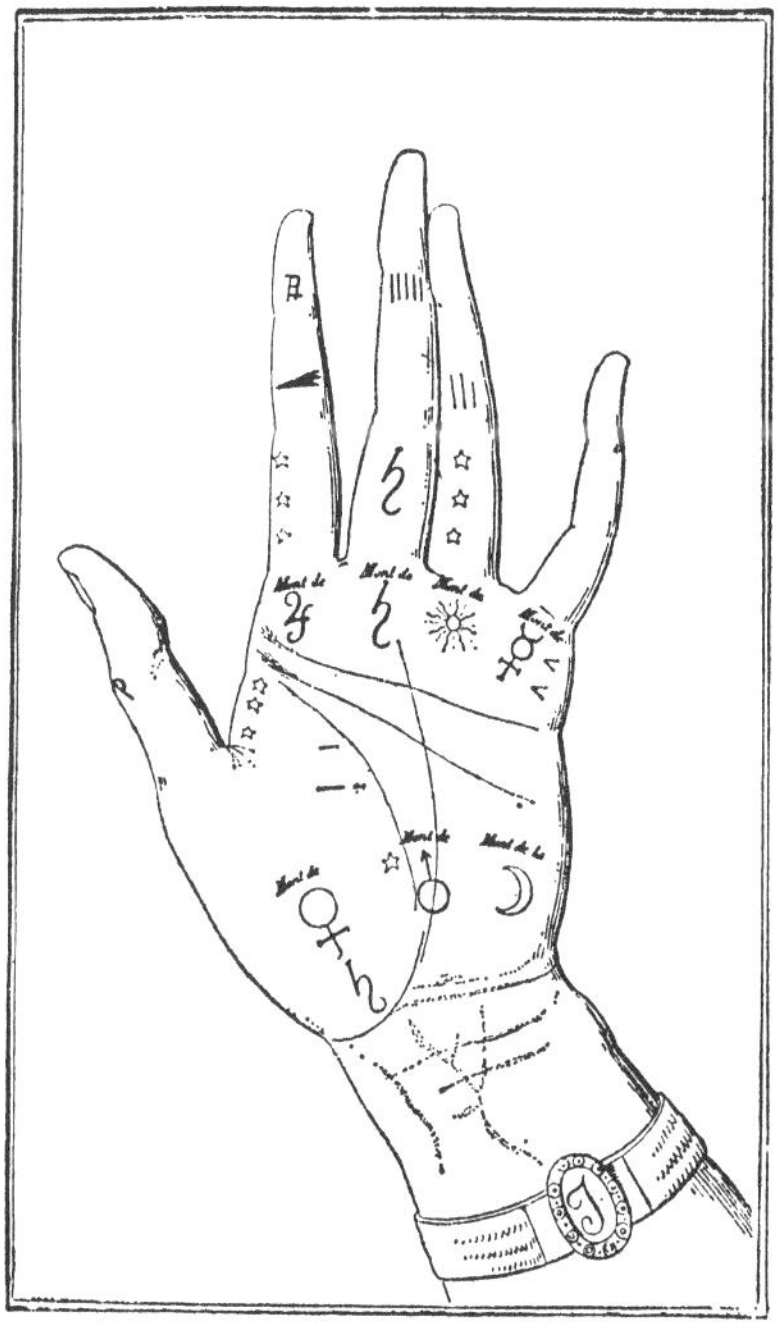

257 皇后ジョゼフィーヌの左手
ル・ノルマン『皇后ジョゼフィーヌの回想と秘密』パリ，1827年

以上、省略せざるをえなかったが、このこまごまとした記述の後にジョゼフィーヌの手の説明が続いている。

≪あれほど有名になったこの女性の手の線は非常に多様であった。木星丘の下にあって上の方へと親指と人差指との間をのびる生命線は、彼女の美しさを示し、また彼女の自然な寛大さを表わしていた。この線は彼女に栄光と巨大な富を予告していた。が、別々に離れた二枝がきれていることが、彼女が頭痛に脅かされていたことをよく示している。……金星丘の隆起部を支配する土星のしるしは、後にジョゼフィーヌが極度の心痛に打ちひしがれて死ぬことを告げている。……しかし、金星丘から木星の指の上方へとしっかり刻まれた六個の星は、戦争とか帝国の運命とかの偶然の出来事によって富が増大することを示す。……土星の指の第三関節の下にある五本の小さな線は、労苦といまいましい監禁さえも予告している。薬指の第一関節の根元にある三つ星は、彼女が王冠を受けて、三つの高い称号を持つが第一のものしか保持できない、ということをはっきり予告している。……旅の神（水星）の丘とつけ根近くに見られる三角二つは、ボーアルネー夫人に初婚での嫡子二人を約束するが、悪意もしくはある種の事情によって他の子供も彼女のものだとされることがありうるのを示す。……月の影響をうけて傾斜する大きな三角形は、彼女にとって火星を有利なものにしている。こうして彼女は限りない栄誉を享受し、二人の夫を持ち、その莫大な富で世界を驚かし、思いのほか早い苦しい死で友人たちを悲しませることになるのである。》

258　握った手の意味
アンドレ・コルヴォ『手相術』
リヨン，1545年頃

ナポレオンがジョゼフィーヌのたび重なる懇望をいれて、マドモワゼル・ル・ノルマンに手相を見ることを許したのは一八〇七年である。彼女は、ただちに彼の趣味、偏愛など彼の性格の深奥を細かく指摘した。とりわけその当時はまだ予定に過ぎなかった離婚、それでもすでにジョゼフィーヌを苦しめていた問題の離婚を予告した。彼は彼女に予言の完全な記録を作ってほしいと頼んだ。この資料は警視庁に保管された。占い女が自分にいったことに非常に驚いたナポレオンは、これほどの天賦の洞察力を持つ女が自由に話したり行動したりすることによって、自分が困難な立場に追いこまれることを恐れ、一八〇九年一二月一一日彼女を逮捕させ、独房に監禁した。彼女は一二日間留置され、離婚が成立した後にやっと釈放されたのであった。

7　カード占い、タロット

タロットは人間の発明のうちでも絶妙なものの一つである。哲学者たちがあらゆる糾弾をしたにもかかわらず、運命を多面鏡に映すに似たこの画札はあまりにも鮮烈で、想像力豊かな精神はその魅力のとりこになったのであった。厳密な論理の名のもとに、しかし何の面白味もない説得につとめる厳格な取締官らには、首尾よくタロットの使用を廃止させることなどまずもって不可能だった。

この札の活力底力にはどんな論議も及ばない。これは理屈をつけるものではなく、身をまかせるものである。カードをテーブルの上で切るとき、この厚紙の小さな束はある者たちにとっては破滅の道具である。緑色の布の周りに彼らを引き寄せる抵抗しがたい力は、彼らにとっていかなる道理よりも強力だ。まるで憑きものである。この力は最も暗い悪徳すなわち怠惰、窃盗、放埒を生み、その力を思いのままに導く悪しき威力を露呈する。またある人々にとっては、タロットは神秘の扉であり、その扉は大きく口をあけた底知れない未来、幻想と期待の未来へと開く。前夜自分たちを地獄の責苦へおとしめた同じ札をさばきながら、勝負をする者たちの目は輝き、頭は冴え、魂は永遠の領域へと飛翔する。彼らは未来を見透し、予言の精霊のとりこになる。われわれは愚かにもこれを笑うが、オリエントの人々はより思慮深く、このような場合を人間が現世で神から期待できる最高の賜物だとみなしていた。

とにかく、古拙なこの一組の画札の不可思議な力、人間をブリッジからカバラへ、ポーカーからヘルメスの科学へ、バカラから絶対の無限《エン・ソフ》へと導くこの力は、われわれの真面目な考察と研究の対象に値する。タロットと芝居とにはある種の相関関係がある。芝居は生きた活動的なもう一つのタロットである。役者はある原理、ある自然の法、ある性格を体現しつつ、個性を殺してそっと登場する。彼が舞台に姿を見せる都度、人々はこれから笑うのか泣くのかをあらかじめ承知しているほどである。それはちょうど占い女の指から喜びのカード、悲しみのカードが湧き出す時のようだ。この類似が、人間の思考の二つの表現方法に等しい人気をもたらすゆえんでないとはおそらくいえないだろう。タロットの第一組の二二人の人物も、宇宙という舞台において人間の役割のすべてを分け担っている限りで、等しく役者なのである。

タロットはあらゆる占い術の中で、その起源も施術も最も神秘的である。タロットがどのようにして人間界にやって来たのかはだれも知らない。今日でもなお教科書によってはカードの発明者をグランゴノールという画家であるとし、彼がそれによって狂気の長く陰うつな時間に悩むシャルル六世を慰めようとしたのだと説いているが、この伝説ははっきりしりぞけねばならない。一七世紀にこの発明者に気づいたのはメネストリエ神父である。一三九二年の会計室記録の中に、シャルル六世の会計方シャルル・プパールの記載を読んでのことだったが、そこには次のように記されていた。

《画家ジャクマン・グランゴノールに、彩色した何枚かの銘入り図案の金のカード三組に対して。前記の国王陛下の慰みに供するために。五六パリ・スー。》

しかし、この記載事項からカードの発明者がグランゴノールであるとすることはできない。カードはシャルル六世の時代以前、一三二九年にはすでにドイツで見つかっており、ついでベルギー、スペイン、イタリア、マルセイユでも発見されていたのである。

一八世紀の文献学者クール・ド・ジェブランは、自分の空想の奔流に押し流されてしまうことがしばしばだったが、カードの起源はエジプトにあるとしてはばからなかった。タロットには、古代の何人かの著述家が述べている有名なトートの書の影響があると見たのだった。カード占い師アリエット、またマドモワゼル・ル・ノルマンや哲学者ドドゥセは、この古い起源説を採用し、一般に広めた。そのため現在のエジプト学の知識ではこの意見を支持することはできないにもかかわらず、今日でも多くの人々がタロットのエジプト起源を認めているほどである。また人々はタロットの発明はジプシーだともいった。わざわざ《ジプシー・タロット》と呼んだ著者も何人かあった。しかし、残念ながらジプシーがヨーロッパに現れたのは一五世紀の第一・四半期にすぎず、その少なくとも一世紀前にはスペイン、フランス、ドイツの人々がタロットのカードをもっていたのである。ジプシーが自分たちの習俗や冒険心にぴったりの発明にいち早くとびついたことは確かだが、だからといってその作者を彼らにしようとする説はまったく当てはまらない。最近では、タロットとギリシャの象徴主義の神秘的な画像とに類似性が発見された、と思われたこともあった。さらにヒンズー起源、アラビア起源などをいうむきもあった。

真実はさらに奇なりである。エジプトの書物にタロットの起こりを見た幻想が惜しくも霧散した人々は、タロットの高貴さはもっと高いと考えて慰めるがよい。タロットに起源はない！　のである。神秘と謎と問題があるのみだ。せめての絆は、錬金術的象徴主義との符合であろうか。このもう一つの捉え難い理論は、宗教をも科学をも逃れながら過去何世紀にもわたって地下の道を踏み固め、ともかくもみずからの領域を作りあげてみずからの椅子におさまり、その原理を教えてきた。この原理の固定性と不変性は、あらゆる歴史的哲学的追跡をかわすにはもってこいであった。

　実際にはタロットは異なった二組の札からできている。双方を混ぜ合わせようと試みられたこともあったが、完全には成功しなかった。密度の違う液体を混ぜ合わせてもやがて分離して重い方の液体が器の底に沈むように、タロットを構成する二つの要素は決して十分に融合することがなく、両者の独立性は一目瞭然である。

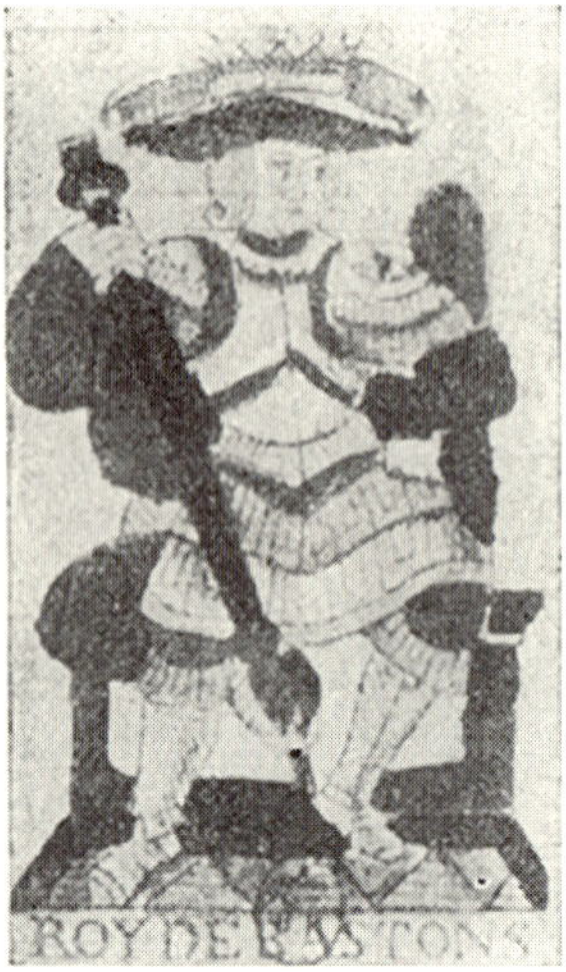
259　棍棒の王

261　杯の騎士

260　剣の女王

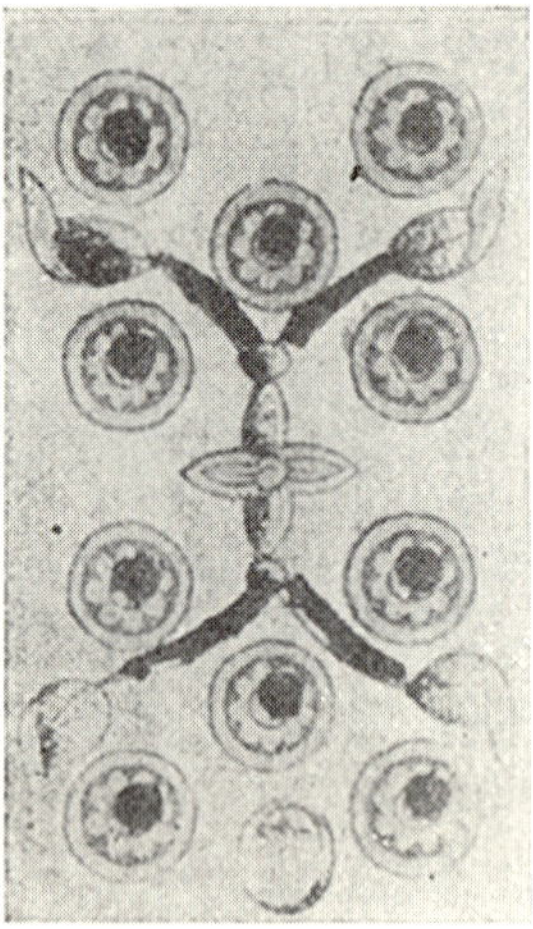
262　ドゥニエの10

ノブレのタロット，1500年

それに、カード占い師は札を二つのシリーズに分け、二二枚を《大奥義》と呼び、五四枚あるいは組によっては五二枚を《小奥義》と呼ぶ。小奥義というのは他でもないふつうのトランプで、四種に分れ、それぞれに王、女王、騎士、下男、そしてエースと二から一〇までがあり、計五六枚となる。現在のトランプは騎士をはぶいて五二枚になっている。

今日ダイヤ、ハート、スペード、クラブと呼ばれる分け方は一八世紀の末までは棍棒、杯、剣、シクルあるいはドゥニエと名付けられていた。どうしてこのように変ったのかは分らないが、あまりいい改名ではない。百姓の武器である棍棒は農業を表わし、聖なる器である杯は聖職者を、剣は軍人を、金銭であるドゥニエは商業を表わす。この象徴主義を説明するために、クール・ド・ジェブランがしたようにエジプトのカースト制を持ち出す必要はまったくない。中世には百姓、僧侶、軍人、商人が社会の骨格を支えていたことを指摘すれば十分だ。司法官はまだ存在しなかったから、これだけで四階級を代表することができたのであり、その他には無法者、追放人、ならず者、乞食など合法的な暮しを拒まれ、クール・デ・ミラクルに集まったり散ったりする人々しかいな

263　ドゥニエの下男

264　棍棒の10
ノブレのタロット，1500年

265　女教皇

266　女　帝

267　皇　帝

パリのタロット，1500年

かったのである。ある嵐の日に、たまたま宿屋のテーブルを囲んだ四人の人間が、一人は棍棒を、別の者が杯を、三人目が剣を、そして最後の者が小銭をかけてゲームを始める情景は目に浮かぶようだ。これら四種の品物の印象が象徴として強く残り、その伝統がカードの上にしっかりとどめられたのだ。

この四つの象徴に配された図柄も、やはり社会生活からじかに取ったものであったため伝統が根強かった時代のことでもあり、立派に長生きをすることになった。王あるいは領主、妃、騎士、下男は館の生活を表わし、他の人々もそこに集まっていた。一八世紀に入ってからそれらをどのように表わしていたか実例を見てみよう。ただしこれはフランス革命の影響を蒙る以前のことである。図版259は棍棒の王、260が剣の女王、261が杯の騎士、263がドゥニエの下男で、ノブレの署名入りタロットに入っているものである。図版262のドゥニエの一〇と264の棍棒の一〇を見れば、この象徴が見映えのする形で表現されていたことがよくわかる。

小奥義の一組と大奥義の一組とは、一つに組み合わされても不都合は生じなかったろうし、どちらも同じ象徴的意味を担ってはいるが、それでも確かにまったく異なったものである。その起源がどうあれ、この二つは共通の起源は持っていない。そして私が小奥義すなわち剣、杯、ドゥニエ、棍棒の四表象のシリーズの方が神秘的な二二枚の図よりも古い創作だといったら、達人と自称する多くの人々は驚くだろう。この二二枚には、それが神秘的だということから、通常より古いものだという評価が下

268 教　皇

269 恋　人

ヴェルニャーノのタロット，17世紀

270 戦　車

271 正　義

されがちであったのだ。

本当のタロットである《大奥義》の図柄として知られている最古の一組は、国立図書館版画室に保存されている貴重な収集品で、「シャルル六世のタロット」の名で呼ばれている。長いことこれが、王を慰めるためにグランゴノールが描いたカードの一つと信じられていたからだ。これらの小さな図柄は明らかに一四世紀のものだが、そのことがこのカードの想定上の由来を証明することにはならない。残念ながら、この一組は不揃いで、一七枚の札しかなく、全部二二枚のシリーズに属している。だいいち当時二種の組が混るようなことがあったとは考えられない。シャルル六世のタロットは手描きである。その頃は木版画はまだ用いられていなかったから、どのカードも手で描くしかなかったのだ。

古いタロットで板刻によるものは数多く残っている。そのいくつかの見本をとりあげて二二枚の札を厳格な伝統が指定した順序に従って列挙してみよう。この順序は、一八世紀になるまでうかつにも誤って伝えられていたものである。
I、奇術師――テーブルの前で手品をしている男を表わす(カラー図版6、第2図)。II、女教皇――教皇冠をかぶった婦人の像(図版265)。III、女帝――玉座につき笏を持つ婦人(図版266)。IV、皇帝――前者に対応する人物(図版267)。この最初の四枚は、一五〇〇年と記された彩色のある美しいフランスのタロットからとったものである。続く四枚はヴェルニャーノと署名の入った一六世紀のタロットから選んだ。すなわち、V、教皇――自分の前に跪く二人の人物に祝福を与えている(図版268)。VI、恋人――これを結婚と呼ぶタロットもある(図版269)。VII、戦車――二頭立で宮廷の衣裳をまとった人物が御している(図版270)。VIII、正義(図版271)。
シリーズは次のように続く。IX、隠者または賢者――この新しいディオゲネスはある男を探している(図版272)。

X、運命の輪（カラー図版6、第3図）——回転すると猫と悪魔もともに回る。XI、力——一人の女がライオンの口を開いている（図版273）。この三奥義はノブレの記名のある一二世紀のパリのタロットから選んだ。XIIは吊された男といい非常に珍しいタロットの一枚である。前述のシャルル六世と呼ばれる一四世紀のタロットの図柄を忠実に写してみた（カラー図版6）。これはそれ以前の時代の写本にある細密画と、不幸にも作品の少ないフランスの

272 隠者または賢者

273 力

ノブレのタロット，17世紀

274 節制

275 悪魔

フランスのタロット，17世紀

ルネッサンス前派の画家の作品との過渡期にある画に属し、その技術の完成度には目を見張るものがある。XIII、死——ここに載せた札（カラー図版6、第4図）もノブレのタロットの一枚である。XIV、節制——液体を一つの壺から別の壺へ移している女性を表わす。XV、悪魔——この本ですでにすっかりおなじみになったこの者は、ここで雄山羊の形をとり、腹、膝、胸の上に人間の顔をつけている（図版275）。XVI、神の家——落雷に打たれた家が表わされている（図版276）。XVII、星——タロットによってさまざまに象徴される（図版277）。以上、神の家以外は一七世紀のフランスのタロットに入っている。神の家はヴェルニャーノのタロットのものである。

276 神の家
ヴェルニャーノのタロット，17世紀

277 星
フランスのタロット，17世紀

XVIII、月——すでに図版188に示した。占星術師二人が見事に描かれている。シャルル六世のタロットである。XIX、太陽——太陽が城壁の上に輝き、城壁の前には子供が二人立っている（図版278）。XX、審判——最後の審判と見られているがおそらく誤りだろう（図版279）。XXI、世界——四福音書の著者の表象にとり囲まれた女を表わしている（図版280）。最後の一枚——道化は番号がついていない。ときによって前の一枚の手前に入り、その場合は世界が二二となる。図柄は昔の城や宮廷の道化師である（カラー図版6、第1図）。最後の四枚の表象は一七世紀のフラン

280 世界

279 審判

278 太陽

フランソワ・ジェルジェのタロット，17世紀

ソワ・ジェルジェのタロットによっている。

以上がタロットの奥義すなわち、二二枚の体系の全体像である。これらについて、隠秘主義者たちはひたすらあらゆる種類の解釈を試みたが、これらの絵図が表わす教義の根底にまで達することはなかった。出版されたタロットではものによって入っている図の異なることがあるのに気づかれるだろう。この点の研究も面白いと思う。イタリアの大タロットではVの教皇とIIの女教皇はジュピターとユノに置きかえられていた。ローマの検閲を避けるためだったろう。クール・ド・ジェブランはその札を大司祭と女大司祭と呼んでいる。この学者は戦車をオシリス、悪魔をテュフォン、隠者を賢者、星をシリウス、世界を時間と呼ぶ。彼は吊された男を認めず、賢慮に代える。次の理由からである。

《これは、ある哀れな厚かましいカード作りの職人が、この画にこめられた寓意の美しさを理解できないままに、勝手に修正したばかりか完全に別物に仕上げてしまったものなのである。賢慮を目で見て分るように表現するには、立っている男が片足を地につきもう片足を前に出して宙に浮かせ、その足を下ろす確かな箇所を探している姿によるしかない。したがってこの札の題は「足を浮かせた男」だったのだ。カード職人はこれが何を意味するかを知らずに、足を吊された男にしてしまったのである。》

あいにくクール・ド・ジェブランは、現存する最古のタロット、すなわち、カードの工場生産が始まる以前に作られたシャルル六世のタロットが明確に吊された男を描いており（カラー図版6）、その細部が明らかに象徴主義によっている事実を知らなかった。

タロットによっては一八番目の月の札に重要な変化が見られる。シャルル六世のタロットの美しい絵図で天を仰いでいた二人の天文学者（図版188）は、月に吠える二匹の犬に代わっている。この変化は一五世紀以後のことで、説明は難しいが、一種の愚弄によるもののようである。一六の神の家の奥義を雷と呼ぶタロットもいくつかあり、これは多分表題とそれが示す主題との関係がはっきり捉えられなかったためだろう。中世の言葉では神の家あるいは神のホテルは貧しい病人を看る建物を指した。タロットの注釈者たちは共通してこの絵図の中に牢獄、悲惨、貧困、懲罰など何かしら不吉なものを見ていた。しかし、この図には、聖書の中のやはり神の家を意味するべトーエルとの類似、さらには錬金術師の炉《アタノール》との類似が見られる。この炉は天の火の光を受けるはずのものだが、それを予知できない不注意な者たちは雷に打たれて倒れるのである。

どの隠秘主義者も、タロットの二二の絵図の順序がそれと分るほどに乱れることを重大視し、だれも伝統の順序を変えようとはしなかった。ただカード占い師のアリエットは例外である。元理髪師の彼はエテイラの名で《代数学教授》と自称し、一八世紀にパリのラ・ヴェルリ通りにあるオテル・クリヨンに住んで神託を下した。彼の無知は虚栄心に劣らず相当なものだったが、ご託宣はあきれるほどの成功をおさめた。彼はタロットを出版した。その中で彼は奇術師を一五番目に押しやり、自己の気紛れというだけの理由で図柄をつけ加えたり、変更したり、別の物にしたりした。道化の札に錬金術師という副題をつけたが、これだけで彼の注釈と称するものがどの程度のものであったかが知れる。図版285にこのタロットの札の一枚をを示した。

クール・ド・ジェブランはタロットを構成する各種の要素を分析し、図柄を理論的に分類しようと試みた。それによるとはっきりしたいくつかのグループが得られるようである。まず人間社会で称号を持つ六人の人物がある。

　教皇　皇帝　奇術師
　女教皇　女帝　隠者

次は二人の寓意的人物である。

　悪魔　死

それから四つの基本的な徳だ（吊された男を賢慮と考えて）。

　正義　節制　力　賢慮

天文学的三要素は、

　太陽　月　星

人間生活の中で運命にかかわる二枚の札は、

　恋人　運命の輪

宇宙の運命の四要素は、

　戦車　審判　神の家　世界

である。二二枚目の数の無い札の道化は、どこに入れるのも勝手で限定された位置づけはない。

もちろんこの分析の試みは決して絶対的なものではないが、哲学史が提起するおそろしく不分明な主題の一つに、何がしかの光を投げかけるのには寄与している。

タロットの二二枚の札をヘブライ語のアルファベット二二文字に当てはめようとする試みもあった。それが可能ならタロットをカバラに結びつけることができる。それこそ試みざるべからずである。第一のカード奇術師は第一の文字アーレフにぴったりだ。この仰々しいアーレフはアルファベットの先頭で的屋の物腰よろしくはねまわり、大げさに奇蹟でも売っている体だ。残念なことにこうした一致は先まで進めない。やがて完全な不一致が現れる。最後の文字タウと四人の福音書作者に囲まれたカードの「世界」とは対応するとはいいかねる。つまり、タロットがセム族に起源を求めうるなどということはありえないのである。

一五世紀、一六世紀にはまったく異なった象徴主義に基づいて数々のタロットの試作が手がけられた。国立図書館の狩のタロット、枢機卿スフォルツァのタロット、マンテーニャのタロット、《哲学的》と呼ばれるさまざまなタロットなど、中には真に傑出した芸術作品さえ生れた。しかし、これらはたとえ使われたことがあったとしても、いずれも見捨てられてしまった。どれも、伝統的なタロットの活力と魅惑的な幻惑力を持っていなかったためである。起源がなく、どこから来たかも知れず、しかも神々の真の贈物である伝来のタロットは、われわれの間に深く根を下して根づいたものである。人類が続くかぎり生き続けるであろう。

カード占い師はタロットによって未来を読むが、それには二二枚の大奥義、五六枚あるいは五二枚の小奥義、両者を全部合わせて作った「大組」と呼ぶもの、のいずれかを用いる。だが、この最後の方法はエテイラの考案した方法らしい。通常占い師仲間が伝統を重んじるのとは逆に、それを踏みにじったこの空想家の占い者がどれほど信頼できるかはすでに見たとおりである。

カードはヨーロッパに導入されるとすぐに占いの方法として用いられたが、それにもかかわらず、一六世紀に用いられた方法については何も分っていない。この時代、手相術や占星術についてはたくさんの著作が解説をしてくれるのだが。ただ一冊の本、フェラーラ公ヘルキューレ・デステに献じられたマルコリーノ・ダ・フォルリの『思索の庭と名づけられたフォルリのフランチェスコ・マルコリーノの運勢』(一五四〇年、ヴェネチア)が、ガチョウ占いと神託占いの両方に似たカード占いの組合せを作る方法を述べている。著者は数のふられた札しか使わない。棍棒、剣、杯は使いたくなかったといい、王(女王はだめ)、騎士、下男、一〇、九、八、七、二、エースの札とドゥニエの組だけが可だというのであるから、彼の占いもまた完全ではない。取り上げられている質問はさまざまで数も多く、あらゆる場合に当てはまりどんな要請にも応じることができる。例えば男に対しては《この男の運命は陽気なものか、それとも悲しいものか……彼は美しい妻と醜い妻のいずれをめとるのがよいか、等々》であり、女に対しては《この婦人は彼女が熱愛する男から大切にされるか……この女は男の子と女の子のどちらを持つだろうか、等》である。

著者は札を予言的意味を持つ枠組の中に配分する(図版281)。その枠組には善、隷従、知性、死、美、結婚、謙譲、怠惰、虚偽などがある。二枚ずつ分けられた札は非常に複雑な組合せを生み、それが占い者を別の組合せ、善行悪行の寓意へ導き(図版282)、最後に哲学者を表わす図へと導く。哲学者とはアリスティッポス、クセノクラテス、スティルポン、メネデモス、ヘラクレイトス、スペウシッポス、プラトン、クリュシッポスなどであり、イタリア語の三句詩で神託を伝える。二、三の例をあげてみよう。

《(お前の選んだ)婦人はお前に永遠の憎しみを抱いており、お前に会うよりも、地獄の最も忌むべき悪魔

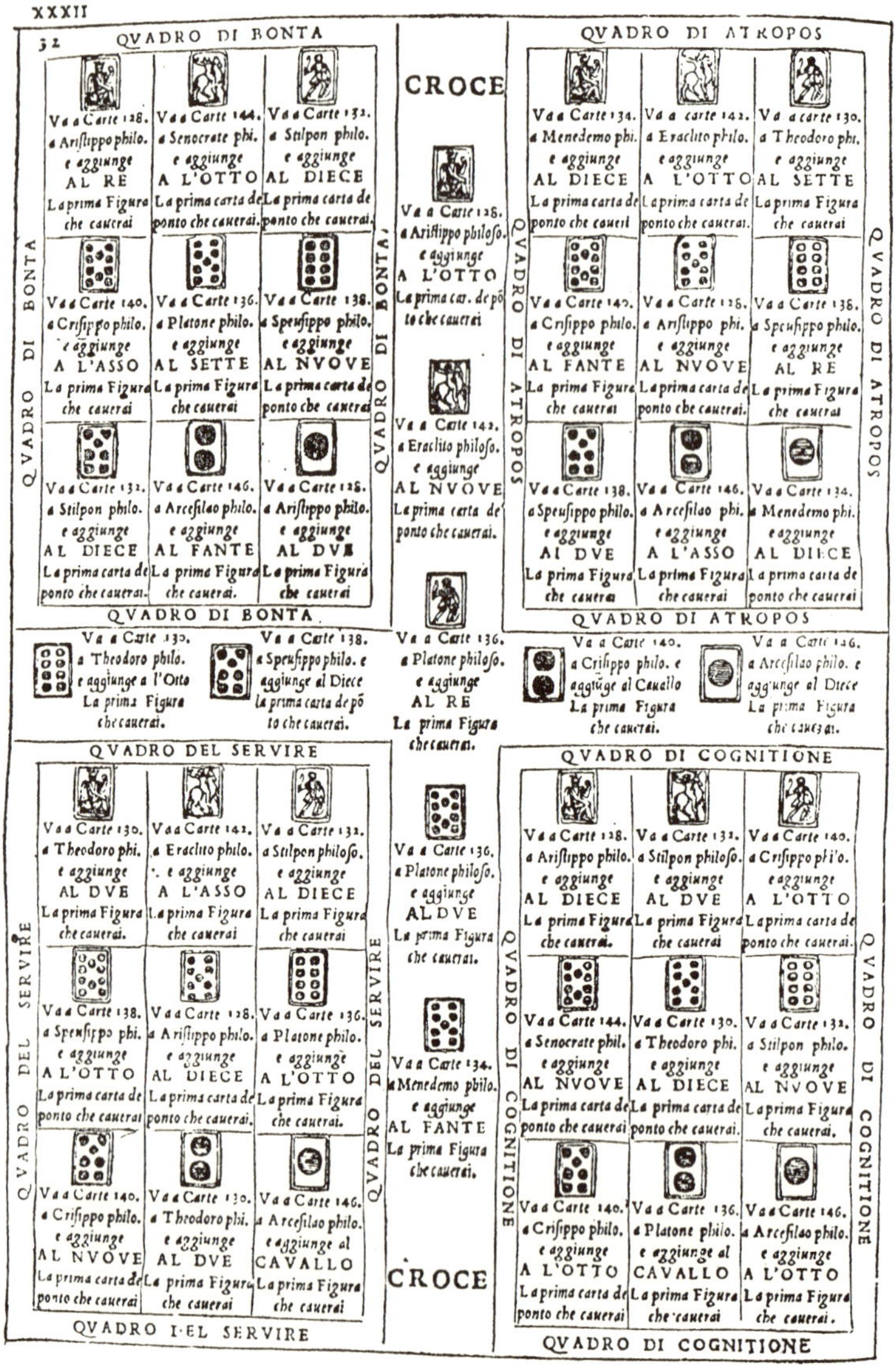

281　16世紀におけるカード占いの札の組み方
マルコリーノ・ダ・フォルリ『運勢』
ナポリ。1580年

FRAVDE 33

Va a carte 28 al q̈dro del prencipe e caua una carta				Va a l'incōtro ne la Croce e caua una carta	Va a carte 30 al q̈dro del scandolo e caua una carta
Va a carte 30 al q̈dro del scādolo e caua una carta				Va a carte 34 al q̈dro de la Busia e caua una carta	Va a l'incōtro ne la Croce e caua una carta
Va a l'incōtro ne la Croce e caua una carta	FRAVDE			Va a carte 36 al quadro del Vero e caua una carta	Va a carte 34 al q̈dro de la Busia e caua una carta
Va a carte 34 al q̈dro de la Busia e caua una carta	Va a carte 36 al quadro del Vero e caua una carta	Va a carte 28 al q̈dro del prencipe e caua una carta	Va a carte 30 al q̈dro del scādolo e caua una carta	Va a carte 28 al q̈dro del prencipe e caua una carta	Va a carte 36 al quadro del Vero e caua una carta
Va a carte 36 al quadro del Vero e caua una carta	Va a carte 28 al q̈dro del prencipe e caua una carta	Va a carte 30 al q̈dro del scandolo e caua una carta	Va a l'incōtro ne la Croce e caua una carta	Va a carte 30 al q̈dro del scandolo e caua una carta	Va a carte 28 al q̈dro del prencipe e caua una carta
Va a carte 28 al q̈dro del prencipe e caua una carta	Va a carte 30 al q̈dro del scandolo e caua una carta	Va a l'incōtro ne la Croce e caua una carta	Va a carte 34 al q̈dro de la Busia e caua una carta	Va a l'incōtro ne la Croce e caua una carta	Va a carte 30 al q̈dro del scando lo e caua una carta
Va a carte 30 al q̈dro del scādolo e caua una carta	Va a l'incōtro ne la Croce e caua una carta	Va a carte 34 al q̈dro de la Busia e caua una carta	Va a carte 36 al quadro del Vero e caua una carta	Va a carte 34 al q̈dro de la Busia e caua una carta	Va a l'incōtro ne la Croce e caua una carta
Va a l'incōtro ne la Croce e caua una carta	Va a carte 34 al q̈dro de la Busia e caua una carta	Va a carte 36 al quadro del Vero e caua una carta	Va a carte 28 al q̈dro del prencipe e caua una carta	Va a carte 36 al quadro del Vero e caua una carta	Va a carte 34 al q̈dro de la busia e caua una carta
Va a carte 34 al q̈dro de la Busia e caua una carta	Va a carte 36 al quadro del Vero e caua una carta	Va a carte 28 al q̈dro del prencipe e caua una carta	Va a carte 30 al q̈dro del scādolo e caua una carta	Va a carte 28 al q̈dro del prencipe e caua una carta	Va a carte 36 al quadro del Vero e caua una carta

282　マルコリーノ・ダ・フォルリ『運勢』ナポリ。1580年

16世紀におけるカード占いの札の組み方

らに会う方を望むだろう。》

これから決闘をしようとしてうぬぼれている男には、

《友よ！　天は汝にすばらしい勝利を約束する。最初の一撃で相手を殺すだろうが、汝はかすり傷一つ負わないであろう。》

浮気女には、

《お前の夫は模範的な人生を送る男である。ふと過ちを犯そうとしたとしても、サタンの口中や手中に落ちることを恐れるだろう。》

しかし、マルコリーノ・ダ・フォルリ自身が考え出したに相違ないこの方法には伝統的な価値はない。ただ、この本が一六世紀に三版出たことを思うと、イタリアでは何がしかの成功を収めたのだろう。しかし、今日ではこの方法は完全に見捨てられた。現代のカード占い師にはまったく知られていない。だからこそ、これについて一筆しておくのが読者のためと考えた次第である。

不運なことに、一八世紀末のエテイアの時代までは、他にカード占いに関する資料は一切見つかっていない。カードの起源そのものを包む神秘は、それを語らせる使用方法までおおっているようだ。一六、一七世紀を通じてこれを用いていたジプシーは、かたくなにその秘密を守り、書物には何の跡もとどめさせていない。人々はド・クレランボー元帥夫人をカード占いということにしようとした。彼女は《小さな点の術によって未来に関する大いなる知識を持つのだと信じていた》と、サン＝シモンはいう。しかし、この有名な著述家は、それが何であるかは知らないと告白している。元帥夫人がやっていたのは当時かなり流行った土占いの方法の一つであった

283　マルメゾンで皇后ジョゼフィーヌにカード占いをする
マドモワゼル・ル・ノルマン
ノルマン息子彫版『皇后ジョゼフィーヌの回想と秘密』
パリ，1827年

とみる方が妥当である。アンブリュゲという婦人がカードでルイ一四世を占ってドナンの勝利を予言し、六〇〇ルーブルの報酬を受けたといわれるが、彼女についても何も分らない。摂政フィリップ・ドルレアンが相談をしたカード占い師フィアソンについても同様だ。いきおい、一八世紀の著書にあるタロットの解釈法も——著者たちが空想に走りやすいことには大いに注意を要するが——、まさしく先だつ何世紀間かの伝統的方法であると認めざるをえない。

小奥義が一般に次のように解釈されたのはこの人々にならったものだ。すなわち、今日ではスペードに置きかえられている剣は、不幸と死を予告する。杯つまりハートは幸福の前兆であり、棍棒つまりダイヤはニュースを知らせ、ドゥニエすなわちクローバーは金銭に捧げられる。ユダヤの王ダビデとみなされる剣ないしスペードのキングは、邪悪な男か法官を意味し、クイーンのパラスは未亡人でありよこしまな女である。ジャックのオジエ（シャルルマーニュの勇士の一人）はスパイないし詐欺師である。ナイトは軍人か知性のない男を意味する。

杯すなわちハートのキングであるシャルルマーニュはブロンドで、《地位のある男》、つまり影響力を持つ者である。クイーンのユディトはブロンドで、イザボー・ド・バビエールを表わしていると考えられた。ジャックのラ・イールはシャルル七世の隊長の一人であり、ブロンドで勤勉で働き者の青年だ。ナイトは札つきの悪漢である。

棍棒すなわちダイヤのキングのカエサルは《善良で厳格な》田園の男である。クイーンのラケルはアニェス・ソレルともいわれやはり田園の女である。ジャックのヘクトールは一五世紀の有名な軍人ヘクトール・ド・ギャラールに他ならず、善き異邦人によってもたらされたニュースを予告する。ナイトは逆に離反と離脱とを意味する。

最後にドゥニエ、すなわちクラブの王であるアレクサンドル大王は栗色の髪で不義不徳の男であり、シャルル七世の妻、マリ・ダンジューとみなされたクイーン、アルジーヌは栗色の髪で口が悪い。シャルルマーニュの別の勇士、ジャックのランスロは栗色の髪の傑物である。ナイトは不活潑で怠惰な男を意味する。

しかし、これらのカードには別の解釈もあり、カード占いの方法次第では相違が見出されることがある。例えばマドモワゼル・ル・ノルマンはクラブのキングに寛大で非常によく人につくす男を、クイーンに穏やかで愛らしく正直で大変感じやすい女を見ている。この女は動揺しないかぎり嫉妬はしない。また、ダイヤのキングは邪悪で危険な男で、ときとして軍人である。彼の妻は口さがなく軽薄で手練手管にたけ嫉妬深い。ダイヤのジャックは運送屋か不実な従者、または悪さをしようとたくらむよそ者を表わす。

数字のカードにはいろいろの意味がある。一般に意味あいの強度は数が大きくなるにつれて増す。スペード、つまり剣の一〇は二や三よりも大きな不幸を予言する。エースの場合は例外で、どの数のカードよりも上である。

一組全部の札五六枚を互いに他のものと組み合わせ、その逆も考慮すると、無数の組合せができることが分る。例えば次のような結果が得られる。

キング四枚　大いなる栄誉
キング三枚　協議
キング二枚　ちょっとした助言
クイーン四枚　大談判
クイーン三枚　女の裏切
クイーン二枚　心からの友

ナイト四枚　真面目な仕事
ナイト三枚　活潑な議論
ナイト二枚　親密
ジャック四枚　危険な病い
ジャック三枚　口論
ジャック二枚　不安
一〇四枚　矛盾
一〇三枚　新しい国家
一〇二枚　変化
エース四枚　好運
エース三枚　小さな成功
エース二枚　欺瞞

等々……

これらの組合せは、その説明ともども、今日では広く親しまれているカード占いの論文のどれにでも入っている。

大奥義のほうは、おおよそ次のような意味をもつ。

Ⅰ、奇術師――考えの正しさ。Ⅱ、女教皇――知恵と科学。Ⅲ、女帝――夜、闇。Ⅳ、皇帝――支援、保護。Ⅴ、教皇――会合、社会。Ⅵ、恋人――結婚。Ⅶ、戦車――勝利、専制。Ⅷ、正義――法律、正義。Ⅸ、隠者

——知恵。Ⅹ、運命の輪——好運、富裕。Ⅺ、力——力、至上権。Ⅻ、吊るされた男——慎重。XIII、死——荒廃、死、破壊。XIV、節制——節制、節度。XV、悪魔、盲目的な肉体の力。XVI、神の家——悲惨、貧困、牢獄。XVII、星——清廉。XVIII、月——言葉、おしゃべり。XIX、太陽——光明、科学。XX、審判——意志。XXI、世界——旅行、地球の所有。0、道化——痴呆、熱狂、常軌を逸すこと。

これらの単純な意味あいはやはり互いに変りうるもので、これら二二枚のカードを数のカードと組み合わせると変化はいっそう大きくなる。限りがないので、これ以上このテーマについて述べるのはよそう。

多くの人は、単にカードが示すいわば数学的な組合せのいろいろを調べ、本なり聞き伝えなりで習った解釈で占いをしている。しかし、タロットの図が、自分の透視力を深めるために見つめる物的なしるし以外のなにものでもない人々もいるのである。この人々は、まず図柄をじっと見つめているうちにやがて催眠状態におちいり、浅い深いはあってもその状態の中で、明らかにしてほしいと依頼されている将来の状況を知覚する。

このようなカード占い師たちが一般に最もよいとされる。ところが、非常に学殖ゆたかで良心的なカード占い師で、数学についても本物の知識をもっていたもようのドドゥセは、その稀な著述『しるしの科学すなわち精神の医学』(一七九五年頃、パリ)の中で、この方法を非難してこういっている。《とりわけ、カード占い師は決して霊感や妖術によって占いを行なっていると信じ込ませてはならない。占いは学習と知性によって修得した科学によってのみなされるものである》。この警告にもかかわらず、《透視派》のカード占い女は数多く、失神状態に落ちこんでは施術の後にきまってひどい疲労をおぼえている。彼女らによって、カード占いという無害の施術は、隠秘主義の最も不可解な神秘の一つと一緒になるのだ。それについては次の章で検討したい。有名なマドモワゼル・ル・ノルマンはこの種類の占い女であった。なぜなら、彼女はその『回想録』の中で、ごく幼少の頃から、彼女が学んだアランソンのベネディクト会の修道院で恍惚状態になる癖があった、と述べているのである。それを彼女は《私は目覚めた夢遊病者だった！》といういかにも彼女らしい言葉でいい表わしている。

この方法には古代の巫女、霊感を受けた女占い師、予言女の姿がある。彼女らにとって三脚台は、失神状態を起こし、霊を呼び入れやすくするために役立つ物的道具に過ぎなかった。これに代わるものが、今日ではタロットなのである。現象としては昔も今も変らずに人の心を乱しはするが、その手順は近代社会の要請により適応して、最もそまつな小屋にも、豪華この上ない館にも同じように入り込むことができた。

カード占いをした人々は、社会のあらゆる階層に属していた。タロットはジプシーの手から村の魔女の手へと移った。この定住ジプシー女たちは、この占いの術をぬかりなくほかの秘密の能力に加えたのだった。魔女は長いこと占い女の典型でさえあった。バルザックの時代になってもなおカード占いの女たちは大勢、悪魔の夜宴の世紀の遺物であるフクロウ、黒猫、ヒキガエルとともに汚れた荒屋に生きながらえていた。「熟慮なき軽信」(図版284)はシュノーの絵に基づくアルブーの板刻だが、この一八世紀の美しい版画は、魔女のむさくるしい住居を典型的に表現している。人々は長年これが貴婦人を客に持つカード占いの魔女の昔ながらのすみかだと考えてきた。ぼろをまとい臼歯と小骨の首飾りをしたカード占いの女は、客の前に《大組》を拡げ、媒体者のゆがんだ微笑を浮かべながら説明を続ける。彼女の前には未来を読む助けにするコーヒーの入った茶碗が置いてある。壁にはコウモリ、毀れた窓にはフクロウがとまっている。美しく装った一人の貴婦人がうっとりと魔女の言葉に聞き入っている。お供の侍女のようにおびえてはいない。侍女は死ぬほど怖がって主人の後にちぢこまり、尻尾を逆立てて魔女の猫にわめき立てる小犬を抑えることもできない。前景右手には、だれか分らない謎の人物が檻の中に閉じ込められ、カーテンがそれを隠している。悪魔——アルブレヒト・デューラーの四人の魔女の版画で、

284　カード占い女の家
シュノー『熟慮なき軽信』アルブー彫版，18世紀

285 大司祭
エテイラのタロット（著者所蔵）

扉のかげから渋面をのぞかせていたような——であろうか。貴婦人の秘密を盗み聞こうと身をひそめた物好きだろうか。画家の真意に立ち入るのはなかなか難しい。

　しかし幸いなことに、どの巫女もこのようなひどい様子をしていたわけではない。世の中にはすでに《サロンの魔女》も現れており、マドモワゼル・ル・ノルマンはその最も洗練されたタイプの一人であったと思われる。図版283では、イブニング・ドレスの彼女がマルメゾンで皇后ジョゼフィーヌにやはり《大組》の占いをしている。今も残っているあの有名な半円形の部屋だ。すでに皇后に不幸がふりかかって来ていた頃であり、カード占いの女が自分の離婚を予告するのを聞いてジョゼフィーヌは泣き出す。マドモワゼル・ル・ノルマンが客に与えた影響力を心配したナポレオンがそっと入って来る。ちょうど、占い女は芝居がかった仕草で本当の巫女気どりで占いを告げ、ジョゼフィーヌは涙ながらに苦い胸のうちをもらしている。《私には予言のようなものがぐんぐん進んで来るように思われました。私が離婚する頃私にいわれたもので、それは、ナポレオンが私を見捨てるその時から彼は幸福ではなくなるだろう、と告げていました。》

　マドモワゼル・ル・ノルマンの履歴は格別輝かしいものだった。彼女は一七九〇年にパリで相談を受け始めたが、彼女の相談室へやってきた中には、ロベスピエール、サン・ジュスト、マラー、エベール、ランバル夫人、オッシュ、後にルイ一八世となったプロヴァンス伯、ダントン、カミーユ・デムラン、タリアン夫人、バラス、ボナパルト（彼は二度彼女を投獄した）、タレイラン、タルマ、アングレーム公夫人が入っている。これらの人人それぞれに向って、彼女はその人間を待ち受ける運命を明かした。しかし、彼女はとりわけ占い女の新しいタイプ、社交界のカード占い女というタイプを創り出した。後にマダム・クレマンやジュリア・オルシニがそれを真似る。そして今日では大方の占い女は、悪魔の夜宴のような道具立てを捨てて居心地のよい豪奢なアパートでその託宣を告げている。彼女たちがせめてもの思い出に残したものが、ビロードのクッションの上にうずくまる数千フランもするシャム猫なのである。

8　占い術のいろいろ

未来についての知識は、いつの時代でも、何にもまして人間の心を占める大問題であったようだ。だが、たとえ多くの人々が自分に約束された運命を予見できたとしても、しばしばそれに脅かされることも確かである。われわれの目の前に「自然」があらゆる幻想を許し、あらゆる希望を可能にするヴェールをかけてくれたことは仕合せであった。しかし、他人の知らぬ間にこのヴェールの片隅をほんの少しもたげて明日がどのようなものかを知ることができたならば、それはまた人々にとってどれほど好都合なことだろう！

だから、大占い術とでも呼べる占星術、人相術、カード占いとは別に、たくさんの小占い術があることに驚いてはならない。これらは人間の才気から生れ、どのようにしてか花開き、何世紀にもわたって種が蒔かれて、ひとつひとつが一時期多少なりとも庶民の人気を得た。

ローマ人が腸占いをやっていたことは知られている。喉を切って殺した動物の内臓によって占いをするのだが、彼らはまた羊の肩甲骨を焼かせて骨に生じた亀裂を調べることもした。これらのあまり興味を引かない野蛮な方法はそれでも一一世紀頃までキリスト教徒の間に引き継がれ、宗教会議のいくつかの禁止事項の対象となった。トゥールのグレゴリウスはその著『フランク族の歴史』七巻二九章でグントクラムヌス王によってトゥールへ派遣されたクラウディウスが野蛮な方法で腸占いをしたと記している。しかし、人々はもっと品もよくより簡単でもある占いの方法である書物占いをはるかに長いこと続けていた。これは本の頁を行き当りばったりに開いて、その最初の文句を予言的に解釈する占いである。このやり方もやはり古代に倣ったもので、この種の占いに与えられる《ホメロスの占い》あるいは《ヴェルギリウスの占い》という呼称は、昔ホメロスやヴェルギリウスの本を利用したことに由来する。キリスト教徒は代わりに福音書や聖書を用い、ヴェルギリウスの占いは《聖者たちの占い》となった。何度かの宗教会議で禁じられたこの慣習は、禁止にもかかわらず教会で聖職者みずからによって公然と行なわれていた。トゥールのグレゴリウスが第四巻一六章で語るには、父クロタカリウスに反抗して立ったクラムヌスがディジョンの要塞に着くと、司教聖テトリクスに迎えられた。そして《神父たちは三つの書物、預言書、使徒の書、福音書を祭壇に置き、それからクラムヌスの身に起きるであろうことを教えて下さるようにと主に祈った》。やがて同じ著者の第五巻一四章では、荘厳で悲劇的な場面にメロヴェクスが登場する。彼はフレデグンディスの怒りを逃れて三日三晩トゥールのサン・マルタンの大寺院に閉じこもり、聖者の墓に祈り、詩篇、列王紀、福音書に伺いを立てる。三日目の明け方、彼が列王紀を開くと次のように記されていた。「主なるわれらの神はあなたを裏切り敵の手に渡した……」。そこで彼は悲歎の涙を流して、大寺院を出たのだった。

中世のごく早い時期から今日まで、一部の地方で大いに用いられた占いの方法に《ふるい《サ》を回す》コシノマンシーがある。ふるい《サ》は今のふるい《タミ》あるいは選別機《クリブル》を意味する古い言葉だ。すべての民族が回転する品物に占いの性質があると思ったことは注目に値する。テーブルの上で柄のはめ輪を中心に回っているただのナイフも、多くの人々には、家に不幸をもたらすと考えられた。旋回運動は、一部の者がいうほど悪魔的ではないにしても、本質的に神秘性を持っており、ふるいによる占いはその中でもことに気がかりなものだった。コルネリウス・アグリッパの『全集』(年次不詳、リヨン、ブランゴ版)第二巻二一章の中でアバノのピエトロによるとされる部分に、

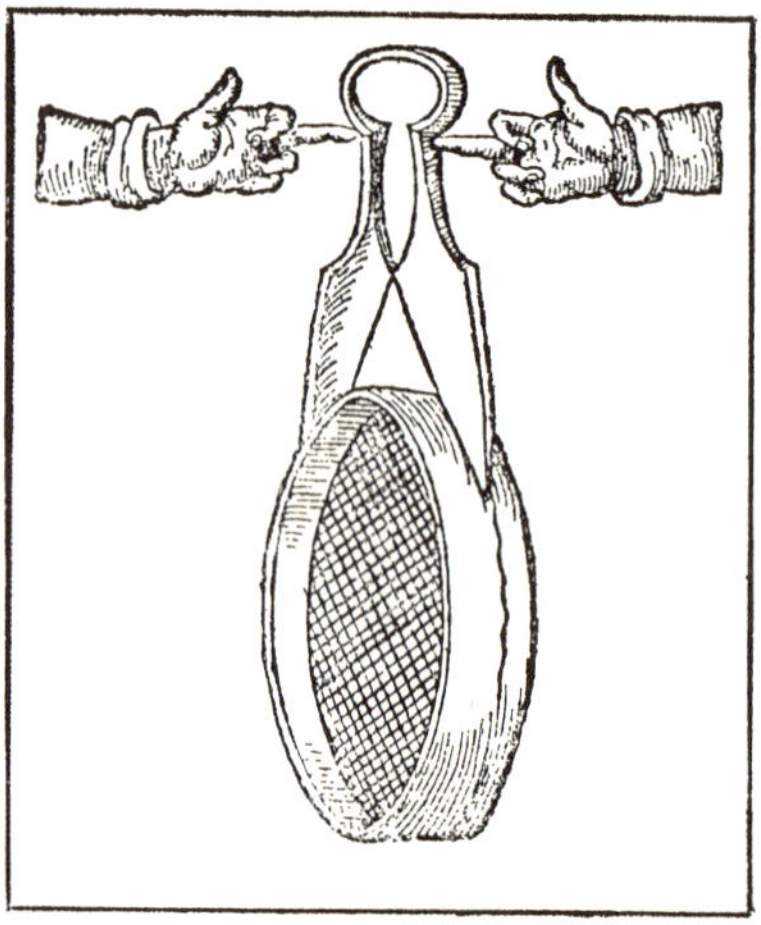

286　ふるいを回す方法
コルネリウス・アグリッパ『全集』
リヨン，ブランゴ社，16世紀

神意を問うためにふるいをどう吊すかを示す貴重な図がある(図版286)。《ふるいはやっとこか挟み道具で吊し、それを二人の助手が中指で支える。すると悪魔の助力があり、罪を犯した者、盗みを働いた者、傷などを負わせた者を見つけることができる。呪文は六語である。ディエス、ミエス、ジェシェト、ベネドエフェト、ドウィマ、エニテマウス。だが、これはそれを唱える者にも他の人人にも理解不能だ。呪文を唱えると、この呪文によって悪魔は、罪人の名が呼ばれる瞬間にやっとこで吊ったふるいを回転させるのである（疑わしい者の名は全部呼びあげられねばならない）。こうして罪人はただちに判明するのである。》著者はさらにつけ加える。《三十年以上も前になるが、私自身この占いを三度用いたことがあった。最初は盗みがあった折、二度目はどこかのねたみ深い男に鳥を捕まえる網をこわされた時、三度目は大事にしていた私の犬が行方不明になった時である。いずれの場合も成功であった。にもかかわらずその後は試みなかった。自分が悪魔の罠にかかってはと恐れたからである》。ときとしてふるいは心棒の上に置かれた。それを回すと、ふるいは罪人の名が呼ばれる瞬間に停止するのだった。

コルネリウス・アグリッパ（アバノのピエトロ）がこの器具の動きを悪魔に帰していることが分る。ある意味でこれはこっくりの祖と見ることができよう。しかし、ブロ司祭は『著作集』第一部二一章でこう注意している。すなわち、挟み道具は《互いに見つめ合う二人の人間の親指の爪の上に》置かれねばならない。《ことに土星の指の爪のほうが親指の爪よりふさわしい。力は爪の真中にかかるように注意する》と。彼はこの占い法を弁護する。《なぜならば、古代において、そして初期の教会において運勢占いは許されていたのであるから、私が古代の人々を真似て、占い師によりふるい占いを物議をかもすことなく行なうことは主によって許されるだろう。昔の人々が、昔の祭儀において、シャルルマーニュおよびその息子禿頭王シャルルの治世に実施していたように、教会においてすら自由に行なわれていたように。》

四大要素はそれぞれに自分の世界の占いを持っていた。火占いもしくは温度占いは火による占いだった。ある種の物質、主に砕いた松脂を火に投げ込んで、その燃え方を観察する。火中の物がすぐに燃え上がれば吉兆である。気占いは大気の変化と現象を検査して占うのであるが、それがどのような性質のものであったかはさだかでない。水占いにはさまざまの実験があった。雨水の検査で吉凶を占うなら水占い——今でもこう呼んでいる——であり、泉の水を用いる場合は泉水占いである。その他にも、指環を糸でかめの中にたらし、かめの側面にぶつかる音を調べる。または、静かな水

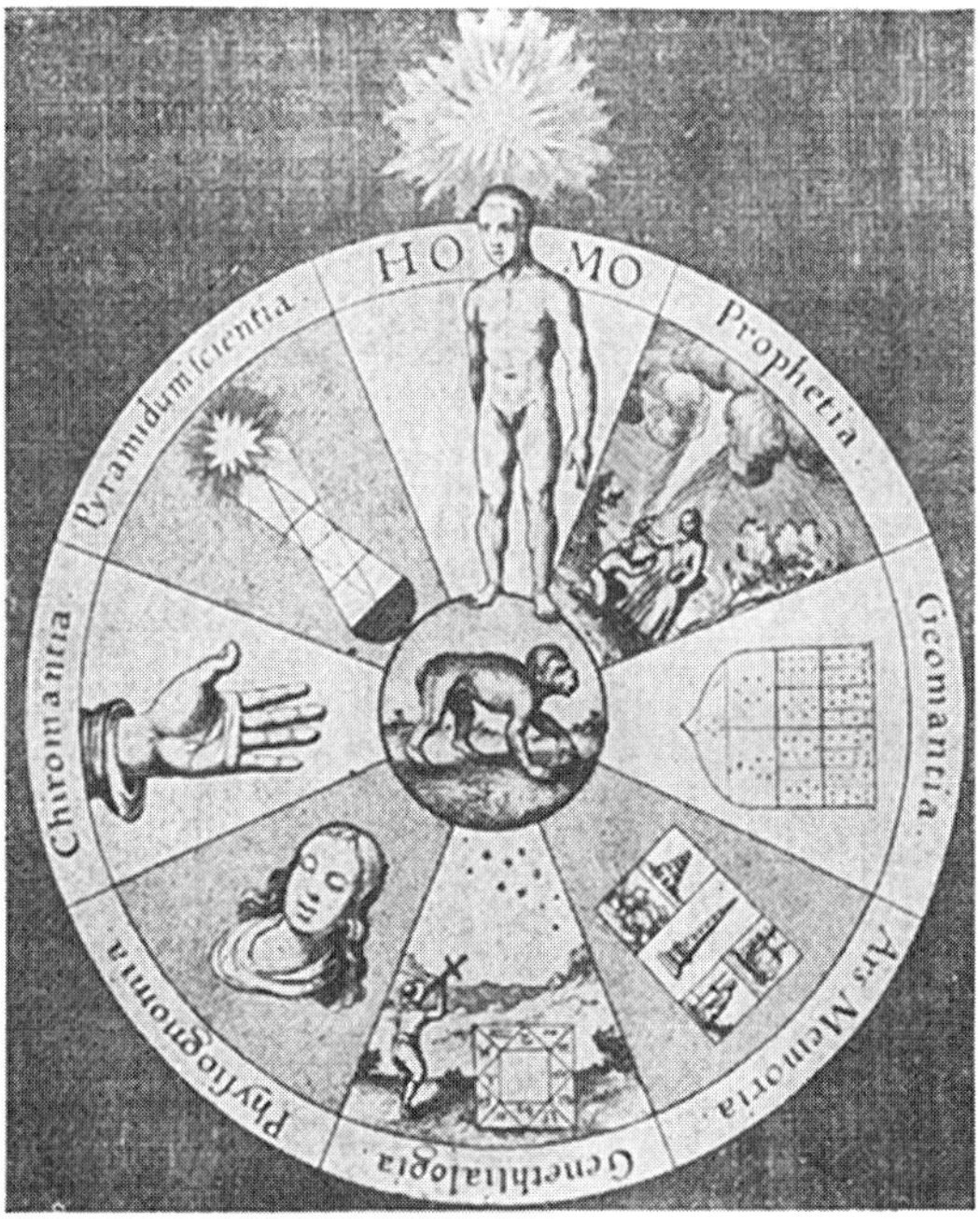

287　占い術の図表
ロバート・フラッド『大小両宇宙研究』
オッペンハイム，1619年

面に小石を三つ投げ込み、波紋のひろがりを見る。水中に油を一滴たらせば、未来のことが鏡に映るように見える。この種の占い方はコーヒーの出し殻の占いやアルテフィウスのかめの占いにつながるものである。これについてはあとで説明する。最後に土占いだが、これは土を用いた占いであり、小点の術という名でも知られ、かつてはカード占いと混同されていた。一握りの土を地面に投げてそれによってできる形を読むか、一枚の紙の上にでたとこ勝負に点を描いてその位置を解釈する。ロバート・フラッドはその著『大小両宇宙研究』(一六一九年、オッペンハイム)第二巻の口絵に主要な占い方法の図式的な画を載せた(図版287)。「神の猿」となった人間は天の光に触発されて地上でそれらの占いをすることができるのである。右側の楯の中にこうして作られた図がいくつか入っている。その解釈は難しくなさそうだ。コルネリウス・アグリッパの『隠秘哲学』(一五三三年、ケルン)第二巻四八章によると、土占いの図形は一六種しかない。上図はそのうちの三つを彼が説明したものである。

鉢占いについても述べておこう。水中に宝石を落としてやる占いである。不思議な小さい笛のような音が出て望みのことを告げるのだ。粉占いと麦の粉占いも似たようなもので、大麦か小麦の粉で作ったケーキを作るが、何か悪いことをした罪人はこれを呑みこむことができない。

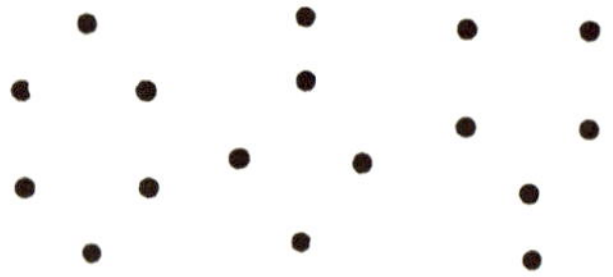

大いなる幸運
大いなる援助
始まった後見
ひげのない若者
禁錮
拘束

とさか占いまたはトリ占いすなわち、オンドリによる占いは有名な、そして大昔からある占いである。ブロ司祭はこう説明する。《盗みでも窃盗でも、あるいは後継者の名前でも、何か知りたいことのある時には、十分に平らな土地に円を一つ描き、それをアルファベットの文字の数に分割する。そして小麦の粒を取りAから始めてそれぞれの文字の上に置く。こうしながら「さて、見よ真実を」などの文句を唱える。小麦を置き終ったら、真白な若いオンドリを選び、爪を切った上で放して、鳥が、どの文字の小麦を食べるかを注意して観察する。それを確かめて紙に書きとる。それらを一つにまとめてみれば、知りたいと思った人間の名前が発見できるだろう》。皇帝ヴァレンスがその帝国の後継者を知るためにこの方法を用いたことは知られている。オンドリはTHEODの文字を拾い、皇帝はそれを《テオドーレウス》と解釈した。彼はこの名前を持つ者を全員殺害させたが、にもかかわらず彼の後に帝国を継いだ人物はテオドシウスであった。

斧占いもあった。《斧を丸い杭に打ち込み、その震動と動きを見て、窃盗やその他の大罪を裁いたのであった》と、ド・ランクルはいう。頭蓋占いはロバの頭による託宣である。玉ネギ占いは、クリスマスの日に祭壇にいくつかの名前を書いたタマネギを置く。それを植えてみて最初に芽を出したものが求める指示を与えてくれる。指占いは、指の爪の上に乗せた輪によって行なう。月桂樹占いは月桂樹の枝によるもので、燃えながらパチパチと音をたてれば幸運を予告する。

骨占いは、古代人がアルファベット文字を記した小骨でやっていた占いで、後に骨はサイコロに代わった。一から一二までの数字は人間の言葉の一二の主な音節を示す。これはサロンの気晴しや託宣に似た複雑な術にさえ発展した。ロラン・レスプリ師の本『サイコロ運勢の気晴し――二〇の質問に答える』(一五三四年、パリ)がくわしい説明をしている。図版288はこの本から抜粋した一頁だが、すでに述べたマルコリーノ・ダ・フォルリのトランプ占いの本(図版281、282)と似通った点のあることにきっとお気づきと思う。ここに記されたサイコロの組合せは、さらに神託の示された別の図表につながって行く。

ランプの灯の動きを読む占いはランプ占いと呼ばれた。香占いは香の煙によって、石占いは天然磁石によってなされた。大変面白いのは真珠による真珠占いである。《真珠に魔法をかけ壺に封じ込める。盗人の名が出るとこの真珠は飛び跳ねて壺を打つ》と、ド・ランクルは書いている。モリブデン占いは溶けた鉛による占いで、一滴の溶けた鉛を水中に落とし、そのしゅっという音を聞く。鍵占いでは鍵を糸でつる。その糸は処女がくすり指の爪で支え、同時に「ああ神よ、立ちてその聖なる名によってわれらを助け、救いたまえ」と唱える。尋ねられたことが真実なら鍵は回るのである。昔、兵士らに親しまれた戦闘占いは矢を用いるものだった。爪占いは爪を読み、ブドウ酒占いはブドウ酒による占いであった。先へ行ってこの実例を見ることにしよう。卵占いは卵の胚が占いの役を果す。鳥占いは鳥の飛翔による古い占いでローマの卜占官らがやったものだ。鉄占いでは奇数のムギワラを赤く熱した鉄の上に投げる。《燃えている間に、ワラの動き、捻れぐあい、曲りぐあい、炎がゆらめくときの火柱の様子、煙の上がり方、たなびき方などを見て判決を下した》と、ド・ランクルはいう。

鏡占いまたは水晶占いと称される占いも特に大事な占いだ。これは魔法の鏡を用いるもので、最も古い方式の一つである。ヴァロはペルシャに起源を持つと伝えている。パウサニアスは『アカイア』第七巻七章で、ケレスの寺院にある泉で人々が鏡を用いて占いをするのを見たと記した。鏡には糸がついており、その糸を水に沈めて、病人が治るか否かを鏡に読むのである。ピュタゴラスも魔法の鏡を持ち、その中に未来を読む前にその表を月にかざした。テッサリアの妖術師を真似てのことだ。彼らは遠い昔からこの方法を採用していたのである。魔法の鏡についてはスパルティアヌス、アプレイウス、パウサニアス、聖アウグスティヌスも言及している。一二世紀にはジャン・ド・サリスビュリがこの方法を用いる人々を観察者と呼んでいる。ブロが何人かのラビの証言にもとづいていうところによれば、この占いの方法はユダヤ人の間で用いられていた方式に端を発し、元来は大司祭の法衣や胸当を飾る宝石を見つめて、未来を読んだものであった。

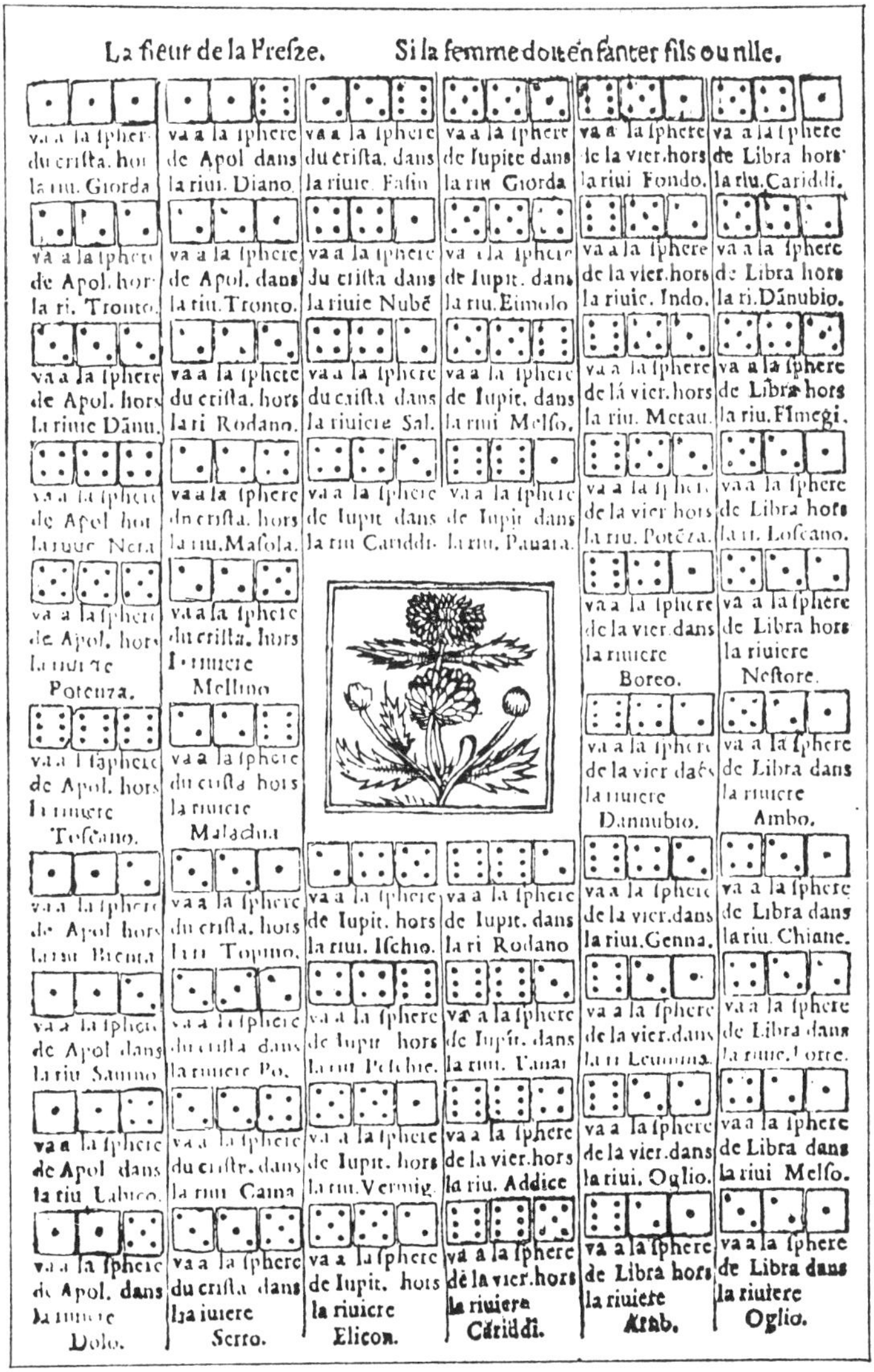

La fleur de la Preſze. Si la femme doit enfanter fils ou fille.

va a la ſphere du criſta. hor la riu. Giorda
va a la ſphere de Apol. hors la ri. Tronto.
va a la ſphere de Apol. hors la riuie Dãnu.
va a la ſphere de Apol hor la riuie Nera
va a la ſphere de Apol. hors la riuiere Potenza.
va a l ſphere de Apol. hors la riuiere Toſcano.
va a la ſphere de Apol hors la riu Brenta
va a la ſphere de Apol dans la riu Saumo
va a la ſphere de Apol dans la riu Labuco.
va a la ſphere de Apol. dans la riuiere Dolo.

va a la ſphere de Apol dans la riui. Diano.
va a la ſphere de Apol. dans la riu. Tronto.
va a la ſphere du criſta. hors la ri Rodano.
va a la ſphere du criſta. hors la riu. Maſola.
va a la ſphere du criſta. hors la riuiere Mellino
va a la ſphere du criſta hors la riuiere Maladua
va a la ſphere du criſta. hors la ri Topino.
va a la ſphere du criſta dans la riuiere Po.
va a la ſphere du criſtr. dans la riui Caina
va a la ſphere du criſta dans la riuiere Serro.

va a la ſphere du criſta. dans la riuie. Faſin
va a la ſphere du criſta dans la riuie Nubẽ
va a la ſphere du criſta dans la riuiere Sal.
va a la ſphere de Iupit dans la riu Cariddi.
va a la ſphere de Iupit. hors la riui. Iſchio.
va a la ſphere de Iupit hors la riu Peſchie.
va a la ſphere de Iupit. hors la riu. Vermig.
va a la ſphere de Iupit. hors la riuiere Elicon.

va a la ſphere de Iupite dans la riu Giorda
va a la ſphere de Iupit. dans la riu. Eimolo
va a la ſphere de Iupit. dans la riui Melſo.
va a la ſphere de Iupit dans la riu. Pauara.
va a la ſphere de Iupit. dans la ri Rodano
va a la ſphere de Iupit. dans la riui. Vanar
va a la ſphere de la vier. hors la riu. Addice
va a la ſphere de la vier. hors la riuiera Cariddi.

va a la ſphere de la vier. hors la riui Fondo.
va a la ſphere de la vier. hors la riuie. Indo.
va a la ſphere de lá vier. hors la riu. Metau.
va a la ſphere de la vier hors la riu. Potẽza.
va a la ſphere de la vier. dans la riuiere Boreo.
va a la ſphere de la vier dãs la riuiere Dannubio.
va a la ſphere de la vier. dans la riui. Genna.
va a la ſphere de la vier. dans la ri Lemonia.
va a la ſphere de la vier. dans la riui. Oglio.
va a la ſphere de Libra hors la riuiere Arab.

va a la ſphere de Libra hors la riu. Cariddi.
va a la ſphere de Libra hors la ri. Dãnubio.
va a la ſphere de Libra hors la riu. Flmegi.
va a la ſphere de Libra hors la ri. Loſcano.
va a la ſphere de Libra hors la riuiere Neſtore.
va a la ſphere de Libra dans la riuiere Ambo.
va a la ſphere de Libra dans la riu. Chiane.
va a la ſphere de Libra dans la riuie. Torre.
va a la ſphere de Libra dans la riui Melſo.
va a la ſphere de Libra dans la riuiere Oglio.

288　サイコロによる占い
ロラン・レスプリ師『サイコロ運勢の気晴し』パリ，1534年フランソワ一世時代のミラノ戦争の最中、一人の呪術師が魔法の鏡を使ってパリの人々に、ミラノで起きていることの一部始終を見せた、とド・ランクルは語っている。呪術師はピュタゴラスの方式にならって、まず鏡の表を月の方へ向けた。また同じ著者によれば、一五三〇年にニュルンベルクの一僧侶が魔法の水晶の中に財宝を見て、示された場所を発掘してみたが、掘らせた穴の中へ降りて行ったとき土が崩れ落ちて彼は呑み込まれてしまったという。

魔法の鏡の利用はまさに降霊術とは逆の術である。死者を寄び出す代わりに、まだ存在しない人々を、もしくは存在してはいてもずっと後になってはじめて彼らが実際に行なう行為を現出する。この方法は一六世紀のフランスで大いに広まった。カトリーヌ・ド・メディシスも魔法の鏡を持っていた、とパスキエは『フランスの研究』という著書に記している。彼女はその中にフランスで起きているすべてのこと、自分に将来起きるであろうことを見ていたが、ある日イエズス会士の一団が権力を握るのを見た彼女は激怒した。一六八八年にはまだルーブル美術館でこの鏡を見ることができた。なおアンリ四世の聴罪師コトンは王に、魔法の鏡によって、ヨーロッパの君主たちが内々どんな政治的陰謀をたくらんでいるかを逐一示して見せたともいわれている。

魔法の鏡の使用法は非常に簡単だが、それを表わす図像資料はきわめて稀である。レンブラントのファウスト博士の場面（図版80）の中に魔法の鏡が入っていたことはすでに見た。レオナルド・ダ・ヴィンチも妖術の情景を何枚か描いたが、オクスフォードのクライスト・チャーチ・カレッジの奇妙なデッサンの中に魔法の鏡を表わしている（図版289）。そこでは魔女が鏡をかかげておりその中に老人の顔が映っている。彼の顔はもう一人の魔女の顔と向い合わせである。この場面は象徴的だが、その説明は難しい。そこに錬金術的な意味を見出すことはできても、占いのための伝統的な鏡の使い方は示されていないのだ。昔、鏡を見せる者には目隠しをした。盗人を見

289　魔法の鏡を用いる魔女
レオナルド・ダ・ヴィンチ，オクスフォードのクライスト・チャーチ・カレッジ図書館

つけたいと思えば祝福をしたろうそくに火をつけ、乙女に次の文句を唱えさせて鏡に、鏡がなければ聖水をはった壺に近寄らねばならなかった。《白き天使、聖なる天使、汝の神聖さと私の純潔により、何人がこの物を盗みしかを示せ！》するとただちに盗人の姿が鏡か水面に現れるのだった。この方法はリミュアルが『最重大諸原因論考』の中で挙げているものである。この著者はまったく知られていないが『考古学誌』（一八四六年、一六一頁）が彼についてふれている。

前に表題をあげたトロワ図書館保管のすばらしい写本の中に、見事に描かれた細密画がある（カラー図版5）。杖を持った巫女が一人の男に高杯の形をした魔法の鏡を示している図だ。男は鏡の中に未来の事件が表映っているのを知る。この象徴的な図が表わす錬金術的意味と周囲の表象とについてはいずれ述べるが、ここではただ、鏡に聞くこの方法には何の複雑さも付随的な行事もない点に注意しておこう。

一八四六年の『考古学誌』一五六頁には、一七世紀からサラゴサのスペイン人の家に伝わる魔法の鏡の図（ここに再録するには不明瞭過ぎる）と説明が載っている。それは金属の凸面鏡で、悪魔的な像と Muerte, Etam, Teteceme, **Zaps** の語で飾られている。この鏡を液体の表面に向けると、その液面に映像の現れるのが見られたのである。

この術をする者は今日イギリスに非常に多く、《水晶を読む人》または《水晶を見つめる人》と呼ばれる。彼らは、鏡に伺いを立てる前には完全に沈黙を守り一五分瞑想するようにとすすめる。何も考えずに、《心を空にするように》という。彼らは好んで卵型をした水晶の球を用いる。大英帝国ではこの球の商売が盛んだ。もっと簡単にする場合には、水の入ったコップを使ってその底にぴかぴかの《六ペンス》銀貨を入れる。それを見つめていると自己催眠にかかり、ほどなくそこに未来を発見するのである。

《アルテフィウスの三つの壺》といわれる方式は、魔法の鏡、水占い、ブドウ酒占いに似た占い法で、これら全部を集約している。この原理は私の知る限り、アルスナル図書館の未出版の二種の写本にしか記載されていない。写本三〇〇九番の第二部「アルテフィウスとミヒニウスの魔法八節」、および同一の表題を持つ同じ著者の写本二三四四番だがこれは少々杜撰である。三〇〇九番の一四頁に、図版290に示した初歩的なデッサンの素朴な図が載っている。デッサンの下の方に《この上で術を行なう丘》が示され、上部の《孤立した清い場所》には二つの架台の上にすえたテーブルがある。テーブルのまわりには一種の囲いがあるのだろうが、それについては著者は何の説明もしていない。ただ《周囲に月と星の光を入れるための穴のあいた木》とだけ記している。テーブルの

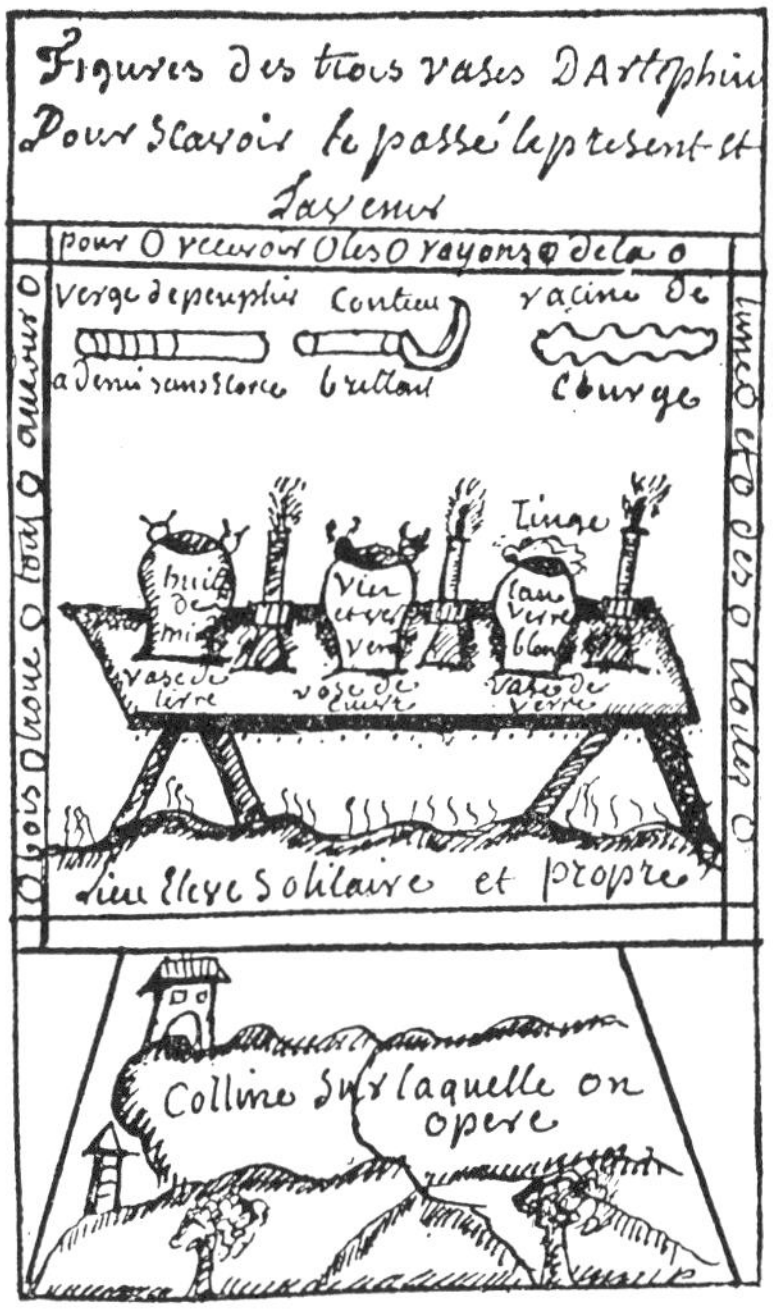

290　アルテフィウスの三つの壺
『アルテフィウスとミヒニウスの魔法』
アルスナル図書館，写本3009番，18世紀

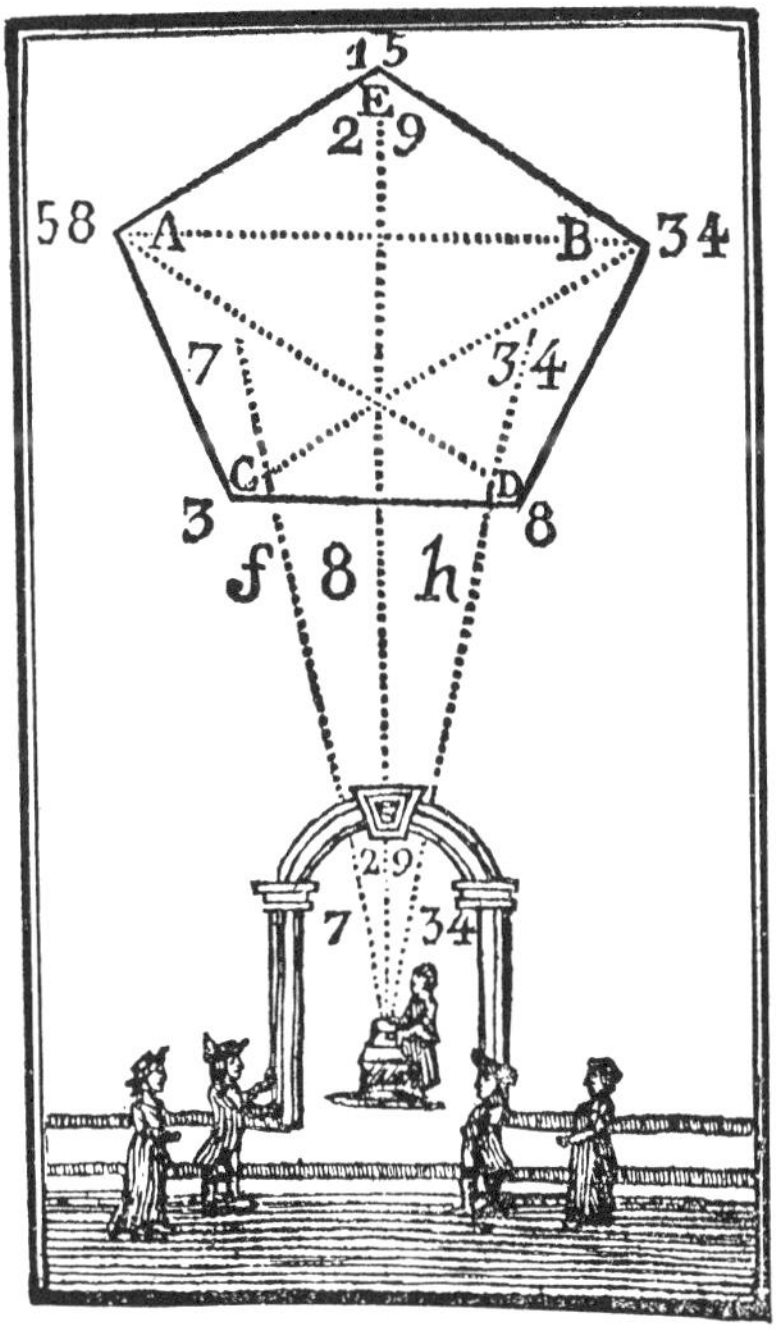

291　宝くじに当る五角形の図
アルブマツァアール・デ・カルペンタリ『金の鍵』アヴィニョン，1815年

上には三個の壺がある。一つめの土の壺には没薬の油が、二つめの緑色のガラスの壺にはブドウ酒が、三つめの白いガラスの壺には水が入っている。最後の二つは銅の壺とガラスの壺という具合に入れ替えることができる。水の一杯に入った壺の上には布が置かれ、火のついた三本のろうそくが壺の間に立てられる。三つの道具が必要らしい。《半分樹皮をむいた》ポプラの棒、光ったナイフ、カボチャの根だ。三つともやはり画に示されているが、残念ながら著者はその使用方法の解説を忘れてしまった。

著者はいう。《アルテフィウスは道具を作り、それを壺とともにこのように準備した。土の壺によって過去を知り、銅の壺によって現在を知り、ガラスの壺によって未来を知る。彼はこれらを他の方法によっても並べている。すなわち土の壺の所にブドウ酒を満たした銀の壺を置き、銅の壺には油を、ガラスの壺には水を満たす。するとガラスの壺に現在の物事が、銅の壺には過去の出来事が、銀の壺には未来のことが見える……すべて太陽の光を避けねばならない。天気は晴朗でなければならず、それも少なくとも三日続く必要がある。日中は陽のあるうちに作業をし、夜間は月明りないし星明りで作業をする。あらゆる物音から離れた場所でなければならないし、すべてが深い沈黙に包まれていなければならない。施術者は白ずくめの装いをし、頭と顔は赤い絹か上質のリンネルでおおい目だけしか出さないようにする。……水の中には事物の影が見え、油の中には人の姿、ブドウ酒の中には事物そのものが見える。ここにこの発案の目的があるのだ》

水占いの変種としては、さらにコーヒーの出し殻による有名な占いの方法をあげる必要がある。すでに一八世紀に行なわれていたが、もちろんこの飲物がヨーロッパに輸入される以前のことではありえない。これについてトマス・トムポネリが発表した論文によると、発案されたのはイタリアにおいてのことだったと考えられる。現代の巫女たちは皆この占いを採用している。白い素焼きの皿にコーヒーの出し殻をあけ、自然にできる形のままにおき、それから注意深く水を流し出す。皿に残った出し殻の粒がさまざまな図形を描く。これはいろいろに解釈することができる。円は金を意味し、したがってその数の多少に応じ多少とも豊かな富を予告する。冠は国家における成功を、菱形は愛の仕合せを意味する。もし数字が見つかったら、宝くじにはその数を選ぶべきだ。間違いなく当るからである。この方法を成功させるためには三つの呪文を添えねばならないことを付言しよう。この呪文はスウェーデンボルグが悪魔の言葉と評した言語から借りて来たもののようである。コーヒー・ポットの挽いたコーヒー豆に水を注ぎながらアカ・ボラクシト・ヴェニアス・カラジョースといい、それをスプーンでかき混ぜながらフィクサトゥール・エト・パトリカム・エクスプリナビト・トルナーレといい、それを皿にあけながらハックス・ヴェルティカリーネ、パックス・ファンタス・マロブム、マックス・デスティナトゥス、ヴェイダ・ポロルといわねばならない。大勢の魔女がこれを忘れ、後で人々は占いが正しくないことに驚くのだ！

以上あげた占い術に、さらにいわゆる《カバラ》による方式を加えるのが順当であろう。これは一八世紀に流行し、大冒険家、カサノーヴァも、彼が『回想記』で語るところを信じるならば、大いにそれを利用したのであった。これは数を組み合わせることによって神託を得る。非常にこみ入った例がアルスナル図書館の写本の一つ『知的カバラ』に載っているので、読者はそれを読まれたい。簡単に要約するにしても、このやり方は本書で説明するにはあまりにも難し過ぎるのである。写本には宝くじで当る方法、どの数が出るか推定する方法もいろいろと入っている。イタリアでは昨今でも毎週宝くじが催されるが、そのくじにも完全に応用できる非常に簡単な方法が、『金の鍵もしくは幸運なる卜者占星術師――M・ペレグリヌスによるアルブマツァール・デ・カルペンタリのイタリア語からの翻訳』（一八一五年、アヴィニョン）という本に伝えられている。著者は人類の恩人というわけだ。

てっとりばやく金持になるには《五角形図》と呼ばれるデッサンを持っていれば十分だ。読者に急いで図版291を進呈しよう。一見とりつきにくい数学を思わせる図だが、著者が以下のようにつけ加えている説明を注意深く学べば、ここには富の源泉の秘密が含まれているのである。

《友人の一人から五角形図の力を説明してほしいと頼まれたので、それに応えてこのような図を描いた。そして次のような注意をした。抜き出した数を図にあるように書くに当っては選んだ数の最後のものから始めて、それを角Aに置き、次に角Bには四番目の選んだ数を、角Dには三番目、角Cには二番目を入れ、最後に上の角Eに選んだ最初の数を書く。できたところで、私は彼に、Aの数にB、Cの対応数を加え、Cの数にA、Dの対応数を加えねばならないと付言した。それから、Cの数にAの対応数そしてAとBの合計を加え、Dの数とCの対応数と上記の合計を加え、その結果を上のEの数で割り、かつ掛ける。彼は常に三つの当り数を、きわめてしばしば三連、二連の数を見出すであろう。》

フランスでは、一七五八年以来行なわれていた王室宝くじがルイ・フィリップの時代に廃止されたため、くじを当てる秘法は忘れられてしまった。昔は当り番号が夢の中で教えられると思われていた。だから、ガチョウの夢を見たら翌日は早速七三番に賭けるべきだったし、気圧計の夢なら一三、一七、四九番がいずれもいい数だった。黒人ならば一八と六八が当りのはずであり、注射器であれば一、二、または四八であった。しかし、きまって夢が見られるというわけではなかったので、人々は祈りを唱え、それを新品の羊皮紙に書いて枕の下に入れたのである。コラン・ド・プランシがうやうやしく伝えているその文句は次のようなものだ。

《主イエス・キリストは、私は道であり、真実であり、生命であると申されました。あなたは真実を深く愛されたがゆえに、あなたの知恵の秘密を私に明かして下さいました。今夜もまた小さき者にのみ明かされる未知のことをお示し下さい。生者と死者と世紀とを火によって裁きに来られる御方により、明日選ぶべき数を示唆してくれる天使ユリエル、ルビエル、バラキエルを私にお遣わし下さい。》

9　棒占い、すなわち占い棒を使う術

小さい棒を使って行なう占い方法を、古代には棒占いと呼んでいた。ホセア書第四章一二節にはこれを指して《わが民は木に向かって事を尋ねる。またそのつえは彼らに事を示す》とある。また詩篇第一二五篇三節にもやはり《これは悪しき者のつえが正しい者の所領にとどまることのないためである》と記されており、これらの箇所は棒占いの意味に解釈された。民数記第一七章で、モーセがイスラエルの民の長がどの種族から出るかを知るために、幕屋の中にそれぞれの種族の名を記した一二本の杖を置くのも、同種の占い方法によったものだ。しかし、古代の棒占いが確かに一六世紀に再び現れる占い棒の術と同じ類いのものであるといいきれるだけの、細かい点についての記録は残っていない。この術は、一六世紀にはとくにドイツで大々的に行なわれて大流行を見たが、今日までも変らずにもてはやされて、ある種の科学性を認められるようになった。

隠秘主義のどの術でも、呪術師と妖術師の棒はきわめて審美的な役を演じる。モーセはエジプト人のあらゆる学問と秘密に明るい古代の偉大な呪術師である、と聖パウロは述べている。モーセが自分の民の驚嘆のまなざしのもとで不思議を行なったときには、常に有名な奇蹟の杖を持っていた。杖あるいは笏は威力の象徴である。司教は司教杖を持つ。呪術師は魔法の杖を持って、自然、諸要素、闇と地獄の生き者に指図をする。霊を呼び出すために妖術師が閉じこもる円を描くにも、魔法の杖は欠かせない。要するに、棒占いは隠秘主義のあらゆる施術に含まれるということができる。だがこの名称は、一六世紀からは特に、現在では鉱山の《探鉱》と呼んでいる初期の方法に当てられるようになった。すなわち、鉱脈の調査ないし鉱泉発見を目的とする地下探査を指す。今日ではこれは大変重要なことであり、したがって特別に研究する価値があるのだ。

方法はじつに簡単だ。ふたまたになった棒を用意し——かつてはしばしばハシバミに限るといわれたが、いろいろ試してみた結果、ほとんどどの木でもこの施術に利用できることが証明された——、分枝の方を両手で支え一本の方を前に向けて、探査しようと思う土地の上をゆっくり歩く。地下水の上、あるいは鉱床の上を通るとただちにこの棒が回る。

棒占いが、一六世紀にドイツの鉱山でごく普通に利用されていたことはたしかだ。その結果これを使うことにはだれも少しも驚かなくなっていた。鉱山の作業所でなされている他の作業と同じように自然なことに映ったのである。図版292に載せた木版画はなかなか示唆に富んでいる。セバスティアン・ムンスターの『全世界地図』(一五四四年、バーゼル)の中にあるもので、採鉱の方法を断面で示している。ずいぶん原始的に見えるが、今でもそれほど進歩はしていない。前景では鉱山主あるいは溶鉱所の長が石炭の塊を砕く男の仕事を指図している。その奥で集石人がとび散った石炭の塊をかき集めており、その右手で坑夫が鉱壁から石炭を削り取っている。巻き上げ機はウインチに他ならず、今日もほとんど改良のあとが見られない。左手では小さい《トロッコのはしり》が、すでに線路を走り、採鉱石を鉱山の外へ運び出す。山の上では他の坑夫と同様に小人のかぶるとんがり帽子をかぶった探鉱者が棒を使って地下を探査している。この棒をここでは人々はためらわずに《神の》と形容した。それほど鉱山に欠かせないこの道具のもたらす助力は重んじられていたのである。この道具が今日でいう良質の鉱脈つまり石炭の豊かな鉱床への導き手であった。

292　16世紀の鉱山における占い棒
セバスティアン・ムンスター『全世界地図』バーゼル，1544年

293　鉱山を守る悪魔
オラウス・マグヌス『北方民族史』ローマ，1555年

一五四六年にゲオルク・アグリコラはバーゼルでその有名な著書『鉱山書』を出版し、鉱山と当時知られていた冶金術のさまざまな分野について論じた。一五七一年までのこの著作の数多くの版に、鉱山の試掘段階の活気あふれる情景が入っており（図版294）、そこでも占い棒が大活躍をしている。二人の探鉱師が道具を扱い、その指示に従って労働者が実際に掘ってみる。三人目の探鉱師は奥の方で木から初めに出た枝を切り取っている。彼の施術に必要なものなのだろう。

以上の二人ほど著名ではないが、あるドイツの著述家G＝E・レーナイスは『鉱山についての報告』（一六一七年、ツェラーフェルト）の中で、明らかにアグリコラを真似た画を発表した（図版295）。これは一七世紀初めになっても鉱山の探鉱作業が少しも変っていないことを示している。探鉱師は相変らず頭巾のついた衣服を着け、同じように棒を支え持っているのだ。

したがって、一七世紀末に突然フランスで占い棒がすばらしい物、新奇な物として受け入れられ、ドイツではだれも注意を払わなかった物について、多くの著作家や哲学者が長々と論議を交わすようになったことは、説明に苦しむところである。一六九二年にはドフィ

294　16世紀における占い棒による鉱床探査
ゲオルク・アグリコラ『鉱山書』バーゼル，1571年

ネの小百姓ジャック・エイマールが占い棒に人々の注意をひきつけていた。この地方以外では当時フランスで占い棒はほとんど知られていなかったらしい。エイマールは水、鉱脈、隠された財宝を発見しただけでなく、その棒を使って、盗人や殺人犯を追跡することまでやってのけた。彼の評判を聞いて、検事と刑事代理官が彼をリヨンに招き、あるブドウ酒商人とその妻の殺害者を見つけ出すのに力を貸してほしいと頼んだ。夫婦は地下室で喉を切られて死んでいたのだ。《彼の棒は死体が発見された地下室の二ヵ所でぱっと回った》と、モンペリエの医師、ピ

エール・ガルニエは、犯罪のあったその年の一六九二年にリヨンで出版した『占い棒に関する自然学的論究』で述べている。《彼は殺害者の通った道を辿り、司教館の中庭に入り、ローヌ河の橋を渡って町を出た。そして流れに沿って右手に進み一軒の家に入った。そこで、テーブルと三本のビンを指して犯人たちがさわったといった。このことは、犯人らがその家にしのび入るのを見た子供二人によって立証された。》

エイマールが殺人犯らの跡を追ってサブロンの野営地まで行き、それからリヨンへ戻り、ローヌ河を船でボーケールまで行くと、監獄の前で彼の棒が回った。そこには一人のせむし男がいた。訊問を受けて、彼は犯罪に加わったこと、二人の共犯者はうまく逃げて国境を越えたことを白状した。

この話は非常な反響をよび、何冊かの著作が現れたが、それぞれが新しいと信じられていたこの占い方法にさまざまな評価を下した。一部の著者はそこにはっきり悪魔の影響を見た。とりわけ筆者名不明の『新しい棒占い、すなわちふたまたの棒で占う方法に対する書簡形式の論述』(一六九四年、リヨン)がそれだった。この意見は、人間が、太古から四大要素には同数の種類の《基本要素に属する》精霊が住みつくと信じて来た事実によって確証されるというのだった。火トカゲは火の中に、シルフは空気中に住み、オンディーヌは、スカンジナビア伝説の金の守護人であるあのライン河の乙女たちのように、水の中で戯れる。最後に、山や鉱山や地中の下級の精霊は一言でいえばグノームないしエルフであり、これをギリシャ人はカバロワと呼んだし、北方の人々は今なおコボルドと名づけている。この最後のものが鉱山の主として君臨し、その怒りがときに、現在われわれが《坑内ガス爆発》と呼ぶ恐しい爆発を引き起こすと信じられていた。オラウス・マグヌスは、すでに何度も引用した本の中で、これらの悪魔の一例を鉱山の挿絵に登場させるべきだと考えた(図版293)。図面左手では坑夫が自分の仕事を進めている。右手では鉱山の悪魔が同じようにせっせと仕事をしている。だが、なんのために働いているのだろ

295　16世紀における占い棒による鉱床探査
S.＝E．レーナイス『鉱山についての報告』ツェラーフェルト，1617年

うか。それを知るのはむずかしい。悪魔の脳裡に浮かぶとっぴな考えなど判ろうはずがないではないか。

こうしてオラトリオ会士、ルブラン神父はやはり、その『占い棒に関する哲学者の錯覚を見出し、その体系を破壊する書簡』（一六九三年、パリ）の中で、占い棒の力をこれらの要素の悪魔の影響力に帰している。同僚のマルブランシュ神父も同じ意見だといわれる。メネストリエ神父はいささか軽率にあらゆる問題に触れているが、彼の著書『謎の像の哲学』（一六九四年、リヨン）の終りにある論文「占い棒の示唆」の中で、やはり悪魔の業とする側に立っている。これらの著述家はいずれも占い棒の動きに対する物理的原因を認めようとはしない。上述の棒が乾いていようと生木であろうと木の種類には無関係でありうるという事実、水、金属、血、水晶など非常に異なった物体に対しても反応を示すこと、さらには徳とか悪魔とかいった実在しない形而上的なものにさえ反応すること、また布地の材質を見分けるのに役立ち銅貨の真偽を見分けるのにも役立つからであり、これらはどれも自然の効果で得られるものではないというのだ。ルブラン神父はこういう《土地を分ける境界を示す石までが対象になった。棒がその動きによって境界を示すのである。境界の石が土地の所有者が置いたその場所にあれば、占い棒は標石の上だけで回るのではなく、またそれらの間にある空間の上でも回る。境界石が元の場所になければ、占い棒はこの標石の上でだけ回り、そこから遠のくと決して回らない》と。メネストリエ神父は、占い棒は水を探すときは水の上でだけ、金を探すときには金の上でだけ回るということにもとづいてこれを悪魔の業だと認めた。つまり、占い棒を操る人の考えの影響力が不可欠なのだ。物理的原因であるならそうはいかないだろう。《この能力を持ったある貴族は、自分が望む正確な探査について考えるときは精神の集中を余儀なくされ、それには極度に疲労させられた、と告白した》と、彼はいう。そしてこう結論する。《したがって、明らかに悪魔的な占い棒が用いられている。それは神もわれわれに確証しているところであり、神自身この施術と施術の根拠とを示されているのである。これはキリスト教徒ならだれも否定できない信仰の問題である。よって私は、これが悪魔に由来するということができるのである。》

占い棒の動きに純粋な物理的原因を考えた著述家もいなかったわけではない。彼らは、この現象を、探査する物質から発散する《微粒子》の存在を認めることによって説明した。この理論は最近の放射能の理論と類似性がなくはない。神学者に反対するこれらの人々の中に、グルノーブルの検事ド・ヴァニ氏がいた。彼は、ジャック・エイマールの出来事のあった年に『ある左官の奇談——占い棒に導かれて殺人者を追うこと地上で四五時間、水上で三〇有余時間』という題名で、その話をくわしく発表した。それから、先に書名をあげたピエール・グルニエもまた微粒子の理論に賛成している。彼はいう《私はこう考える。すなわち、殺人者たちが通った場所にはすべて、彼らの身体から発汗によって出た多量の微粒子が残っていたのだ。殺人者というものは決して冷静に行

298　キルヒャー氏の方法

297　ロジェ氏の方法

296　フランス人の方法

300　占い棒の説明

299　あまり用いられなかった他の方法

ド・ヴァルモン修道院長『隠秘自然学』ハーグ，1762年（著者所蔵）

動しない。その微粒子は殺人前とは別様の状態となり、身体に対して、殊にエイマールの皮膚に対して強烈に作用する……》。

しかし、悪魔的力の介入に最も熱心に反対したのはド・ヴァルモン修道院長だった。彼はその著書『隠秘物理学、または占い棒論』(一七二五年、パリ。一七六二年、ハーグ)において、当時のヨーロッパで占い棒を使用するために用いられていた方法を網羅して解説を試みた。

この本から抜粋した図版296には、フランスの古典的方法と思われるものが非常によく示されている。《ハシバミのふたまたの棒を用意する。長さ一フィート半、太さは指程度、できるだけ一年以内の枝がよい。ふたつに分れた枝A、Bを両手で持ち、あまり強く握らずに手の甲を地面に向ける。枝の先Cは前方に向け、棒は水平にする。こうして水なり、鉱脈なり、隠された金なりがあると思われる所を静かに歩いて行く。荒々しく歩いてはならない。これらの物質のある場所から立ち昇る蒸気や発散物を散らしてしまうからである。これが棒に滲み入り、棒を傾けさせるのだ》と、著者はいう。

図版297はロジェなにがしが考えた方法による占い棒の扱い方その二を示す。著者はいう《水を見つけるには長さ約一フィート、太さは指程度のハシバミ、ハンの木、カシ、あるいはリンゴの木のふたまた枝を選ぶ。風に簡単に動かないようにそれを片手で、できるだけバランスをとりながら持って、静かに歩く。水の流れの上を通ると、棒が回る》。

第三のまったく異なった方法は、キルヒャー神父によればドイツで用いられていたものだ(図版298)。それには《節のない真直なハシバミの若枝》を用意する。《この枝を大体同じ長さに二つに切って、その一本の先に小さな穴を彫り、他の一本の先は削ってとがらせ、片方の先がもう一方の先にはまるようにする。そこで図が示すようにこの若枝を両手の人差指ではさみ、捧げ持つ。水脈や鉱脈の上を通ると、この二本の棒が動いて、傾斜する。》しかし、われわれはすでにアグリコラとレーナイスの本により、ドイツでは普通の方法もやはり用いられていたことを知っている。

最後に、ド・ヴァルモン修道院長は第四の方法を示す（図版299）。彼が見た例は《水脈を調査する少数の人々の場合だけである。彼らはハシバミあるいはその他の木のなめらかで真直な、普通のステッキぐらいの若枝を選び、その両端を手に持って少しばかり曲げ、水平に支える。彼らが水源の上を通ると、その瞬間に棒が回り、弧の方が地面に向くのである》。

ド・ヴァルモン修道院長はこの現象を、調査の対象である物質から出る目に見えない微粒子の存在によって説明した。《私がいいたいことは（彼の言葉そのものであるが）、微粒子が占い棒を動かし傾斜させる直接の動因だということである。棒を持つ人間の手から発散する微粒子もそうだし、水源の上に蒸気として立ち昇るもの、鉱脈の上の発散物であるもの、あるいは逃亡する犯罪者の足跡の上から発散する目に見えない微粒子の柱、いずれもそうである。》図版300は彼がその理論を説明すると考えた珍しい絵図である。

ジャック・エイマールには好敵手が大勢いた。ルブラン神父はグルノーブル議会の議長のことを語っている。《その職責、身分と同様その廉直さ、才気、学殖によっても尊敬を受けてしかるべき彼は、手の中の棒が水源の上で数回まわった、といっていた。日ならずして、彼の領地の一つタンセンに近いヴィラールにおいて、実験の機会が訪れた。私が両手で彼の右手を、別の一人が彼の左手を支えて庭の小路に立った。路の下には鉛管が走り、池に水を導いている。彼が先を地面へ向けて両手に持っていたふたまた棒が跳ねてよじれた。その勢いがあまりに強かったため、指を傷めた彼は命乞いをした。》

同じ著者は、ジャック・エイマールと同時期に術を行ない、有名なマビヨン神父の目の前で棒を回した人物についても語っている。ほかにも、エスピエという人物やリヨンのマルタンという名の商人の娘がいた。一世紀の後、ブルトンはパリでエイマールの体験を再現し、ミュンヘン・アカデミー会員の一人リッター博士がそれを支持した。博士は棒の威力を当時流行していた平流電気に類似の現象であるとした。カンペッティという名のチロルの水占い師は、占い棒を、糸に吊った黄鉄鉱の小片で作った小さな振子に置きかえた最初の人である。これは今日でもよく使われているものだ。

占い棒は、その動きがいまだに明確に説明されないまま、現在では科学の分野の問題になった。心理学の学会があちこちでこの研究を行なった。私自身、自分の手の中で棒が回るのを何度か見た。占い棒は依然その神秘を明かさないが、その昔持っていた不思議さは失ってしまった。占い棒による水脈占い師は今日でも多い。田舎では、できるだけ安上りにしかも間違いなく井戸を掘りたいとき、人々は資格を持った技術者よりは、この占い師たちに依頼するのである。

10　眠りと透視の神秘

人間は目覚めているとき、以上にあげたあらゆる手段をつくして、未来の秘密にしのび入り、隠れた物事を知ろうとはかって来た。ならば、その人間が眠りというものに対して、つねひごろ占いの価値を認めて来なかったなどということはありえない。眠りというこの神秘的で説明のつきかねる状態にあっては、一人の人間の身体と思考の部分との紐帯がゆるみ、ほどけるようであり、思考にとって、未知未踏の新しい世界、人が生涯の三分の一を過ごす幻想的で非現実的な存在の世界の扉が開かれるのである。

たとえその人がおそろしく実利的で、実証的で、無用の夢想や空想の幻影をきらっていても、知らず知らずに夢見る人となり、神々の訪れを迎え、いつもは存在を認めていない幽霊や亡霊を見、未来の秘密にしのび入るのは、その眠りの中のことなのだ。

古典時代に夢が果した役割の重さについては今さらくりかえす必要はない。ギリシャ人、ペルシャ人、ローマ人、異民族《バルバール》の中で、軍人にせよ、司祭、皇帝、哲学者にせよ、生涯に幸運なあるいは不運な夢を見てその解釈が一生の決定的な行動につながらなかった有名な人物はない。夢はすべての人にとって、聖なる警告であり、侮れば冒瀆の咎をうける天の戒めとして受け取られていた。夢は人生を波乱に陥しいれ、帝国を踏みにじり、民族の運命を左右した。夢の予言的価値は巫女の三脚床几による神託と同じように尊ばれた。そして、ホメロス、ヴェルギリウス、ルカヌスら古代の詩人たちは皆夢占いを、つまり突然あの世が否応なく近づくのを感じて人々が覚える悲劇的な身震いを十分に活用することを知っていた。

キリスト教自身、迷信的習慣である夢占いを非難したいと願いながらも、長老や預言者が夢解釈によって未来を明かす聖書の物語を神聖なものとして、すすんでこの占いを推奨した。神学は自縄自縛の状態であった。キリスト教徒に向って、教化のために聖者とみなされている人物の生涯を示しながら、同時に《彼らを見習わぬように！》ということは難しい。キリスト教徒たちは聖人を真似た。道具を用いなければならないその他の占いの方法に比べて、夢による占いは、夢が無意識であるだけに実施されることも多かった。神学者たちはキリスト教徒に夢は悪魔のしわざであると警告し、人々は終禱の折に「汝らの敵、そはむさぼりくらうえものを求めて咆哮するライオンのごとし」と唱えていたが、むだであった。《夜の幻覚》に用心するように注意をしたが、これもむだなことであった。人が自分の夢はまさしく神からのものだと思い込むには、夢が神に由来し得るということで十分だった。ヤコブは夢に神秘の梯子を見たとき、それが主の告知を受けたのであって悪魔からのそれではないことを一瞬といえども疑いはしなかった。預言者ダニエルは、ネブカドネザルが見た頭が純金で足が粘土の像の夢を解き明かし、ネブカドネザルに彼を待つ未来を示している。族長ヨセフは、格別の魔法の国エジプトにおいてさえ、夢解釈の知識で知られており、二度にわたってその知恵の証を求められた。

創世記四〇章に入っているこの二つの事件の話はだれでもよく知っている。主人ポテパルの命令で獄屋にあったヨセフは、そこでエジプト王の《給仕役》と料理役の長とに出会う。この二人はそれぞれに夢を見ていた。ヨセフは一人には王《パロ》付の役目に戻れるであろうと予言し、もう一人には死刑が待っていると告げた。ことは予言のとおりになった。二年後、パロが夢を見た。七頭の太った雌牛がナイル川の岸で草を食んでいると、やせ細った

301　パロの夢を解き明かすヨセフ
シェーデル『ニュルンベルク年代記』1493年

雌牛が七頭現れて太った牛を食べてしまった。二番目の夢では、太った良い七つの穂が、やせた七つの穂にくいつくされてしまった。給仕役の長はヨセフのことを思い出し、二つの夢を解釈させるためにヨセフを獄屋からつれ出してパロの前につれてきた。ヨセフは即座に七頭の太った雌牛と七つの太った穂は七年の豊作を予告し、やせ細った雌牛七頭としなびた七つの穂はそれに続く飢饉と食糧欠乏の七年を予告する、と解き明かした。そして、豊作の七年間に食糧を集め貯蔵するよう進言した。これがその後起こった飢饉からエジプトを救ったのだった。

この最後の場面はしばしば、中世の細密画家やルネッサンス前派の画家たちによって、実に素朴に美しく描かれてきた。ここに載せたもの（図版301）はシェーデルの『ニュルンベルク年代記』（一四九三年）から選んだ木版画である。当時の画家の慣例に従い、ファラオの宮殿は一五世紀の室内である。そこはルーカス・クラナッハが装飾をした天井、柱廊式の広い窓から一杯に光の入るあのニュルンベルク市のすばらしい謁見の間だということがわかる。窓からは下の方に町が見え、果てしのない空が広がっている。ファラオの《メフレス》は一二世紀のホーエンシュタウフェン家の者かカペ家の一人のような装いである。ポテパルは町に背を向けて坐っている。ヨセフは立って夢を解き明かす。その後から、当時の婦人帽をかぶってバンドで締める衣装を着たポテパルの妻が、ヨセフのマントを引っぱっている。二年というへだたりのある、聖書の二つの場面が、一つにまとめられているのだ。全体の時代錯誤の中ではこれはとやかくいうほどのことではない。

有名な夢の話も多い。たとえば、マリ・ド・メディシスは、アンリ四世が暗殺される日の前夜に、その事件の夢を見た。ルイ・ギィヨンがその『高貴の人々の夢に関する考察』（一六九〇年、アムステルダム）で語っているところによると、アンリ三世の方は《一五八九年八月一日にドミニコ会士ジャック・クレマンによってサン・クルーで殺される三日前に、夢の中で、肌着、サンダル、上着、王の白衣、青い繻子のマント、笏、珠玉の柄の笏などあらゆる王家の飾りがすっかり血に染り、修道士たちに踏みにじられているのを見た》。コンデ公ルイ・ド・ブルボンはシャルル九世の治下バサックの戦いで死んだが、死の前夜自分の死の夢を見ていた。他にもよく知られた多くの例が夢の予言的かつ占い的価値を証している。眠っている間に問題を解いた学者、あるいはかつて行ったこともない遠く離れた図書館の本を読んだ学者のことさえ語られている。なかには時々夢の中で自分にはまったく分らない外国語で忠告を受けた者もあり、覚えておいた言葉を訳してもらうと、その意味は何とかはっきりさせたいと願っていた問題の解決にぴったり当てはまるのであった。

古い昔からたくさんの夢の解釈方法が提唱されてきた。一世紀末のギリシャの著述家アルテミドルスの方法は最も古いものの一つである。われわれの近代的《夢の鍵》のすべてのもとになった方法は、リヨンの占星術師ジャン・ティボーの著書『人々の夢と幻想の特色』（一五三〇年、リヨン）からのものである。その項目はアルファベット順に並び、約四百句にのぼる次のような文句が入っていて、そのほとんどが諺ふうの表現をとっている。

《切り倒された木は損害を意味する》

《木になった夢を見るのは病気を意味する》

《神を讃えることは喜びだ》

《ひげを剃れば苦悩がある》

《長いひげは力と利益を意味する》

《立派な腕を持てば悲しみがある》

《痩せた腕は大変に悪いしるし》

《イエス・キリストのはりつけは病気を意味する》

《澄んだ水を飲むのは楽しみ》

《臭い水を飲めば大病》

《胡椒を粉にしたり、盗んだりすれば憂愁》

《新しい靴は慰め》

《古い靴は悲しみ》

《火のついたろうそくを見ることは怒りと争いを意味する》

《鐘の鳴るのを聞けば中傷》

《脂肉を切るとだれかが死ぬ》

《大麦のパンを切ると迫害にあう》

《ブドウを摘めば損害にあう》
《指環を与えれば損害にあう》
《ナイフを与えれば不正が起こる》
《竜を見るときは利益がある》
《紙に字を書くのは何かの告訴のしるし》
《空から月が落ちるのを見れば病いがある》
《チーズを食べると利益がある》
《根を食べるのは合意のしるし》
《カラスが鳴くのを聞けば悲しみが来る》
《ロバを見るのは悪意のしるし》
《修道士を見ると不幸が起こる》

その他にも多くの夢占いの著述がある。九世紀のアラビアの著述家アハメト・アポマザールの著書もその一つで、ドニ・デュヴァルによってフランス語に翻訳された。また、『回教徒の夢占い』は一六六四年にピエール・ヴァティエが翻訳している。セレスタン・ド・ミルベルの『眠りの君主たちの宮殿』(一六六七年、ブールジュ)などもあげられる。彼らの解釈は互いにかなり異なっているので、自分の夢や他人の夢の解明に当りたい方々は、比較研究のためにこれらの著書を入手されるのがよろしかろうと思う。

夢に重きを置いた結果、人々は人工的に夢を見ようとするようになった。ジロラモ・カルダノは、ポプラの葉と枝の汁で作ったポプレウム軟膏が仕合せな夢をふんだんにもたらす、と語っている。ピエール・モラはアルスナル図書館の写本二七九〇番『ゼケルボニ』の中で《自分が結婚する女性を夢で知りたいと願う青年のため》に、次のような処方を示している。

《粉末にしたさんごと天然磁石の細かい粉とを用意し、それを白いハトの血で溶いてねり粉を作る。これを青いタフタにくるんで大きなイチジクの中に押しこめ、首にかける。そして床に着くときには特別の祈りを唱えながら、枕の下に土曜日の星形を入れる。》

302　催眠の呪文
グアッツォー神父『悪行要論』ミラノ，1626年

しかし、すべての人間にとってだいたい共通の現象である眠りは、夢より遥かに神秘的な事柄であった。夢遊病の発作を起こし、眠ったまま起き上がって歩き回る者がいる。あらゆる人間行動が超自然の力によって起きると考えられていた時代にあっては、これは人々に深い驚きを与えたに違いない。だから、ジロラモ・カルダノがその『精緻について』一八巻の中で何の注釈もなしに単に彼らを《……夢に心を乱されてベッドから起き上がる者》とだけ呼んでいることには、いささか驚かざるを得ない。また一七世紀頃に《催眠の呪い》の名で定義され始めた、人工的に引き起こされる眠りもあった。これは、今日催眠術と呼ばれる現象の一つに他ならない。

グアッツォー神父の汲めど尽きない著書にはこれまでもたびたび世話になったが、ここでもまた助けを求めることができる。図版302は彼の「催眠の悪行について」の章から選んだ美しい木版画である。三人の気さくな女たちだ。一人は魔女でベッドに眠っている女に《手業》をかけている。これこそは、ド・ポテ男爵がその著『催眠術学生のための手引』(一八四六年、パリ)で、活写した催眠術の施術の一つなのであろう。彼は述べている。《眠っている人——私が術をかけたいと思う相手——から一歩離れて立ち、私の手を身体の表面全体に連続して動かす。五分ないし一〇分でこの動き、すなわち手業を止め、一本の指を裸の表面またはおおわれている表面に近づけ、直接には触れずに、そこに軽い筋肉の収縮を惹起する》と。この記述の中に、ちょうどグアッツォー神父が示した催眠術師の動作が見出されるのである。

催眠術はたしかに、古代において人々を驚かした神秘的現象の中で、かなりの役割を演じていたに違いない。催眠状態で得られる占いの能力は、隠秘主義者にとって貴重な補助力であり無視することはできなかった。おそらく巫女の一部は予言をする前に催眠状態にあったのだろうが、そういいきるには手持の資料は曖昧すぎる。コルネリウス・アグリッパの『隠秘哲学』第一巻第五〇章「感応とその技巧について」を読むと、彼は今日「霊媒」と呼ばれる受動的能力を持つ者の存在に気づいていたと思われる。しかし、その記述は相当に混乱しており、正確な考えをひき出すことはきわめて困難である。《感応とは、妖術師の精神から、術をかける相手の目を通じてその心へと届く一種の連繋あるいは呪縛である。妖術は精霊の道具、すなわち心の熱によって生れる最も純粋な血液に由来する、純粋で光をおびた微細な蒸気である。この心は同じような光線を目を通じて絶えず送り届けているのだ。したがって、しげしげと視線を送ることによって、視力の先を他の者の視力の先へと向け、目と目がそして光と光がたがいに強く惹き合うときに人々に術をかけることになるわけである。その時に精神は精神に結ばれ、きらめきを運び、留めるのである。》

この一節から確かに把握できることといえば、見つめることの力動性《ディナミスム》が実によく知られていたことである。それは、催眠ないし人工的眠りを誘発させるほど強いものでもあったろうし、あるいは単に、ある程度意志を無くして昔呪縛とか魔法とか呼んだ事態を生ずるような不思議な行為をすることでもあったろう。

それに、占い師の間では、催眠術は多くの場合カタレプシー的な性質を持ち、何かある対象を注視することによって得られるものだった。物を凝視すると「失神状態」、一種の恍惚状態が起こり、その中で主体は多少とも周囲に対する意識を失い、より透徹した、真に予言的資質を賦与された内的視力で物を見るのである。この現象はすでに述べた魔法の鏡の占いに役立った。また、カード占いの女たちにも利用され、その何人かは神託を告げるため自分に催眠術をかけた。だが、たいていの者は外界が消え失せ、自分たちの透視力を強めるいわゆる透視の状態に入ったと思われるまでタロットの札を注視することで足れりとしている。

11　不可視の力の治癒力

さて、この章では、いつの時代にも大変重視され、いつ果てるとも知れない議論をひき起こした、ある種の現象について話を進めることになる。すなわち奇蹟的治癒である。

ここで、われわれは悪魔に取り憑かれた人々に対立した神学者と再会する。治癒がルールドその他教会によって聖別された聖域で起きたなら、それは異議なく神のみわざである。しかし、同じような治癒が明らかに教会の非難する状況で起これば、その治癒は教会がいうには悪魔のしわざなのである。つまり悪魔はその手中に神と等しい治癒力を持っているのだ。人は治りたい一心で貴重な悪魔の善行を利用するのだからそれを拒むほうがおかしいだろう。私には結論の出せない深刻な問題である。

とはいえこの種の治癒が一八世紀に、教会から容赦のない非難をあびた教義ジャンセニスムの内懐でたくさん起きたのだ。この教義の信奉者たちが、神に祈ると、神は寛大に好意のしるしをもって応えられた。が、これは教皇に忠実に従う者たちには拒まれていたらしい。この人々は治癒は悪魔のしわざであると断言していた。それはともかく治癒はあらゆる点で、ある公認の聖人の九日の祈禱によって得られるものに似ていた。

ジャンセニスムとこの教義がもたらした奇蹟的な事件の話は、すべての人々の記憶に跡をとどめている。だが、ルイ・バジル・カレ・ド・モンジュロンの見事な著書『助祭パーリスの奇蹟の真実』（一七三七年、パリ）の中に残

303　サン＝メダール墓地の助祭パーリスの墓
カレ・ド・モンジュロン『助祭パーリスの奇蹟の真実』パリ，1737年

された貴重な版画についてはあまり知られていない。パーリス助祭は模範的な生涯を送った人物だが，ジャンセニスムの教理に心酔していた。彼がパリのサン＝マルセル街で死亡すると，その遺体はサン＝メダール墓地に埋葬された。ムフタール通りの北にあるその敷地の中にはいまも同じ名前の教会が立っている。彼の墓はやがてジャンセニストにとって巡礼地となった。そこで多くの人々が恍惚を覚え，失神状態に陥り，霊感を受けて古代人の踊りに似た興奮した動きを示した。こうして彼らは《ひきつけを起こした人》と呼ばれた。また，主に神経症，失明，黒内障，麻痺など，多くの病いが治った。墓はそれに触ろうと押しかける群集に取り囲まれ，ときとしては墓に触れることさえ難しかった。図版303は，カレ・ド・モンジュロンがその様子を忠実に表わしたものである。二人の女が墓を占領し，

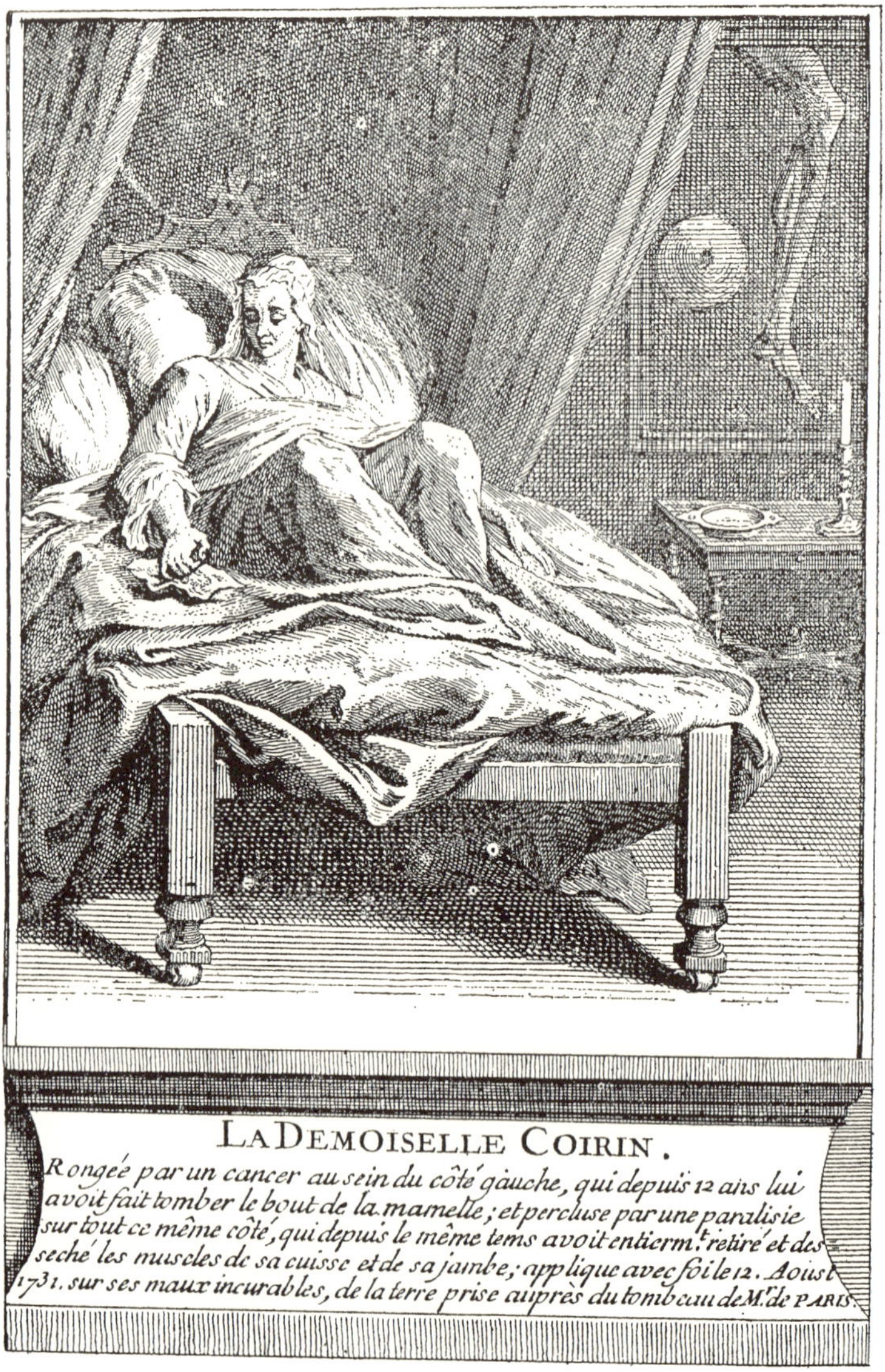
LA DEMOISELLE COIRIN.
Rongée par un cancer au sein du côté gauche, qui depuis 12 ans lui
avoit fait tomber le bout de la mamelle; et percluse par une paralisie
sur tout ce même côté, qui depuis le même tems avoit entierm.t retiré et des
seché les muscles de sa cuisse et de sa jambe; applique avec foi le 12. Aoust
1731. sur ses maux incurables, de la terre prise auprès du tombeau de M.r de PARIS.

304　助祭パーリスの奇蹟を受けた女——治癒前
カレ・ド・モンジュロン『助祭パーリスの奇蹟の真実』パリ，1737年

305　助祭パーリスの奇蹟を受けた女——治癒後
カレ・ド・モンジュロン『助祭パーリスの奇蹟の真実』パリ，1737年

治癒されようとその上に横たわっている。他の者たちは地面と墓石の間の狭い隙間にもぐり込む。右手からは中風患者がつれられて来る。僧侶たちは祈りをあげる。墓の後には、裁判官の恰好をした三人の人物が、何物にも乱されない威厳を保ちつつ平然と佇立している。周りでは熱狂した群集が墓へ近づこうとしてひしめいており、ほこ槍を持ったスイス人の衛士も彼らを解散させることができない。

治癒の例は多く、ほとんど毎日のことだった。カレ・ド・モンジュロンはそれについて実にこまごまとした話を伝え、それを非常に示唆に富む数多くの版画で飾った。そのうちの二枚だけをあげておこう。コワラン嬢の異例の治癒に関するものである。図版304では、彼女はベッドに寝ている。片足が麻痺し、乳癌を病んでいる。画家は奥の壁の額の中に乳房と萎えた足を描いて、彼女が苦しむ二つの病気を表わしている。ところが図版305では一転して、彼女はすっかり治っている。神に感謝の祈りを捧げるおもむきで化粧机の前に坐り、昨日の瀕死の病人は再び人生を歩もうとするおしゃれな女に変っている。鏡はまた、彼女がこの世の喜びを知るであろうと彼女に告げている。

一八世紀は歴史上先例のないほど懐疑の波の高まった時代であったが、また超自然的なことが最大の成功を収めた世紀でもあった。王の命令でサン・メダールの墓地が閉鎖されてから四〇年後、全ヨーロッパはメスメールの磁気桶の前に行列していたのである。

この装置の発見者は卓抜なドイツの医者で、ファン・ヘルモント、ゴクレニウス、ブルグラーヴェ、ニコラ・ド・ロックらの考えに触発され、とりわけ一六七九年フランクフルトで出版されたギヨーム・マックスウェルの論文『磁気医学』から示唆を得ていた。その中には次のような金言を読むことができる。《全身から肉体の線が放射し、魂はその中にあって働く。この放射線によって、働くエネルギーと力とが放散される。天から降る純粋、不変、完全無欠の生命の精霊は、すべての物に存在する生命の精霊の父である。この精霊の滲み込んだ道具を用いて宇宙の精霊を利用すれば、秘術師の偉大な秘密を呼び出して助力を得られよう。宇宙医学は当事者の中で増えた生命の精霊に他ならない。》

磁石について、また磁石が神経症に及ぼす影響について研究をした後、メスメールは、マックスウェルがかねて教えたように、あらゆる物の中に、磁石が鉄を引きつける力に似た目に見えないある力が存在することを理解し、それを同じ名称マグネスで呼んだ。そして一七七九年にかの有名な『動物磁気発見の回想録』を出版した。これは《天体、地球、生体の間には相互影響力がある》という命題で始まる。その後、彼はパリで診療室を開き、そこに有名な《磁気桶》を置いた。図版306に示したものは当時の優れた画の一枚である。大衆版画であり、題には「メスメール氏の桶、あるいは動物磁気施術の忠実な描写」とある。画の説明は立派な叙述となっている。次のとおりだ。

《オーストリアのウィーン医科大学博士メスメール氏は、動物磁気のただ一人の発明者である。多くの病気、ことに水腫、中風、痛風、壊血病、黒内障、一時的に耳が聞えなくなった症状などを治すこの方法は、メスメールが、あるいは指の一本で、あるいは他の者が指示にしたがって操る鉄の棒によって導く液体ないしそれに代わる物を、診察を受けにやって来た人々に押し当てるものである。彼はまた桶も使う。桶には紐がついていて病人はそれを身体に縛りつける。桶には鉄のつまみもついており、病人はそこに胃、肝臓、脾臓のくぼみ、あるいは一般に患部を近づける。病人、ことに女性は痙攣や発作を起こすが、それで治癒する。磁気師（メスメール氏が彼の秘密を明かした人々で、百人以上にのぼり、中には宮廷の貴顕の士も入っていた）がその手で患部を押えてしばらくそこをこすると、この術が紐と鉄の効果を早める。一日おきに貧しい人々のための桶が設けられた。控室

306　メスメールの磁気桶
大衆版画，国立図書館（ド・ヴァンク氏コレクション900番）

では音楽家たちが病人の心を陽気にするための曲を奏でる。勲章をもらった軍人、弁護士、修道士、文士、料理人、職人、医者、外科医などあらゆる年齢、あらゆる地位の男女がこの有名な医者のところに押しかけた。生れや社会的身分の異なる人々が、子供、老人、とりわけ貧乏人がいくぶんおびえながら磁力に引き寄せられる有様は、まことに心に沁みる光景である。メスメール氏はといえば、彼の説話はどれも慈善の心にあふれている。彼は真剣で言葉少ない。彼の頭脳は常に偉大な思想に満ちているようである。》

画を見ると桶は蓋付きの楕円形をした大桶で、病人たちはその周囲に坐っている。メスメール氏は棒を手にして立ち、その左で磁気師が一人の病人に《手業》を施している。しばらくすると病人はつまみから手を離し、互いに指先を接触し合う。こうしていわゆる《鎖》が作られる。

307　メスメールの磁気桶
セルジャン画，トワン彫版
国立図書館（ド・ヴァンク氏コレクション899番）

このときにある者は失神状態、当時の人々の表現では発作に入り、その瞬間に治癒が起こる。発作はときに非常に激しく、イギリスの版画にあるように（図版307）、病人を運び出さねばならないこともあった。

　桶の内部構造に関しては、メスメール氏は何も秘密にしていない。その著『メスメール氏が学生の集会で口述した金言』（一七八五年、パリ）で明らかにしているからである。その記述は私の『隠秘学選集』にことごとく再録しておいた。ただ、桶には壜が詰まっていたということをいっておこう。壜には、すべてにできるだけ同じ人間によって磁化された水を入れて、それを桶の壁にそってぐるっと並べ、中央に立てた一本の壜に向って放射状になるようにする。桶にはある高さに水が張られている。《そこに鉄のやすり屑、砕いたガラス、また私がいろいろな所感を持つ同じような他の物質を加えることができる》と、彼は述べている。

　メスメールの桶は熱烈な議論を呼んだ。支持者たちはそこに、電気の性質を持つ新しい自然流体の作用を見た。電気はそのころ次々に発見があったため大流行していたものである。しかし、科学的な中傷者はいんちきしか認めなかった。そして、多数の神学者——執念深い修道院長フィアルもその一人だが——はそこに悪魔の業しか見なかったのである。図版308の妙な戯画は、この思いに触発されて、一七八五年に発表されたものだ。この画の中では、ある科学委員会が磁気について行なったばかりの一連の調査、それも非常に片寄った調査の結果、メスメールの学説が決定的に否認されたと考えられている。一匹の悪魔がメスメールその人を彼の桶の上に運び上げ、他の悪魔は大司教と修道士を引き立てる。前景では、宮廷の道化が、メスメールが一七八一年ロンドンで出版した『動物磁気に関する諸事実の歴史的概要』の一冊を破っている。こうして、彼の有名な桶の作用力については不確かなままに、メスメールは一種の妖術師とみなされ、正統な科学にも隠秘学にも隣接していた彼の学説は、真実が確定されうることなく人々から求められ、同時に拒否されたのであった。

不思議な治癒の例としてはさらに、約一世紀前一六五七年頃に有名なケネルム・ディグビー卿が《交感》という粉末で行なったものもあげねばならない。

このイギリス紳士は、ガイ・フォークスの火薬事件に共謀したかどでロンドンで四裂の刑に処せられたイヴラード・ディグビーの息子で、イギリスを追われていたために生涯の大部分をフランスで過した。自然科学に没し、デカルトと交わり、フィレンツェでは一人の物静かな修道士と知り合った。この僧はインド、ペルシャ、そして中国にさえ渡ってある治療法をもたらし、それですばらしい治療をしていた。彼はそれをディグビーに伝えた。これは傷、それも主に銃砲による傷を治すもので、直接に膏薬で手当をせず、膏薬をただ傷の血の滲んだ下着の上に貼るだけのことである。膏薬は硫酸の粉から作られたが、負傷者の血と、それとは離れた所にあるその血を流した傷との間に交感作用が起ることから、交感の粉と呼ばれた。この方式はフランスで大流行となった。セヴィニェ夫人はある手紙の中でそれに触れているし、フランスの宮廷はあげてこれに興味を示した。

308 悪魔の手にかかるメスメール説
18世紀の戯画（著者所蔵）

ディグビー卿は、モンペリエ大学の学会で講演を行ない、その学理と実際の治療方法を発表した。彼のいう《負傷者に触れることも、負傷者を見ることも必要とせずに治療をする》やり方は、熱狂的に迎えられた。この方法は『大英帝国女王大法官ディグビー卿による、交感粉末を用いた傷の治療に関する、有名なる集会における講演』という表題のもとに一六五八年パリで発表された。そこには《バーミンガム公爵の秘書》ジャック・ホーウェルが、手に深い重傷を負って、治療のためにディグビーを招いた一件が書かれている。ディグビーはいう。

《そこで私は彼に傷から出た血のついた布地か下着を所望した。彼はすぐに最初に包帯として使った靴下どめを取りに行かせた。その間に私自身が手を洗いたいかのように、水の入ったたらいを求め、テーブルの上の小箱に入れておいた硫酸の粉を一握りつかみ、手早く水に溶かした。靴下どめが届くとすぐにそれをたらいに漬けた。その間にもホーウェル氏の行動には注意をしていた。彼は、私のすることには気をとめずに、部屋の片隅で一人の紳士と話をしていた。と、突然身震いをして、何か大きな感動を覚えたかのような動作をした。どうしたのか分りませんが、もう痛みを感じないことは確かです、湿った冷たいタオルでも手に当てたように、何か心地のよいさわやかさが、私を悩ましていた炎症をすっかり拭ってくれたようです、と彼はいった。五、六日すると傷は癒着し、完癒した。》

つまり、これは一種のよき呪力である。離れて術を行なうやり方は、死の呪詛の方法と同じだ。それに負傷者の傷の血はまだ彼の生体の一部と考えられている点まさに、一七世紀に流行した生きた精霊の理論に合致し、また血の中に息、すなわち生命の精霊を置く非常に古いラビの教えにも合う。施術者は病人の血から分離した一部に働きかけながら、同時にその全体に働きかけているものと確信している。この働きかけは、ヴィルヌーヴのアルノーからコルネリウス・アグリッパへ、またパラケルススへとさかのぼる最も有名な隠秘学者たちの理論のすべてに一致するものであった。

12 護　符

護符もまた神秘的な力の一つである。この力の前ではどれほど恐しい武器も、どれほど強力な哲学的武器も威力を失ってしまう。

キリスト教は護符弾劾を叫んだがむだだった。キリスト教自身同じ力に屈して、自分が非難する護符に対抗して、みずからの護符を持ち出した。十字架、ロザリオ、奇蹟のメダル、聖ベネディクトのメダルなどは神の印璽をしるされているからといって、あらゆる護符を特徴づけているお守りとして用いられないというものではない。いうならば、護符から自由な人間は存在しないのである。この上なく合理主義者で、どんな偏見からも、どんな迷信からも自由だと思っている学者でも、喜んで自分は上着の秘密の内ポケットにマスコットをしまっていると明かすことだろう。それは、当人が何の信頼も置いていない一枚の貨幣やささやかな品物であるかもしれないが、習慣から決して手離そうとはしない。それをばかにする者がだれよりもまず自分自身であったとしても、である。

神々は死んだ。だが、護符は残った。あらゆる形の不信心に対して生き残り、まさにそのことによって、己の生命力が永遠であることを明らかにした。自動車や飛行機の速度しか信じないような人間が、呑み込まれたら自分というものなどどこかへ行ってしまう暗黒の淵に歩み寄るように死へと向っている人間が、その車に人形をぶらさげている。ちょうど、イスラエルやアッシリアの族長らが、そのテントの革に家神像を吊していたように。時代は移り変ったように見えて、その実少しも変ってはいないのだ。護符は恵み深き妖術であり、たとえ知的教養がばかげたことだといったとしても、人はそれぞれにこの妖術に身をゆだねる。人間はこうして己の弱さを見せ、護符はその力を示す。その隠秘的力は人間がそれから自由になれなかった事実に現れている。

護符は歴史上すべての時代に、そしてすべての民族の間に見出される。これほど普遍的な隠秘的形式はない。エジプトで、カルデア、ペルシャ、ギリシャ、ローマで発掘が行なわれるとき、最初に発見される物が護符である。エジプトのパピルスには、《ヘルメスの指環》とスカラベを調製するための儀式の詳細を描いているものがある。古代の著述家たちは護符についてたくさんの描写を残してくれたが、省略をしてみても、それらを列挙することはとてもできない。

護符にはあらゆる種類のものがあった。指環、宝石、彫刻をほどこしたり切りこみを入れた石、銘文のある羊皮紙や紙、これらに人々は呪術的な特性を持たせ、身につけたり家の中に掛けておいたりした。庭園のプリアーポスは、悪意を持つ力を退けて収穫物をあらゆる掠奪から守るための、不動産的護符に他ならなかった。ときには護符は、猫、蛇、トカゲ、カメレオンなど生きた動物でさえあり、人々はできる限り大切にその世話をした。黒猫は主として幸運の護符という評判を持っていたがこれは今も変らない。

護符は良きものと悪しきものとにざっと分けることができる。悪しき護符は攻撃的で悪を生むとされる。本書でも妖術と悪魔の呼寄せの章でその使い方を見て来た。良き護符とは本質的に防御的なものであり、悪の力に対して個人を守り、良き力を招くことを目的とする。今日なお用いられる護符の大部分は後の部類に属している。

護符の作り方を指示した一般的な方法を発見するのは難しい。どの宗教の教義も、どの信仰も、自然現象の理論もそれぞれ自分のお守りを生んでおり、それらもときとして起源をつきとめることがほとんど不可能なまでに相互に混り合っている。ギリシャ、ローマの護符の大部分は占星術的性格を持つ。他方、ユダヤ教とカバラもやはり数多くのお守りをもたらした。その結果、われわれの文明では、これらの要素が緊密に融合していることが珍しくない。

宝石は、どの民族の間でも、自然の護符とみなされた。その硬度と密度とが、宝石がきわめて強力な親和力と凝集力によって生成したことを示している。それは最も高い凝固と圧縮の度を持つ物質を表わす。したがって、宝石から出る放射性の影響力は相当なものに違いない。アリストテレス、テオフラストス、セビリアの聖イシドロス、マルボード司教、聖女ヒルデガルト、カルロ・ドルチ、カミーユ・レオナール、ピエール・ド・スクダルピス、ボートのボエティウスたち。昔の著述家が、宝石の一つ一つに特別の治癒力を与えているのも不思議ではない。キリスト教徒は、聖書が大司祭の衣装の叙述の中で宝石を重く見ているのをいいことに、宝石の使用に関する異教徒の伝統をことごとく熱心に受け入れた。

カミーユ・レオナールの『石の鏡』(一六一〇年、パリ)によると、エメラルドは身につけていれば、好色を抑え、悪魔的幻覚を散らし、記憶力を高め、修辞学者には人を説得する議論を示唆する。ルビーとガーネットは身体を健康に保ち、ペストと毒物から身を守り、財産を増やし、訴訟で裂かれた人々を和解させる。サファイアは平和と友好と敬虔をもたらす。ジロラモ・カルダノの『精緻について』(一五五〇年、パリ)によると、サソリや毒蛇にかまれた傷に利く。聖女ヒルデガルトは『自然学』「石について」第一七章で、ダイヤモンドを嘘つきと癇癪持ちの口に含ませると、その欠点を直すことができるという。また、断食に耐えられない者を容易に断食ができるようにする。トパーズは毒の入った液体を何でも中和する。真珠は頭痛の妙薬である。

宝石は、占星術の対応関係に従って用い、同じ性質の金属を組み合わせると、さらに有効である。ピエール・ド・スクダルピスの『七金属の交感』(一六一〇年、パリ)およびトリテミウスの『古賢者たちの鍵』(一六一二年)によれば、七惑星と主な七金属、それに宝石との対応関係は次のようになる。

惑星	金属	宝石
月	銀	水晶
水星	水銀	天然磁石、アレクトリア
金星	銅	アメジスト、真珠、サファイア、ガーネット
太陽	金	サファイア、ダイヤモンド、天然磁石、紫水晶
火星	鉄	エメラルド、碧玉
木星	錫	紅玉髄、エメラルド
土星	鉛	トルコ石、黒い石すべて

しかし、人々は石や金属にその性質に適応した象徴的な文字を彫って、右の各種の組合せの力を一層強めた。そして、これこそが本当の護符であった。その価値を確定する神秘的なしるしがあって初めて本物となるのだ。ピエール・ド・ブレシュはその『護符論』(一六七一年、パリ)の中でこれを次のように定義している。

《護符とは、惑星なり星座なりの天体のしるしを持つ印章、像、文字、絵図に他ならない。このしるしは交感のある石、あるいは星に対応する金属の上に職人が記し、刻み、彫り入れるものである。職人はその仕事と仕事の目的とに精神を集中し、惑星の日時に無縁な考えに気を散らすことがあってはならない。惑星が幸運な位置、晴朗な天気にあって、天において可能な限りよい配置にあるときに、より強力な影響力を引きつけることができる。効果はその力と影響力の強さにかかっているのだ。》

したがって、ここでさらに《磁化された》護符と磁化されない護符とを区別しなければならない。この種の作業に有能な人間がその力と意志とを集中して作りあげた前者が、後者の持ちえない特性をそなえていることは疑いをいれない。

こうして、大アルベールによるとされる一般向の書物『小アルベールの自然的、カバラ的魔法の驚くべき秘密』(一七二二年、ケルン)は、一週の七日に七個の護符を提唱した(図版311)。これらの護符は、それぞれの日に対応する金属の上に彫られたものに違いない。すなわち、日曜日つまり太陽の護符は金に、月曜日のそれは銀に、火曜日は鉄、水曜日は凝固水銀、木曜日は錫、金曜日は銅、土曜日は鉛である。これが、この本が誤りではあるがパラケルススの護符と呼んでいるものだ。人々は毎日交換をしながらこの七個のメダルの一つを身につける。八番目の図は特にいつのものと決っていない護符であり、おそらく曜日に関係なく毎日つけていたものであろう。《汝は毒蛇とトカゲの上を歩き、足下に踏みにじるであろう》と刻まれた銘の文句によれば、これは敵に対する勝利を約束する。

以上のような純粋に占星術的な護符は稀である。すでに述べたように、人々は好んで聖書の文句、ユダヤの神の名前、カバラから借りた常套句を護符に取り入れた。最も有名な護符の一つにソロモンの印章と呼ばれるものがあることは知られているが、その創始者はユダヤの君主といわれる。これは正三角形二つを、一つは底辺を下に、もう一つは頂点を下にして組み合わせたもので、その六頂点が円内に六角形を作る。中央に四文字の神の名、聖四文字が表わされねばならない。ユダヤ人は現在も護符を持ち、それをシャダイと呼んで、バール・ミツヴァという成人の儀式にはイスラエルの子供たち皆がそれをつける。これは丸いメダルでその上に神の名 שדי が記され、遙か遠い昔から伝統的に用いられてきた。キリスト教徒のカバリストや秘術‐妖術師らはこれを見逃しはしなかった。シャダイは『ソロモンの鍵』の何種かの版に入っているし、なかでも見事な星形（図版309）がアルスナル図書館の写本二三四八番に見出される。円内には全能者の顔があり、稚拙なデッサンだがまことに印象的である。頂点にソロモンの印章、刻銘に《ここに万物を創りし者、万人が従うべき者の顔がある》と記されている。顔の右と左にヘブライ語の草書体の神の名アルとシャダイが見える。この護符は普遍的な効能があるとされ

309　シャダイの顔
『ソロモンの鍵』アルスナル図書館，写本2348番

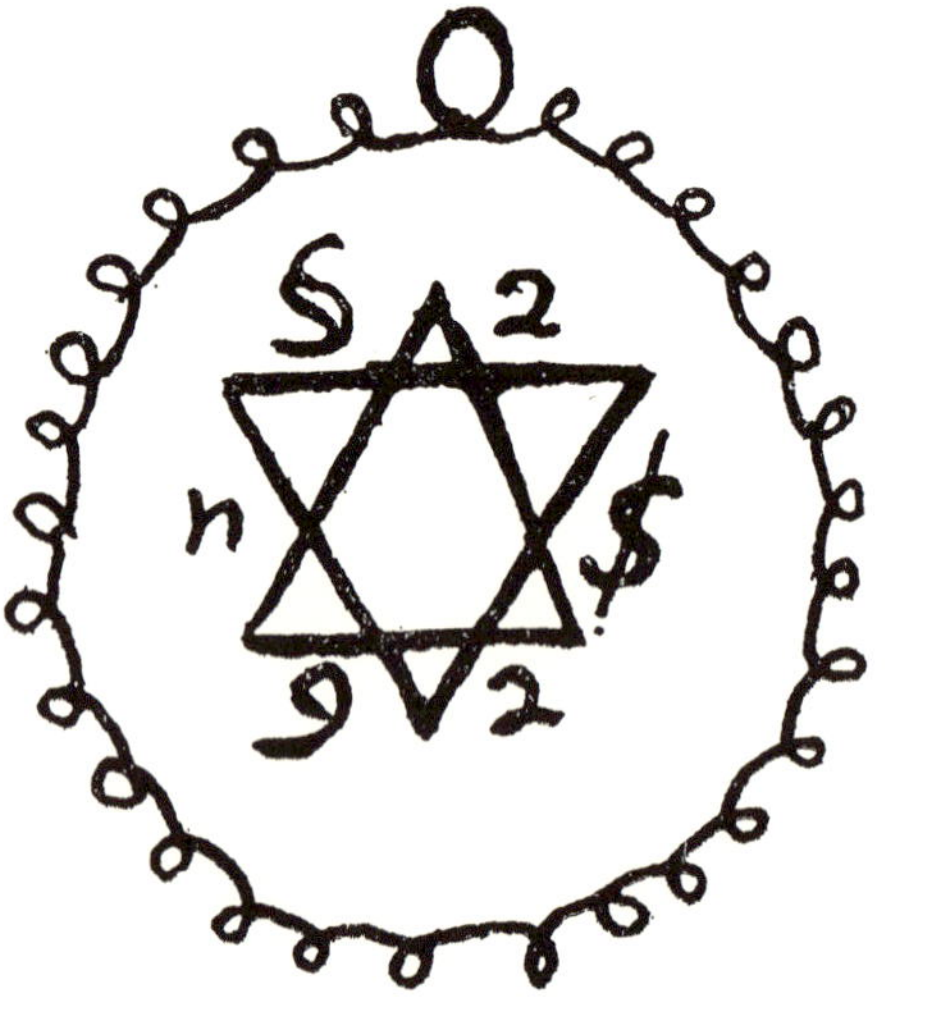

310　1749年2月9日ヴュルツブルク司教アンセルムの死の床でみつかった護符
（ヴュルツブルク博物館）

311　週七日の護符
『小アルベール』ケルン，1722年

ているが、写本は《全能のシャダイの顔の威光には、あらゆる被造物が従い、天使の霊はひざまずいて礼拝する》と指摘している。

ヴュルツブルク博物館には羊皮紙に大ざっぱに描いたお守りがある。図版310にそれを正確に写してみた。これもまたヘブライ起源の護符につながっており、形は整っていないが、ソロモンの印章に、意味の定かでない六つの文字がついている。このお守りは、一七四九年二月九日午前七時三〇分に、インゲルハイム伯、アンセルム・フォン・ヴュルツブルク司教の遺体からみつかったものである。錬金術の熱心な達人であった彼はその日に床の中で死んでいた。

この種の護符には明確な目的を持

312　牢獄から解放される護符
『本物の護符，星形と円』
アルスナル図書館，写本2497番，18世紀

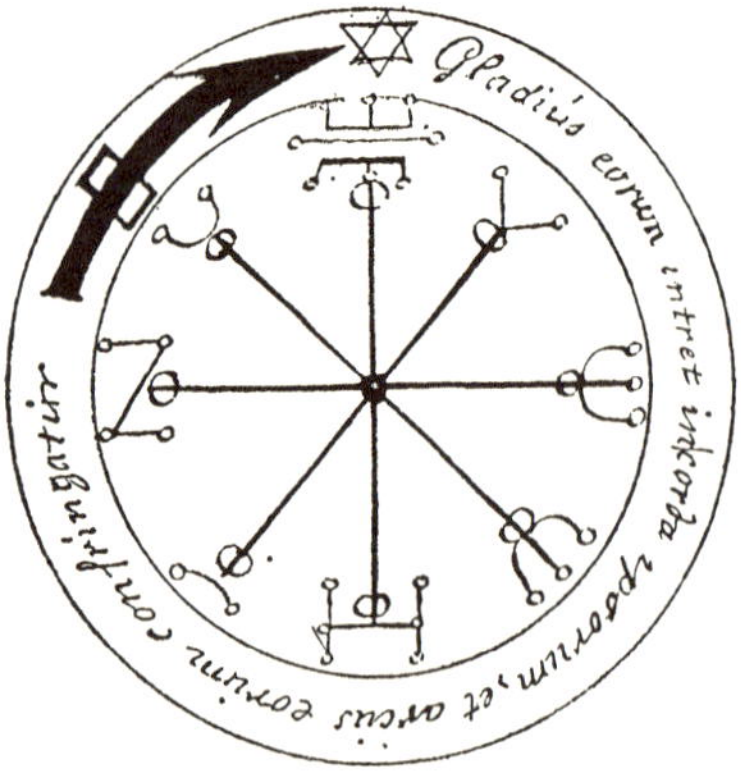

313　悪者の攻撃に対抗する護符
『ソロモンの鍵』
アルスナル図書館，写本2348番，18世紀

つものが非常に多い。大変有効な物であるのだから、ひろく用いることにしたら人類に幸福を約束することだろう。私も読者にこれらを持つ喜びを味わってほしい。たとえば、万一不幸にしてあなたが投獄されたら、図版312の護符を身につけるようおすすめする。あなたは次の日曜日に奇蹟的に釈放されよう。アルスナル図書館の写本二四九七番『本物の護符、星形と円』から選んだこの護符の刻銘はあなたにこう約束しているからである。《もし、だれかが、偶然投獄され、鉄の鎖につながれたとしても、金に彫ったこの星形があれば、太陽の日時に即刻釈放され自由になるだろう。》この護符には矢羽十字に、判読するには不明瞭すぎるヘブライ文字を配し、詩篇一一六篇一六、一七節の状況にふさわしい一節《あなたはわたしのなわめを解かれました。わたしは感謝のいけにえをあなたにささげて、主のみ名を呼びます》がついている。

図版313の護符は、アルスナル図書館写本二三四八番『ヘブライの王、ソロモンの鍵』にあるものだが、これを持っていれば、夜も深更に、世界の五つの地の首都にある最も悪名高く危険な街へも冒険に行ける。説明文がいうには《これは非常に効力が

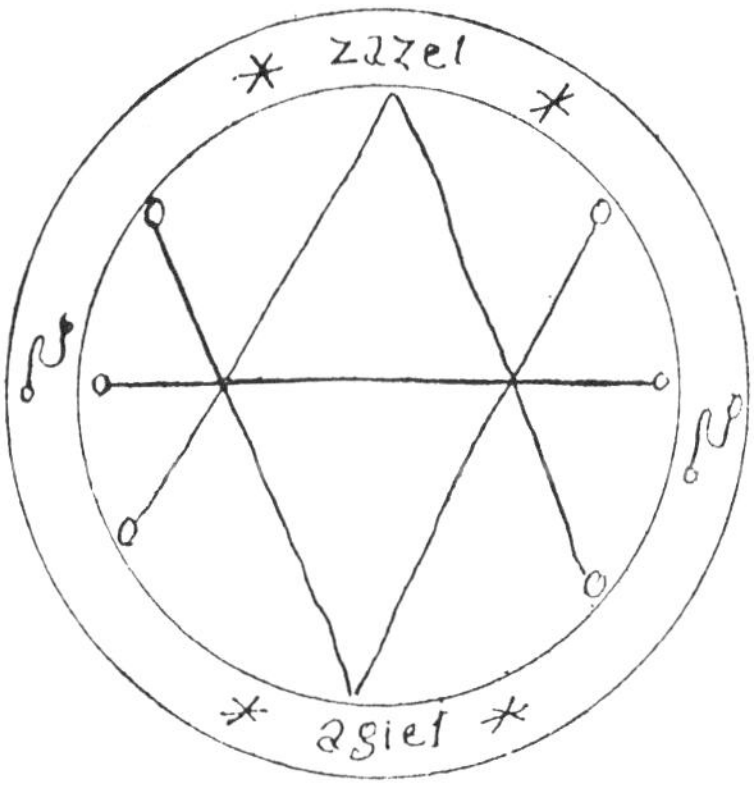

314　突然の死に対する護符
『ラビ・ソロモンの鍵』
アルスナル図書館，写本2346番，18世紀

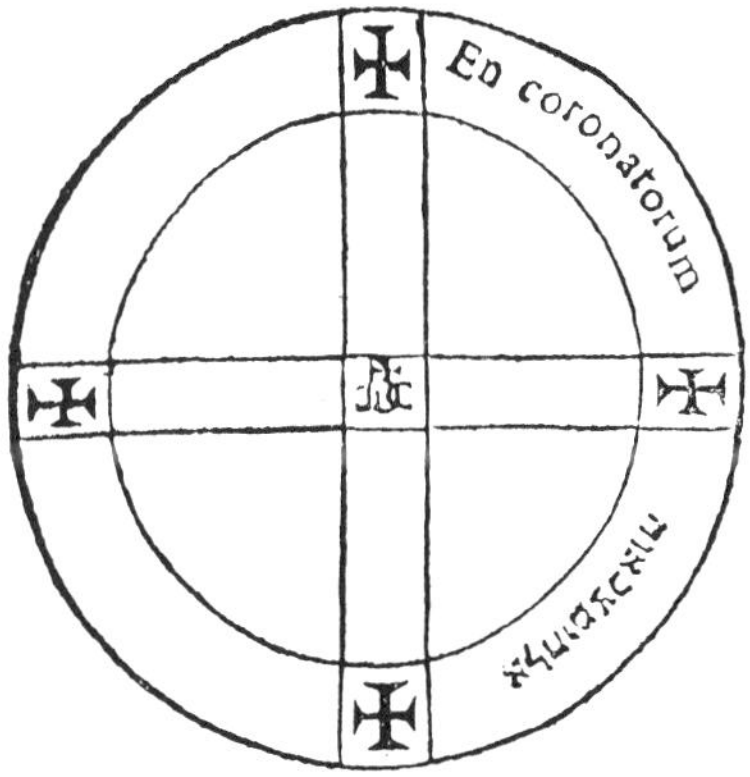

315　記憶力を得たいと願う人のための護符
J.=B・ブロ『著作集』
リエージュ，1704年（著者所蔵）

あり、これを身に備えておれば、何者かに襲われても闘って負けることも傷つくこともない。相手の武器は敵自身を狙うであろう》。これは八本の放射状の線から成り、その先端に神秘な書体のヘブライ文字が記されている。コルネリウス・アグリッパはこれを彼の『隠秘哲学』第二巻三〇章で《マラキ文字》と呼び、《モーセと預言者が用いた古代の書法で、その形はむやみに人に明かすべきものではない》という。これは上から左へたどるとアレフ、カフ、ヘー、ユッド、メム、ベイト、レイシュである。円の囲りには詩篇三七章一五節の句《そのつるぎはおのが胸を刺し、その弓は折られる》とある。

図版314にあるものは《土星のもとの土曜日に起きる不慮の死と事故に対して》、やはり非常に大切な護符である。この惑星は不吉なので、土曜日が悪しき日であることは当然で、それに対して自衛することが肝要なのだ。おかげで、われわれはこの悪運から逃れられる。アルスナル図書館の写本二三四六番の著者に感謝しよう。この護符はしごく簡単だ。王冠を形作る二重の円があり、その中に「土星の知性」の伝統的なしるしを二度くり返し、ザジエルとアシエルの名を入れる。円内ではその中

に記された八頂点を持つ図も、コルネリウス・アグリッパによれば同じく「土星の知性」のしるしである。

ブロ司祭は、雄弁家および記憶力が無くそれを得たいと願うすべての人間に、すばらしい護符を教えてくれた。《次のような図（図版315）を描かねばならない。右側にアルファ、頂点にミ、下部中央にオメガ、を入れる。これらの文字はヘブライ文字のアーレフ、メム、シムに照合する。この図は金か純銀に、より望ましくは可溶性凝固水銀に、より一般的には（私が見たように）羊皮紙ないしキツネかハイエナの膜に描くよう留意すべきである。これらの動物は、太陽が双子宮か処女宮にある水星の家の一つに位置する時に殺されねばならない。……使い方は次のとおりである。夕方、話すつもりの学問なり芸術なりの演説あるいは説教などを自分で読むか、人に読んでもらう。一回か二回読んだら、瞑想し、横になる。そのとき頭の下にこの図を置き、前と同様にしかるべき学問に関する演説を読んで、左手でアルファ、オメガを書く。翌日には、演説も説教もおのずと思い出され、たとえ願っても一行一句ぬかすことも忘れることもありえない。》こう司祭はその『著作集』第三巻第五章で述べている。実現の手続がいとも簡単だとはたしかにいえないけれど、その利得はハイエナの皮紙を得る困難を十分につぐなうことだろう。

財を成すための護符も忘れないように心がけよう。その効用を説明する必要はない。読者はきっと護符の中ではこれが最も貴重であるとみなされるだろう。一七二二年ケルン版の『小アルベール』は、気前よくその一つを教えている（図版318）。これは帽子につけておくものだ。図では輪に乗った運命の女神が、雲からつき出た手を逃れたところである。その手は心臓を差し出し、逆さに書かれた《抵抗》と《好運》の銘が記されている。《これはよく清められた新しい羊皮紙に、木星の日時、すなわち天象図が幸運の相にあるときに作成することができる》と、この優れた書物はいう。

断固われわれを裕福にしようと願うこの同じ書物は、《賭や商売で幸運を得るため》の別の護符を紹介してくれる。有名な妖術師で降霊術師のアルバテルによるものだ。これには両面があって（図版316）、片面には、中央にヘブライ語の全能者と聖四文字、それに逆さ文字でほとんど判読できない幾つかの名前が見分けられる。

316　賭と商売に成功する護符
『小アルベール』ケルン，1722年（著者所蔵）

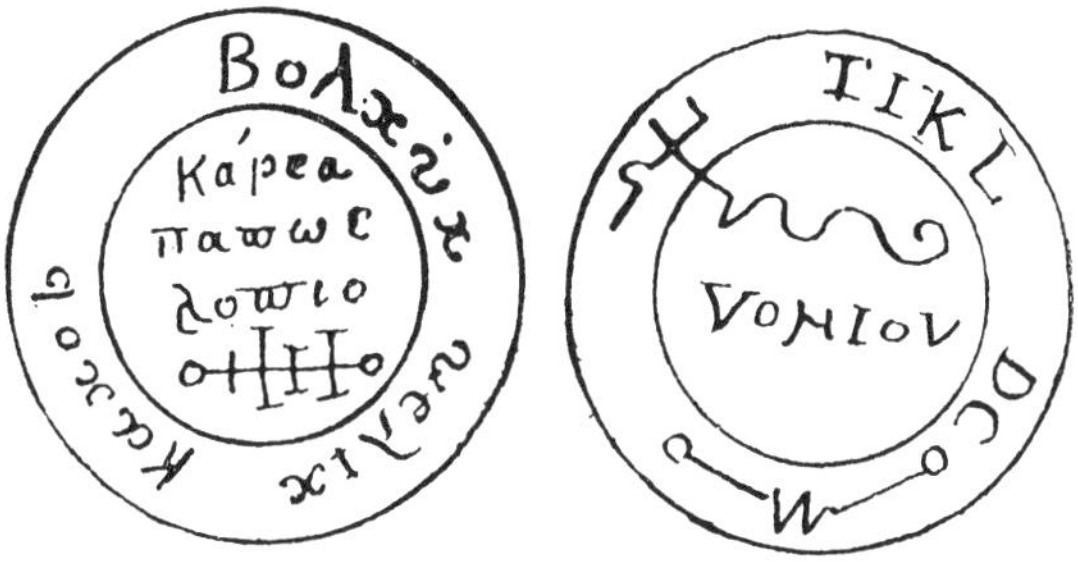

317　財宝を発見できる護符
『大教皇ホノリウスの魔法書』アルスナル図書館，写本2494番

《財宝のための星形》という簡潔な表現で、アルスナル図書館の写本二四九四番『大教皇ホノリウスの魔法書』は、何の補足説明もなしに貴重な護符（図版317）を示している。これによれば莫大な富を積むことができるに違いない。一面にはギリシャ文字で円の周囲に Bolkuk Selix, Kakob, そして Karea papos lopio が読める。他の面には Tikl, nomiou, Dc が読め、それに惑星の知性に関するしるしがついている。

護符の研究の中で妖術の女王、カトリーヌ・ド・メディシスに出会わないとしたらこれはおかしな話である。彼女の生涯で隠秘術は非常に大きな場所を占めていたし、彼女は今もって、たいへん有名な護符を所持していた。正確な図を見た者はほとんど

318　富を成す護符
『小アルベール』ケルン，1722年

319　ヒキガエルの頭から護符用の石を抜き出す方法
ヨハネス・デ・クーバ『健康の園』パリ，1498年頃

いないが、その版画が一枚だけ残っている。きわめて、珍しいもので、ただ一枚の刷りしか見つかっておらず、それが唯一と考えられる。これは、アンリ・エティエンヌによるとみられる有名な誹毀文書『カトリーヌ・ド・メディシスの生活、活動、振舞に関するすばらしい話』（一五七五年）の国立図書館に保管されている版の終りに綴じこまれているものである。

図版322にその両面を示した。左側の面ではジュピターが玉座に坐り、その前にガニュメーデースのワシがいる。アヌビスの頭をした悪魔が彼に鏡を向けている。ANAEL, HE, AMIC, OXIEL の語と、ジュピターとその知性および悪魔の伝統的なしるしが読みとれる。右側の面には、ヴィーナスの姿に描かれた裸体のカトリーヌ・ド・メディシスその人——といわれる——が表わされている。上部にはこの女神の惑星の表象と、HANIEL, EBVLEB

320　男性のマンドラゴラ
ヨハネス・デ・クーバ『健康の園』1498年頃

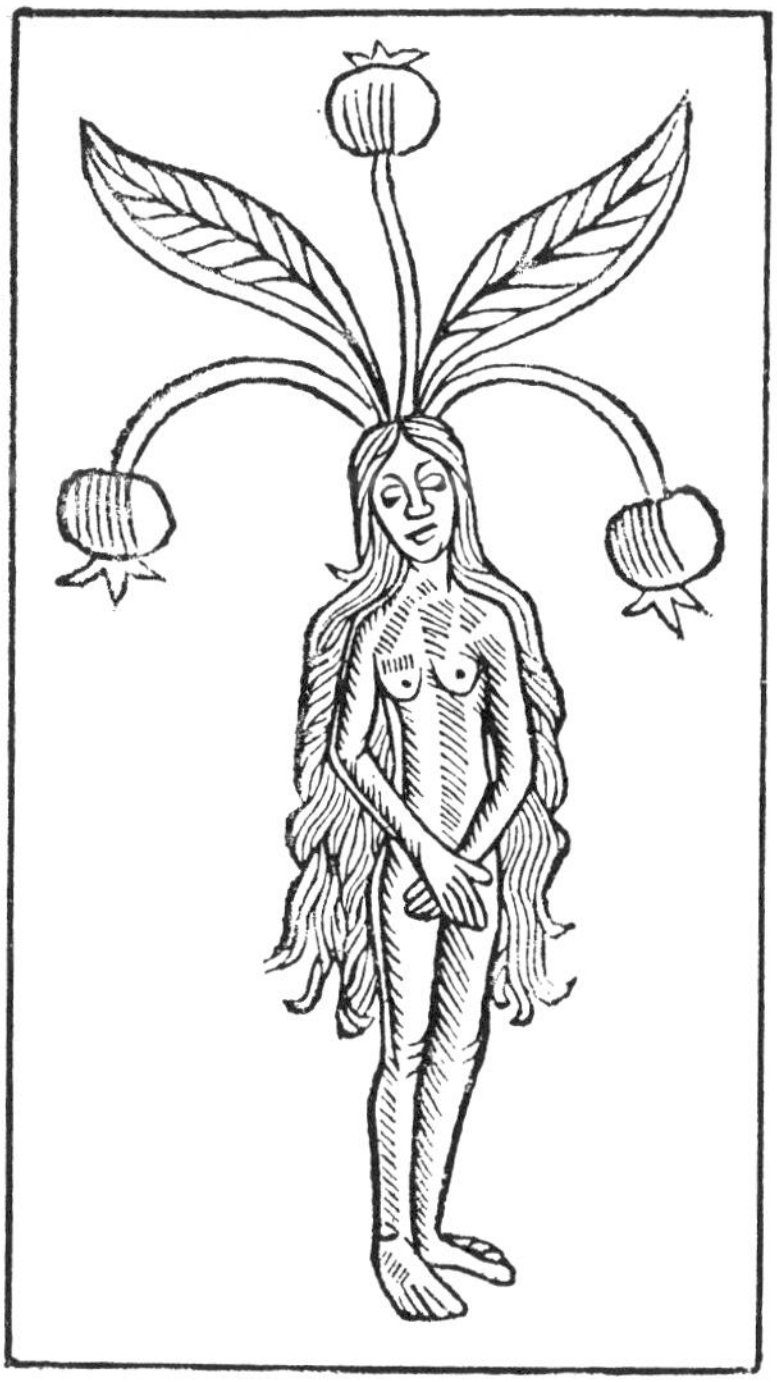

321　女性のマンドラゴラ
ヨハネス・デ・クーバ『健康の園』1498年頃

(ベルゼブス)、ASMODEI の語、そしてヴィーナスのしるしがある。この護符には次のような興味深い註がついている。《その女王はこれを肌身離さず持っていた。これは、有名な数学者であり呪術師ともみなされていたレニエ卿が考案し作成したものである。女王は彼に大変信頼を寄せていた。この護符の効力は君主として統治し、未来を知るために働くといわれ、人間の血と雄山羊の血と数種の金属を溶かしたものとから作られている。これらの金属は女王の誕生に関係した特別の諸星座の下で一緒に溶かされた。この護符のオリジナルは、一五七九年一月五日ブロワで享年七〇歳の女王に訪れた死の後に発見され、毀された。これは、現在はフォヴェル修道院長の陳列室に保管され

ている。フォヴェル師がオリジナルを忠実に模写して彫らせたものである。》

さらに有名な《印章模様のあるテラコッタ》も護符の中に加えておかなければならない。昔は医術に大いに用いられたもので、ニュルンベルクのゲルマン博物館には厖大な蒐集品が残っている。これはさまざまな土をこねて丸くした上に、その性質に応じた印を捺したもので、それを病気の時に治療のために患部へ当てた。また、一部の動物の体内にできる石を利用することもあった。アジアの鹿や山羊の胃の中に見つかる胃石などで、それについてはボートのボエテュオがその『完全な宝石細工人』(一六四四年、リヨン)で多くの不思議を伝えている。これらはあらゆる毒薬、蛇やサソリなどの毒液、ペストの空気に対して予防になる。ヒキガエルの頭の中にあるといわれた石は、この地上でほぼ完全な幸福を得るための確かな護符であった。ヨハネス・デ・クーバはその『健康の園』(一四九八年、パリ)の中で、この最後の石を抽出する実際的かつ優雅な方法を指示した(図版319)。読者の方々にも是非おすすめしたい。

さらにまた、刻み石の護符や、パラケルスス、コルネリウス・アグリッパ、ガファレル、メネトリエ神父、ドドゥセといった人々の護符もあげるべきだろうが、別の論文になってしまうこの主題に関しては、これ以上話を広げることはできない。それでも、最後に自然の護符の一つマンドラゴラに触れておこう。この神秘の植物については不思議なことがたくさん語られたもののいまだにはっきりしない。今日ではこの名のもとに一種のナス科の植物 Atropa Mandragora を指すが、これはおそらく聖書の中でルベンが母のレアに持って来た恋ナスビと呼ばれ、ラケルがひどく欲しがった植物と同じ性質の植物ではないだろう。聖書の注釈者たちはそれを不妊の女に受胎力を与えるとびきりのヴィーナスの草とし、恋ナスビをユリやショウガ科のアモムン、ヘリカブム、カラートムなどと呼ばれる植物であるとした。聖女ヒルデガルトは『自然学』第一巻「植物について」で、かなり長い説明を試みている。《それは熱くいく分水っぽい。アダムが創られた溶かした土で作られた。だからこの草は、人間に似ているという事実から、他の植物よりもはるかに悪魔の入智恵に役立つのである。人間の欲望に応じて、かつて偶像がその働きをしたように、意のままに善悪を生じうるのである》と、彼女はいう。女子修道院長の聖女は、この植物の奇妙な特性を指摘することを忘れない。つまり、この草は男の像に作られた男性形と女の像の女性形との二種に分れるのである。マンドラゴラについて語った中世の著者はだれでも皆この区別をした。ヨハネス・デ・クーバはすでに引用した著書『健康の園』（一四九八年）の中で男と女の類似性を強調しながら、この植物の二種の図を示した（図版320、321）。人々がマンドラゴラと呼んだのは植物の根であったらしい。その根は堅く、人の形をした小さな像が刻まれており、そこに小悪魔どもが来て宿ると考えられていた。この根は質問をすると頭を振って未来を知らせるのであった。マンドラゴラは昔ドイツに広く見られ、医術にも用いられていた。私はニュルンベルクのゲルマン博物館の古代医学の立派な部屋で、水晶の小さな筒に入ったものを見たことがある。

322　カトリーヌ・ド・メディシスの魔法の護符
アンリ・エティエンヌ『カトリーヌ・ド・メディシスの生活・活動，振舞に関するすばらしい話』1575年
国立図書館　L34 b 827 B

第三部　錬金術師

1　秘密の教義

人は不可視の世界の神秘に分け入ろうとした。未来の事物の神秘を解き明かそうと努めもした。そしてなお第三の神秘があった。これもまた人間の好奇心にとってやはり気がかりなものであった。つまり、自然の謎はいぜんとして判読不可能なのだった。物質はその形、多様性、変容の秘密を守っていたのである。たしかに、アリストテレスやテオフラストスといった哲学者たちは、《自然の事物》について論じることを忘れはしなかった。しかし、それはだれもが見ることのできる、物質の外部の出来事を叙述したに過ぎなかった。ところが、錬金術という一つの教義が生命と、生命を持たない物質の形成との神秘そのものに踏み入ったと自負していた。

錬金術を研究したことのない多くの人々にとっては、錬金術は、人工の金を作ろうとする人間の空しい企てから生れた夢想と彷徨の累積にすぎず、浅ましい貪欲さによって、あるいは創造主と等しくなろうという傲った狂気によって、人はその企てへ駆りたてられているのだった。しかしながら、このような卑しい意図とは別に錬金術を学ぶ者たちは、ほどなくそこに筆舌につくし難い甘美な魅力を見出した。中世の科学の暗い建物の中にあって、それは、大きく静かな不変のバラ窓が俗世界から遠いところでまどろむ大聖堂の翼廊をえもいわれぬ光で浸すように、光彩を放っていた。

錬金術を扱った著書を読んでまず得られる明確な観念の一つは、この学問が秘儀に基礎を置いているということである。この秘儀は、それを獲得するために必要な知的なまた道徳的な資質を持つ、少数のえらばれた達人だけに許される困難な狭い道である。誤った小径に迷いこんで、失望と誤謬と虚言にしか出会わない人々は多い。その人々は莫大な金額をまったくむだに支払う結果になる。この事実は、ハインリッヒ・クーンラートの『永遠の知恵の円形劇場』(一六〇九年、ハナウ)の図版の一枚に見事に説明されている(図版323)。図は錬金術の城塞を表わす。城塞はヘルメスの科学を象徴し、二一の区画に分れた大きな円に囲まれている。区画にはそれぞれに入口があるが、そのうちの二〇は出口がなく、巨大な壁に遮られて城塞から隔てられている。錬金術の研究者が迷いこむことのある二〇の道である。その刻銘が、銀を金に変成する試み、さらには卑俗の水銀に働きかける試みなど、これらの道の表わす誤った諸操作を語っている。この二〇の区画は互いに通じているために、素人の哲学者は己の愚かさに気づくまで長いことさ迷ってしまうことがある。二一番目の区画、図の正面にある区画が真の道である。しかし、達人はそこにさしかかったかと思うと番人にぶつかる。番人は、水を一杯にたたえて城塞を孤立させている大きな堀にかかる、軽いはね橋の入口に立ちふさがっている。番人はいくつかの条件を要求する。「大いなる作業」――人は錬金術の大操作の成果を指して、この表現を用いた――の物質の知識、その準備の知識、それから信仰と沈黙、最後によき作業である。

なぜなら、錬金術師たちはみんな、まっすぐで正直な魂を持たないかぎり金の秘密に到達することはない、と教えていたからだし、そう思わない者はほとんどいない。錬金術は決して純粋に自然学的な科学ではない。人間的な資質がどうしても要求される。一五世紀の錬金術師ニコラ・ヴァロワはその著『五冊の書』(アルスナル図書館写本三〇一九番)の中で《神はその聖なる秘密を、私の祈りとそれを立派に用いようという私のよき意図とによ

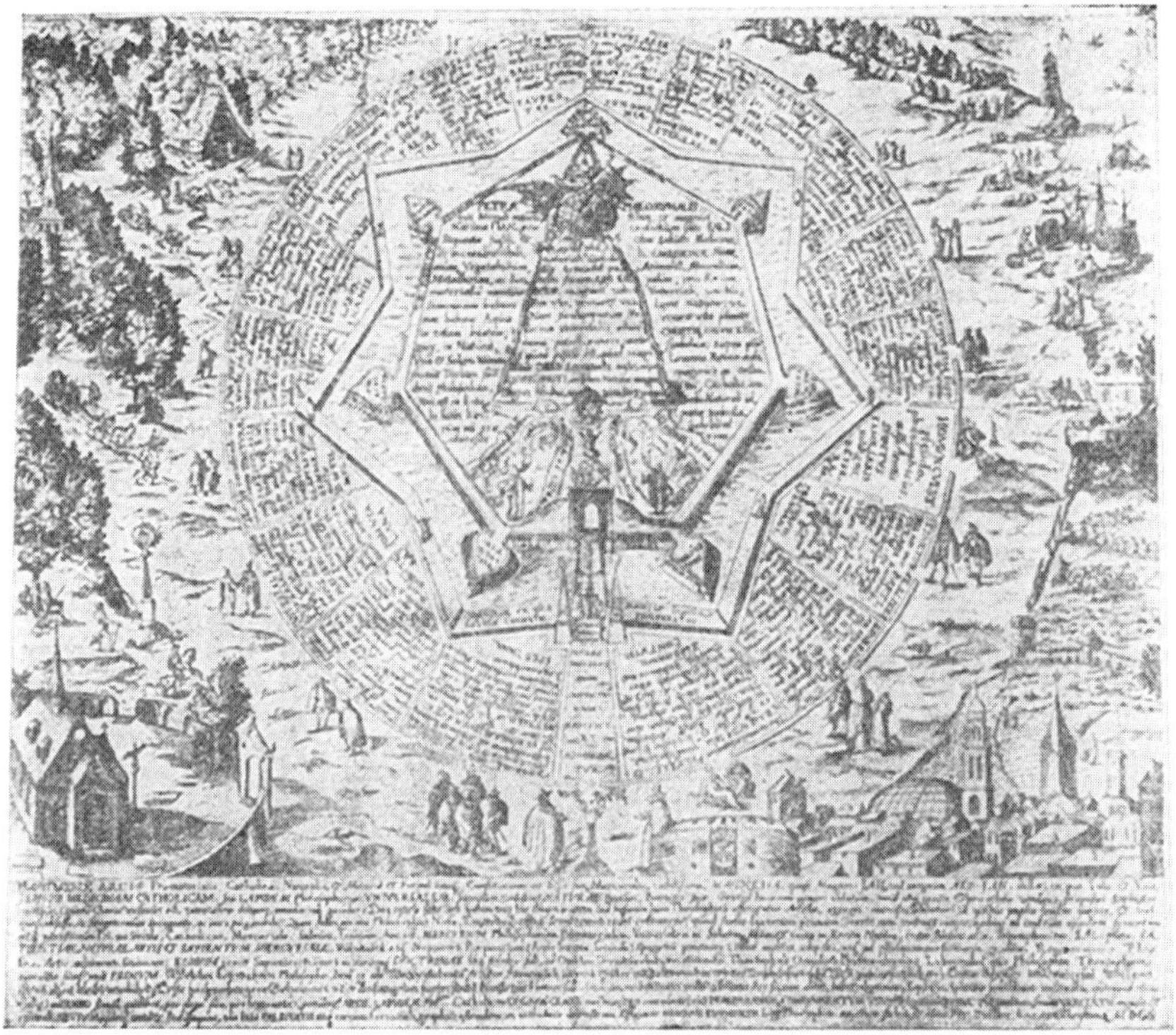

323 錬金術の城塞
ハインリッヒ・クーンラート『永遠の知恵の円形劇場』ハナウ，1609年
国立図書館

って、私に与えられた。心の純潔を失うとき、人は科学を失う……》とはっきり述べている。だから前記の版画には、はね橋を渡れなかった達人たちが堀の壁によじ登り、そこから錬金術の城塞を見下している姿が見られるのだ。彼らは十分にその秘密を知っている。しかし自分自身それを実現することはできないのである。

最後に、幸運な秘伝を受けた者が、哲学の水銀の表象をのせた城塞の門を通り抜けることができる。二つの周到な忠告が彼を迎える——《神知学的に祈り、物理化学的に仕事をせよ》。それから彼は、変成の七操作に対応する城塞の七つの角をめぐる。七つの操作とは、分離、精錬、密閉容器つまり錬金炉への導入、——ここではアゾート・ポンドゥスの語で表わされている——、腐食による溶解、増殖、発酵、射出である。最後に達人は望みの目的、巨大な竜に守られた「賢者の石」に到達する。竜はそれを然るべき操作を完遂した者にのみ渡すのである。

すでに「大いなる作業」の幾つかの操作の名称になじまれた読者は、ここで最も重要なことに気づかれるだろう。すなわち、達人たちが真実だとする錬金術の科学は、一五世紀になると、完全無欠の、不変の、決して明白には説明されることのない教義として、しかしながら象徴主義のもとに定義づけられる教義として立ち現れる。そして、その形式は今日になっても不変のままである。なぜなら神秘的教義は、いっきょに完成の域に達したために、そしてなんら必要のない修正を受けることもありえないために、発展することができないからである。この教義を理解した達人たちはこの教義に同意し、自分たちのよく承知している近代化学の非難に耳をかすことなく、同じ寓意におおわれた同じ表現を繰り返している。こうした完全な反復によって、たとえばシリアニとカンブリエルなど一八三〇年頃に仕事をした錬金術師二人は、一四世紀や一五世紀に生きたニコラ・フラメル、バシリウス・ヴァレンティヌスとまったく同じ隠喩的言語を用いているのである。

そして、彼らのかたわらには秘伝を許されなかった人の群が引き寄せられて集まってくる。この者たちは真の教義の秘密を洞察することはなく、変則的な材料で作業を試みる。これでは望む結果は決して得られないだろう。それが偽の錬金術師でふいご吹きと呼ばれた人々である。

だが、近代化学が生れたのは、しばしばいわれるように錬金術からなどではまったくなく、吹き屋のとっぴな仕事からなのである。彼らは真の達人が斥けた変った物質について懸命に実験を重ねた結果、求めていた賢者の石は作れなかったが、偶然に予期しない発見へと導かれた。たとえばクンケルは、求めもしなかったリンを分離し、ブレーズ・ド・ヴィジュネールは思いがけずに安息香酸を発見した。

錬金術の文書にある程度の確かさをもって踏み入り、ビュフォンの次の意見とは軌を一にしたくないと願うなら、このように分けて考えることが大切である。ビュフォンはその著『鉱物の話』の中で金について論述しながら、《錬金術の書物からは何も引き出せないことを告白せねばならない。『ヘルメス板』も『哲学者の群』もフィラレテスも、そして私がわざわざ読んだ、のみならず研究さえしたその他のいくつかの書物も、昏迷と理解不能の方式とを示してくれたにすぎない》と、嘆いている。だまされた思いがした偉大な人間の失望もあろうが。それにしても、同じ方式にすべての著者が固執しているということは、彼ら全員が認める隠された教義があるということを意味することくらい、ビュフォンも分りそうなものだ。

どの錬金術の書物にも、注意深い読者ならかならず気づくであろう重要な点がある、それは、達人がきまって「宇宙」の創造と「大いなる作業」を実現する操作との間に存在するとみる同一性である。すでに述べた類比の法則によって、彼らは創世記第一章が錬金術の最も大いなる頁であることを認める。天、地、水、光、そして動物と人間の創造の奥義を理解した者はだれでも、賢者の石の秘密を知る。変成が行なわれる錬金炉は世界それ自身のように卵型をした鋳型である。巨大な卵、エジプトでもギリシャでもあらゆる秘伝の基礎に見出される神秘的な卵である。そして、主の霊気が水に浮くように、錬金炉の水の中に世界の精霊つまり錬金術師が比較的上手にとらえるはずの生命の精霊が浮かんでいるはずなのである。ミューリウスの古い錬金術の本『哲学の殿堂』(一六二〇年、フランクフルト)はさいわいにもこの類比をメリアンの美しい版画(図版324)で表現している。最上部には「世界」すなわち「宇宙」が象徴的総合で説明される。天界は天使と聖四文字の主の名で表わされ、ついで惑星と黄道帯の世界、そして地上の世界とその構成要素が示される。下の方に男、アダムが描かれている。これは太陽つまり黄金の類比であり男性要素である。女、イブは月と銀に類比し、女性要素である。両者とも錬金術操作の作動者であり、鎖によって「大宇宙」につながれている。中央には七金属とともに地上の「楽園」があって、そのすべてを謎の像――いずれ説明する――がとり囲んでいる。世界形成の一連の過程は、動物の懐胎と同一であり、金属生成のそれもこれと同様でしかありえない。それゆえに錬金術師はだれもが終始執拗に、自分たちの唯一の主人は「自然」であり、書物は「大いなる作業」を完遂するにはいささかも必要なく、成功するためには目を見開いて「自然」を真似れば十分だ、と繰り返すのである。最高法院長デスパニェは、その著『自然哲学復興の手引書』(一六五一年、パリ)の中で、「作業」過程の基礎を与えるものとして世界創造の局面をたどることから始めている。《世界を無から引き出し、それを治める「精霊」が世界の魂であることを知らない者は何人であろうと、宇宙の法を知らない者である》と彼はいう。そして《第二の自然》についての知識を強調する。《第二の自然は「宇宙の精神」すなわちまず初めに創られ、太陽の体に統合された光の活性力であり、それはゾロアスターとヘラクレスが世界の魂と呼んだところのものである。》

自然をあくまで模倣するところから、錬金術師は自分たちをとくに《哲学者》、《賢者》と称し、その科学を「哲学」、その仕事の成果を「賢者の石」と呼んだのである。

錬金術師が何世紀にもわたって、伝統としてまた貴重な堆積として伝えてきたきわめて表現力にとむ象徴主義についてはすでに述べた。その表現形式はおよそ不変なので、錬金術の秘伝を授けられていない者でも、錬金術的意味のある書物、版画、品物を、意味は分らないまでもただちにそれと認めることができる。しかし実際には、ペルネティがギリシャ神話全体は錬金術操作の発展をおおうだけに役に立ったと教えたにもかかわらず、この象徴主義の痕跡は、デモクリトス派の論文やゾシモス、ロジャー・ベーコン、アルベルトゥス・マグヌスなど古い

324　錬金術的小宇宙の大宇宙との類比
ミューリウス『化学；哲学の殿堂』フランクフルト，1620年

著者の書物には見出されない。アラビア人モリアン、ゲーベルなどでも同様である。それが最初に現れたのは、パリの錬金術師ニコラ・フラメルの『作家、私ニコラ・フラメルがイノサン聖堂墓地第四アーチに入れた表象図の説明』と題する本の中であるように思われる。これらの図は、一九世紀の初めに墓地が取り壊されて現在のイノサン広場になるまで、イノサン納骨堂に残っていた。その図は、アブラハムという名のユダヤ人が書いた有名な写本を一三五七年に偶然入手し、それをもとに写し取らせたものである、とニコラ・フラメルは述べている。もとの写本の時代を判定することはほとんど不可能であったが、《非常に古く大変大きく、他のもののように紙でも羊皮紙でもなく、見たところ単に柔かい若木の繊細

な樹皮でできているようであった》と、彼はいう。その記述によれば明らかにオリエントのものであるこの書物は、少なくとも一〇〇年前のものと仮定してもそれほど行きすぎにはならないだろう。とすると、収録されている図は一三世紀半ば頃まではさかのぼってよい。

　ニコラ・フラメルがイノサン納骨堂の第四のアーチの下に描かせたフレスコ画は、非常に美しい版画となって幸運にも保存された。図版325がそれである。このフレスコ画は一七世紀から一八世紀にかけて、錬金術師の巡礼の的となり、それについて数多くの叙述がなされた。ニコラ・フラメル自身下段の図の注釈をしている。上部の図に関しては、アルスナル図書館の写本二五一八番と三〇四七番『ユダヤ人アブラハムの表象図』の二冊が少し異なるがともに図の描写をのせている。それを要約してみよう。

　版画の上部を左から右へとたどると七つの図があり、次のように読みとれる。

Ⅰ　青年、メルクリウス、杖を持つ。雲の中にはサトゥルヌス、長柄の鎌を構える。〔解釈〕――普通の塩と硫酸塩の混った卑俗の「水銀《メルキュール》」の腐食。神メルクリウスによるが、その両脚をサトゥルヌスが鎌で切る。

Ⅱ　七つの洞窟があり、黒と黄色の七匹の蛇がいる山。他の蛇をむさぼる一匹は黄金の翼を持つ。ふもとではグリフォンが別の一匹を食べようとしている。山の上には、白と赤の花をつけた黄金の枝が北風に揺れている。〔解釈〕――風に揺れ、翼を持つ竜二頭に守られた一輪の花による、この腐食水銀の昇華。

Ⅲ　垣根に囲まれたヘスペリデスの園。中央にカシの幹、黄金の葉のバラの木。カシの根元から泉が湧いている。盲人らがそれを探るが見つけられない。〔解釈〕――美しい庭に植えられたバラの木の根元から湧く泉による、この昇華水銀の還元。

Ⅳ　野の中で、王冠をかぶった王（ヘロデ王）が罪なき聖嬰児《イノサン》の虐殺を命じる。兵士らは子供の血で大桶を満

325　ユダヤ人アブラハムの錬金術的絵図
イノサン納骨堂のニコラ・フラメルのフレスコ，18世紀の版画（著者所蔵）

たす。太陽と月が来てそこにつかる。七人の子供が死ぬ。〔解釈〕――未調合の卑俗の水銀に作用された銀と金の調合。それを子供の血にひたった太陽と月が表わす。

Ｖ　金の杖にからまりながらたがいに相手を呑もうとする二匹の蛇から成るメルクリウスの杖。〔解釈〕――溶解と気化。二匹の蛇は溶けた金属の二つの部分である。一つは土性もう一つは水性で、たがいに固定しなければならない。

Ⅵ　十字架にかかって死んだ蛇。〔解釈〕――揮発性物質の凝固と固定。

Ⅶ　砂漠、四つの泉がありそこから川が流れ出している。小さな蛇が四匹砂漠の中を這いまわる。〔解釈〕

——泉と蛇に示される増殖。

これらの図の下に、ニコラ・フラメルと彼の妻ペルネル、聖ペテロ、聖パウロ、そして父なる神が見え、これらにニコラ・フラメルはやはり錬金術的意味を与えている。そしてさらに下の区画では、固定と気化を意味する雌雄二頭の竜、ついで男と女すなわち《和解した両性》、さらに蘇りの三者《「白い石」の肉体、魂、精神》、二人の天使、ライオンの足を持つ男と続き、作業の成就となる。

錬金術師はこの種の図の伝統を完全に元の形のまま、たゆまぬ忍耐をもって伝えた。こうした図を挿絵とする資料は大変多いので、そのうちのいくつかだけをあげておきたい。前掲ミューリウスの美しい版画（図版324）では、前景に、復活の象徴であり錬金術師の奥義でもある不死鳥が、相対するワシと同じく、その翼の下に球を抱いている。この球の中では変成のさまざまな局面がくり広げられている。リバヴィウスの著『見直され、改善され、増訂された錬金術』（一六〇六年、フランクフルト）を飾る絵付きの壺二体（図版326、329）も、象徴主義の同じ派に属すものだ。男と女、三頭のワシ、メルクリウスによって鎖でつながれた二頭の生きもの、七金属を表わす七頭の蛇、太陽と月、尻尾をかむ竜などが描かれている。

バルクハウゼンはその『化学入門』（一七一八年、ライデン）の中に非常に豪勢な図を載せている。そのうちの二枚（図版327、328）を選んでみたが、そこには七金属を生み、七金属から抽出されるはずの第一物質の象徴を難なく認めることができる。また、哲学の卵である密閉容器の中で進行する「大いなる作業」が認められる。この操作と「創造」時にカオスから現れる「宇宙」の形成との間の驚くべき類比が分る。それから、容器をとり囲む聖なる火の影響を受けて、賢者の石が王冠の形で天使に運ばれて出現する。国立図書館にある一七世紀の写本フランス語資料一四七六五番は『ユダヤ人アブラハムの表象図』と題し、挿絵も豊富だが、イノサン納骨堂の図の写し

――異なる所もあるが――であり、同様に昇華を表わしている（カラー図版9）。すなわち、金と水銀の精霊を示すワシの頭のグリフォン七羽と、黒いグリフォン七羽とが、操作の成果に相違ない金の葉の木を仰ぎ見ている。

アルスナル図書館のほとんど人に知られていない写本三〇一九番『グロパルミ殿下の友、ニコラ・ヴァロワの五冊の書』には、秘伝を受けた錬金術師にとって、その技の終極的な総合を意味する絶妙な細密画（図版330）が入っている。グロパルミはノルマンディ生れの貴族で、一四四九年に錬金術に関する著述をあらわした。ニコラ・ヴァロワは彼の弟子でかつ友人であり、彼らはヴィコ神父とともに、一五世紀の最も興味ある錬金術師トリオであった。ここに示した細密画は、彼らの教義に十分精通した一人の名の知れない画家が一七世紀に描いたもので、秘密に包まれた彼らの教義がいかに深く正確であるかを示している。同じ図書館の写本六五七七番『現在なお未知の哲学的作品に関する偉大なる科学の鍵』も、きれいな細密画を載せており、その一枚では（図版331）、五人の錬金術師が仲間同士で《溶解しよう、腐食しよう、昇華しよう、分離しよう、合成しよう》と作業の主要操作を決めている。彼らの上には太陽と月、尻尾をくわえた竜などが見える。別の一枚（図版334）では、腐食と呼ばれる作用が巧みに象徴化されている。竜から一群の鳥が飛び立っているが、この竜は、「自然」およびその模倣者である錬金術師が絶えず実現する事物の永遠の新生を示す。最後に三枚目（図版335）の彩色挿絵は、太陽の木と月の木との間に、半男半女の二つの顔を持つヘルメス的両性体を表わしている。下方には、錬金術師になじみ深い図示、すなわち水銀の山、太陽と月の山、二頭の竜、流れる水が見られる。

イギリスの大錬金術師、エリ・アッシュモールはオクスフォードのアッシュモール図書館の創設者だが、その著『イギリス化学の劇場』（一六五二年、ロンドン）の中に、読者がもうすぐにあそうかと思うような図を収めている。図版332はヘルメスの鳥であり、それを双頭の竜の間に天から下るワシで表現している。竜の頭の一つは太

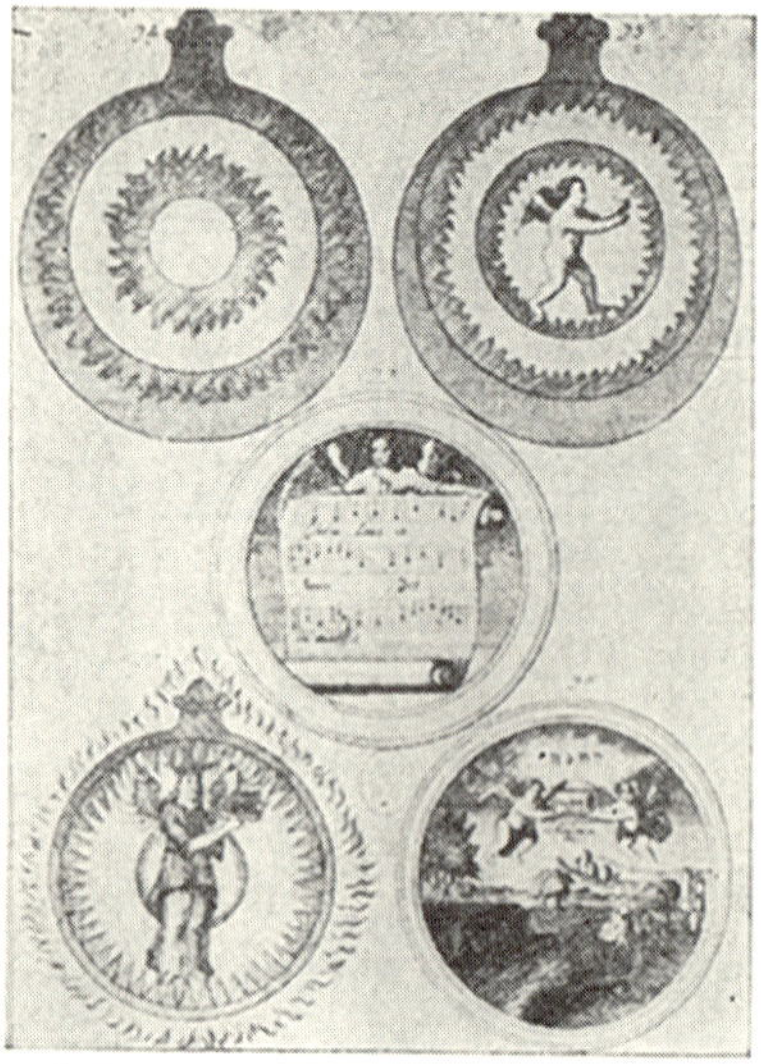

327　大作業
バルクハウゼン『化学入門』ライデン，1718年

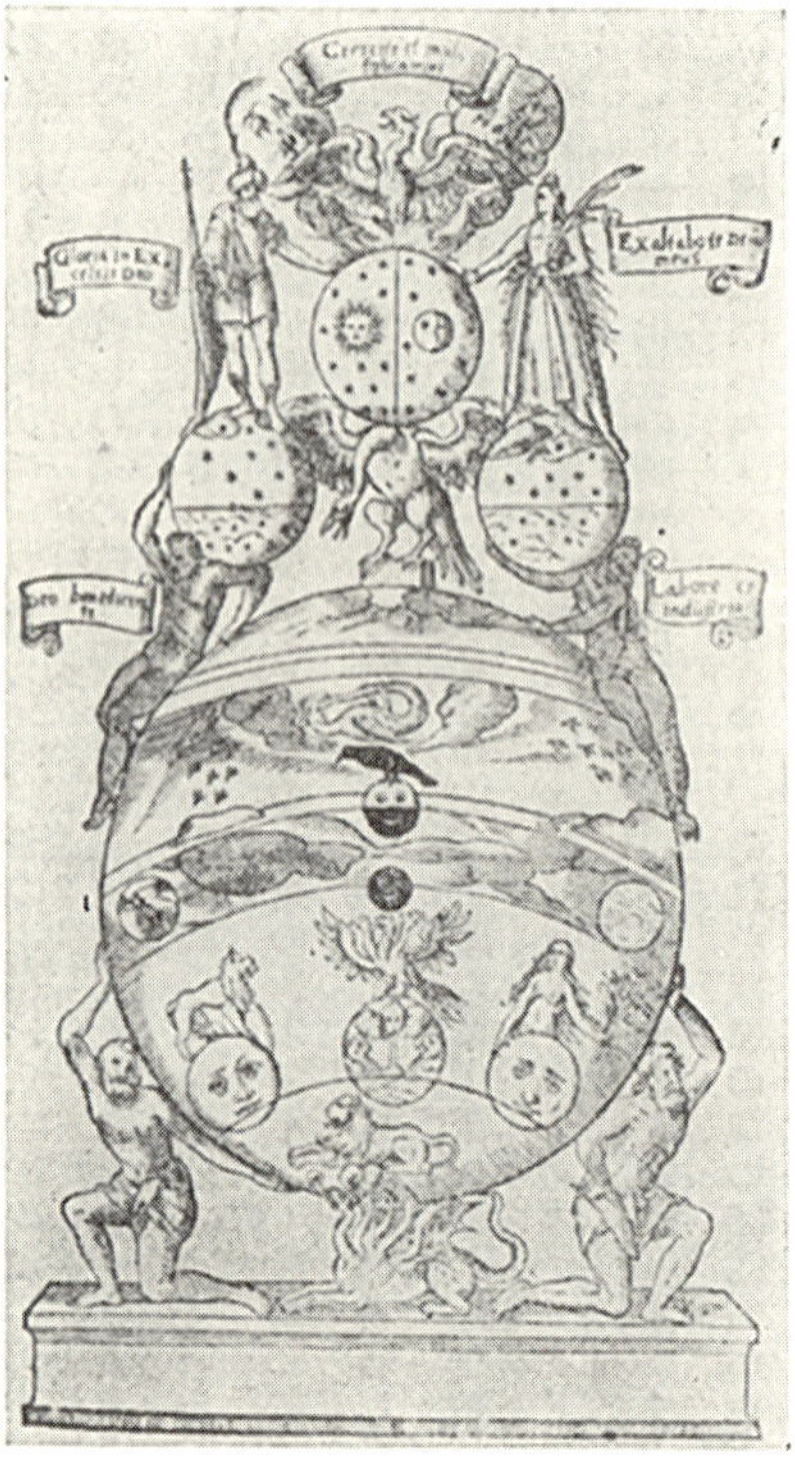

326　哲学的作業の模型
リバヴィウス『見直され，改善され，増訂された錬金術』
フランクフルト，1606年（著者所蔵）

陽に、もう一つは月に向いている。図版333のもう一枚はより包括的である。そこには男と女、二匹の竜、太陽と月を入れたヘルメスの容器がある。器からは七金属が流れ出している。これらすべてが天使によって支えられているが、それは「石」を実現するための秘密の火を得るには、天からの流液が必要であることを示している。《パラケルススの教師》と自称する、ドイツの無名の著述家サロモン・トリスモジンは『金羊毛』（一五九八年、ロールシャッハ）でやはり、ユダヤ人アブラハムとフラメルの方法に従っている。カシの木のそばに泉があって（図版336）、錬金術師の伝統通り王冠がのっている。錬金術師の大方の者とくにザシェールは『金属の自然哲学に関する小論』の中で、「石」を《われらが偉大なる王》

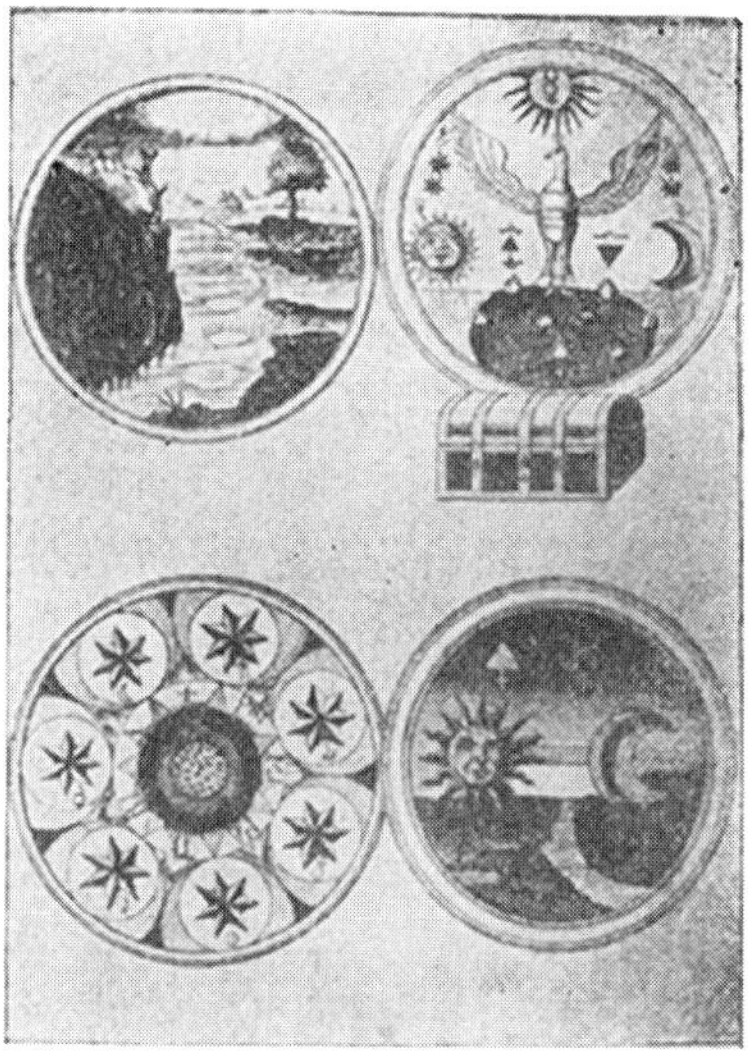

328　大作業
バルクハウゼン『化学入門』
ライデン，1718年

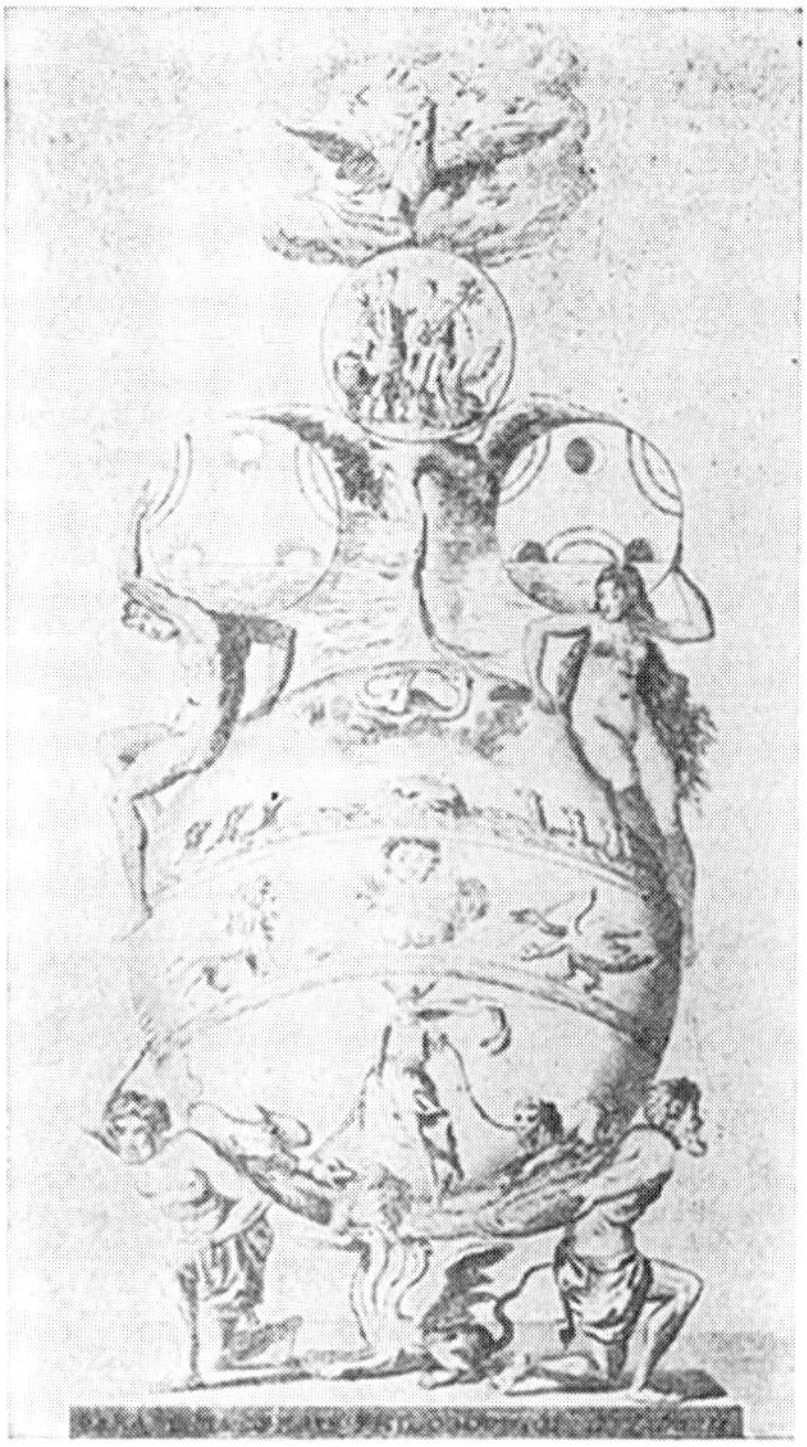

329　哲学的作業の模型
リバヴィウス『見直され，改善され，増訂された錬金術』
フランクフルト，1606年（著者所蔵）

と呼んでいる。

「賢者の石」の非常に表現力豊かな象徴図の一つとしてさらに、リモジョン・ド・サン゠ディディエの『ヘルメス学の勝利』（一七一〇年、アムステルダム）の一枚をあげておきたい（図版338）。水銀の表象が立ち、それに硫黄の象徴が伴う。上部には黄道一二宮の金牛宮のしるしがあり、これは太陽が白羊宮にある時に始められたはずの「作業」の成就のしるしである。両側の二つの洞穴は「水銀」の鉱山であり、《尊い「石」であるものがこの鉱山の洞窟に隠されていた》という説明がついている。これは、錬金術師の不変の伝統に一致する。彼らは、俗人には分らない「賢者の石」の物質は黒い玉であり、どこか熱い土地、たとえばハンガリーにあるような土地の地中一フィート半の深

330 大作業の象徴的綜合
『ニコラ・ヴァロワの五冊の書』アルスナル図書館，写本3019番

さの所で見出される、とする。子供たちはこの玉で遊び、大人はそれを馬鹿にして、踏みにじる。つぎは、バシリウス・ヴァレンティヌスによる『アゾート、すなわち哲学者の隠された黄金を作る方法』（一六五九年、パリ）の中の挿絵六枚である。図版341では、人間が宇宙を支え、《地球の内部を訪ねよ。精溜により、隠秘の「石」を見出すであろう》という意味深い銘が入っている。この文の七語の頭文字を合わせると錬金術の用語《硫酸塩》になる。こうはいっても、秘伝を許されていない者が硫酸によって賢者の石を得ようと思ったら、妙な間違いをおこすだろう。問題は「賢者の硫酸塩」なのであって、錬金術師は決してその秘密を明かさないのである。地面には賢明を意味する三面の顔があり、アルファベットを読んでいる子供がいる。賢者の石は子供にもできる単純な操作であることを示すも

331　錬金術作業の諸操作
『偉大なる科学の鍵』アルスナル図書館，写本6577番

のだ。図版340は《われらの深海に生れ、乳房から乳と血を注ぐ》女神である。乳と血は燃焼すると金と銀に変化する。図版337は《毒を持つ竜》で、《どこでも捨値でみつかり、そこから緑と赤のライオンを抽出する》第一物質を表わす。最後が《死せる王》である（図版339）。「水銀」の還元に必要な操作であり、復活に比べられる。図版343では、改めて「作業」の全容が要約されている。現存する錬金術の版画中非常に美しいものの一枚である。そこには、知られている象徴のすべてが描かれ、かつ貴重な示唆が入っている。すなわち、太陽は魂と同一視され、月は精神と、肉体は立方体の石とみなされる。この石に向って強力な象徴、土星の黒い先端が突き出ている。これには何頁もの注釈が必要であろう。国立図書館のフランス語の写本一四七六五番『ユダヤ人アブラハムの表象図』にある三人の騎

332　ヘルメスの鳥と錬金術の双頭の竜——天の流液による作業の活生
エリ・アッシュモール『イギリスの化学の劇場』ロンドン，1652年

333　錬金術操作の綜合
エリ・アッシュモール『イギリスの化学の劇場』ロンドン，1652年

士の見事な版画も忘れたくない（カラー図版9）。これは達人が「地獄の火」と呼ぶものを表わしており、黒いライオンに乗る第一の騎士は腐食過程の黄金を示し、赤いライオンの二人目は内部発酵であり、第三の冠をいただく騎士は死にうち勝った者である。

紙面の関係で、バシリウス・ヴァレンティヌスの『哲学の一二の鍵』（一六五九年、パリ）を飾る一二枚の図、バーレント・コーエンダース・フォン・ヘルペンの『古代人の哲学の宝』（一六九三年、ケルン）のすばらしい版画、スイスのヴィンテルトゥール工芸博物館に展示されているドイツの陶製大ストーブを飾る、H＝H・プファウ一七〇二年と署名の入った一六のメダル、パリのサン＝テチエンヌ＝デュ＝モン教会の聖具室にあるピネグリエの立派なステンドグラスなどは割愛せざるをえない。そこには、錬金術師が秘密の不変の教理を持ち、彼らの象徴がひとたび彼らのいう意味で正確に解釈されると、もはや無益な探究や誤った道へ踏み迷うことはありえないという真実が、純粋に、単純に肯定されているのが見られるのである。

とはいえこの象徴体系が、錬金術師の間で用いられた唯一のものなのではない。もう一つの、さらに古く、たしかにさらに伝統的な体系があり、それはキリスト教の奥義と錬金術的神秘との間に存在する明白な相関関係の上にうちたてられていた。この相関関係については、本書でもすでに、ラニョーが提示した、間違いなく錬金術的意味を持つ聖なる心臓の表象（図版179）について述べたさいに指摘しておいた。ソヴァルは『パリ市の古美術の

334　腐食過程における事物の永劫革新
『偉大なる科学の鍵』
アルスナル図書館，手写本6577番

335　ヘルメス学的両性体と主要な錬金術的象徴『偉大なる科学の鍵』
アルスナル図書館，手写本6577番

337　賢者の石の第一物質，毒を持つ竜
バシリウス・ヴァレンティヌス『哲学者のアゾート』パリ，1659年（著者所蔵）

336　ヘルメス学の泉
サロモン・トリスモジン『金羊毛』ロールシャッハ，1598年

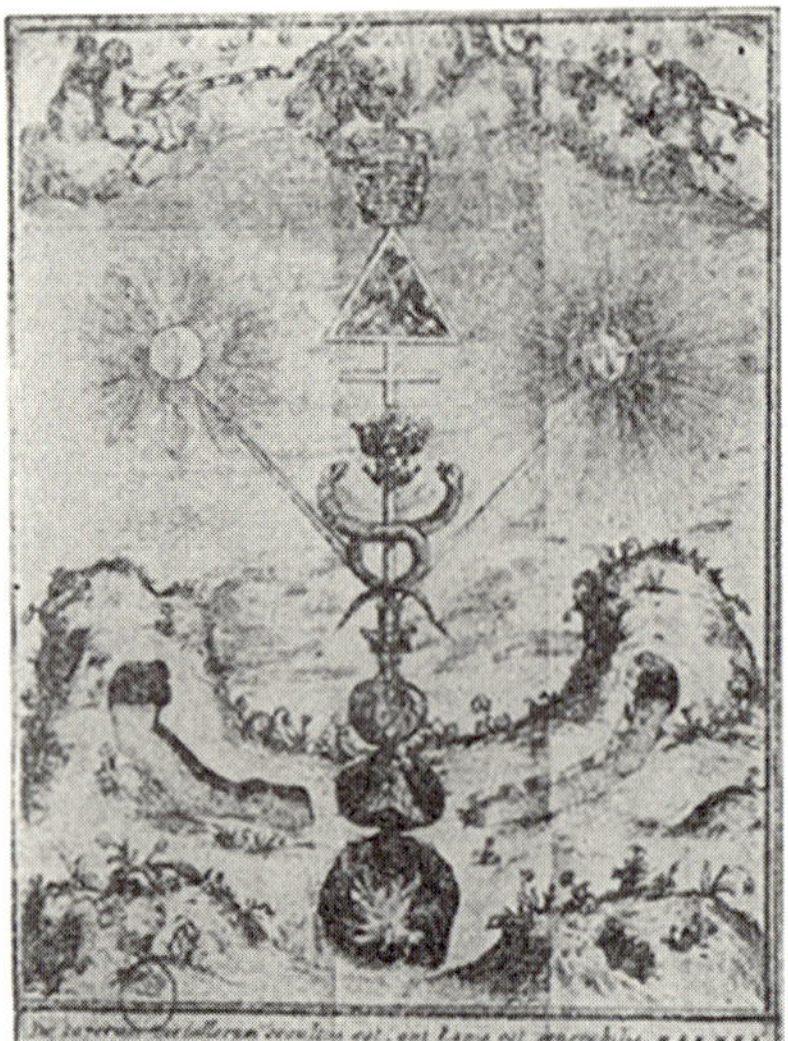

338　水銀の表象
リモジョン・ド・サン－ディディエ『ヘルメス学の勝利』アムステルダム，1710年

歴史と研究』（一七二四年、パリ）の中で、パリのノートルダム寺院の彫刻が錬金術的表象としての重要性を持つことを指摘している。《ノートルダム寺院の扉はどれも表象でおおわれている。聖クリストフ（今では破壊されてしまった）の像は王国最大の巨像であり、錬金術師たちはそれを表象とみなした。メルクリウスつまりアスクレーピオスの像、あるいは人によってはパリの司教ギヨームであるその像は、一部の者にとって今なお表象と考えられている》と著者はいう。これは、ザシェールが

340　哲学者の人魚
バシリウス・ヴァレンティヌス『哲学者のアゾート』パリ，1659年（著者所蔵）

339　死せる王
バシリウス・ヴァレンティヌス『哲学者のアゾート』パリ，1659年（著者所蔵）

341　錬金術作業の物質
バシリウス・ヴァレンティヌス『哲学者のアゾート』パリ，1659年（著者所蔵）

『金属の真の自然哲学に関する卓抜なる小論』（一六一二年，リヨン）の中で、一六世紀の錬金術師はノートルダム大聖堂で彼らの集会を催していた、と述べていることと非常によく一致する。また、ノエル・ド・フェルが『ユートラペルの物語』第十章で、《当時、こうした錬金術師たちの大集会はパリのノートルダムで開かれた》というのにも一致する。

ノートルダム寺院の錬金術的表象の主なものは、正面南入口の中央の支柱にある聖マルセルと呼ばれる司教の彫像である。カンブリエルはその著『ヘルメス哲学講義』(一八四三年、パリ)の中で、これを説明して、彫像の台座の両側に丸い飾りがあるが、それは未加工の金属と作用を受けた金属すなわち「作業」の本体とを示す、という。司教の下には、櫃のようなものの中に男が一人いてその頭だけをのぞかせている。櫃からは炎が上がり、《バビロニアの竜か賢者の水銀が》立ち昇り、《その中に金属の性質のあらゆる力が統合されている。竜の尻尾の先は男に密着して彼が竜から出たことを示し、二つの爪は錬金炉を摑んで浸漬には自分がそこに入れられねばならないことを示している。……賢者の水銀はガラスの卵の中に入れられ、この卵は浸漬には上部が丸天井になった錬金炉すなわちかまどの中に入れられる。この丸天井の上に司教の両足が置かれている。この水銀から、司教によって表わされる生命が生れるのである》。司教の頭上には、錬金術師の《浸漬のかまど》の蓋にそっくりの一種の天蓋がある。

この像については奇妙なことがある。現在ノートルダム寺院の入口にある聖マルセルの彫像は、考古学的価値のない近代の複製であり、建築家ラシュとヴィオレ＝ル＝デュックが実施した修復の一部である。一四世紀の本物の彫像は現在、クリュニ美術館の共同浴場の大部屋の一隅にうもれている。図版342は私が撮ったその写真である。司教の笏杖が竜の口にささっているのが見える。表象を読むには肝心な条件であり、一条の天の光が錬金炉の火をつけるために必要なことを示すものだ。ところで、一六世紀中葉と考えられる一時期に、この古い彫像は正面入口からはずされ別の像に置き替えられていた。その像では、錬金術師に逆らって彼らの伝統を破壊するために、司教の笏杖は故意に短く作られ、竜の口にはとどいていない。図版344を見ると、一八六〇年以前の古い彫像がどのようなものであったか、二つの像のちがいが分る。ヴィオレ＝ル＝デュックはこれを取りはずして、クリュニ美術館の彫像にかなり近い複製に置きかえ、ノートルダム寺院の正面入口にこうして真の錬金術的意味を

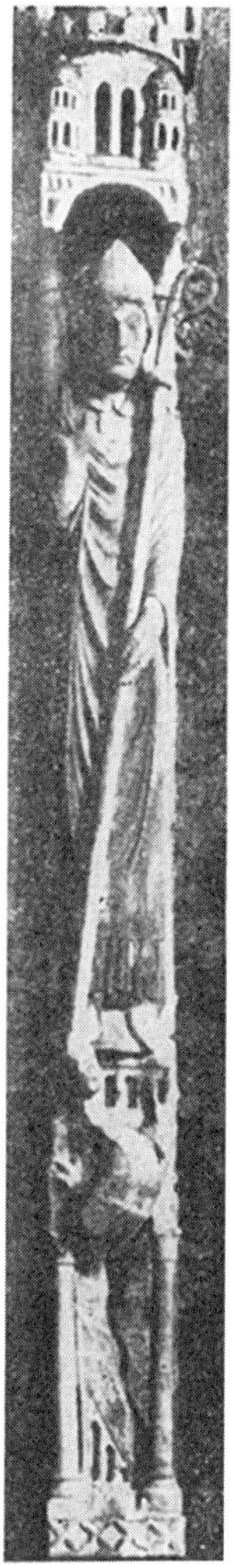

復原したのである。

最後に、もっと時代の近い象徴主義に注目してみよう。それには一つの例しかないようだ。一八世紀に書かれ、トロワ図書館に保存されている写本『聖三位一体学』である。本書第二部でその色刷の版画二枚を引用したが、この写本は有名なサン＝ジェルマン伯（図版345）のものとされている。彼は一八世紀における最もえたいの知れない人物の一人であり錬金術師かつ社交界の

343　作業の綜合
バシリウス・ヴァレンティヌス『哲学者のアゾート』
パリ，1659年（著者所蔵）

344　16世紀の彫像――1860年頃にオリジナルの像の複製と入れ替えられた　パリのノートルダム寺院正面入口（著者所蔵）

342　賢者の石――パリのノートルダム寺院正面入口の錬金術的表象
14世紀，クリュニ美術館

人間で、ヨーロッパ中のサロンを渡り歩き、最後にローマで宗教裁判の土牢に落ちて生涯を閉じた。写本を信じればのことであるが。この著者の象徴主義は当時の流行を反映してエジプト化されている。著書の表題の頁——その全図をすでに示したが——には、別の形で、ヘルメスの鳥と、金の果実の木とが、作業の達成される聖なる容器、二つの翼に囲まれた球状の第一物質、聖なる名を包み込む光の三角形とともに表わされているのが見られる。これは先にあげた象徴の数々に容易に関連づけられる体系である。二枚目の色刷図版には男が啓示の杯を見つめているさまが描かれている。杯は魔法の鏡になっており、テーブルの足には、太陽と月の組み合わされたしるしが見える。図の一番上に、さまざまに彩色した矩形が重なり、作業の局面を表わす。円の中の男根の二重のしるしは象徴的に錬金術の男性と女性を思い起こさせる。ギリシャ文字と幻想的なしるしとの刻銘が、生命の水銀によって再生される金銀混合の方法に従って、「金」すなわち「太陽-王」合成の定式を与えている。火の法則はその下にしるされたヘブライ語の刻銘に示されている。

345　18世紀の錬金術師，サン＝ジェルマン伯
　トマ彫版の肖像

2　錬金術の物質と作業の諸操作

「大いなる作業」の象徴的な図像は、明晰な、不変な、そして非常に確かな方法を示している。おかげで、達人は、その方法に正しく従うならば、道を誤ることはありえない。

しかし、錬金術師はその表象において明快であればあるほど、その著述においては晦渋となる。錬金術師の目的は、卑金属を金に変成することを可能にする「賢者の石」を得ることである。ところが、著者たち、たとえばニコラ・ヴァロワなどは、わざわざそれが石ではないとことわっている。《それは偉大な力の「石」であり、「石」と呼ばれていて石ではない……》と、彼はいう。錬金術の第一物質が水銀であることは、だれしも容易に認めるところである。しかし、卑俗の水銀ではない、「哲学者の水銀」はまた別物なのだ、と著者たちは急いでつけ加える。《自然が産出するそのままの姿の「水銀」は、われわれの物質でも薬でもない。が、それに寄与するものである》と、アラビア人のゲーベルは『完全なる秘術全書』の中で述べている。ただし、卑俗の水銀がある方法で精錬され、還元され、生命を与えられると十分「哲学者の水銀」になりうるということは皆がほのめかしている。《この最後のものが真の「水銀」であり、ただの水銀はその私生児の兄弟にすぎない》と、ル・コスモポリットは『水銀と錬金術師との対話』で指摘する。シネシウス、リプレー、それにヘルメスの『七つの章』によれば、この水銀は水に変るはずのものである。だが、この水は《手をぬらすことのない水》であることに注意しよう。操作は「塩」「硫黄」「水銀」の三大原素の結合によってなされる。この三つはいずれも「哲学者」の物質であり、決して通俗的にその呼名でよばれる物ではない。《「硫黄」は燃えるものすべてであり、「水銀」は空中に昇って煙となって消えるものであり、残るものが塩である》と、ロック・ル・バイイは『デモステリオン』（一五七八年、パリ）で述べている。ヴィルヌーヴのアルノーはその著『オルチュランに関する注釈』の中でつけ加える。《三つの物の混合は、鉱物、動物、植物の祝福された石と呼ばれる。それには固有の名前がないからだ。鉱物物質の組成を持つから鉱物の石であり、生命を持ち成長するから植物の石であり、動物のように肉体と魂と精神を持つから動物の石なのである》と。

四要素も作業には協力を求められる。貴族のアルノーの論文には《金属の二匹の竜か蛇が、四要素の操作のさなかに発生する。これは硫黄と卑ー《ヴィフ》銀の本来の湿気であって、卑俗《ヴュルゲール》なものではなく、哲学的なものである》と記されている。「作業」は息によって生命を与えられねばならない。これは、世界創造の初めに波の上をただよっていた主なる神の息と同じである。

錬金術師の詩人、ジャン・ド・マンによると、操作は単なる金属の精錬に要約できるようだ。

金より不純物を除き
それを純粋な形と成し
それをうまくなし遂げる者は
かくて、賢者の石を作りえよう

（『バラ物語』詩句一七〇四九）

それともむしろ、ニコラ・ヴァロワがいうように、それは《他の物よりも金に多い非常に純粋な第五元素》の抽出である。《卑俗の金は死んでおり、土でしかないが、その中に哲学者の金が隠されている。これが前記の第五元素であり、上記の卑俗の金の生命と魂である。》

「作業」には男性原素と女性原素がある。《第二の操作では結合し結婚した二つの自然、男性と女性とを得る……それは単一体つまり古代人の半男半女の形をとる。換言すれば今なお人々がカラスの頭とか変化した要素とか呼ぶものだ》と、ニコラ・フラメルはその著『表象図の書』で述べている。操作のこの局面は決定的な重要性を持ち、どの論文においても、錬金術的男女両性の象徴によって表現されている。本書でも冒頭にその見事な例を示した（カラー図版1）。これは『隠れた知恵に関する第三ピュタゴラス派宗教会議』という表題のドイツの写本からとったものである。

それに、作業の諸操作はあるときは象徴で、あるときは本当の名前で示される。ただし、錬金術師はその正確な数は隠しておく。というよりも、俗人をはぐらかすために、本来の操作ではない単純な作業局面を操作のうちに数えあげているのだ。私は一七世紀の貴重な写本、イギリスの錬金術師ノートンの著作のフランス語訳を持っているが、そこには《哲学の木》の図が何枚か載っており、変成に必要な各種の操作の序列が示されている。図版346は、白い錬金薬《エリクシール》といわれる最初の部分を構成する一四の操作の順序である。その基本は「水銀」の精錬にある。初めの八操作だけが本物であり、その名称は、浄化、昇華、煆焼、繁茂、固定、分離、結合である。それでもこのうちの一つには二重使用があるので七つになるのだ。その他の七つは実は操作でも何でもない。なお、一部の錬金術師によれば、全操作がただ一種の操作にさえなってしまうのである。フィラレテスはその『ゲーベルの三つの言葉の方法的注解』の中で、《蒸溜、昇華、煆焼、煮煎、反射、溶解、下降、凝結は、同一の容器の中でなされる唯一の同じ操作にすぎない》と説く。『哲学者のバラ園』もやはり《すべての操作はわれらの水の中でなされる》と、わざわざ注意をうながしている。

作業の局面は数多くの、そしてさまざまな色によって表現される。その中には三つの主な色が見分けられ、それは錬金術的意味を持つ絵画ならどれにでも容易に見出せるものである。一つは、達人が《カラスの頭、ないし非常に黒い黒、黒そのものよりもさらに黒い黒》と呼ぶ黒である。次に白が現れ、《白色の》石すなわち金属を銀に変成することのできる石が得られる。最後に、新たな精溜の後ルビーの燦然たる色が輝き出る。金属を金に変成することのできる赤い石の色だ。著者たちはこの最後の本当に神聖な操作の見事さを口をきわめてたたえている。しかし、その間、緑の色が発生し、この「緑色のライオン」の色もまた彼らを興奮させないわけではない。《ああ、祝福されし緑よ！　神知学者よ、万物を芽吹かす緑よ！　神の霊気の緑を見つめることを学

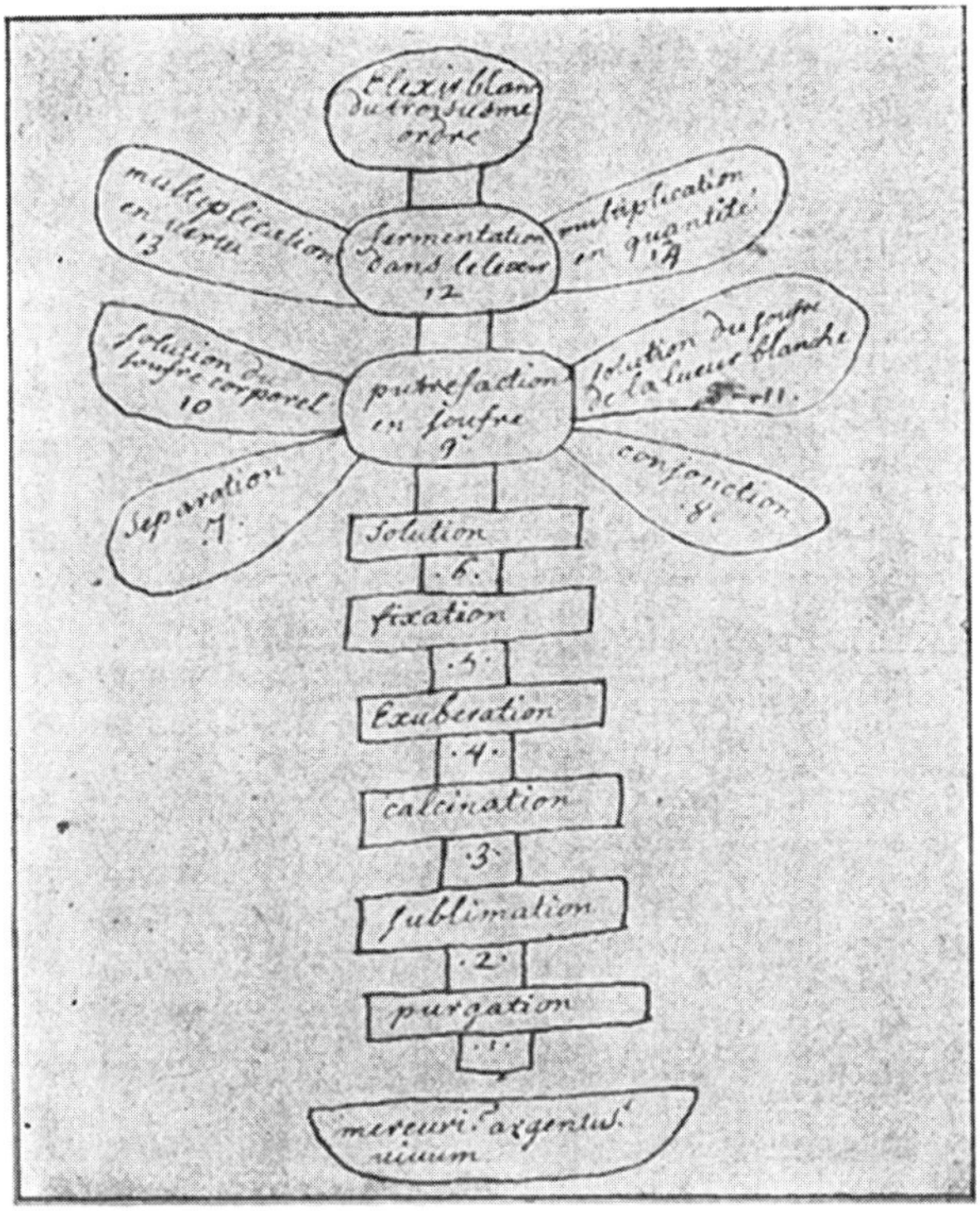

346　錬金術操作の序列――イギリスの錬金術師ノートンによる17世紀の写本（著者所蔵）

べ。汝、カバリストよ、緑の線、渦巻く宇宙を。秘術師よ、自然を。物理化学者よ、緑のライオンを。Duenegh viride Adrop 第五元素を！》と、クーンラートはその『永遠の知恵の円形劇場』第三段一五四で叫んでいる。その先の第六段二九四では、《私は長いこと遍歴を重ねた。何事かを知ると思われる人々を訪ねた。その一人から神の普遍の「緑のライオン」と「ライオンの血」すなわち金、卑俗でない哲学者の金とを得た。この目でそれを見、この手でそれに触れ、己の舌でそれを味わい、己の鼻でそのにおいをかいだ！》と、いっている。

「大いなる作業」の操作は火によって完了する。が、ここでもまたそれは粗暴な兄弟殺しの火、創造する代わりに破壊する火ではなく、焼くことなく生命を与える「哲学者の火」、「賢者の火」なのである。錬金術師ポンタヌスはその『書簡』の中で、真の物質で作業を行なったにもかかわらず、二〇〇回以上も迷ったのは、「哲学者の火」を知らなかったからだと述べている。《一七五六年にパリの金銀細工商》だったほとんど知られていない別の達人ガルシャオル・ランセルは、『錬金術の真実の表情と真の実施法』(アルスナル図書館写本三〇一二番)という論文の中で、《石を哲学的に昇華する方を知る者は、立派に哲学者の名に値する。なぜなら、彼は、この昇華を果すことのできる唯一の道具「賢者の火」を知っているからである。哲学者はだれ一人としてこの秘密の火を堂々と公開したことは決してなかった。これを理解できない者はここで立ち止まり、神にそれを明かされるよう祈らねばならない……》と、宣言している。

「大いなる作業」が完成する「哲学の卵の容器」もまた相当に神秘的である。それは「アルデル」と呼ばれ、その中のかまどは「アタノール(錬金炉)」と名付けられている。だが、両者はただ一つの同じ物にすぎない。フィラレテスは、《容器はアルデルで、ガラス製ではなく陶製であり、ぴったりフロレンス単位二四をそれ以上でも以下でもなく入れられるものでなければならない》という。しかし、『慈悲深い手引書』と題するアルスナル図

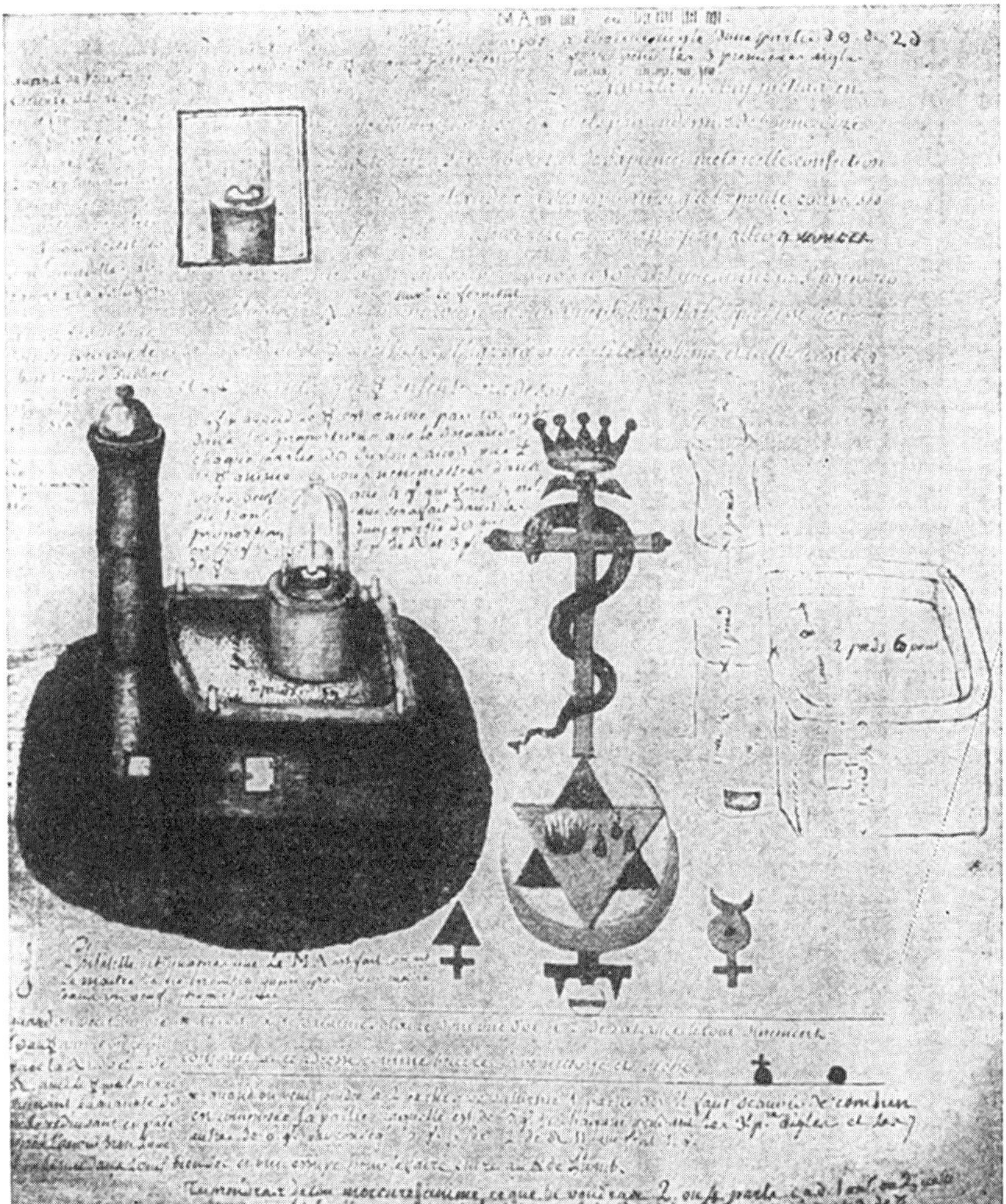

347 アタノールと哲学の容器
『ユダヤ人アブラハムの表象図』
国立図書館写本，フランス語資料14765番

書館の写本三〇〇五番は反対に、《「卵」はロレーヌの上質のガラスを用い楕円形もしくは円形で、澄明かつ厚手に仕上げねばならない。……八インチから九インチの長い首をつけ、蒸溜水四オンスが入れられるものでなければならず……、密閉されるものとする》と主張している。

しかしながら、錬金術師の何人かが、この問題について彼らの秘密をわずかばかり手離すことに同意し、それとなく彼らの錬金炉の形を明かした。図版347の哲学の容器は、国立図書館の写本フランス語資料一四七六五番『ユダヤ人アブラハムの表象図』によるものである。写本の著者は、この容器が世人のうかがい知るべくもないもう一つの秘密《「知恵」の封泥をもって》、封じられねばならないと勧告する。マンジェはその著『化学の文献』(一七〇二年、パリ)で、炉に関する別種の立面図と断面図を示しているが(図版348)、哲学者たちの秘密のかまどはこれとは別の物で、《アルデルを封じる》とは水銀を固定するという意味であると注意してくれる。この著書は第一巻の終りに「沈黙の書」と題して、説明なしに一連の版画を収めている。そのうちの二枚には、錬金術の操作に専念する人々と、「賢者のかまど」の外観とが表現されている(図版350)。二枚目では、男と女が祈りを意味する姿勢をとっているのが見られる(図版351)。もう一つ巧妙な装置をあげておこう(図版349)。アニバル・バルレが『自然学本講』(一六五三年、パリ)の中で「宇宙のかまど」と呼んでいるものだ。これによって硫黄、塩、水銀の三原素の結合作用が行なわれる。この装置自体はおそらく錬金術過程の象徴にすぎないだろう。

それに、賢者の石の本当の物質、本当の火、本当の容器を知っても、作業を占星術的に計算した良きときに始めるのでなければ何にもならないのである。この問題については錬金術師はきわめてひかえめだ。『哲学者の梯子』がいうには、石の操作を開始するのは太陽が白羊宮に、月が金牛宮にあるときでなければならないが、これもまたおそらく単なる象徴にすぎないだろう。イギリスの錬金術師ジョージ・リプレーによると、操作の全体は

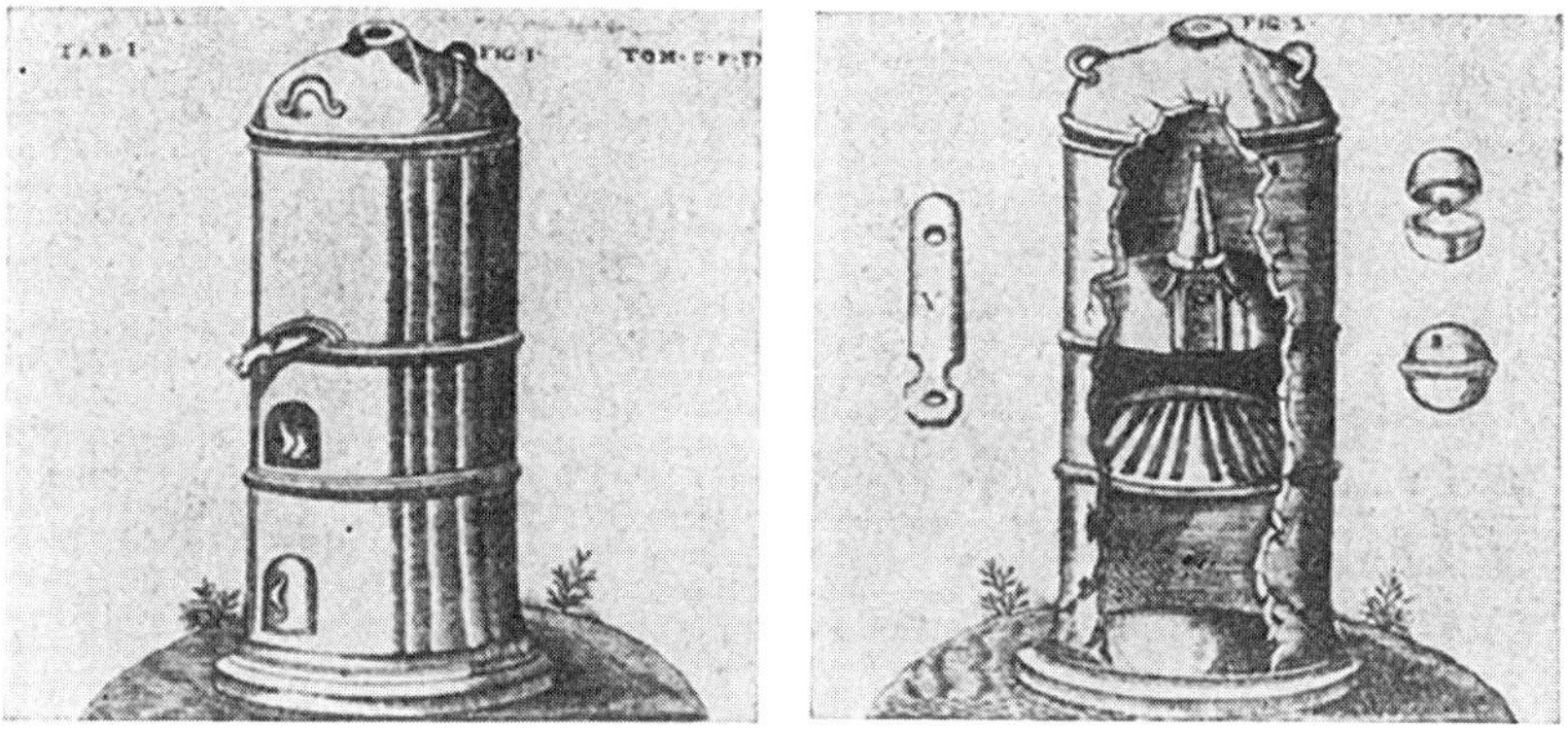

348　哲学のかまど――立面図，断面図
マンジェ『化学の文献』パリ，1702年

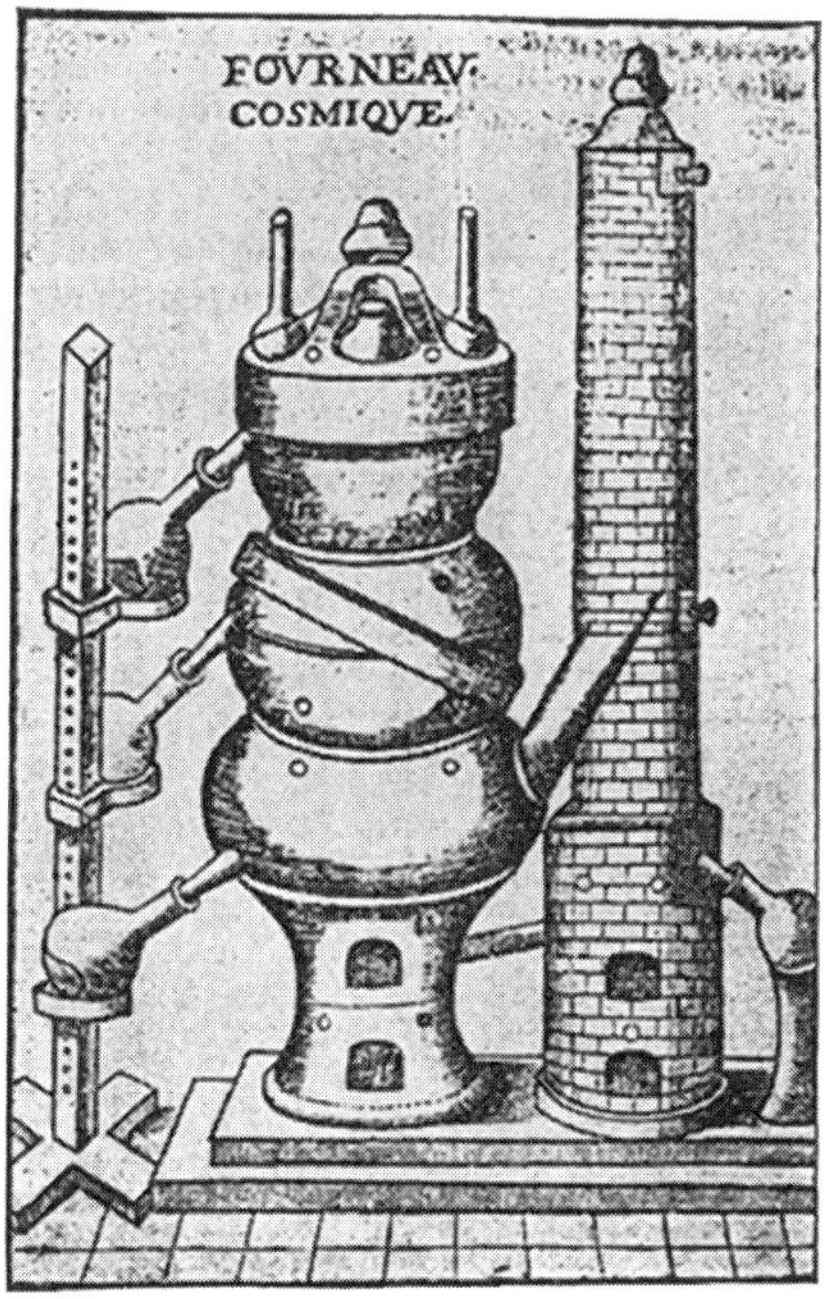

349　宇宙のかまど
アニバル・バルレ『自然学本講』
パリ，1653年

350　賢者の石の予備操作
マンジェ『化学の文献』「沈黙の書」
パリ，1702年

351　錬金術大詰の最終操作
マンジェ『化学の文献』「沈黙の書」
パリ，1702年

一年で完了すべきものである。エリ・アッシュモールは、もっと明確で、『イギリスの化学の劇場』（一六五二年、ロンドン）において、諸要素の分割、分離、精溜、結合に向く天空の状態を示唆しつつ、占星術の四つの貴重な天象図を提示している（図版352）。これらの図はかなりこみ入ってはいるが、いくらかでも占星術を学んだ者なら容易に読むことができよう。ここでは最初の精製は太陽が人馬宮に、月が白羊宮にあるときに行なわれ、作業は太陽と月が獅子宮のもとに結合するときに完了するということだけを指摘しておく。これもまた象徴的に解釈されうるものだ。なぜなら、惑星は金属に他ならず、錬金炉は小世界すなわち天文学的宇宙に類似のミクロコスモスであってそれ自身の黄道一二宮、極、季節を持つからである。すでに何度も引用した国立図書館の写本一四七六五番『ユダヤ人アブラハムの表象図』はこの問題について明確

352　錬金術操作のための四つの占星術天象図
エリ・アッシュモール『イギリスの化学の劇場』ロンドン，1652年

な説明を与え、次のようにこの仮説を確認している。

《百姓は種子を増やし、それを成長させ、熟させ、収穫して小麦粉を作るために土地を準備する。彼はパン種を用いてパンを作るために小麦粉からフスマを分ける。この操作はとりもなおさずわれわれの石の操作である。鉱物界から種子を取り、それを自分の土地にまき、水をやり、われらの浄化剤《サヴオン》によって余分なものを分離すると見るならばそういえる。それならば、増殖し哲学的パン種を準備するためには、一年の四季を経させ、秋を待って果実を取り入れねばならない。》

大方の著者による、賢者の石の仕事に必要な一年という期間も、ラモン・ルルによれば一五ヵ月に、その他の錬金術師によれば一八ヵ月、三年、七年、そして一二年にさえもなる。が、これらの数は仮りのものであって、もとは単一の象徴的、表象的体系に関連しているのだ。

3　錬金術師の実験室と吹き屋の実験室

錬金術師が書き残した数多くの著作を注意深く読むとじきに、賢者の石の作用が純粋な化学の分野に属するものでないことがはっきりする。彼らが一貫性のある見事な教義によって叙述した方法、研究と模索のあらゆる考えを拒否するこの方法は、有機、無機ともに化学が今日われわれに提供する非常に豊富な実験とは相いれない。そこに見出されるのは、生気、息吹き、生殖と繁殖の要素の活用である。これは、錬金術師たちが細胞の生命の秘密に迫り、鉱物分野に移転された秘密がある効果を産んでいたことを暗示する。その効果は、現代の科学的な研究が、ごく簡単なこの道へ進むことをないがしろにしたために今日では分らない。

アルスナル図書館の写本三〇〇五番『慈悲深い手引書』は、《「石」の総支出は大した高ではないだろう。「大いなる作業」の基本原素は安いものだ。ガラスの容器、かまど、炭、いくつかの器具があれば十分である》と述べている。それなのに成果の方は測り知れなかった。ニコラ・ヴァロワはその『五冊の書』でこう教えている。《一グレインの金属物質に対して、世界の続くかぎり無限の数の増殖が得られる。上記の仕事の合成物一グレインは一〇〇倍にふえ、二番目は一〇〇〇倍に、三番目は一万倍に、四番目は一〇万倍といった具合にふえるからである。》

さらに、賢者の石は金属を変成させるだけでなく、最も一般的で最も確実な医薬であった。ザシェールはその

353　吹き屋の実験室内部
ブリューゲル（父）の版画
コック彫版，16世紀

354　化学者，助手，無礼者
ダーフィット・テニールスの
絵画　メージャー彫版，ロン
ドン，1750年

355　ふいごを吹く化学者
ダーフィット・テニールスの
絵画　Th. ル・バ彫版

356　気違いの楽しみ
ダーフィット・テニールスの
絵画　J. バザン彫版

著『金属の自然哲学に関する小論』で、次のようにその使用法を示している。《われわれの「大王」を健康回復のために用いるには、それが出てきたところを一グレイン取って銀の器の中で良質の白ブドウ酒に溶かさなければならない。そして、これを病人に飲ませる。病気が一ヵ月だけのものなら病人は一日で治るだろう。一年続いた病気なら一二日で回復する。常に健康でありたいときには、秋の初めと春の初めにねりぐすりのような形で飲むことである……。》

しかし、象徴の価値を理解しなかった者、十分に理解できなかった者など哀れな錬金術師たちはどんなに不幸に打ちひしがれたことか。彼らは多額の費用をかけて厖大な研究にふけり、そのかまどの火の中で財産を使いはたし、本物の錬金術師からは彼らが火をあおるときのふいごの音のために、《ふいご吹き》と呼ばれて蔑まれていたのである。だが、彼らは、賢者の石などではなかったが、予期しない物質を発見することがあった。こうして彼らは少しずつ化学の形成に貢献していたのである。

そうしたことから、ブリューゲルやテニールスといった人々の熱意はすかさず彼らを恰好の題材にした。ブリューゲルの吹き屋の室内の乱雑ぶり荒廃ぶりはどうだろう！（図版353）。吹き屋が精出して働いている一方で、彼の妻は空の財布を見て嘆いているし、子供らは食器棚に食べ物を探しても中は空っぽなのでやけになって壺や鍋をかぶっている。室内に明かりを入れる大窓には、賢者の石を求めた結果が描かれている。にせの達人とその家族は全財産を使いはたして最後の分析に救貧院に身を寄せるという図だ。この版画は、実験室の器具一式を詳細に描出しているため非常に貴重なものの一枚である。テニールスの二人の《化学者》はそれよりもっと真剣だ。ル・バが彫った一人（図版355）は、成果が得られるのも間近であるようにみえる。彼はそのアルデルに大した金はかけなかった。スープ用の鉢で満足している。だが、彼の火ははたして《哲学の火》なのだろうか。同じ画家に

357　実験衣のド・フォルス＝ナチュール侯爵

L．ファン・サース，ウィルヘルム・コーニング彫版，1716年（著者所蔵）

よる一七五〇年メージャー作のイギリスの版画（図版354）の人物は、賢者の石を得ることはないにしても、少なくとも系統だったきちんとした観察によるいくつかの発見をすることだろう。材料をくだき、液体を調べている助手たちは、小窓から頭を出した物好きが自分たちをうかがっているなどとは思いもしない。

図版356にいたっては皮肉は痛烈である。テニールスは、この「気違いの楽しみ」という版画の中で今度は実験室のかまどの前に猿を坐らせる。吹き屋の仕事の無意味さを際立たせるためである。そして、一七一六年にウィルヘルム・コーニングが彫ったL・ファン・サースのオランダの戯画は、無知な吹き屋を表わしている。「実験衣のド・フォルス＝ナチュール（自然の力）侯爵」という題だが、この男は多分自分では意味の理解できない仕事に専心しているのである。

吹き屋たちがその高価な研究のために考案した器具はおそろしく複雑だったが、それがどんなものだったかよくは分らない。こうした道具が集められているのが、ストラスブールのアルザス博物館の復元実験室と、ニュルンベルクにあるゲルマン国立博物館の非常に見事な七八号室である。また、ダヴィド・ド・プラニ＝カンピとマンジェの著作ならびに『哲学者の天』に目を通すと、一六世紀、一七世紀に用いられたレトルト、ランビキ、蒸溜装置などのたくさんの図が見つかる。ことにたくさん集めてあるのがミューリウスの『化学』第四巻「哲学の殿堂」（一六二〇年、フランクフルト）である。その中から適当に二枚の版画を選んでみた（図版359、360）。吹き屋が錬金術師にあやかろうと苦労した道具立ての一部が、どんなものであったかを知るには十分であろう。

《ただ一つの物質、ただ一つの容器》と繰り返してやまなかった錬金術師の教義の単純さを考えるとき、装置のこの複雑さには驚嘆せざるをえない。奥義への鍵を持たなかった人々はどれほど誤りに陥ったことか。ニコラ・フラメル自身でさえ『表象図の書』の中でこう告白しているのである。《二一年もの長い年月、私は無数のしく

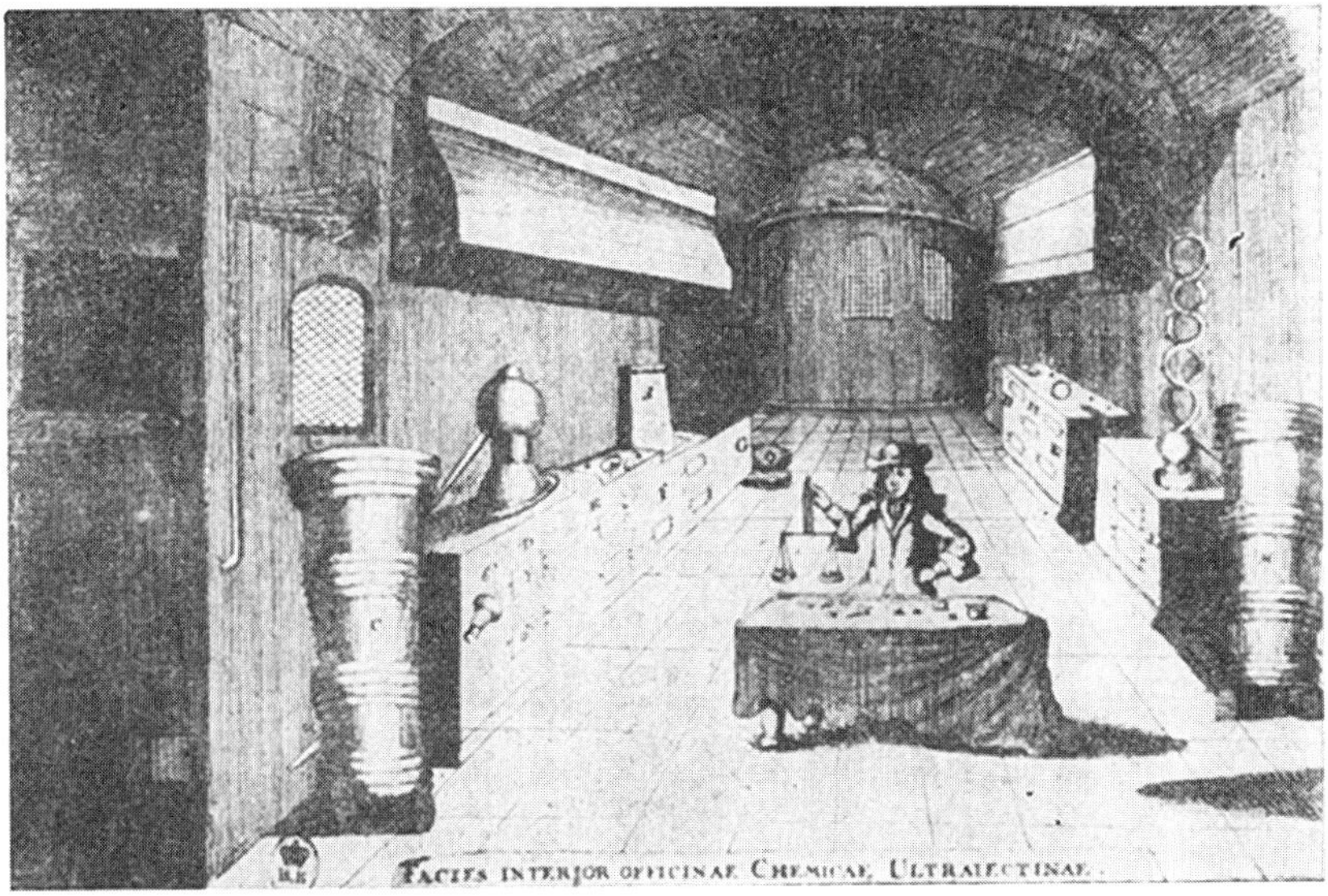

358　ユトレヒトの化学実験室
バルクハウゼン『化学入門』ライデン，1718年

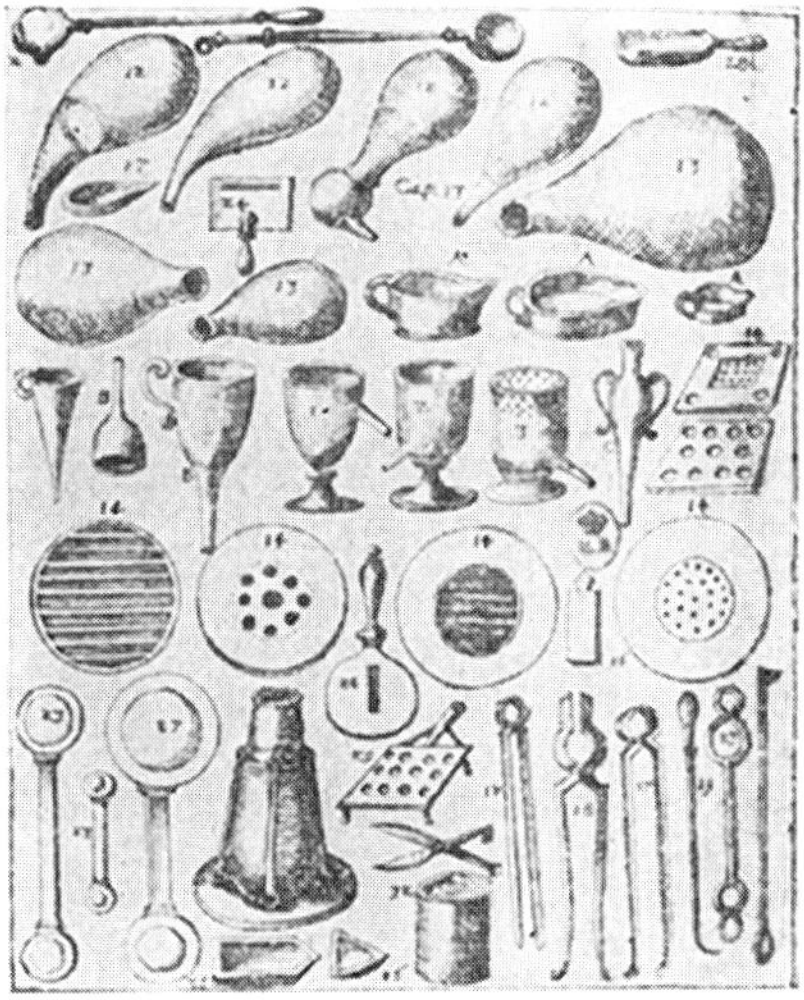

359・360　錬金術師や吹き屋が使用した器具
ミューリウス『哲学の殿堂』フランクフルト，1620年

じりをした。それでもほんとうの血によってではなかった。血を使うのはよこしまでいやしい。私が持っている本の中では哲学者たちが金属の中にある金属の精気を血と呼んでいたのだ……その本に書かれている時期に自分の操作に何のしるしも見られないまま、私はいつもやり直さねばならなかった。》また、『金属の自然哲学』の中の伯爵ベルナール・ル・トレヴィザンの有名ないいぐさもよく理解できる。《明礬、硫酸塩、塩、あらゆる黒い液体、硼砂、硝酸などというもの、動物、野獣、そこから出て来るあらゆるもの、髪の毛、血、尿、肉、卵、石、そして鉱物全部は放っておくがよい。われらが物質は、あらゆる「哲学者」によれば卑ー銀から合成されるはずのものだからだ！》こうした激烈な言葉で彼は、金と力を不毛で空しい努力に費す、真の道を知らない研究者すべてを非難する。ところが、このベルナール・ル・トレヴィザン自身吹き屋にすぎなかった疑いがあり、ニコラ・ヴァロワは、彼が「石」の真の処方をまったく知らなかった、として彼を否認しているのだ！ 彼はいう、《ベルナール伯爵は、完全に熟知していると信じていたこの科学に何の経験もなかった》と。

また、やはり錬金術師のドニ・ザシェールも、真実の自然の道を見出す前にやはり長いこと迷った一人だったが、今日多くの人々を興奮させている投機熱なみに一六世紀に大勢の人々を捉えたこの研究熱を物語る場面を伝えている。彼はその著『金属の真の自然哲学の卓抜なる小論』（一六一二年、リヨン）の中で、パリに着いた頃の模様を次のように描写しているのだ。

《私が職人たち、たとえば金銀細工師、精錬工、ガラス職人、かまど工その他とつき合いはじめてから、大勢と親しくなったのでひと月もたたないうちに一〇〇人以上もの作業者を知るようになった。金属の着色作業をやるのに、ある者は投入によって、ある者はセメント接合なり、溶解なり、彼らの呼ぶところのリムリ精油の結合なりにより、また、長い煎じ出しによるなりしていた。金属からの水銀の抽出を試みる者、その固定を試みる者も

361　錬金術の本当の実験室
エリ・アッシュモール『イギリスの化学の劇場』ロンドン，1652年

あった。こうして、われわれが前の日の仕事の状況がどんなであったかを話し合うために、だれかの家（きわめてしばしばわが家）に、あるいはパリで最も繁く人が通った教会、大ノートルダムに集まらない日は一日としてなかった。祭日も、日曜日も同様だった。ある者はいうのだった「もう一度やり直す方法があったらうまく行くのだが」と。「自分らの容器が毀れなけりゃ、首尾よくいったのだが」という者もあり、「まるくて密閉できる銅の容器があれば、月次第で水銀を固定できたのだ」という者もあった。何の成果もあがらない者、弁解をするしかない者があまりに多かったので、彼らに金を与えることには気がすすまなかった。すでに信用で、あるいは他人の証明で私自身莫大な出費をしていたからである。

本人にとってさいわいなことに、ザシェールはこの悪い仲間と別れ、もっぱらギリシャとアラビアの学派の古い錬金術師の著書を読むことに没頭した結果、一五五〇年復活祭の日に、トゥールーズで、水銀を金に変成させることに成功したのであった。》

しかし、このように成功する例はきわめて稀だった。迷った研究者は、本当の達人よりもはるかに多かったのだ。バルクハウゼンがその著『化学入門』（一七一八年、ライデン）を飾った版画の中の《ユトレヒトの化学実験室》（図版358）もまた、私たちには賢明な吹き屋の実験室に思われる。彼は単なる化学者になる道程にあり、プリーストリー、キャヴェンディッシュ、ラヴォアジエへの道を準備しているのだ。そして、公開されたこの変成化学の講座は、アニバル・バルレの『自然学本講』（一六五三年、パリ）に見られるように（図版362）、秘密裏に行なわれた錬金術師の秘伝伝授とは反対に、達人たちが認めなかった装置しか用いていないように見うけられる。

真の錬金術師の実験室はずっと簡単なものだった。プラハでは今も、達人たちが住んでいた質素な家が残されている。彼らは、一六世紀に皇帝マクシミリアン二世が、彼らの方法によって赤字に苦しむ財政を建て直したい

363　巨匠に鼓吹される実験室の操作
エリ・アッシュモール『イギリスの化学の劇場』ロンドン，1652年

362　変成化学の講座
アニバル・バルレ『自然学本講』
パリ，1653年

364　プラハの錬金術師通り――20世紀初期

と願って呼びよせた人々であり、その中には有名なジョン・ディーの連れのエドワード・ケリーも入っていた。彼らは錬金術師通り、すなわち今日でもなおズラター・ウリチカと呼ぶように「金の通り」に集まっていた（図版364）。そこにあるのは狭苦しい住居だけで、ちっぽけな実験室しか作れなかった。次の二枚の図版は、エリ・アッシュモールの『イギリスの化学の劇場』から借りたものだが、明らかに簡素をよしとしている。一枚目（図版361）は、錬金術師が自分の前に「大いなる作業」の諸要素を並べているところだ。頭上の銘は《嫌悪なく石を合成せよ！》と忠告する。助手の一人が《火から土を、濃密なものから微細なものを》分け、もう一人は合成物をしかるべき容器に入れて、その色を調べる。次の図（図版363）では、大錬金術師ゲーベル、ヴィルヌーヴのアルノー、ラージー、そして。冠をいただくヘルメスみずからが、変成の大法則を説く。最初の者は《砕け、飽かず砕け》といい、二人目は《できるかぎり浸せ、一二回までも》という。三人目は《浸したものは同じ回数乾かすべし》と命じ、最後にヘルメスが威厳のある声で《みずから発芽するまでその白い真鍮を焼いて煮よ》という。

最後に理想的な実験室を示そう（図版365）。『永遠の知恵の円形劇場』で、著者ハインリッヒ・クーンラートが紹介しているものだ。言葉を上手に使って彼はそれを実験‐祈禱の場と呼び、すでに他の錬金術師が教えたように、「石」は神自身からのみ得られる祝福であり、達人の努力は、万物の創造者に対して創造の小さな模倣である作業に力を貸したまえと祈ることによってのみめでたく成功するであろう、ということを表わそうとしている。クーンラートみずから左手に登場して、砂漠のイスラエル人のようにテントの前で神に祈っているのはそのためだ。香がたかれ、ソロモンの印章がテーブルの上に輝いている。この壮麗な柱廊――今日ではさしずめドイツの古都のさる市役所にある政務の間といったところだろう――の右手には実験室があり、錬金術装置が置かれている。前景にはひどく奇妙な型の哲学の容器が見える。

365　実験－祈禱室
ハインリッヒ・クーンラート『永遠の知恵の円形劇場』
ハナウ，1609年

この稿を終るに当り、読者がこれらの表象すべてを理解し、古き巨匠たちの忠告を深く心にとめられて、幸運にも成功を収め、『図像の書』のニコラ・フラメルとともに次のようにいうことができるよう祈りたい。《それは、一月一七日月曜日正午頃、私の家で、立会人はペルネル一人だった。人類救済一三八二年の年である。私は水銀に投入を行ない、それを約半ポンドの純銀、鉱山のものよりも良質の純銀に変化させた。その後、やはりペルネル一人の立会いのもとに私の家で、同量の水銀に赤い石を用いて同じことを行ない、四月二五日夕方五時、本当にほぼ同量の純金に変成した。普通の金より確実に良質でより軟かく、よりしなやかであった。これは真実である。私と同じく理解していたペルネルの助けをえて、私はこれを三回実現したのである。》《きみがあるべき人間たらんと努力するならば、すなわち敬虔で温和で、寛大で、慈悲深く、神を恐れる人間であろうと努めるならば、きみも私のように為すことができよう。》フラメルと同じように成功したニコラ・ヴァロワはこうつけ加えている。

一九二八年一一月二九日　パリにて

訳者あとがき

この本は、Grillot de Givry, 《Le Musée des Sorciers, Mages et Alchimistes》, Paris Librairie de France, 1929 の翻訳である。

著者のグリヨ・ド・ジヴリは、本書の英訳版（《Picture Museum of Sorcery, Magic & Alchemy》University Books Inc., New York, 1963）の訳者シンシア・マグリールによれば、一八七四年八月五日、由緒ある名家に生れている。父方の家系には一六世紀にすでに有名な軍人や枢機卿が出ており、母方にはガストロノミ論でも知られる高官のブリア＝サヴァランや物理学者のJ・N・ニエプス等の著名人がいた。

グリヨ・ド・ジヴリその人は、パリのパシィの修道会、ヴォジラールのイエズス会で学び、コレージュ・ロランを卒業した。コレージュでは英語をステファヌ・マラルメに習った。その後、エコール・ド・ヨーロペエンヌでフランス語の教授となり、さらに英語、スペイン語、数学も教えた。他方、ド・ジヴリはすぐれたピアニスト、オルガニストでもあって演奏活動にたずさわり、かつ古雅を愛する宗教音楽家として古い音楽の編曲も手がけていた。

隠秘の世界には早くから関心を抱き、一八九一年に出版された作家ユイスマンの『彼方』に深く心惹かれ、一八九二年頃に再結成されつつあった隠秘的傾向の秘密結社「バラ十字会」とも接触していた。後に離れることになるが、オカルティスムという用語を確立したエリファス・レヴィ、ジェラール・アンコース通称パピュス、スタニスラス・ド・ガイタ、ジョゼファン・ペラダン等一九世紀末からの神秘主義の思想家、研究者、文学者たちの影響を受けた時期もあった。しかし、終生隠秘学に惹かれ続けながらも、ド・ジヴリは常に篤いカトリックだった。そして、真摯な学究者であった。

この時代の隠秘論者には文学者が多かったが、その中でド・ジヴリは「碩学」だったと、ラルース百科辞典は記している。彼は、語学力を駆使して隠秘学の古典ともいえる書物の原語からのフランス語訳を進めるとともに、著書も著した。

訳書としては、聖トマス・アクイナス『賢者の石について』、ハインリッヒ・クーンラート『永遠の知恵の円形劇場』、ジロラモ・サボナローラ『完全の七段階について』、ギヨーム・ポステル『世界生成における隠された事物の鍵』、パラケルスス『三基本物質について』がある。パラケルススに関してはその『全集』の翻訳を企図していたものの、「パラミルム」を含む二巻だけに終り全訳の計画は果せなかった。また、ジョン・ディーの『象形文字のモナド』もラテン語から訳出している。

該博な知識を持つド・ジヴリは、ラテン語についてとかクリュニ美術館の楽器についてなどの論稿も書いたが、カトリックの著述家として高い評価を得たのは聖人学の研究をまとめた一九〇三年の著書『ルールド』だった。さらに『大作業についての一二の瞑想』には昔の達人たちの知恵が集められ、『キリストと祖国』はキリスト教平和主義の古典ともいわれるという。本書でド・ジヴリ自身触れている『隠秘学選集』は一九二二年に出版されたもので、古代からの隠秘学の著者のすぐれた論文が解説つきで収められている。

以上の著訳書のほとんどは、本書の序にも名前がみえるポール・シャコルナックの手で出版されたが、そのシャコルナックはド・ジヴリについて「彼は音楽にしても、他の研究にしても古代の人々の魔術性に魅せられていた」と述べた、とシンシア・マグリールは伝えている。

本書『妖術師・秘術師・錬金術師の博物館』が出版されたのは、一九二九年一月三一日だった。だが、翌月一六日、ド・ジヴリは突然、五五歳でこの世を去った。本書が、魅せられた碩学ド・ジヴリの絶筆となったわけである。

平田寛先生からこの原書をお預りして二年ほどでまがりなりにも一応翻訳は終えていたが、出版社の都合もあってそのままとなり、数年して出版が本決りになった。その機会に以前の訳稿を見直し、手を入れることができた。

この本には中世ラテン語だけでなく、まだヨーロッパ各国の国語が定まらなかった時代の古い表現が少なくない。また他にもアラビア語のフランス語への転記の方法、各国にわたる固有名詞の表記の仕方など、訳者には分らない問題がたくさんあった。それらについては、早稲田大学の小山宙丸先生、西南学院大学の有田忠郎先生をはじめ、ここにお名前をあげきれないほど大勢の方々にお教えを頂いた。これらの方々のご好意がなければとても本書を翻訳しおおすことはできなかったが、訳語の選択の良し悪し、適不適はもちろん訳者の責任である。編集者のご配慮によって、巻末に図版の出典を示す原語の一覧表を加えることができたので、訳出の不明、不備な点はこの付表をご参照いただければさいわいである。なお、神秘を秘める本書の性質上、訳注程度の注は中途半端なものになってしまう恐れが強いと考えあえて入れずに、今世紀初頭の研究家の解釈をそのままの形でお伝えすることにした。

それにしても、この隠秘の書物とのつきあいは思いがけなく長くなった。イマージュのおかげで悪魔とも馴れしたしみ、その悪魔たちが今もヨーロッパの風土に生きていることをいまさらながら思い知ることにもなった。この本は、私には現在のフランスをより深く理解するための貴重な何かを与えてくれたのである。

さいごに、ご教示をいただいた先生方にあらためて心からの御礼を申し上げるとともに、この訳書を原書と同じように美しい本に仕上げて下さった編集部の藤田信行氏に、長年にわたってひとかたならないお世話になったことを深く感謝したい。

一九八六年一〇月

林　瑞　枝

著　者

グリヨ・ド・ジヴリ（Grillot de Givry）

1874年，由緒ある名家に生まれる．パリの修道会，イエズス会で学び，コレージュ・ロランではマラルメに英語を学んだ．その後，エコール・ヨーロペエンヌでフランス語の教授となり，英語・スペイン語・数学も教えた．またジヴリはすぐれたピアニスト，オルガニストとして演奏活動にたずさわり，宗教音楽家として編曲も手がけた．早くから隠秘学の世界に惹かれながらも常に篤いカトリックであり，真摯な学究者としてすぐれた著書・訳書を著している．ジヴリは本書が出版された1929年1月31日の翌月16日，55歳で突然この世を去った．著書として，論文集『隠秘学選集』，聖人学の研究『ルールド』，ほか．訳書は，『賢者の石について』（トマス・アクイナス），『三基本物質について』（パラケルスス），など多くの古典語からの名訳をのこしている．

訳　者

林　瑞枝（はやし　みずえ）

1934年生．早稲田大学政治経済学部卒業．元駿河台大学文化情報学部教授．

著書：『フランスの異邦人』
　　　『いま女の権利は』（編著）
　　　『人権という権利』

訳書：E. モラン『カリフォルニア日記』
　　　G. ハーメルン『ゲットーに生きて』
　　　J.-H. ファーブル『植物記』（共訳）
　　　R. レヒニツァー『サラエボ日記』
　　　J. コスタ＝ラスクー『宗教の共生』

妖術師・秘術師・錬金術師の博物館

1986年12月20日　　初版第１刷発行
2015年３月20日　新装版第１刷発行

著　者　グリヨ・ド・ジヴリ
訳　者　林　瑞枝
発行所　一般財団法人 法政大学出版局
　　　　〒102-0071 東京都千代田区富士見 2-17-1
　　　　電話 03（5214）5540　振替 00160-6-95814
印　刷　本文：三和印刷／図版目録：平文社
　　　　口絵：ミズノ印刷
製　本　誠製本

ISBN 978-4-588-37420-3

図版目次

31 LE REPAS DES SORCIÈRES. Ulrich Molitor, *De laniis et phitonicis mulieribus,* Constance, 1489 .. .. p. 61
32 L'ABOMINATION DES SORCIERS, par Jaspar Isaac, XVIe siècle. (Collection de l'auteur) 63
33 ASSEMBLÉE DE SORCIÈRES. Tableau de Frans Francken, 1581-1642. (Kunsthistorisches Museum, de Vienne) 65
34 INTÉRIEUR D'UNE MAISON DE SORCIÈRES. Thomas Erastus, *Dialogues touchant le pouvoir des sorcières,* Genève, 1579 66
35 SORCIÈRES TRANSFORMÉES EN ANIMAUX. Ulrich Molitor, *De laniis et phitonicis mulieribus,* Constance, 1489 67
36 LE DÉPART POUR LE SABBAT, par Téniers, gravé par Aliamet 68
37 L'ARRIVÉE AU SABBAT, par Téniers, gravé par Aliamet 68
38 LE DÉPART POUR LE SABBAT, par Jakob van den Gheyn, XVIIe siècle 69
39 LE DÉPART POUR LE SABBAT, par Queverdo, gravé par Maleuvre 71
40 LA TRANSFORMATION DES SORCIERS, par Goya. (Alameda du Duc d'Osuna) 73
41 LE MONT BROCKEN. Carte géographique allemande montrant les sorcières se rendant au Sabbat, par L.-S. Bestehorn, Nürnberg, 1751 75
42 LES SORCIERS RENDANT HOMMAGE AU DIABLE. R. P. Guaccius, *Compendium Maleficarum,* Milan, 1626 76
43 SATAN ADRESSE UN DISCOURS AUX SORCIERS. R. P. Guaccius, *Compendium Maleficarum,* Milan, 1626 76
44 SATAN EXIGE UN PACTE DES NOUVEAUX SORCIERS. R. P. Guaccius, *Compendium Maleficarum,* Milan, 1626 77
45 LE SABBAT, par I. Ziarnko. De l'Ancre, *Tableau de l'Inconstance des Mauvais Anges,* 1610 .. .. 78~79
46 LE SABBAT, par Spranger, 1710. Abbé Bordelon, *Histoires des Imaginations de M. Oufle,* Amsterdam, 1710 81
47 SABBAT OU RÉUNION DE SORCIERS, par Goya. Fresque du Musée du Prado, Madrid 82
48 LE DIABLE AMOUREUX DE LA SORCIÈRE. Ulrich Molitor, *De laniis et phitonicis mulieribus,* Constance, 1489 83
49 LES SORCIERS PRÉSENTANT UN ENFANT AU DIABLE. R. P. Guaccius, *Compendium Maleficarum,* Milan, 1626 84
50 LE REPAS DES SORCIERS AU SABBAT. R. P. Guaccius, *Compendium Maleficarum,* Milan, 1626 84
51 LES SORCIERS AU SABBAT, DANSANT AU SON DU VIOLON. R. P. Guaccius, *Compendium Maleficarum,* Milan, 1626 85
52 LA DANSE AU SABBAT. R. P. Guaccius, *Compendium Maleficarum,* Milan, 1626 85
53 DANSE ACROBATIQUE D'UN SORCIER. Abraham Palingh, *'t Afgerukt Mom-Aansight der Tooverye,* Amsterdam, 1725 (Bibliothèque de La Haye) 86
54 DANSE ACROBATIQUE AU SABBAT. Fragment de la figure 46. Abbé Bordelon, *Histoire des Imaginations de M. Oufle,* Amsterdam, 1710 86
55 LE CHAUDRON DE LA SORCIÈRE. Frontispice du livre de H. Grosius, *Magica de Spectris,* Leyde, 1656 87

56 LE CHAUDRON DE LA SORCIÈRE. Frontispice du livre de L. Lavater, *De Spectris lemuribus*, etc., Leyde, 1659 .. .. p. 87
57 SORCIER CHEVAUCHANT SUR UN BOUC. Ulrich Molitor, *De laniis et phitonicis mulieribus*, Constance, 1489 88
58 SORCIÈRE CHEVAUCHANT UN BOUC. R. P. Guaccius, *Compendium Maleficarum*, Milan, 1626. 89
59 ENFANTS ADMIS AU SABBAT POUR LA PREMIÈRE FOIS. R. P. Guaccius, *Compendium Maleficarum*, Milan, 1626 89
60 L'EMPREINTE DE LA GRIFFE DU DIABLE. R. P. Guaccius, *Compendium Maleficarum*, Milan, 1626 90
61 SATAN OBLIGE SES FUTURS DISCIPLES A MARCHER SUR LA CROIX. R. P. Guaccius, *Compendium Maleficarum*, Milan, 1626 90
62 SATAN REMET UN LIVRE NOIR AUX ADEPTES, EN ÉCHANGE DU LIVRE DES ÉVANGILES. R. P. Guaccius, *Compendium Maleficarum*, Milan, 1626 90
63 SATAN REBAPTISE LES SORCIERS. R. P. Guaccius, *Compendium Maleficarum*, Milan, 1626 91
64 SATAN DÉPOUILLE LES SORCIERS DE LEURS VÊTEMENTS. R. P. Guaccius, *Compendium Maleficarum*, Milan, 1626 91
65 LE BAISER RITUEL DU SABBAT. R. P. Guaccius, *Compendium Maleficarum*, Milan, 1626 91
66 LE SABBAT, par Gillot, XVIIIe siècle 93
67 L'ÉVOCATION DES DÉMONS, par Téniers, gravé par Petrini 97
68 LA TOUR DES SORCIÈRES A LINDHEIM, G.-C. Horst, *Dämonomagie*, Francfort, 1818 99
69 L'ÉVOCATION DES DÉMONS. Bordelon, *Histoire des imaginations extravagantes de Monsieur Oufle*, Amsterdam, 1710 101
70 LE DÉMON BELIAL PRÉSENTE SES LETTRES DE CRÉANCE A SALOMON. Jacobus de Theramo, *Das Buch Belial*, Augsbourg, 1473 107
71 LE DÉMON BELIAL DANSANT DEVANT SALOMON. Jacobus de Theramo, *Das Buch Belial*, Augsbourg, 1473 109
72 BELIAL ET QUATRE AUTRES DÉMONS PARAISSENT DEVANT SALOMON. Jacobus de Theramo, *Das Buch Belial*, Augsbourg 1473 109
73 LE CERCLE MAGIQUE. *La Clavicule de Salomon*, Bibliothèque de l'Arsenal, Manuscrit n° 2350, XVIIIe siècle 114
74 LE CERCLE MAGIQUE. *La Clavicule de Salomon*. Bibliothèque de l'Arsenal. Manuscrit n° 2348, XVIIIe siècle 115
75 LE CERCLE MAGIQUE. *Clavicule de Salomon*. Bibliothèque de l'Arsenal, Manuscrit n° 2349, XVIIIe siècle 117
76 LE CERCLE MAGIQUE. *Opération des Sept Esprits des Planètes*. Bibliothèque de l'Arsenal, manuscrit n° 2344, XVIIIe siècle 117
77 LE TRIANGLE DES PACTES. *Le Dragon Rouge*. Avignon, 1522 (1822), (Collection de l'auteur) 117
78 LE CERCLE MAGIQUE ET LES ACCESSOIRES POUR L'ÉVOCATION. Francis Barrett. *The Magus*, Londres, 1801 118

79 AUTRE CERCLE MAGIQUE ET PENTACLE DE SALOMON. Francis Barrett, *The Magus,* Londres, 1801 .. .. p. 119
80 LE DOCTEUR FAUSTUS. Eau-forte de Rembrandt 123
81 PENTACLE POUR CONJURER LES ESPRITS INFERNAUX. *Clavicules de Salomon,* Bibliothèque de l'Arsenal, Manuscrit n° 2349, XVIIIe siècle 125
82 LE GRAND PENTACLE. *Zekerboni,* par Pierre Mora, Bibliothèque de l'Arsenal, Manuscrit n° 2790, XVIIIe siècle 125
83 L'OPÉRATION D'URIEL SERAPHIM. *Grimoire ou Cabale,* par Armadel. Bibliothèque de l'Arsenal, Manuscrit n° 2494, XVIIe siècle 125
84 SPÉCIMEN DU LIVRE DES ESPRITS. Francis Barrett, *The Magus,* Londres, 1801 127
85 LE DIABLE OBLIGE CEUX QUI L'ONT FAIT APPARAITRE DE FAIRE UN PACTE AVEC LUI. R. P. Guaccius, *Compendium Maleficarum,* Milan, 1626 130
86 PACTE AUTOGRAPHE D'URBAIN GRANDIER. Bibliothèque Nationale, Fonds français, Manuscrit n° 7619, page 126 135
87 PORTRAIT DE PARACELSE. Paracelse, *Astronomica et Astrologica opuscula,* Cologne, 1567, (Collection de l'auteur). 136
88 PORTRAIT DE PARACELSE. Paracelse, *Archidoxa,* Munich, 1570. (Collection de l'auteur). 137
89 UN DIABLE EMPORTE UN ENFANT SOUS LES YEUX DES PARENTS QUI LE LUI AVAIENT PROMIS PAR PACTE. *Der Ritter vom Turn,* Augsbourg, 1498. 137
90 LE CHATEAU DE VINCENNES ET SON DONJON AU XVIIe SIÈCLE, par Sébastien Le Clerc. Au premier plan, la Tour de Paris, où Henri III s'enfermait pour se livrer aux opérations de sorcellerie 139
91 ATTIRAIL DE SORCELLERIE AYANT SERVI A HENRI III POUR SES OPÉRATIONS SATANIQUES. *Les Sorceleries de Henry de Valois,* Paris, 1589, (Collection de l'auteur) 139
92 UNE SORCIÈRE FAIT APPARAITRE UN MONSTRE DEVANT LE ROI DES FRANCS, MARCOMIR. Sébastien Munster, *Cosmographia Universalis,* Bâle, 1544. .. 141
93 SATAN SUR SON TRONE. Pierre Boaistuau, *Histoires prodigieuses,* Paris, 1575 145
94 FAUST ET MÉPHISTOPHÉLÈS. Moritz Retzsch, *Umrisse zu Gœthe's Faust,* Stuttgart, 1834 147
95 LES DIABLES THEUTUS, ASMODEUS ET L'INCUBE. Francis Barrett, *The Magus,* Londres, 1801. 149
96 (a) LE DIABLE APPORTANT DES TRÉSORS. *Le Dragon Rouge,* Avignon, 1522 (1822), (Collection de l'auteur) 151
96 (b) LE DIABLE APPORTANT DES TRÉSORS. *Le Grand Grimoire,* Nîmes, 1823, (Collection de l'auteur) 151
97 QUELQUES FIGURES OFFICIELLES DE DIABLES DIGNITAIRES DE L'ENFER. *Le Dragon Rouge,* Avignon, 1522 (1822), (Collection de l'auteur) .. 151
98 LE DÉMON ASTAROTH, dessiné par L. Breton. Collin de Plancy, *Dictionnaire Infernal,* Paris, 1863. 152
99 LE DÉMON BAEL, par L. Breton, id. 152
100 LE DÉMON BELPHÉGOR, par L. Breton, id. 152

101 LE DÉMON EURYNOME, par L. Breton. Collin de Plancy, *Dictionnaire Infernal.* p. 153
102 LE DÉMON AMDUSCIAS, par L. Breton, id. 153
103 LE DÉMON ASMODÉE, par L. Breton, id. 153
104 FAUST ET LE BARBET. Moritz Retzsch, *Umrisse zu Gœthe's Faust,* Stuttgart, 1834 154
105 APPARITION D'UN DÉMON A TÊTE HUMAINE ET A CORPS DE DRAGON. Olaüs Magnus, *Historia de gentibus septentrionalibus,* Rome, 1555 154
106 DIABLE ET SORCIÈRE CHANGÉS EN LOUP ET EN CHAT. R. P. Guaccius, *Compendium Maleficarum,* Milan, 1626 155
107 LE DIABLE APPARAISSANT, DANS UN CARREFOUR, SOUS FORME DE BOUC. *La Poule Noire,* 1820 156
108 APPARITION D'UN DÉMON SOUS LA FORME D'UN CHAMEAU. Cazotte, *Le Diable amoureux.* (Reproduction d'une des gravures des premières éditions).. 157
109 LA LECTURE DU GRIMOIRE, par François van den Wyngaërt. Estampe du commencement du XVIIe siècle. (Collection de l'auteur). 159
110 LE DÉMON BÉHÉMOTH, par L. Breton. Collin de Plancy, *Dictionnaire infernal,* Paris, 1863 160
111 IRRÉVÉRENCIEUSE CONDUITE DU DIABLE VIS-A-VIS D'UNE FEMME COQUETTE. *Der Ritter vom Turn,* Augsbourg, 1498. 162
112 LE DIABLE FAIT BAVARDER DES FEMMES PENDANT LA MESSE. *Der Ritter vom Turn,* Augsbourg, 1498. 163
113 LES DIABLES TRANSCRIVENT LE BAVARDAGE DES COMMÈRES PENDANT LA MESSE. *Der Ritter vom Turn,* Augsbourg, 1498... 163
114 PORTRAIT DE M. BERBIGUIER. *Les Farfadets,* Paris, 1821 165
115 M. BERBIGUIER CONSULTE LE TAROT PAR L'INTERMÉDIAIRE DE DEUX CARTOMANCIENNES QUI L'ENSORCELLENT. *Les Farfadets.* Paris, 1821. 166
116 RHOTOMAGO ET LES FARFADETS PROPOSENT A M. BERBIGUIER D'ENTRER DANS LEUR COMPAGNIE. *Les Farfadets.* Paris, 1821. 166
117 SCÈNE DRAMATIQUE ENTRE M. BERBIGUIER ET LE POMPIER. *Les Farfadets,* Paris, 1821. 167
118 M. BERBIGUIER FAIT BRULER DES PLANTES AROMATIQUES POUR ÉLOIGNER LES DÉMONS. *Les Farfadets,* Paris, 1821. 167
119 M. BERBIGUIER, LES FARFADETS EN BOUTEILLE ET M. PINEL. *Les Farfadets,* Paris, 1821 168
120 L'ASSEMBLÉE DES FARFADETS PRÉSIDÉE PAR BELZÉBUTH. Berbiguier, *Les Farfadets,* Paris, 1821 168
121 LE BOUC ÉMISSAIRE FARFADÉEN. Berbiguier, *Les Farfadets,* Paris, 1821 .. 169
122 SAINT CADO DONNE UN CHAT AU DIABLE EN ÉCHANGE DE LA CONSTRUCTION D'UN PONT, Image populaire ; Perret, à Rennes, 1855. 170
123 DÉMONS EFFECTUANT DIVERS TRAVAUX UTILES AUX HOMMES. Olaüs Magnus, *Historia de gentibus septentrionalibus,* Rome, 1555. 171
124 LE PONT DE VALENTRÉ, A CAHORS, CONSTRUIT PAR LE DIABLE. Lithographie par Eugène Gluck, 1850. 173
125 PONT DE SAINT-CLOUD, CONSTRUIT PAR LE DIABLE. Estampe, par Courvoisier, XVIIIe siècle 173

126 FERRURES DES PORTES DE NOTRE-DAME DE PARIS, EXÉCUTÉES PAR LE DIABLE BISCORNET. XVe siècle. Photographie prise avant 1856, (Collection de l'auteur). .. .. p. 175
127 LA PIERRE DE COUHARD, A AUTUN, CONTENANT UN DÉMON. Aquarelle du XVIIIe siècle. Paris, Bibliothèque Nationale, Estampes, Va. 190 177
128 POSSÉDÉE BLASPHÉMANT AU DÉBUT DE LA CRISE. Abraham Palingh, *'t Afgerukt Mom-Aansight der Tooverye,* Amsterdam, 1725 180
129 POSSÉDÉE ESSAYANT DE SE JETER PAR LA FENÊTRE. Abraham Palingh, *t Afgerukt Mom-Aansight der Tooverye,* Amsterdam, 1725 180
130 POSSESSION PENDANT UN PRÊCHE PROTESTANT. Abraham Palingh, *'t Afgerukt Mom-Aansight der Tooverye,* Amsterdam, 1725 181
131 POSSÉDÉ SUPPLIANT SA FAMILLE DE NE PAS LE DÉNONCER AUX MAGISTRATS. Abraham Palingh, *'t Afgerukt Mom-Aansight der Tooverye,* Amsterdam, 1725 181
132 CRISE DE POSSESSION D'UNE SORCIÈRE AU MILIEU DU CONSEIL DES ÉCHEVINS. Abraham Palingh, *'t Afgerukt Mom-Aansight der Tooverye,* Amsterdam, 1725. 183
133 CRISE DE RAGE DÉMONIAQUE, AVEC TORSION DES MEMBRES. Abraham Palingh, *'t Afgerukt Mom-Aansight der Tooverye,* Amsterdam, 1725 183
134 SAINT JACQUES DEVANT LE MAGICIEN ENTOURÉ DE DÉMONS. Estampe par Breughel le Vieux, 1565. 185
135 SUR L'ORDRE DE SAINT JACQUES, LES DÉMONS METTENT LE MAGICIEN EN PIÈCES. Estampe par Breughel le Vieux, 1565. 185
136 EXORCISME. Estampe, par Stephanoff, Londres, 1816, (Collection de l'auteur). 187
137 EXORCISME D'UNE POSSÉDÉE, par Jacques Callot, d'après Andrea Boscholi, XVIIe siècle. 190
138 SORTIE DU DÉMON DU CORPS D'UNE POSSÉDÉE. Pierre Boaistuau, *Histoires Prodigieuses,* Paris, 1575. 191
139 AUTOGRAPHE SIGNÉ DU DÉMON ASMODÉE. Bibliothèque Nationale, Manuscrit fonds français, n° 7618, f° 20, verso. 193
140 SORCIERS DÉTERRANT LES MORTS DANS UN CIMETIÈRE. R. P. Guaccius, *Compendium Maleficarum,* Milan, 1626. 199
141 ÉVOCATION DU PROPHÈTE SAMUEL, PAR LA PYTHONISSE D'ENDOR. Par Johann Heinrich Schönfeld, XVIIe siècle, (Collection de l'auteur). 201
142 Dr JOHN DEE ET EDWARD KELLY FAISANT APPARAITRE UN MORT DANS UN CIMETIÈRE ANGLAIS. Mathieu Giraldo, *Histoire pittoresque des Sorciers,* Paris, 1846. 203
143 CLOCHETTE « NÉCROMANCIENNE » DE GIRARDIUS. Bibliothèque de l'Arsenal, manuscrit n° 3009, XVIIIe siècle. 204
144 USAGE DE LA CLOCHETTE « NÉCROMANCIENNE » DE GIRARDIUS. Bibliothèque de l'Arsenal, manuscrit n° 3009, XVIIIe siècle. 205
145 *A.* — PREMIER SPÉCIMEN, OBTENU EN 1856, D'UNE ÉCRITURE DE L'AUTRE MONDE 208
B. — DEUXIÈME SPÉCIMEN DE L'ÉCRITURE DE L'AUTRE MONDE 208

145 *C.* — ÉCRITURE DE L'EMPEREUR AUGUSTE, OBTENUE PAR ÉVOCATION NÉCROMANTIQUE .. .. p. 208
D. — ÉCRITURE DE JULES CÉSAR, OBTENUE PAR ÉVOCATION NÉCROMANTIQUE. L. de Guldenstubbé, *Pneumatologie positive et expérimentale. Paris,* 1857. 208
146 ÉCRITURE DU THÉOLOGIEN PHILOSOPHE PIERRE ABAILARD, OBTENUE PAR ÉVOCATION NÉCROMANTIQUE. L. de Guldenstubbé, *Pneumatologie positive et expérimentale,* Paris, 1857 209
147 ÉCRITURE D'HÉLOISE, OBTENUE PAR ÉVOCATION NÉCROMANTIQUE. L. de Guldenstubbé, *Pneumatologie positive et expérimentale,* Paris, 1857. .. 210
148 En haut : SIGNATURE RÉELLE DE MADEMOISELLE DE LA VALLIÈRE (Sœur Louise de la Miséricorde), d'après une lettre autographe authentique. (Collection de l'auteur). En bas : LA MÊME SIGNATURE DONNÉE SUR ÉVOCATION NÉCROMANTIQUE. L. de Guldenstubbé, *Pneumatologie positive et expérimentale,* Paris, 1857. 211
149 SORCIÈRE DÉCHAINANT UNE TEMPÊTE. Olaüs Magnus, *Historia de gentibus septentrionalibus,* Rome, 1555. 213
150 SORCIER VENDANT A DES NAVIGATEURS LES VENTS ENFERMÉS DANS LES TROIS NŒUDS D'UNE CORDE. Olaüs Magnus, *Historia de gentibus septentrionalibus,* Rome, 1555. 213
151 SORCIÈRES FAISANT DESCENDRE LA PLUIE. Ulrich Molitor, *De laniis et phitonicis mulieribus,* Constance, 1489. 214
152 LA MAIN DE GLOIRE. *Le Petit Albert,* Cologne, 1722. 215
153 LA CHANDELLE MERVEILLEUSE. *Le Petit Albert,* Cologne, 1722. 216
154 PENTACLE POUR EXCITER LES TREMBLEMENTS DE TERRE. *La Clavicule de Salomon,* Bibliothèque de l'Arsenal, Manuscrit n° 2348. 217
155 SORCIÈRE EXTRAYANT DU LAIT D'UN MANCHE DE HACHE. Dr Johannes Geiler von Keisersperg, *Die Emeis,* Strasbourg, 1517. 219
156 SORTILÈGE DE L'ARC. Ulrich Molitor, *De laniis et phitonicis mulieribus,* Constance, 1489. 221
157 SORCIER TRAVERSANT LA MER AU MOYEN D'UN SORTILÈGE. Olaüs Magnus, *Historia de gentibus septentrionalibus,* Rome 1555 221
158 LE SORCIER ENCHAINÉ. Olaüs Magnus, *Historia de gentibus septentrionalibus,* Rome, 1555. 223
159 SORCIÈRE PRÉPARANT UN PHILTRE. Tableau d'un maître inconnu de l'école flamande ; milieu du XVe siècle. (Collection Fenwick, de Londres) .. 226
160 SORCIÈRE PRÉPARANT UN PHILTRE, par Goya. Musée du Prado, Madrid. 228
161 PENTACLE POUR L'AMOUR. *Clavicules de Salomon,* Bibliothèque de l'Arsenal, Manuscrit n° 2348. 228
162 ROBERT III D'ARTOIS ESSAIE D'ENVOUTER LE ROI PHILIPPE VI DE VALOIS, EN 1333. Garnier, *Figures de l'Histoire de France,* gravées par Moreau-le-Jeune, 1778. 232
163 PORTRAIT DE JEAN WIER, MÉDECIN DU DUC DE CLÈVES, 1515-1588. Estampe du XVIe siècle. 238
164 LE DIABLE EMPORTANT UNE SORCIÈRE. Olaüs Magnus, *Historia de gentibus septentrionalibus,* Rome, 1555. 236

165 SUPPLICE D'ANNE HENDRICKS OU HEINRICHS, SORCIÈRE A AMSTERDAM, EN 1571. Estampe par Jean Luyken, XVIIe siècle. .. .. p. 240
166 SORCIER FOUETTÉ PAR DES ENFANTS. Abraham Palingh, *'t Afgerukt Mom-Aansight der Tooverye,* Amsterdam, 1725 241
167 SUPPLICE DES TENAILLES INFLIGÉ A UN SORCIER. Abraham Palingh, *'t Afgerukt Mom-Aansight der Tooverye,* Amsterdam, 1725. 241
168 SORCIER AUQUEL ON INFLIGE LA TORTURE DU COLLIER. Abraham Palingh, *'t Afgerukt Mom-Aansight der Tooverye,* Amsterdam, 1725. 242
169 SORCIER AYANT SUCCOMBÉ A LA TORTURE. Abraham Palingh, *'t Afgerukt Mom-Aansight der Tooverye,* Amsterdam, 1725. 242
170 SORCIÈRE CONDAMNÉE PAR L'INQUISITION A ÊTRE BRULÉE VIVE. Estampe par Bernard Picart, XVIIIe siècle 244
171 SORCIÈRE QUI A ÉVITÉ LE BUCHER EN AVOUANT SES FAUTES, Estampe par Bernard Picart, XVIIIe siècle 244
172 LA MAISON DES SORCIÈRES A BAMBERG. Estampe conservée à la Bibliothèque de Bamberg, XVIIe siècle. 245
173 HENRI KHUNRATH, MÉDECIN DE LEIPZIG ET CABBALISTE. Estampe du commencement du XVIIe siècle. 248
174 JUIF CABBALISTE TENANT EN MAIN L'ARBRE SÉPHIROTIQUE. Paulus Ricius, *Porta Lucis,* Augsbourg, 1516. (Collection de l'auteur) 253
175 LA PORTE DU SANCTUAIRE ET L'ESCALIER DES SAGES. Henri Khunrath, *Amphitheatrum Sapientiae Aeternae,* Hanau, 1609 255
176 LA CRÉATION DU MONDE, SELON LA DOCTRINE OCCULTE. Robert Fludd, *Utriusque Cosmi Historia,* Oppenheim, 1619 257
177 LE MACROCOSME ENTIÈREMENT CRÉÉ. Robert Fludd, *Utriusque Cosmi Historia,* Oppenheim, 1619 259
178 LA NATURE ET SON SINGE, L'ART SUIVANT LES ADEPTES. Robert Fludd, *Utriusque Cosmi Historia,* Oppenheim, 1619 261
179 REPRÉSENTATION ANTICIPÉE DU SACRÉ-CŒUR DANS DEUX HIÉROGLYPHES ALCHIMIQUES. L'Agneau, *Harmonie mystique,* Paris, 1636 264
180 PORTRAIT DE JACOB BŒHME, par J.-B. Bruhl, de Leipzig, XVIIe siècle 265
181 EFFIGIE DU SACRÉ-CŒUR DE JÉSUS, DESSINÉE PAR SAINTE-MARGUERITE-MARIE ELLE-MÊME, 1685. (Monastère de la Visitation de Turin) 265
182 HOTEL DE SOISSONS, CONSTRUIT PAR JEAN BULLANT, POUR CATHERINE DE MÉDICIS, MONTRANT LA COLONNE ASTROLOGIQUE DE REGNIER. Estampe par Israël Silvestre, XVIIe siècle 269
183 COLONNE ASTROLOGIQUE ÉRIGÉE DANS L'HOTEL DE SOISSONS POUR REGNIER, PAR CATHERINE DE MÉDICIS EN 1572. Estampe gravée par Delagrive, 1750 .. 269
184 PORTRAIT DE NOSTRADAMUS A L'AGE DE 59 ANS. Estampe du XVIe siècle .. 271
185 THÈME DE NATIVITÉ DE LOUIS XIV. J.-B. Morin de Villefranche, *Astrologia Gallica,* La Haye, 1661 276
186 THÈME DE NATIVITÉ DE JÉROME CARDAN. J.-B. Morin de Villefranche, *Astrologica Gallica,* La Haye, 1661 277
187 PORTRAIT DE JÉROME CARDAN, A L'AGE DE 48 ANS. Gravure sur bois anonyme, 1553 280

188 ASTROLOGUES DU XVe SIÈCLE. Jeu de Tarots dit de Charles VI. Bibliothèque Nationale. Cabinet des Estampes .. .. p. 281
189 ASTROLOGUE DRESSANT UN THÈME DE NATIVITÉ. Robert Fludd, *Utriusque Cosmi Historia,* Oppenheim, 1619 283
190 PORTRAIT DE GUILLAUME POSTEL. Guillaume Postel, *De Universitate,* Leyde, 1635 (Collection de l'auteur) 284
191 COSTUME FANTAISISTE DE SORCIER, dessiné par Gillot, gravé par Toullain. Estampe du XVIIIe siècle 285
192 TYCHO-BRAHÉ DANS SON OBSERVATOIRE, EN 1587. Tycho-Brahé, *Astronomiae instauratae Mechanica,* Nürnberg, 1602 287
193 ASTROLOGUE OBSERVANT LE CIEL. *Traité astrologique des Jugemens des thèmes genetliaques.* Bibliothèque de l'Arsenal, manuscrit n° 2541, XVIIe siècle 288
194 PORTRAIT DE L'ASTROLOGUE JEAN-BAPTISTE MORIN, DE VILLEFRANCHE. Estampe de 1648 289
195 ASTROLOGUES REGARDANT LE CIEL. Abbé Bordelon, *Histoire des Imaginations de M. Oufle,* Amsterdam, 1710 289
196 POSITION DES SIGNES DU ZODIAQUE DANS LE CORPS HUMAIN. *Compost et Kalendrier des Bergers,* Paris, 1499 293
197 POSITION DES SIGNES DU ZODIAQUE DANS LE CORPS HUMAIN. *Martyrologium der Heiligen,* Strasbourg, 1484. (Collection de l'auteur) 293
198 POSITION DES SIGNES DU ZODIAQUE DANS LE CORPS HUMAIN. Robert Fludd, *Utriusque Cosmi Historia,* Oppenheim, 1619 294
199 LOCALISATION DES PLANÈTES DANS LE CORPS HUMAIN. Robert Fludd, *Utriusque Cosmi Historia,* Oppenheim, 1619 295
200 LE MACROCOSME ET LE MICROCOSME. Robert Fludd, *Utriusque Cosmi Historia,* Oppenheim, 1619 296
201 LE MICROCOSME ET LE MONDE CÉLESTE. Robert Fludd, *Utriusque Cosmi Historia,* Oppenheim, 1619 297
202 CORRESPONDANCE DES CIEUX SUPÉRIEURS AVEC L'HOMME. Robert Fludd, *Utriusque Cosmi Historia,* Oppenheim, 1619 298
203 LE JOUR ET LA NUIT DU MICROCOSME. Robert Fludd, *Utriusque Cosmi Historia,* Oppenheim, 1619 299
204 LE MYSTÈRE DE LA TÊTE HUMAINE. Robert Fludd, *Utriusque Cosmi Historia,* Oppenheim, 1619 301
205 POSITION DES PLANÈTES SUR LES RIDES DU FRONT. Jérôme Cardan, *Metoposcopia,* Paris, 1658. (Collection de l'auteur) 303
206 LOCALISATION ZODIACALE DES NŒVI DE LA FACE. Id. 305
207 FRONT MARQUÉ DES LIGNES DE MARS, JUPITER ET SATURNE. Id. 305
208 FRONT MARQUÉ DES LIGNES DE MARS ET JUPITER. Id. 305
209 FRONT MARQUÉ DES LIGNES INDIQUANT DE MAUVAISES MŒURS. Id. 305
210 FRONT MARQUÉ DES LIGNES INDIQUANT LA MORT VIOLENTE. Id. 306
211 FRONT MARQUÉ DES LIGNES DU VOYAGE MARITIME. Id. 306
212 FRONT MARQUÉ DES LIGNES DU VOYAGE TERRESTRE. Id. 306
213 FRONT MARQUÉ DES LIGNES DE LA CHICANE. Id. 307

214 FRONT MARQUÉ DES LIGNES DE L'INCONSTANCE. Jérôme Cardan, *Metoposcopia*, Paris, 1658. (Collection de l'auteur) .. .. p. 307
215 FRONT MARQUÉ DES LIGNES DE L'USURE. Id. 307
216 FRONT FEMININ MARQUÉ DES LIGNES DE LA GÉNÉROSITÉ. Id. 306
217 FRONT FÉMININ MARQUÉ DES LIGNES DE LA MISÉRICORDE. Id. 306
218 FRONT FÉMININ MARQUÉ DES LIGNES D'UNE VERTU FAROUCHE. Id. 306
219 FRONT FÉMININ MARQUÉ DES LIGNES DE L'ADULTÈRE ET DE LA MENDICITÉ. Id. 307
220 FRONT DE COURTISANE. Id. 307
221 FRONT DE COURTISANE DE BASSE CLASSE. Id. 307
222 FRONT MARQUÉ DES LIGNES DE LA DÉBAUCHE. Id. 308
223 HOMME ET FEMME DOUÉS D'UNE COMPLEXION EXCELLENTE. Barthélemy Coclès, *Physiognomonia*, Strasbourg, 1533 312
224 FRONTS D'HOMMES VAINS ET SALACES. Id. 312
225 FRONTS D'HOMMES IRASCIBLES, CRUELS ET CUPIDES. Id. 312
226 HOMME ET FEMME DOUÉS D'UNE COMPLEXION CHAUDE. Id. 312
227 BOUCHES D'HOMMES AUDACIEUX, TÉMÉRAIRES, IMPUDIQUES ET MENTEURS, gravé par le Petit Bernard. Jean d'Indagine, *Chiromance*, Lyon, 1549 312
228 DENTITIONS D'HOMME DROIT ET D'HOMME CRUEL, gravé par le Petit Bernard. Jean d'Indagine, *Chiromance*, Lyon, 1549 312
229 YEUX D'HOMMES PARESSEUX, AUDACIEUX ET AVIDES. ·Barthélemy Coclès, *Physiognomonia*, Strasbourg, 1533 313
230 YEUX D'HOMMES PACIFIQUES, LOYAUX, DE BON CARACTÈRE, ET DE GRAND INTELLECT. Id. 313
231 YEUX D'HOMMES INSTABLES, LUXURIEUX, TRAITRES, MENTEURS. Id. 313
232 YEUX D'HOMME ASTUCIEUX ET D'HOMME SIMPLE. Id. 313
233 CILS D'HOMMES ORGUEILLEUX, AMATEURS DE VAINE GLOIRE ET AUDACIEUX. Id. 313
234 NEZ DE PERSONNAGES VAINS, MENTEURS, LUXURIEUX, INSTABLES, ETC. Id. .. 313
235 NEZ D'UN PERSONNAGE CURIEUX ET FAIBLE, ET D'UN PERSONNAGE VANITEUX. Id. 314
236 CHEVEUX D'UN PERSONNAGE RUSTIQUE ET D'ENTENDEMENT ÉPAIS ; BARBE D'UN PERSONNAGE BRUTAL ET DOMINATEUR. Id. 314
237 CHEVEUX D'UN PERSONNAGE FORT, ORGUEILLEUX, ET D'UN PERSONNAGE TIMIDE ET FAIBLE. Id. 315
238 HOMME DOUÉ D'UNE COMPLEXION MALSAINE. Id. 315
239 LES SIX LIGNES PRINCIPALES DE LA MAIN. Jean d'Indagine, *Chiromance*, Lyon, 1549 318
240 SCHÉMA GÉNÉRAL DES LIGNES DE LA MAIN. Barthélemy Coclès, *Physiognomonia*, Strasbourg, 1533 319
241 SCHÉMA GÉNÉRAL DES LIGNES DE LA MAIN. Robert Fludd, *Utriusque Cosmi Historia*, Oppenheim, 1619 320
242 POSITION DES PLANÈTES DANS LA MAIN. Jean d'Indagine, *Chiromance*, Lyon, 1549 321
243 LIGNE SATURNIENNE. André Corvo, *L'Art de Chyromance*, Lyon, vers 1545 324
244 LIGNE SATURNIENNE DOUBLÉE. André Corvo, *L'Art de Chyromance*, Lyon, vers 1545 324

245 LIGNE MERCURIENNE DOUBLÉE. André Corvo, *L'Art de Chyromance,* Lyon, vers 1545 .. .. p. 325

246 LIGNE SOLAIRE DOUBLÉE. André Corvo, *L'Art de Chyromance,* Lyon, vers 1545 325

247 LIGNE SATURNIENNE S'ARRÊTANT A LA MOYENNE. André Corvo, *L'Art de Chyromance,* Lyon, vers 1545 325

248 LIGNE SOLAIRE DOUBLE, SE BRISANT CONTRE LA MOYENNE. André Corvo, *L'Art de Chyromance,* Lyon, vers 1545 325

249 POSITION DES SIGNES DU ZODIAQUE DANS LA MAIN. Jean-Baptiste Belot, *Œuvres,* 1640 327

250 SIGNES AFFECTANT LE DOIGT DE SATURNE. Jean d'Indagine, *Chiromance,* Lyon, 1549 328

251 SIGNES NÉFASTES AFFECTANT LA LIGNE MOYENNE. Jean d'Indagine, *Chiromance,* Lyon, 1549 329

252 BOHÉMIENNE DISANT LA BONNE AVENTURE, par le Caravage. Estampe gravée par Benoît Audran, XVIIe siècle. (Collection de l'auteur) 331

253 SIGNES DIVERS DANS LA MAIN GAUCHE D'UNE FEMME. Robert Fludd, *Utriusque Cosmi Historia,* Oppenheim, 1619 331

254 LES DISEUSES DE BONNE AVENTURE, par David Téniers, estampe gravée par Chenu, XVIIe siècle 332

255 DAVID TÉNIERS FAIT DIRE LA BONNE AVENTURE A SA FEMME, par David Téniers, gravé par Surugue, 1750 (Collection de l'auteur) 333

256 MAIN GAUCHE DE NAPOLÉON BONAPARTE. Mlle Le Normand, *Mémoires historiques et secrets de l'Impératrice Joséphine,* Paris, 1827 337

257 MAIN GAUCHE DE L'IMPÉRATRICE JOSÉPHINE. Mlle Le Normand, *Mémoires historiques et secrets de l'Impératrice Joséphine,* Paris, 1827 337

258 SIGNIFICATION DE LA MAIN FERMÉE. André Corvo, *L'Art de Chyromance,* Lyon, vers 1545 338

259 ROI DE BATON. Tarot de Noblet, XVIIe siècle 342

260 REINE D'ÉPÉE. Tarot de Noblet, XVIIe siècle 342

261 CHEVALIER DE COUPE. Tarot de Noblet, XVIIe siècle 342

262 DIX DE DENIER. Tarot de Noblet, XVIIe siècle 342

263 VALET DE DENIER. Tarot de Noblet, XVIIe siècle 343

264 DIX DE BATON. Tarot de Noblet, XVIIe siècle 343

265 LA PAPESSE. Tarot de Paris, 1500 344

266 L'IMPÉRATRICE. Tarot de Paris, 1500 344

267 L'EMPEREUR. Tarot de Paris, 1500 344

268 LE PAPE. Tarot de Vergnano, XVIIe siècle 345

269 LES AMOUREUX. Tarot de Vergnano, XVIIe siècle 345

270 LE CHARIOT. Tarot de Vergnano, XVIIe siècle 345

271 LA JUSTICE. Tarot de Vergnano, XVIIe siècle 345

272 L'ERMITE OU LE SAGE. Tarot de Noblet, XVIIe siècle 347

273 LA FORCE. Tarot de Noblet, XVIIe siècle 347

274 LA TEMPÉRANCE. Tarot français du XVIIe siècle 347

275 LE DIABLE. Tarot français du XVIIe siècle .. .. p. 347
276 LA MAISON-DIEU. Tarot de Vergnano, XVIIe siècle 348
277 L'ÉTOILE. Tarot français, XVIIe siècle 348
278 LE SOLEIL. Tarot de François Jerger, XVIIe siècle 349
279 LE JUGEMENT. Tarot de François Jerger, XVIIe siècle 349
280 LE MONDE. Tarot de François Jerger, XVIIe siècle 349
281-282 SCHÉMA DE DISPOSITION DES CARTES POUR LA CARTOMANCIE AU XVIe SIÈCLE. Marcolino da Forli, *Le Sorti,* Naples, 1580 .. .. 354~355
283 Mlle LE NORMAND FAISANT LES CARTES A L'IMPÉRATRICE JOSÉPHINE, A LA MALMAISON, gravé par Le Normand fils, *Mémoires historiques et secrets de l'Impératrice Joséphine,* Paris, 1827 357
284 CHEZ LA CARTOMANCIENNE. *La Crédulité sans réflexion,* par Schenau, gravé par Halbou, XVIIIe siècle 363
285 LE GRAND PRÊTRE. Tarot d'Eteilla (Collection de l'auteur) 364
286 MANIÈRE DE FAIRE TOURNER LE SAS. Cornelis Agrippa, *Opera Omnia,* Lyon, Beringos, XVIe siècle 368
287 SCHÉMA DES ARTS DIVINATOIRES. Robert Fludd, *Utriusque Cosmi Historia,* Oppenheim, 1619 369
288 DIVINATION PAR LES DÉS. Maistre Laurens l'Esprit, *Le Passe-temps de la Fortune des dez,* Paris, 1534 373
289 SORCIÈRE SE SERVANT D'UN MIROIR MAGIQUE. Léonard de Vinci. Dessin original. Bibliothèque du Christ Church College, à Oxford 375
290 LES TROIS VASES D'ARTEPHIUS. *L'Art magique d'Artephius et de Mihinius.* Bibliothèque de l'Arsenal, n° 3009, XVIIIe siècle 377
291 FIGURE PENTAGONE POUR GAGNER A LA LOTERIE. Albumazzar de Carpentari, *La Clef d'Or,* Avignon, 1815 377
292 LA BAGUETTE DIVINATOIRE DANS LES MINES AU XVIe SIÈCLE. Sébastien Munster, *Cosmographia Universalis,* Bâle, 1544 383
293 DÉMON FAMILIER D'UNE MINE. Olaüs Magnus, *Historia de Gentibus Septentrionalibus,* Rome, 1555 384
294 EXPLORATION D'UN TERRAIN MINIER AU MOYEN DE LA BAGUETTE DIVINATOIRE, AU XVIe SIÈCLE. George Agricola, *De Re Metallica,* Bâle, 1571 385
295 EXPLORATION D'UN TERRAIN MINIER AU MOYEN DE LA BAGUETTE DIVINATOIRE, AU XVIe SIÈCLE. S.-E. Löhneyss, *Bericht vom Bergkwerck,* Zellerfeldt, 1617 387
296 LA BAGUETTE DIVINATOIRE, MÉTHODE FRANÇAISE. Abbé de Vallemont, *La Physique occulte,* La Haye, 1762. (Collection de l'auteur) 389
297 MÉTHODE DU SIEUR ROGER. Id. 389
298 MÉTHODE DU P. KIRCHER. Id. 389
299 MÉTHODE AUTRE ET PEU USITÉE. Id. 389
300 EXPLICATION DE LA BAGUETTE. Id. 389
301 JOSEPH INTERPRÉTANT LE SONGE DU PHARAON. Schedel, *Chronique de Nuremberg,* 1493 395
302 LE MALÉFICE SOMNIFIQUE. R. P. Guaccius, *Compendium Maleficarum,* Milan, 1626 399

303 LE TOMBEAU DU DIACRE PARIS, AU CIMETIÈRE DE SAINT-MÉDARD. Carré de Montgeron, *La Vérité des Miracles du Diacre Pâris,* Paris, 1737 p. 403
304 UNE MIRACULÉE DU DIACRE PARIS, AVANT LA GUÉRISON. Id. 404
305 UNE MIRACULÉE DU DIACRE PARIS APRÈS LA GUÉRISON. Id. 405
306 LE BAQUET MAGNÉTIQUE DE MESMER, estampe populaire, Bibliothèque Nationale. (Collection De Vinck, n° 900) 408
307 LE BAQUET MAGNÉTIQUE DE MESMER, dessin de Sergent, gravé par Toyng, Bibliothèque Nationale. (Collection De Vinck, n° 899) 409
308 LE MESMÉRISME A TOUS LES DIABLES. Caricature du XVIIIe siècle. (Collection de l'auteur) 411
309 LA FACE DU SHADAI. *La Clavicule de Salomon,* Bibliothèque de l'Arsenal, manuscrit n° 2348 418
310 AMULETTE TROUVÉE SUR L'ÉVÊQUE ANSELM DE WURZBOURG, le 9 février 1749. (Musée de Würzbourg) 418
311 TALISMANS POUR LES SEPT JOURS DE LA SEMAINE. *Le Petit Albert,* Cologne, 1722 419
312 TALISMAN POUR ÊTRE DÉLIVRÉ DE PRISON. *Les Vrais Talismans, Pentacles et Cercles.* Bibliothèque de l'Arsenal, manuscrit n° 2497, XVIIIe siècle 420
313 TALISMAN POUR RÉSISTER AUX ATTAQUES DES MALFAITEURS. *La Clavicule de Salomon.* Bibliothèque de l'Arsenal, manuscrit n° 2348, XVIIIe siècle 420
314 TALISMAN CONTRE LES MORTS SUBITES. *Les Clavicules de Rabbi Salomon.* Bibliothèque de l'Arsenal, manuscrit n° 2340, XVIIIe siècle 421
315 TALISMAN POUR LES PERSONNES DÉSIRANT ACQUÉRIR DE LA MÉMOIRE. J.-B. Belot, *Œuvres,* Liége, 1704. (Collection de l'auteur) 421
316 TALISMAN POUR RÉUSSIR AU JEU ET DANS LE COMMERCE. *Le Petit Albert,* Cologne, 1722 423
317 TALISMAN POUR DÉCOUVRIR DES TRÉSORS. *Grimoire du Pape Honorius le Grand.* Bibliothèque de l'Arsenal, manuscrit n° 2494 423
318 TALISMAN POUR FAIRE FORTUNE. *Le Petit Albert,* Cologne, 1722 424
319 MANIÈRE D'EXTRAIRE LA PIERRE TALISMANIQUE DE LA TÊTE DU CRAPAUD. Johannes de Cuba, *Hortus Sanitatis,* Paris, vers 1498 424
320 MANDRAGORE MASCULINE. Johannes de Cuba, *Hortus Sanitatis,* Paris, vers 1498 425
321 MANDRAGORE FÉMININE. Johannes de Cuba, *Hortus Sanitatis,* Paris, vers 1498 425
322 TALISMAN MAGIQUE DE CATHERINE DE MÉDICIS. Henri Estienne, *Discours merveilleux de la vie, actions et deportemens de Catherine de Medicis,* 1575. Bibliothèque Nationale, L 34 b 827 B 427
323 LA CITADELLE ALCHIMIQUE. Henri Khunrath, *Amphitheatrum aeternae Sapientiae,* Hanau, 1609 433
324 ANALOGIE DU MICROCOSME ALCHIMIQUE AVEC LE MACROCOSME. Mylius, *Chymica ; Basilica philosophica,* Francfort, 1620 437
325 LES FIGURES ALCHIMIQUES D'ABRAHAM JUIF. Fresques de Nicolas Flamel au charnier des Innocents. Estampe du XVIIIe siècle. (Collection de l'auteur) 439
326 PARADIGME DE L'ŒUVRE PHILOSOPHIQUE. Libavius, *Alchymia recognita emendata et aucta,* Francfort, 1606. (Collection de l'auteur) 442

327-328 LE GRAND ŒUVRE. Barckhausen, *Elementa Chymiae*, Leyde, 1718 pp.442~443
329 PARADIGME DE L'ŒUVRE PHILOSOPHIQUE. Libavius, *Alchymia recognita, emendata et aucta*, Francfort, 1606. (Collection de l'auteur) 443
330 SYNTHÈSE SYMBOLIQUE DU GRAND ŒUVRE. *Les Cinq Livres de Nicolas Valois*, Bibliothèque de l'Arsenal, manuscrit n° 3019 444
331 LES OPÉRATIONS DE L'ŒUVRE ALCHIMIQUE. *La Clef de la Grande Science*, Bibliothèque de l'Arsenal, manuscrit n° 6577 445
332 L'OISEAU D'HERMÈS ET LE DRAGON ALCHIMIQUE A DEUX TÊTES. Elie Ashmole, *Theatrum Chemicum Britannicum*, Londres, 1652 446
333 SYNTHÈSE DES OPÉRATIONS ALCHIMIQUES. Elie Ashmole, *Theatrum Chemicum Britannicum*, Londres, 1652 446
334 LA RÉNOVATION ÉTERNELLE DES CHOSES. *La Clef de la Grande Science*. Bibliothèque de l'Arsenal, manuscrit n° 6577 447
335 L'ANDROGYNE HERMÉTIQUE. *La Clef de la Grande Science*. Bibliothèque de l'Arsenal, manuscrit n° 6577 447
336 LA FONTAINE HERMÉTIQUE. Salomon Trismosin, *Aureum Vellus*, Rorschach, 1598 448
337 LE DRAGON ENVENIMÉ, MATIÈRE PREMIÈRE DE LA PIERRE PHILOSOPHALE. Basile Valentin, *L'Azoth des Philosophes*, Paris, 1659. (Collection de l'auteur) 448
338 L'HIÉROGLYPHE MERCURIEL. Limojon de Saint-Didier, *Le Triomphe hermétique*, Amsterdam, 1710 448
339 LE ROI MORT. Basile Valentin, *L'Azoth des Philosophes*, Paris, 1659. (Collection de l'auteur) 449
340 LA SIRÈNE DES PHILOSOPHES. Basile Valentin, *L'Azoth des Philosophes*, Paris, 1659. (Collection de l'auteur) 449
341 LA MATIÈRE DE L'ŒUVRE. Basile Valentin, *L'Azoth des Philosophes*, Paris, 1659. (Collection de l'auteur) 449
342 LA PIERRE PHILOSOPHALE. Hiéroglyphe alchimique du portail de Notre-Dame de Paris, XIVe siècle (Musée de Cluny) 451
343 AUTRE SYNTHÈSE DE L'ŒUVRE. Basile Valentin, *L'Azoth des Philosophes*, Paris, 1659. (Collection de l'auteur) 451
344 STATUE DU XVIe SIÈCLE, REMPLACÉE VERS 1860, PAR UNE COPIE DE L'EFFIGIE PRIMITIVE. (Collection de l'auteur) 451
345 LE COMTE DE SAINT GERMAIN, ALCHIMISTE DU XVIIIe SIÈCLE. Portrait gravé par Thomas. 453
346 ORDRE DES OPÉRATIONS ALCHIMIQUES D'APRÈS NORTHON, ALCHIMISTE ANGLAIS. Manuscrit du XVIIe siècle. (Collection de l'auteur) 457
347 L'ATHANOR ET LE VASE PHILOSOPHIQUE. *Figures d'Abraham Juif*. Bibliothèque Nationale, manuscrit, fonds français, n° 14765 459
348 LE FOURNEAU PHILOSOPHIQUE. Manget, *Bibliotheca Chemica*, Paris, 1702 461
349 LE FOURNEAU COSMIQUE. Annibal Barlet, *Le vray ccurs de Physique*, Paris, 1653 461
350 LES OPÉRATIONS PRÉLIMINAIRES DE LA PIERRE PHILOSOPHALE. Manget, *Bibliotheca Chemica, Mutus Liber*, Paris, 1702 462

351 L'OPÉRATION FINALE ET L'APOTHÉOSE HERMÉTIQUE. Manget, *Bibliotheca Chemica, Mutus Liber*, Paris, 1702 .. .. p. 462
352 QUATRE THÈMES ASTROLOGIQUES POUR LES OPÉRATIONS ALCHIMIQUES. Elie Ashmole, *Theatrum Chemicum Britannicum*, Londres, 1652 463
353 INTÉRIEUR D'UN LABORATOIRE DE SOUFFLEUR. Estampe de Breughel le Vieux, gravée par Cock, XVIe siècle 466
354 LE CHIMISTE, par Téniers, gravé par F. Major, Londres, 1750 466
355 LE CHIMISTE, par Téniers, gravé par Th. Le Bas 467
356 LE PLAISIR DES FOUS, par Téniers, gravé par J. Basan 467
357 LE MARQUIS DE FORCE-NATURE EN HABIT DE LABORATOIRE, par L. Van Sasse, gravé par Wilhelm Koning, 1716 (Collection de l'auteur) 469
358 OFFICINE CHIMIQUE D'UTRECHT. Barckhausen, *Elementa Chymiae*, Leyde, 1718 471
359-360 APPAREILS A L'USAGE DES ALCHIMISTES ET DES SOUFFLEURS. Mylius, *Basilica Philosophica*, Francfort, 1620 471
361 LE VRAI LABORATOIRE D'ALCHIMIE. Elie Ashmole, *Theatrum Chemicum Britannicum*, Londres, 1652 473
362 OUVERTURE DU COURS DE CHIMIE TRANSMUTATOIRE. Annibal Barlet, *Le vray cours de physique*, Paris, 1653 475
363 OPÉRATIONS DU LABORATOIRE INSPIRÉES PAR LES MAITRES. Elie Ashmole, *Theatrum Chemicum Britannicum*, Londres, 1652 475
364. LA RUE DES ALCHIMISTES, A PRAGUE 475
365 L'ORATOIRE ET LE LABORATOIRE. H. Khunrath, *Amphitheatrum æternae Sapientiae*, Hanau, 1609 477

序のカット（p. 9）：LE SOLEIL ET LA LUNE ALCHIMIQUES UNIS PAR LE DRAGON. Basile Valentin, *L'Azoth des Philosophes*, Paris, 1660.

目次のカット（p. 6）：L'ŒUVRE UNIVERSELLE DES ALCHIMISTES. Basile Valentin, *L'Azoth des Philosophes*, Paris, 1660.

カラー図版目次

L'ANDROGYNE HERMÉTIQUE.

Reproduction d'une miniature en couleurs, extraite de : *Dritter Pitagorischer Sinodas von der verborgenen Weisheit*, manuscrit allemand de la fin du XVIIe siècle. (Collection de M. Paul Chacornac) .. .. カラー図版 1

LA BONNE CONFESSION. LA MAUVAISE CONFESSION.

Romedius Knoll : *Vierzig Kupferstiche*, Augsbourg, XVIIIe siècle. (Collection de Me Maurice Garçon) .. .. カラー図版 2

SIX PENTACLES POUR SE RENDRE LES BONS ESPRITS FAVORABLES.

Clavicules de Salomon. Bibliothèque de l'Arsenal. Manuscrit n° 2349, XVIIIe siècle カラー図版 3

LES DIABLES ASTAROTH, ABADDON, MAMMON.

Francis Barrett, *The Magus*, Londres, 1801 .. .. カラー図版 4

LA TRÈS SAINTE TRINOSOPHIE.

Frontispice cabbalistique d'un manuscrit attribué au comte de Saint-Germain. Bibliothèque de Troyes. Manuscrit n° 2400, XVIIIe siècle .. .. .. カラー図版 5

TAROTS ANCIENS.

1 : le Fou, Tarot de Jerger, XVIIe siècle.
2 : Le Bateleur, Tarot de Paris, 1500.
3 : La Roue de Fortune, Tarot de Noblet, XVIIe siècle.
4 : La Mort, Tarot de Noblet, XVIIe siècle. カラー図版 6

LE PENDU.

XIIe lame du Tarot dit de Charles VI, attribué au peintre Gringonneur, XIVe siècle. Bibliothèque Nationale. Cabinet des Estampes .. .. .. カラー図版 7

LE MIROIR MAGIQUE.

Miniature de la *Très Sainte Trinosophie*. Manuscrit attribué au comte de Saint-Germain. Bibliothèque de Troyes. Manuscrit n° 2400, XVIIIe siècle カラー図版 8

SYMBOLISME DES OPÉRATIONS DE LA PIERRE PHILOSOPHALE.

LA SUBLIMATION ALCHIMIQUE. *Figures d'Abraham Juif*. Bibliothèque Nationale, manuscrit fonds français n° 14.765, XVIIe siècle .. .. カラー図版 9

SYMBOLISME DES OPÉRATIONS DE LA PIERRE PHILOSOPHALE.

LES TROIS COULEURS DE L'ŒUVRE. *Figures d'Abraham Juif*. Bibliothèque Nationale, manuscrit fonds français n° 14.765, XVIIe siècle カラー図版10